简平编年体散文随笔集
承蒙关照

简 平 著

图书在版编目（CIP）数据

承蒙关照 / 简平著. -- 上海:文汇出版社，2022.9
（简平编年体散文随笔集）
ISBN 978-7-5496-3838-3

Ⅰ.①承… Ⅱ.①简… Ⅲ.①散文集—中国—当代 Ⅳ.①I267

中国版本图书馆CIP数据核字（2022）第133357号

简平编年体散文随笔集·承蒙关照

作　　者 / 简　平
责任编辑 / 乐渭琦　周卫民
装帧设计 / 薛　冰

出版发行 / 文汇出版社
　　　　　上海市威海路755号
　　　　　（邮政编码200041）
经　　销 / 全国新华书店
照　　排 / 上海歆乐文化传播有限公司
印刷装订 / 浙江天地海印刷有限公司
版　　次 / 2022年9月第1版
印　　次 / 2023年3月第2次印刷
开　　本 / 890×1240　1/32
字　　数 / 420千
印　　张 / 18.375

书　　号 / ISBN 978-7-5496-3838-3
定　　价 / 76.00元（全两册）

目录
Contents

2018.1

飞雪在想象中到来 _001

2018.2

承蒙关照 _004
教我练功的师傅 _007
这般美丽的花儿 _010

2018.3

班主任潘老师 _013
灵魂最好的安放处 _016

2018.4

更将花谱通香谱 _019
子弹库帛书 _022

2018.5

放学回家的路 _025
雨打凉棚 _028

2018.6

车厢里的阅读 _031

2018.7

树上的鸟儿 _034
不惑的舞者 _037
儿童交响音乐会 _040

2018.8

满城找爆肚儿 _043
北京的舅舅 _046

2018.9

蝉声渐去 _049
悄然启航的《白轮船》_052
楼上楼下 _055

2018.10

忽然而至的瞬间 _058
刀光剑影背后的温暖 _061
丹·布朗的右手掌 _064
王云五的壮游人生 _067

2018.11

东城在线约读 _072
极目长天问好音 _075
云潮的承诺 _078
蜂　缘 _081
业主的烦恼 _084
一路坎坷后抵达的安宁 _087

2018.12

肥妈贵爸 _096

目录
Contents

2019.1
精心策划的过年 _099

2019.2
小车的书单 _102
迟到的正义非正义 _105
他还在我们身边 _109

2019.3
蹚回岁月的激流 _112
鸭坡村纪事 _120
母亲的勋章 _123
阅读程乃珊 _126
宗英老师 _131
巴金与萧珊 _134

2019.4
小艾同学 _140
古田的三个村庄 _143
太阳照在江湾体育场 _146
最后的遗愿 _149

2019.6

散　物 _152_
她是上海的女儿 _155_

2019.7

倒垃圾 _158_
合　唱 _161_
电影大师的梦想之作 _164_

2019.8

八八沈公 _168_
再见，我的那些书 _171_
茯苓夹饼和驴打滚 _176_
火星掠过生活的黑洞 _179_
一定要坐位子吗? _183_

2019.9

听格里加尔再说伏契克 _186_

2019.10

霍季姆涅日村 _192_
在伏契克就义的地方 _196_
布拉格：或显或隐的伏契克地标 _199_
小城多马日利采 _207_
在布拉格重新展读《绞刑架下的报告》_210_
土耳其的"梁祝" _225_
银幕上写就的散文诗 _228_

目录
Contents

2019.11

这一个"大唐贵妃"_231
"隐秘角落"里的历史现场 _235
野猫记 _240
真爱让《梁祝》新生 _243
两个聂鲁达的"相遇"_246

2019.12

那个钓鱼的"老爹"_250
看望袁鹰先生 _253
诗是岩石缝隙中精神的枝条 _256

飞雪在想象中到来

冬天,在上海连绵下雨的时候,许多人都说,希望雨点变成飞雪,因为冬日里的雨太没情调了,只有雪才是人们向往和期待的。

住在北方的朋友便让我们很羡慕,屋子外大雪纷飞,但屋子里却暖融融的,不是那种空调里吹出的热风,干燥得令人难受。如果有人说正在滑雪,或者正在堆雪人,那会让我们生出嫉妒的。可是,有一天,我跟西北的一位朋友打电话,问他是否正在暖屋里喝茶看书,他说哪能呢。原来,他正踏雪而行,去踏访散落在山村里的硅肺病人。朋友是志愿者,做着力所能及的事情,给病人们送去氧气包。他说,风雪漫漫,行进困难,但因为心里念着那些不幸患病又陷入生活困境的人,为他们送去寒冬中的温暖,也就不畏艰难了。此时,我的脑海里闪现出一幅志愿者在飞雪中前行的剪影。

不管怎么说,飞雪在我心里总是有着诗的意象和意境的。据气象学家说,若要下雪,得有两个条件,第一要有水汽,第二是冷暖空气要交汇,这两个条件缺一不可。可在上海,尽管这么阴湿寒冷,尽管有时还会升温,水汽也有了,冷暖空气也有了，但却因为彼此不交汇，还是满足不了下雪的条件，真是令人无奈。于是，只能寻找记忆里的雪的踪迹。我最近一次遭逢下雪，还是三年前在四川大邑的西岭雪山。上山的时候，还有浅淡的阳光，后来天色渐渐暗了下来，完全是在不知不觉间，先是从天上掉下几颗冰粒，然后，好像有柳絮飘了起来，仅仅过了一会儿，突然之间，整个世界已是一片飞雪，那雪真是在空中以极快的速度上下翻飞着。漫天大雪中，我被怂恿去骑了雪中摩托，开始时我还不敢骑得太快，可不多会儿便忘乎所以，加大了马力。不曾想到，那飞雪非常细密，很轻易地就把人的眼睛给弄迷糊了。正在我一只手脱开车把去擦眼睛的当口，摩托一下子失控，冲滑开去，重重地甩在了已经冰封的雪地上。这时，我想，原来看上去轻柔的飞雪着实藏着许多刚硬的，如同浪漫的诗意其实总是关乎忧伤。就在这个瞬间，飞雪在我心中悄然而止。

  前几天，我去冬令营为孩子们讲童话，他们围过来，让我看手机里的一张照片，那就是后来风靡开去的"冰花男孩"。这位云南昭通乡村八岁的小学三年级男孩，为了参加期末考试，顶着风雪走了一个半小时的山路，当他走进没有暖气的教室里时，眉毛、头发都已染白，头顶上俨然凝结了一朵大大的冰花。听课的孩子问我，可不可以让他们以此写一篇童话。我有些惊讶，但我觉得他们的提议很好，我相信只有充满爱心、善良和想象力的孩子才会由此联想到童话来。

  果然，后来我读到了这样一篇童话："我们紧紧地靠在一起，腾空而起，变成了一排阻挡西北风的大墙，不让这风往南吹去。我们挡住风,朝着南面用力地反招着手,将那飞雪引过来,引过来。真的,那飞雪转了个身,从遥远的地方向上海飞过来了。这时候,小男孩头上的冰雪融化了,那朵冰花顺着雪水也一路漂到了上海。小男孩不再寒冷了,而极少下雪的上海的天空里盛开着一朵朵洁白的雪花。"我读着童话,在三九时节的冷雨中感到许多的暖意。没有想到,我们向往和期待中的飞雪,会以这样的方式在美好的想象中到来。

承蒙关照

不管去什么地方,我总会走进不期而遇的书店,如果没有去过书店,那我觉得自己就像没有到过此处,因为书店永远是一个地方的精神标志。

如今,像光速一般变化的世界,让书店也随之改变了许多的面貌。我每每走进一家书店,总会因这种改变而生出不少敬意,那是由于从中可以看得出一份执守信念的艰辛和努力。就说上海吧,徜徉在这座城市里,总是可以与一家家书店相逢。在市中心的静安寺,我邂逅了钟书阁,那精致得仿若钻石的设计,让读者穿行其间会光芒闪烁,感受到自己因为书籍而气质非凡。在东区的北外滩,我邂逅了建投书局,这家书店给我最大的感觉就是生机勃勃,四处摆放着绿色植物,就连展台上都是几本书、几枝花,而伴着吱吱嘎嘎的木地板的声响拾级而上,推开一扇不起眼的门,豁然出现八米高的书墙,穹顶仿佛高耸入云,让我想起那句著名的话来:"如果有天堂,应该就是这个模样。"在西区的合川路上,我邂逅了之禾书店,这家书店格调高雅,却不是由奢华的装修来体现的。当我在朴素的顶天立地的书架前挑书的时候,我切切实实地感觉到是书籍本身造就了这家书店如此高贵、毫无市侩之气的品质。

现今的书店正如有人所说的，再也不是以前的物理性卷册交易的书肆，而成了多功能复合性的文化空间，代表了一种全新的、低碳的、文艺的生活方式。所以，对我而言，我不会计较这个城市有多少快餐店，但是，必须有可以让我流连其中的书店，在里面看看书，喝喝咖啡，想想心事。只是有点儿可惜，那些我喜欢的书店离我家都不近，好在小区门前的那条路上，倒是隔了二三十步就有三个报刊亭，于是，我权当作书店，天天都要去走一回；事实上，业主除了卖报纸杂志，也的确进了一些书的，有时，我会跟他们聊聊天，他们很用心，有位业主知道我想买本书却没买到后，还想方设法帮我给弄到了。可是，在不长的时间里，三个报刊亭一个个相继关闭，取而代之的是彩票亭，令我生出许多惆怅。

那天，拐进陕西南路上的汉源汇书店，我选了几本书后在店里最安静的一个角落坐了下来，头上有一束从绿色灯罩中泻下的柔和的光。我忽然有些恍惚，思绪漫漶开去。说起来，我最怀念的是上海东北角的控江路和宁国路口的一家门面小小的新华书店，上世纪八十年代，我还住在书店近旁，所以那里是我一天不去就会丢了魂一样的地方，因为说不定哪一天又会有紧俏的新书供应，而这些书都会被抢购一空的。那时，由于想买紧俏书的人实在太多，因此，生怕挤破店门，每一次有新书，都是只打开一扇窗子出售的，而购书的队伍长到望不见尽头，我就是这样买到了《红楼梦》《骆驼祥子》《悲惨世界》《战争与和平》《约翰·克里斯朵夫》等中外文学名著。这些书我至今都珍藏着,泛黄的书页既是岁月的留痕,也是我所拥有的绵长的精神生活的印记。

曾担任过日本笔会会长的剧作家井上厦这样说过:"一个文化人,一生中总会有那么几家常打交道的书店,并承蒙他们的关照。"我想,确实如此,如果没有这些书店的关照,那我的人生故事或许会很苍白——我在鞍山路上的一家书店用第一笔工资买了一套《数理化自学丛书》,以弥补先前知识的缺失;我在福州路古籍书店三楼的地板上修改完了大学本科论文;我在石门二路的少年儿童书店第一次与自己的小读者们见了面……我相信邂逅书店甚至意味着某种人生的重启。所以,如今我还是喜欢四处漫步,并在不经意间与书店相遇。我走进每一家书店,都觉得一见如故,都因曾经承蒙关照而心怀感恩。

教我练功的师傅

教我练功的师傅名叫殷小玲。

我是在做完胃部肿瘤切除术的半年后,开始跟着殷小玲学习郭林气功的。向我介绍殷小玲的是上海市癌症康复俱乐部《康复通讯》的主编李辉,她跟我说:"殷小玲的功夫绝对了得,她还是全国有名的抗癌明星,你要拜她为师,好好向她学习!"

我从李辉那里得知,1987年,那时才35岁的殷小玲被确诊得了恶性鼻腔坏死性肉芽肿瘤,第二次手术后,她鼻子穿孔,变成了平的,半个脸肿大,一只眼睛都睁不开,还发着高烧。听说肿瘤医院在她之前遇到过三个这样的病人,没有一个抢救过来。殷小玲撑着去找医生,身体一歪就跪了下来,一定要医生救救她。医生拉她起来,说你要自己救自己。有人告诉殷小玲,罹患癌症的北京画院女画家郭林自创了一套气功,也叫"抗癌健身法",有助于肿瘤病人的康复,她依靠自己摸索出来的这套气功,多活了三十五年。殷小玲随即前往北京,跟着郭林亲自带教出来的弟子学习,起早摸黑,全心投入。就这样,殷小玲经历了九次大手术后,奇迹般地活了下来,一次次的手术，让原本美丽的她变得面目全非，但也让她变得无比强大。

我第一次去见殷小玲，约好是在鲁迅公园中日青年世代友好钟前。我到了那里后，一眼就认出了满脸刀疤的这位被称作是"在手术刀上跳舞的抗癌明星"。殷小玲是虹口区癌症康复俱乐部的首任会长，就像我后来一直说的那样，一个癌症病人，在加入癌症康复俱乐部后，还获得了另一个身份，那便是志愿者——许多年来，殷小玲怀着一颗感恩之心，一直在鲁迅公园设立教学点，免费指导俱乐部的病友练功。我拜她为师后，她对我只提了一个要求：要坚持，一定不要半途而废。

第一天学习，我就洋相百出。郭林气功属吐纳派功法，由于癌细胞是厌氧细胞，所以加大吸氧量是可以抑制其生长的，因此，在出第一步时得两次吸气，可我却怎么也学不会，光吸气不会走步，而走步又需要两脚平行迈出，但我走得不是"前八字"就是"倒八字"；加上摆手、转头，更是完全不知所措了，结果应该体现的圆、软、远就变得僵硬而匆促。我很快失去了耐心。殷小玲这个师傅倒是态度温和，一点儿没有苛责。她先是站立在我面前，让我看她是怎样吸气的，随后，又让我跟在她的身后，抬脚跨步，亦步亦趋，慢慢模仿、体会及至感悟。为了教我，她比平时自己练功要花上几倍的体力，但她从不埋怨。我心里不安，觉得唯一能报答师傅的就是好好学到真功夫。后来，我这个"弟子"深得殷小玲的好评，那是因为尽管我动作做得还不到位，甚至有一次"表演"给李辉他们看时引得哄堂大笑，但我一直坚持着，只要有空，我家小区里那条几乎无人行走的小径上总能看到我在练功的身影。

　　殷小玲不仅教我练功，还教我如何回报社会。有一次，听我说起我的一位远在甘肃的患有硅肺病的朋友去世了，而他的没有生活来源的残疾妻子患病需要动手术，我正在帮她筹款，殷小玲听后，二话不说，就把第一笔五千元的住院预交款给了我。其实，殷小玲的"弟子"远远不止我一个。去年三月，为了准备参加虹口区癌症康复俱乐部举行的运动会，殷小玲将七八十位病友召集到鲁迅公园内的梅园，开始集体操练郭林气功。由于大多是新学员，一切得从零学起，她特意将她的第九次手术提前做了，而且全然不顾医生为伤口愈合起见开出的医嘱：半年之内少说话，更不能戴假牙。但是，为了做好讲解，她非但不断地说话，而且为了表达清晰还早早戴上了假牙。这年金秋十月，在运动会上我看着我的师傅殷小玲指挥着场面壮观的郭林气功表演时，我的眼睛忽然模糊了，我想，我们都是应了她的感召而来的。

这般美丽的花儿

我从来不知道多肉类植物原来这般美丽。我一直以为所谓的多肉类植物就是仙人掌,毛茸茸的,全身上下长满了刺。我的植物学知识就是这么贫瘠,所以眼界狭窄。

但有一个人让我重新认识了多肉类植物,而且在感叹中也跃跃欲试。她是复旦大学出版社的女编辑曹珍芬,只专注于养多肉类植物,她家的阳台上放满了大大小小的花盆。有一次,我跟她说,我家里的两盆仙人掌养起来非常省事,常常忘了浇水,但也不枯不萎,到底是沙漠植物,只是颜色太单调了,永远都是暗绿色,也从不开花,不像人家蜡梅花、水仙花,即使在寒冷的冬日也会盛放,淡淡的粉色、黄黄的花蕊,让人心怡。曹珍芬听后,笑了起来,她说,我家养的可不是你说的那样,花事茂盛,色彩艳丽,应有尽有。她立马发来了照片。我看后,很无知地问道,这是仙人掌吗?

后来,我才知道,仙人掌只是多肉类植物中的一科,全世界的多肉类植物多达一万余种,分类上的隶属也有一百余科。说多肉类植物是沙漠植物或沙生植物其实是不确切的,只不过包括仙人掌科、番杏科、景天科、大戟科、夹竹桃科、独尾草科、天门冬科等五十多个科的部分植物生长在沙漠地区。由于多肉类植物的根、茎、叶三种营养器官中至少有一种是肥厚多汁且具有储藏大量水分的功能,所以,在土壤含水状况很差,植物根系不能再从土壤中吸收必要的水分时,可以使植物暂时脱离外界水分供应而独立生存。植物学的知识总是那么丰富而又生动,让我们感觉与日常生活贴切、吻合。这下,我的眼光越过了我们家的几盆暗淡无光的仙人掌,看到了无比鲜艳的花儿:粉绿白相间的有着漂亮锦斑的玉吊钟、大片大片开花的犹如玫瑰的八宝景天、晶莹透亮的"绿色牡丹"千羽鹤、样子萌萌的像是跟人摆手打招呼的熊童子、与寒天里盛开的蜡梅花无异的冬美人、羞涩的含苞欲放的玉杯、鲜红的呈现出一种韧劲的昂首怒放的火祭、开花的时候如同引颈高歌的天鹅模样的红冬云……

仅仅多肉类植物已将大地装扮得如此鲜亮美丽,更不要说全世界已知的植物达三十三万种之多了,想想真是奇妙,从最低等的蓝藻逐渐发展出的藻类、苔藓、蕨类植物、裸子植物及被子植物,经过数亿年才演化成我们今天所能看到的植物,岁月的河流是多么漫长。神奇的植物不仅是自然之美,更是人类的依傍,如果没有那么多的植物,我们无法想象人类将如何生存。可是,也正由于人类的活动,在过去五百年里,已有八百一十六种动植物从地球上消失了。因此,保护好生态环境,保护好植物是我们每一个人都应尽到的责任。

我和曹珍芬有一位共同的朋友,是女作家彭小玲,她曾写过一部被改编成电视剧而广为人知的长篇小说《复乐园》。

2014年,身患重症一直在进行透析治疗的彭小玲,交给我一部她在病中完成的新作《找一扇门出去》,这部带有自传性的长篇小说题材独特,写了一对母女因隔阂对峙误会深重,虽然生活在一个屋檐下,彼此深爱,但由于自卑猜疑怕被亲人伤害,使她们直到天人永隔都看不清对方的心。我读后很震动,遂给了曹珍芬,她同样觉得感触很深,并当即决定正式出版,这令彭小玲很是宽慰。彭小玲很喜欢曹珍芬种的多肉类植物,去年夏天,曹珍芬精挑细选,专门种了黄丽、冰梅、虹之玉、雪爪、桃蛋、新玉缀和春萌七个蜂巢形状的拼盘,想等到天凉一些后给彭小玲送去。可遗憾的是,彭小玲却没有等到这一天。但我想,已在天国的彭小玲,一定会看到这些原是这般美丽的花儿的。

班主任潘老师

潘德模老师是我中学的班主任。我二十世纪七十年代初去这所寄宿制学校念书的时候，它已名为交大附中，但在五十年代中期，它还叫工农速成中学时，潘老师就已经在那里教书了。潘老师最早教的是语文，后来改教英语。我入学后，潘老师给我们上的就是英语课。今天想起来，我所有的英语知识基本就是在潘老师的课堂上学到的，以后其实并没有多少长进。

潘老师教书是很有一套方法的，比如她让我们写英语作文，那是有难度的，不仅要遵循英语的词汇和语法，关键是要写出文章来。那时我们刚从小学毕业，用母语写好作文已不简单，更别说用英语写了。我每次写英语作文，都要花上很大的力气，但是，这力气没有白花，因为我至今记得的那些个英语单词和语法都出于自己当年的英语作文，用潘老师的话说，这叫用过了才记得住，的确就是这样。我一直很喜欢写作文，所以，得知英语课也要写，学起来就特别有兴趣。我马上发现了除了语种不同，其实天下文章是一样的，都要有情节，要有描写，要有思悟，所以，我很快就兴致勃勃地尝试着编译科洛迪的童话《木偶奇遇记》。也是天意吧，后来我居然成了儿童文学作家。

其实,那个时候当老师很不容易,既要教课,还要带领学生去学工学农学军。才入学那会儿,正是寒冬腊月,我们先进行了野营拉练,天天睡在不同的村庄里,每天行军二十公里,肩上背着晚上要盖的沉重的棉被。才走一天,我们个个脚底都打起了水疱,后来的几天简直寸步难行,可不能落下啊,所以潘老师一会儿跑到前面察看路况,一会儿跑到后面不断地去安抚学生。她自己同样背着沉重的背包,而且还加上了一口每天烧饭用的锅,这样算下来,她每天实际上要比我们走得还要多,肩上扛得还要沉。我想,之所以学生们能被她鼓舞起来,那是因为她就像个母亲,知道疼爱孩子,而不是铁石心肠地训斥或者嘲笑学生。我们那时还去农村插秧、割稻,在农田里,戴着草帽的潘老师看上去完全就是个农妇,我们跟在她瘦小的身子后面,一排排地插秧,一排排地割稻,还常常大呼小叫,不是看到了泥水里的蚂蟥,就是被稻根扎了脚底,这时,就乱了阵脚,潘老师不得不又跑前跑后,结果,她自己也招惹了蚂蟥,自己也被稻根扎破了脚。

很多年后,我有机会看到潘老师写于二十世纪五十年代末的"自述",了解到其实她出身于书香门第,早年毕业于震旦女子文理学院,浸润于西式教育,所以,一方面,她有良好的学识,在教学中让学生接触哈代、陀思妥耶夫斯基的文学经典,接触米勒、列宾的优秀美术作品,开阔学生的眼界;另一方面,她也不得不像当时的知识分子一样紧紧跟上时代,由此也带来内心的震荡和不安。但是,教师的责任和使命让她更多地面向未来,面向大众,走出个人的一方天地。她这样写道:"与工农同学接触,我真正感觉到了工农子弟的淳朴可爱,他们在学习上的艰苦努力,他们对老师的尊敬和信任,深深感动了我,我常常为自己不能更好地帮助他们而苦恼。"我读着这样的文字,想到潘老师当年带领我们野营拉练,带领我们在工厂的车间、在农村的田野学习干活儿,也真是一种如她所说的"脱胎换骨"。

潘老师读过我的第一本散文集后,鼓励我继续写作,她说,我等着看第二本。第二本出来后,我便快递给了她。没有想到,那个快递兜兜转转很长时间后,回到了我这里。后来,我知道潘老师的确不在家,她生病住院了。前些天,传来了她已离世的消息。我拆开那个快递,看到整本书显然被雨水浸蚀过,这让我想到了风雨人生。

灵魂最好的安放处

2008年的一天，徐策约我聊天。我和徐策是老同事了，我在《上海电视》周刊与他一起度过了近十年的时光，他是我的顶头上司，一直在跑电影、电视剧的新闻条线，我也跑这个条线，但他比我做得更好、更有成就。那时，我们两人都已调动了，他调到了上海广播电视台总编室，担任《传媒人报》主编，而我则调到上海广播电视台影视剧中心担任制片人。徐策跟我说，他想写一部以上海著名的湖滨大楼为背景的长篇电视连续剧，这是他生活过的、割舍不了的、可以安放灵魂的地方。我听后，觉得作为电视剧，这是一个具有历史纵横度、具有深厚生活积淀的海派风格的上海题材，而且我相信徐策会写得很好，因为他对湖滨大楼太熟悉了。现在我们一方面缺乏上海题材，另一方面又出现了不少伪上海题材，不伦不类，得不到观众的共鸣。我非常支持徐策的想法，还专门向主管的台领导做了汇报，台领导说让徐策先写出几集剧本来，然后提交有关部门讨论，通过后由我进行立项。徐策便开始了他的创作。我很荣幸，成了他的第一个读者。但是，在徐策写出几集剧本，由我提交相关部门后，却迟迟得不到明确的回应，我对这么一个充满浮躁的领域充满失望。在细致阅读徐策的剧本后,我发现由于考虑到电视剧的种种"规定要素",结果却将他的小说写作天分完全给淹没了,这让我感觉非常遗憾,因为我认为徐策小说的最大特点就是他深厚的"线描"功夫,这是需要从容不迫、娓娓道来的;而电视剧恰恰是快餐,需要的是三分钟来一个"泪点"、来一个"高潮",这样就限制了徐策天分的发挥。我当即向徐策建议,你不要再写电视剧了,这既会埋没你的天才,又会使你陷于没完没了的焦虑,你应该写的是不受制于他人而自己又擅长的长篇小说,这才是你灵魂最好的安放处。令我高兴的是,徐策接受了我的建议,转而专心致志地开始长篇小说的创作。我还是很荣幸,成了他的第一个读者,我读后非常兴奋,我觉得这才是徐策,这才是我们期盼而需要的透着海派风格的上海题材的长篇小说,而其中宝贵的文学品质是毋庸置疑的。所以,我又向上海文艺出版社的领导推荐了这部长篇小说,同时还建议申报上海市重大文艺创作项目。令我欣慰的是,这一切后来都成了美好的现实。我认为用"出色""杰出""优秀"来评价徐策的长篇小说三部曲中已完成的《上海霓虹》和《魔都》,是一点儿都不为过的。因此,我想说的是,一个作家的自我坚守非常重要,唯有这样的坚守才能得到成功。

徐策是位多才多艺的作家,他的这部长篇小说之所以写得如此令人信服,得益于其中所有的细节都是那么缜密,缜密到可以真实触摸、呼之欲出。这当然与他对湖滨大楼的每一处角落都真切了解有关,可我觉得还与他在绘画上的素养有关。徐策具有良好的美术功底,尤其对线描深有感悟。他曾画有多种连环画作品,用的都是中国传统绘画中的线描手法,每一个细部都精确到家,所谓艺术是相通的,我想,这与他的长篇小说写得如此出色也有关系吧。

历经十年,我能见证徐策长篇小说的成功真是一件美好的事情。按照徐策的计划,这是一个长篇小说三部曲,我继续热切地期盼最后一部的早日问世;同时,我希望有朝一日能够接续十年前的日子,开始这部长篇小说的电视剧的改编。事实上,不管怎样,徐策和他的这部长篇小说三部曲,本身就已经是一部很好的关于一位作家的生活与写作的连续剧。

更将花谱通香谱

春天里，百花开，空气中满是花香。我总觉得只有花香才是真香，因为出自自然。

说真的，如今人工合成的香味太过泛滥，以致我们的嗅觉都颓败到了难堪的地步。那天，我叫了辆出租车去一家图书馆做讲座，不知为何，那车里喷了一种芳香剂，味道浓烈呛得我都咳嗽起来，我完全不认为这是正常的香味，结果，讲座结束后，图书馆赠送我一束美丽的鲜花时，尽管我专注地猛嗅，却怎么也闻不到花香，那种劣质的芳香剂让人的嗅觉都瘫痪了。

好在春风漾起。

如今，上海这座城市的花卉品种愈加增多，种植规模明显扩大。以往，春日里，日本东京的樱花、荷兰库肯霍夫的郁金香、英格兰湖区的水仙花、南非纳马夸兰的雏菊，都是遥远的念想，现在那些壮观的花海盛景就在我们的身边。

在大宁灵石公园，我看到了那成片成片的郁金香，这种球根花卉刚劲挺拔，在绿叶铺底中，红色、黄色、白色、紫色的郁金香一朵朵地昂首向天，端庄高贵。我俯下身去，闻了闻，这才知道郁金香的花香并不像其名字那样香，没有浓郁之味，而是淡淡的清香,可正因此,我感觉有些委婉而邈远,整个公园都弥漫着散淡的诗意。辰山植物园则是另一派气象了。一年一度的国际兰花展如期而至,平时难得一见的彗星兰、蛾形文心兰、美洲兜兰、三尖兰、狐尾兰等珍奇兰花惊艳亮相,来自四大洲六百个品种的三万株兰花齐聚一堂。比起郁金香,兰花的香味显然浓了一些,不过,四溢的花香幽而不浊,沁人肺腑。我想起那首常被人们吟诵的元人余同麓所写的《咏兰》诗:"手培兰蕊两三栽,日暖风和次第开。坐久不知香在室,推窗时有蝶飞来。"这首诗将兰花的幽香表现得淋漓尽致。

相比较而言,花香最为浓烈的当数玫瑰了。一走进崇明岛上的西来农庄,玫瑰花香便扑面而来。在我看来,玫瑰是最浪漫的花,人们总喜欢借玫瑰表情达意,传达心声,因而花香浓郁一点儿也是理所当然。玫瑰的香味并不冲人,而且在空气中撒播延宕。这时,我相信无香不成韵,无香哪有神。不过,樱花却是另一种态势。现今顾村公园的樱花名气越来越大,的确,这里的樱花种植面积为上海之最,数量有一万两千余株,如云如霞,遮天蔽日。最让我动心的是落英时分,樱花雨既绚烂飘逸,又令人伤感。我读过不少描写樱花的著名诗文,将花的模样和花的精神写到了极致,可似乎没人写过樱花的香味。我自己看了无数回樱花,但总在观赏其美丽姿影的时候忽略了花的芳香。于是,我站到一棵开至最盛的樱花树下,专心致志地嗅闻其香,可真的没有感觉。我再紧贴花瓣细细品味,终于闻到了樱花的香味,可这香味与其说是一种气味,不如说是一种气息,恬淡而安静。有人说,樱花是谈不上香气的,只是像白纸上水痕划过一般。我很赞同这样的比喻。或许，无香之香，才称得上王者之香。

在繁花盛放的春天，我们阅读着大自然写就的花谱，而百花吐露的芬芳更将花谱通香谱，有时，便会想到如果将这花香收集到一块儿该有多好。其实，中国传统风俗中的香袋不就是用来储存花香的吗？事实上，郁金香、兰花、玫瑰、樱花……无一没有药用，将之纳入香袋，不仅理气醒神，化湿去秽，也使花儿的芳香得以积蓄，挥发得更长久、更滋润。

子弹库帛书

1942年9月,四个盗墓者在湖南长沙城东南角一处叫子弹库的地方,打开了一座战国时期的楚墓,从中发现了一片薄如蝉翼、上面写有文字画有图案的丝织物。由于在子弹库出土,因而这片丝帛便被称为"子弹库帛书",也称"楚帛书"。

子弹库帛书是目前已知年代最早的帛书,也是迄今发现的唯一的战国帛书。帛书上下高三十八点五厘米,左右宽四十六点二厘米,中心是书写方向互相颠倒的两段文字,四周是做旋转状排列的十二段边文,四方交角用青、赤、白、黑四木相隔,每段各附有一种神怪图形。全篇共有九百多字,图文并茂,是真正意义上的"图书",因为在纸成为主要的书写载体之前,我们的祖先主要是"书之竹帛",只有写在竹简丝帛上的才能叫书,所以子弹库帛书也是中国最早的典籍意义上的古书。据考证,帛书所写的内容主要是强调"敬天顺时",并讲述了有着伏羲、女娲等人物的神话故事,而这样的神话故事当然是我们中国自己的创世神话,具有世界意义。

可意义如此重大的文物,竟被盗墓者当作废品给了一个古董商,文物收藏家、研究者蔡季襄得知消息后当即斥资买了下来。当时，日本侵略军已经打到长沙，在逃难过程中，他始终带着一只铁桶，而里面装的正是子弹库帛书。一天，日本兵追赶了过来，要非礼他的妻子和女儿，结果，他的妻子和大女儿不堪凌辱跳水自尽。悲痛中的蔡季襄逃到湘西后，怀着一腔悲愤写下了《晚周缯书考证》，以纪念自己的妻女。1944年，该书出版，第一次向世人披露了子弹库帛书的资料与他的研究。

太平洋战争爆发后，当时在华的美国汉学家几乎都成了情报人员，其中有一个人，名叫柯强，他曾在长沙最有名的由耶鲁大学开办的中学雅礼中学当过教师，此人被一个情报机关（美国中央情报局前身）从上海派回长沙。柯强一面做着情报工作，一面从事文物搜集，他对楚国的文物特别感兴趣，因为对美国古董市场来说，楚文物是非常新鲜的，他正是在那时候开始觊觎子弹库帛书。抗战胜利后，蔡季襄和柯强不约而同地来到了上海。蔡季襄到达上海后，下榻于吴宫大酒店，想用红外线摄影的方式将子弹库帛书拍成照片。住在戡司康公寓（今淮海中路1202—1218号）的柯强闻讯而来，说自己有照相机，他想借回住所拍照。蔡季襄不明就里，就将帛书借给了他。不料，过了几天，柯强说由于照相机少了一个零件，已经让人把帛书带去台湾拍摄。蔡季襄非常不放心，一直催要归还，但柯强那里已杳无音信。后来，一个美国空军情报人员找到蔡季襄，给了他一千美元，诈说是作为押金。其实，他在1946年7月受柯强委托，已将帛书偷偷地从上海带去了美国。

子弹库帛书在美国一再辗转，甚至有人拿到后想私自藏匿，最后，赛克勒将它买了下来。赛克勒是位对中国深怀友谊的美国著名医药学家、慈善事业家和艺术品收藏家，二十世纪三十年代，他曾募捐支持白求恩大夫在中国救治抗日将士的工作。1986年，他在北京大学捐建的赛克勒考古与艺术博物馆破土奠基，他曾说在博物馆落成之际，要给大家一个惊喜，将子弹库帛书送还中国。可是，等到博物馆1993年5月落成的时候，赛克勒已经去世六年了。事实上，之前还有一次机会的，那是上世纪七十年代，赛克勒本来要去见郭沫若，商谈中美联合创办医学杂志。他准备在见郭沫若时，当面将帛书归还，可郭沫若恰好生病，本来约好视病情再定见面时间，但郭沫若却在1978年6月病逝了。不过，在郭沫若去世时，赛克勒曾写过一篇悼词，在文中，他明确表示希望有一天，还是要将子弹库帛书交到合适的人手里。

子弹库帛书被盗之后，中国学者前赴后继，进行了大量卓有成效的研究工作，前有蔡季襄、李学勤、陈梦家、商承祚、严一萍、金祥恒、饶宗颐、曾宪通，现在则有李零，他新近出版的《子弹库帛书》被认为是最为完整的集大成的有关子弹库帛书发掘、流转与研究的专著。正是这些学者打下的坚实的学术基础，让我们看到了被盗掘并流失海外的子弹库帛书有朝一日回归祖国的希望。

2018
5
MAY

放学回家的路

那时,我在上海交大附中读书。这是一所寄宿制学校,学生每周回家一次,所以,一到星期六,我便草草吃了午饭,急不可待地冲出校门。

其实,倒也不是归心似箭,而是整个回家的路程有些漫长。

首先,在殷高路这条没铺过柏油的小马路上,我要穿过火车铁轨。我至今都常常会望着绵延而去的铁轨发呆,觉得只要沿着铁轨走,就可以走到遥远而向往的地方。那里是个道口,因此,火车开来时,就会放下细细的杆子,行人必须停下脚步,等待火车通过。我总盼着有列车驶来,所以宁愿放慢脚步,或者干脆故意等上一阵。在那里通过的都是货车,而且很少有逶迤的列车阵仗,基本都是火车头在那里进行掉头,开过来,开过去,有时竟需很长的时间。我倒是不急,看着那火车头,想象着它会将我带向何方。

走出小路,就到了南北向宽阔的逸仙路了。那个时候,像逸仙路这般当中以参天大树作为隔断的马路,在上海是很少见的,气势磅礴。路边就有51路和52路的公交车站,但我从不在那里上车。如果从那里上车，到大八寺（现大柏树）下来的话，我就要买一角钱的车票了，可只要少乘一站，仅需五分钱。说起来，往三门路行驶的这一站特别长，所以，要走一站的话，应该走从纪念路到大八寺的那一站，这是最短的距离。但我走的是最长的那一段，因为我要去位于那儿的一处烈士陵园。那是个特别安静的所在，即使有风吹过，葱郁的松柏也一动不动，所以风都是静静的。我会在那里走上一圈，将一块块墓碑上烈士的姓名和生卒年月念上一遍，然后席地而坐，思索烈士们在枪林弹雨中怀有怎样的理想、信念和勇气。

在东西向的邯郸路上，从大八寺到五角场，是有3路有轨电车的，这是上海最后一条有轨电车线路。同样，若我乘足需要六分钱，但少乘一站，只要三分钱。为了省下这三分钱，我当然愿意走一站路，而且，3路有轨电车东向的最后一站我特别想走，因为那里会经过复旦大学。尽管当时大学已不招生，可还是开了些工农兵学员班，所以，从校园外面朝里张望，依然可以看见在操场上跑步或者打篮球的学生的身影。我慢慢地走着，心想我这辈子一定是无缘跨入这所大学的，但或许哪一天我会和里边的人相遇相识。的确，许多年之后，我真的有了不少来自复旦大学的良师益友。

到了五角场，才走了三分之二的路，我还要从那里一直走到控江路。我不能乘车，是由于我还得做一件事。那时黄兴路的这一段改名叫宁国北路了，这条路的西面是一大片的农田，一年中看到最多的有两种颜色，一种是油菜花的金黄色，一种是棉花地里的雪白色。我总是紧贴着田边走，脚下不时冒出些野花来。我心无旁骛地不断蹲下身去,我是在挑挖马兰头呢。这片农田一直延伸到松花江路,那里有条河,这才算是到了尽头。这时,我上衣和裤子的口袋都已塞满了,身上都可以嗅出马兰头的草香来。我知道,此时,家里已经用按旬配给的豆制品票,买好了豆腐干,等着我回家后做出一碗切得细碎的美味的马兰头拌豆干。

那么多年过去了,这段放学回家的路却时常在我的梦里重现,虽说时过境迁,烈士陵园、有轨电车、田垄地埂都已不复存在;即使还在,与记忆中的场景也依稀莫辨,但是,梦里的一切却如此清晰,就像电影忠实地一帧一帧地放映。

雨打凉棚

不同于秋雨，黄梅时节的雨是绵绵密密的，可以不知不觉间把人的衣裳浸湿；而且这雨随心所欲，说下就下，说停就停，可以下得轻柔缱绻，也可以下得惊天动地。既是雨季，那雨也就没了时辰，白天下，晚上也下，而且时常下整整一夜。那雨声自然也是歇不住的，始终滴答滴答。因为那雨是打在我家窗子外面的凉棚上的，所以雨声被放大了许多。

其实，这凉棚原本是没有的，但是，我搬进这幢房子后，发现窗子是大的，虽然比不上豪奢的落地窗，但总可以看到更多的外景，可问题是由于外面一点儿没有遮拦，结果，阳光也罢，雨水也罢，统统可以直接倾向室内，而我的书桌是紧靠着窗下的墙壁的。于是，惶惶然间，就像左邻右舍一样，在每个窗子上装上了凉棚。这凉棚的材料谓之"玻璃钢"，需用电焊焊接钢架以作为支撑。凉棚有三种颜色可选，或绿色，或蓝色，或白色，因置于室外，积尘聚灰，难以清扫，所以白色是不敢选的，靠着一点浪漫的念想，最后选择了绿色，心想，当夏日的烈焰不可阻挡时，有一抹绿色总是会让人心旷神怡的。

对我而言，雨季来临的消息便是这个凉棚带来的，滴答声一响,外面的树叶还在摇曳,地上仍然是干干的,可事实上雨已经开始下了。因此,我觉得这凉棚还真是感知雨的第一物。其实,现在人们对自然的感觉并不如同想象的那样越加灵敏起来,大多借助甚至听凭外在的科技"武器",就说天气吧,出门前,不观天象不解节气,只按下手机里的气象预报软件,说不下雨就不带伞,说要下雨干脆就缩进脚来,当结果与预报大相径庭时便牢骚冲天,吐槽满地。殊不知,心象从来并不只是妄幻,而现代人的感知在弱化、退化也不只是妄言。我也一样,孩提时代,每当蜻蜓低飞时,会在外面一边奔跑追逐,一边乐颠颠地喊着"要下雨啦要下雨啦",可现在,只有在听到凉棚滴答声大作,方知雨水已至。

  虽然这凉棚遮了光,挡了雨,但整夜里落雨敲打的声音也实在是太大了,滴答滴答地打在凉棚上,就像钢铁的支架那般硬邦邦的,惊心动魄。这样的时候,就完全无法入眠了,心烦意乱,直接感受到喧嚣的弊端如此不堪。忽然间想到,要是这雨点打在树叶上会怎样呢,说不定那声音会减了大半的。于是,那些雨打芭蕉的诗句就丝丝缕缕地爬上了心头:葛胜仲说"闲愁几许,梦逐芭蕉雨",白居易说"隔窗知夜雨,芭蕉先有声"。芭蕉似乎是最为典型的关于雨的意象,自唐宋而来,一以贯之。真希望那些诗句是阐释雨点落在芭蕉上化作万般柔软,轻轻细细,让人在怜爱的滴滴答答的雨声中,酣然入睡,并在梦里回归故乡。

  但是,仔细一想,或许雨打芭蕉跟雨打凉棚一样,也是声如铜豆的。不过,许多事情一到审美层次就不同了,日晒雨淋后显得黯淡陈旧的凉棚,就是无法跟株高叶宽、经雨水洗涤后更加葱郁的芭蕉相提并论的。芭蕉也是绿色,可绿得鲜亮,绿得清爽,虽是草本植物,但先端钝、基部或圆形或不对称的模样自有一番神韵。夜更深,雨声也更甚。已是寅时,辗转反侧中的我一遍一遍地对自己说,且把凉棚当芭蕉,就像杜牧那样,"芭蕉为雨移,故向窗前种",在这个雨季之夜,幻想着为了不让雨水将芭蕉打得左摇右晃,打得轻轻的"滴答"变作重重的"哐当",就把长在凉棚上方的芭蕉一棵一棵地移种到窗前去。

2018
6
JUNE

车厢里的阅读

那天,我从合肥坐高铁回上海,中途,起身伸展腿脚,走到了两节车厢之间,忽然瞥见另一车厢画风大变:人人手捧一本书,专注地读着,没有玩手机的,没有看平板电脑的,而且也没有众声喧哗。仔细再看,原来都是孩子。我很好奇地问一位显然是带队的老师,他告诉我说,他们是一所小学五六年级的学生,都爱好文学,暑假里去上海搞一次游学活动,除了参观游览,还会与儿童文学作家见面,孩子们现在正读着这些作家的作品呢。

我默默地回到我所在的车厢,看着一车的人此刻无一阅读图书的,很有些感慨。以前,在列车上,是有很多人看书的,车厢里的阅读是一道世人皆誉的风景。有一回,我坐硬卧从上海去齐齐哈尔,车窗边的凳子上总是有人在看书。由于一节车厢里的凳子不多,所以,要占个座位并不容易,白天的时候我就没找到,只能蜷缩于上铺,伴着车轮的铿锵之声,将带着的书本举在眼前阅读,读累了就放下小睡会儿。如此反反复复,直到晚上熄灯后,我才看到有空位,即刻下得床来,坐在窗边,就着窗外星星点点的微光继续看书。其实,在旅途中看一本适宜的书,那是一桩相得益彰的快乐之事。因此,即使在快速运行的高铁上,还是有阅读者的,尽管有人想要告诉全世界似的近乎喊着打电话,尽管有人戴着耳机旁若无人地唱着跑调跑到海底的歌,喜欢阅读的人并不受到干扰,始终安安静静地看自己捧在手上的书。只是这样的旅客的确越来越少了。

德国学者希维尔布希在他写的《铁道旅行的历史》一书中说,铁路出现后,旅客的时间意识和空间意识起了很大变化。从前出门坐的是敞篷马车,座位狭小,旅客紧邻而坐,很容易以互相聊天来打发行程,而且,前后左右都可看到四周的风景,因而注意力便投在其中。但在列车里就不一样了,空间大了,有了个人活动的余地,而那些景致则看不完全了,只能透过窗户望着其匆匆掠过,加之行驶时间的延长,这就生出了无聊,需要以另一种方式来排遣,就这样,车厢阅读开始了。久而久之,车厢阅读也固化成了一道美丽的风景。我们这里是这样,别的地方也是这样。在从曼谷开往新加坡的"东方快车"上,在穿越阿尔卑斯山的欧洲"雪国列车"上,在贯穿北美大陆的太平洋铁路的列车上,旅客们做得最多的事无非是埋头看书、抬头看窗,以书中的故事和窗外的风景消磨途中的时光。我最近一次乘坐日本的新干线,车厢里两个年轻的时髦女子,全然不顾其他捧读书本的旅客,大声说笑,引得人们纷纷投去鄙夷的眼光,可她们还是我行我素,这还真是难得见到——日本的铁路乃至地铁、轻轨的车厢里是少有喧闹的,虽说也每况愈下,但至今看书的还是比看手机的人多一些——这时,有一位老先生站了起来,找到列车员说了什么,不一会儿,列车员向两个时髦女子走去，给了她们一人一本书，她们倒是就此收敛了。

  我忽然想到，一百七十多年前，随着铁道旅行的兴起，英国诞生了世界上第一家车站书店，接着，一家出版社还推出了既便宜又便于携带的"铁道文库"，库柏、霍桑、大仲马等作家的小说在此相继登场，由此也带动起了阅读风气。事实上，即便如今已是信息时代，但车站书店依然不衰，遍布全球各个列车站点，说明车厢里的阅读并不过时。当年，在那些车站书店里，有专门为旅客提供租书服务的，那么，在今天的高铁上，可否摆放一些书供旅客上了列车后随时取阅呢？我想，虽然有些难度，但或许可以试一试的吧，毕竟，车厢阅读的风景还是可人的。

树上的鸟儿

世上的事情就是这样,当你毫不在意的时候,就会是个瞎子,看不到近在眼前的风景;也会是个聋子,听不见耳畔美妙的声音。譬如说,我家窗外有一片六七层楼高的杉树,枝繁叶茂,以致密不透风,看不清里面的情况,但肯定是住着鸟儿的,因为不时有鸟声啼鸣,只是先前我从来都不在意,所以也就置若罔闻,渐渐地都不知道是否有鸟声了。

那个夏天的早晨,五六点钟光景,我从睡梦中醒来,忽然听得几声清脆的啾啾的鸟叫,这声音划过尚未全部苏醒的天地,空灵而曼妙,我被吸引住了,于是,我屏住气息,仔细地聆听起来。这鸟声是有节奏的,不像不间断地鼓噪的蝉鸣,仿佛只是有感才鸣,而且高低错落,声线丰富,好像有着对物事的评判;再者,这鸟声是有应和的,犹如对话一般,那就更加动听了。兴之所至,我索性打开窗子,望向那一片杉树,希冀从中探到鸟儿的身影,可是,我却没有看见。

我不识草木虫鸟,所以,我连这是什么鸟儿都不知道。其实,没有一种鸟儿的叫声是相同的,所以识鸟者可以通过叫声分辨出这是哪种鸟儿。我想,我辨不出声音,可如果能够看到它,描述它,甚或抓拍到一张照片,那识鸟者便会告知我了。不过,有意思的是,杉树里的鸟儿像是跟我捉迷藏似的,始终躲藏在枝叶深处,不让我看到它的影子。我又想,既是鸟儿,总该飞翔吧,故而有一天,我长时间地站在窗口,等待鸟儿飞出树丛,或者只是在树上跳跃。很遗憾,我终究还是没有看到它。

但是,鸟儿每天清晨依旧在鸣啼,宛若歌唱。我开始想象起它的模样来:如果是黄雀,它该有着翠绿色和黄褐色的羽毛,看上去就像全副武装的露营者。如果是红腹灰雀,那这会是一对儿,妻子的红腹没有丈夫那样色彩艳丽,但同样富有闪耀的光泽,据说它们是对着彼此发出鸣叫的,意在提醒对方周边是否有威胁,它们的鸣叫声简单而圆润。假若是斑鹟,它小小的身材,浅浅的衣装,看上去有些弱小,但却特别灵敏,会在栖息的树上不停地跃起、翻腾、俯冲,迅速地扑向飞蛾、甲虫和黄蜂,只是,这斑鹟是居住在榛树上的,而不是杉树。假若是蓝山雀,它的模样就像是个实验室里的科学家,戴着一顶蓝色的帽子,眼睛间有一条蓝线,如同眼镜架,瞳孔是深褐色的,前额白皙,喙部黑色,头颈和尾巴呈湛蓝色,背部黄绿相间,双翼上有一道白色的波浪纹。蓝山雀喜欢唱歌,一年四季都在啼鸣,但问题是其实它并不擅长歌唱,它唱起歌来有点儿单调,高音调是"吱吱吱",低音调是"唧唧唧",完全没有杉树林里的鸟儿唱得那么动听。

不过,不管怎么样,谛听鸟声总是一件让人愉悦的事情,可有许多人与我一样,在很长的时间里却忽略了它的存在;同时,随着环境的改变,如今的鸟鸣声也已经不像先前那样普遍了,这是很可惜的。谁都知道,鸟儿的鸣叫非但是大自然的合唱声部,也是我们人类日常生活交响乐的组成部分,一个没有鸟雀啼鸣的世界是不可想象的。好在我已被唤醒,明白了每个能够听见鸟儿鸣唱的日子是多么美好,多么值得珍惜。有一阵,我还很执着地想弄明白躲在杉树里的究竟是什么鸟儿,可我现在却彻底放弃了,事实上,知道不知道有何关系呢,只要那些鸟儿在天明时分,与太阳一起升起时在我的窗前自由、欢欣地鸣唱,便是最好的了。

2018
7
JULY

不惑的舞者

舞蹈家黄豆豆给我打来电话,声音里有些茫然,说他怎么忽然就到了不惑之年了呢,甚至都想不起中间这段日子是怎么走过来的。我听后,想到当年自己四十初度的时候,也是像梦游一般恍恍惚惚的,而且,甚至到今天似乎还远远达不到不惑的境界,以至常常会生出许多的疑惑来。

记得黄豆豆还不到二十岁时,我去采访他,时间安排在开演之前。那天上午,他在家里练习时不慎扭了脚,结果他父亲忧心忡忡了一整天。我在剧场后台采访时,黄豆豆正在化装,他父亲则在一旁帮他涂敷药膏,轻揉细按。我有些不解,心想黄豆豆自己倒是觉得没多大关系,他父亲是不是过于紧张了。有人跟我说,黄豆豆的父亲很喜欢跳舞,但时运不济,抱负得不到施展,所以他将自己未能实现的夙愿寄托在儿子身上。我听了,倒不以为然,因为我父亲同样富有文艺细胞,同样在那个年代难以施展才能,当看到我喜爱文艺时,总是竭力地呵护我、帮助我,所以我很愿意他将自己的理想"转嫁"给我,而我会努力地不辜负他的期望。我相信,事实上做父母的更能感知自己孩子的天赋,而且如果真的与自己的爱好相近,还更能有针对性地、细致地、切实有效地保护并增进孩子的才华。

没有人比黄豆豆更能理解自己的父亲了，尤其是在他父亲去世之后。黄豆豆给我打来那个有些茫然的电话后不几天，我便收到了他新近出版的《黄豆豆赏舞课堂》，除了四张DVD，还有他的随笔集《舞者随笔》。就在这本书里，我第一次看到了那些黑白照片，上面留下了黄豆豆父亲优美的舞姿。他虽然是温州一家工厂的职工，但他和厂里爱好文艺的工友们创作排演了不少舞蹈剧目，声名在外。黄豆豆写道："自从我踏上工作岗位那天起，为了能让我更好地训练，更好地舞蹈，父亲来到了他的出生地——上海，为我挑起了所有生活的重担。整整九年的时间，父亲默默付出，毫无怨言。终于有一天，不经意间，我突然发现白发已悄悄地爬上父亲的两鬓。可每当看到我和演员们在练功房里排练、在舞台上演出，他的眉宇间就会流露出幸福与欣慰之情。是的，父亲从来就是热爱舞蹈的，他将舞蹈视为自己最高的事业与梦想。"在黄豆豆的眼中，他的父亲是一个真正的舞者，而他对自己的照顾，与其说是成就孩子的事业，不如确切地说，他是艺术的"传播者"和"保护神"。

我读着黄豆豆的随笔，忽然发现他的"茫然"或许来自他对孩子的歉疚，他跟我说，他的大女儿都上小学了，小儿子现在也走路利索、说话顺溜，可他觉得由于忙于工作，自己在持家育儿方面的家庭责任担负是很有限的。我想，如果他以自己的父亲作为参照的话，内心确实会生出不少感叹的。好在黄豆豆是个有着极强领悟力的人，他在他的随笔里写到一次在长途飞机上的睡梦中出现了这样一个超现实场景：很多很多年之后，已是白发苍苍的自己即将与这个世界道别，突然，身后一个似曾熟悉的声音叫住了他，顺着声音缓缓回头，一眼望去，竟遇到了那个年幼的、还未曾习舞的、幼儿园编号为215的自己。他问他，还有最后一分钟，你此刻最想听到谁对你说话？他想到了同事、同行和观众，想听到他们对他舞蹈事业的肯定。但是，最终他选择的是希望听到自己的家人对他说："你是一个合格的男人。"

我觉得，一个在舞台上谢幕后便深深地融入家庭温情生活的人，一个对自己的孩子怀有深厚的责任感并愿意扶持他们展开理想翅膀的人，才是一个不惑的舞者，黄豆豆能够做出这样的选择，那他真是明辨不疑的四十之人了。他叮嘱我说，你也要多多地跟家人在一起。我说那是当然的，因为我也有喜爱艺术的孩子，因为我也有作为榜样的父亲。

儿童交响音乐会

前些天,我在贺绿汀音乐厅观赏了一场《仲夏夜之梦——GUMI 儿童交响音乐会》。我听过无数场交响音乐会,但儿童交响音乐会却还是生平第一遭。

我原以为这是一场儿童题材的交响音乐会而已,我甚至想到了音乐会的演出曲目:圣-桑的《动物狂欢节》、普罗科菲耶夫的《彼得与狼》、拉威尔的《鹅妈妈组曲》、莫扎特的《D大调嬉游曲》、贺绿汀的《牧童短笛》,但出乎我预料的是,这场音乐会的重心更在于儿童的参与,让孩子在交响乐队气势磅礴、恢宏的演奏中真切地感受、感知、体验音乐。那首耳熟能详的《找朋友》我听了、唱了数十年,但这次完全让我耳目一新。一群幼儿园的稚童走上舞台,在大型交响乐队的伴奏下,将《找朋友》唱得音乐感如此丰富,在一次次的变调后,越加高昂欢快,越加奔放嘹亮;忽然,节奏加速,原先的歌唱变得如同小朋友之间在进行热烈的交谈;又忽然地,旋律舒缓起来,仿佛大家都潜入了真挚的友情的海洋。我一边听,一边想起了自己的童年,许许多多的往事伴着动人的旋律一幕幕迎面扑来,终致热泪盈眶。

这场交响音乐会还有一个亮点，那便是幼儿聆赏。曲目中的确有我猜想的圣-桑的《动物狂欢节》，但却没有演奏全曲。事实上，这部管弦乐组曲即使在作曲家生前，也只公开演出过其中的一段。据记载，1886年，圣-桑先后到布拉格与维也纳进行旅行演奏，途中在奥地利休息了几天，就在这些天里，他应巴黎好友的请求，写作了一部别出心裁、谐趣横生的管弦乐组曲《动物狂欢节》，以生动而富有变化的音乐，描写了动物们在庆祝节日的行列中行进时的各种有趣的情形。整部组曲有十四段，描述到的动物有狮子、羚羊、大象、乌龟、袋鼠、公鸡与母鸡、驴子、杜鹃鸟、游鱼、天鹅等。但是，除了《天鹅》以外，这部管弦乐组曲直到1921年圣-桑过世后才被公开，而正式公演则还要往后。这次的儿童交响音乐会选取的是《大象》这一段，演奏者依据儿童的年龄、心理特征和接受能力，着重突出钢琴和低音提琴这两种乐器，钢琴弹奏着圆舞曲的节奏，低音提琴则哼唱着诙谐曲的旋律。整段音乐节奏轻快、幽默，描写出大象笨拙的步伐与滑稽好笑的舞步。由于音调和音色具有鲜明的标识性，再加上大屏幕上放映的同步视频，所以，幼儿们听得津津有味，迅速地进入了音乐情景，全然没有隔阂；最有意思的是，他们还站起身来，学着大象的样子，迈起可笑的脚步来，整个音乐厅如同欢乐的广场。这是我未曾有过的经历，以前听音乐会总是正襟危坐，可现在我却和孩子们一起开心地摆动起来，犹如加入了狂欢节的队列。

我们在让孩子接受音乐审美教育时，总自以为是地去为他们做指点，以让他们"理解"音乐的"思想内容"，却忽视了审美归根结底是每一个生命个体的内在感受，所以，与其说音乐的最高审美是理解"思想"，不如说是以最率真、最敏感的心灵去感受、感知、感悟音乐本身。这方面，我相当赞赏谷米音乐教育的创始人林海标先生，他反对孩子学钢琴或提琴时老是"孤身独处"，而是提倡钢琴、提琴与乐队的协同；也就是说，孩子在练习钢琴或提琴时，旁边有一个乐队与之相伴，使得孩子始终浸润在完整的音乐氛围之中，而且一开始就明白、懂得了音乐的"交响"，这种创新的教学模式和体系已得到世界音乐教育界的认可。

说实话，我以前还不知道有那么多儿童题材的交响乐经典作品，如今，我很向往能有更多的机会去聆听儿童交响音乐会，我想听到穆索尔斯基的《图画展览会》，听到保罗·杜卡的《小巫师》，听到理查·斯特劳斯根据童话《美女与野兽》创作的《单簧管与大管二重协奏曲》，听到巴赫献给他孩子的母亲的《安娜笔记本》，听到中国首位灌制唱片的钢琴家丁善德专门写给儿童的钢琴组曲《快乐的节日》。

2018
8
AUGUST

满城找爆肚儿

在北京出差的时候,有天晚上忙完公事已经十点多了,我的同事忽然想去吃爆肚儿。说实话,我对爆肚儿的态度是"有则不拒,无则不念",可我的同事不行,他是爆肚儿的铁杆粉,说是"三日不食爆肚儿,如隔一年"。年月与生命相关,生命是必须捍卫的,所以,尽管我完全无所谓,但我还是同意跟同事一起去吃爆肚儿。

但是,这个时候到哪里去吃爆肚儿呢?我们希望有的放矢,不摸石头就能过河,于是就给北京的朋友们打电话询问。一圈电话打下来,方知这根本就不是什么事儿,偌大的京城里爆肚儿遍地。一个哥们儿说,你们住处对面就有一家。我们立刻下楼,走到住处对面的马路上,却见一个不大不小的超市,但已结束营业了,而且无法想象这样一种超市里会设有包括爆肚儿在内的美食摊点。另一哥们儿实在,查了"度娘",度娘说,天桥有"爆肚儿石",门框胡同有"爆肚儿汤",还有"爆肚儿冯""爆肚儿满",不一而足。我们直奔天桥,天桥打烊了;又飞扑门框胡同,门框胡同周边也已在静谧中道了晚安。

坐在路边,再问一哥们儿,他说,到三里屯去找找吧。我想，三里屯那边不都是灌酒的，红酒、白酒、黄酒什么的，哪会有爆肚儿，可我同事说灌酒也得有灌酒菜，你不觉得酒和爆肚儿是绝配吗？好吧，我们扬手招了一辆出租车，老司机听了我们的要求，直接就往三里屯滚滚驶去。老司机一路缄默。都说北京的出租车司机个个都是脱口秀高手，可那晚碰到一个不说话的，还真有点儿稀罕。到了三里屯，老司机终于开了金口："我从来就没听说这地儿有吃爆肚儿的。"我和同事不约而同地叫起来，你明明知道此地没有爆肚儿，还载我们来做甚？他不置可否，说继续上路吧，北边肯定有。于是，我们坐着他的出租车一路北去，老司机还在胡同里钻进钻出，结果连个爆肚儿的影子都没找着，倒是惊扰了夜色中隐约传出的鼾声。

这回，不仅是又一哥们儿，而且连老司机都言之凿凿地确认："簋街一定有吃爆肚儿的！要是连簋街都吃不到爆肚儿，那这北京城就连京剧都甭想听到了。"话都说到这份儿上了，那在簋街吃爆肚儿肯定就是三个指头捏螺蛳——妥妥的了。老司机一边开车，一边跟我们聊起来，这下，脱口秀高手的才华展露无遗。老司机说："我对咱北京的爆肚儿做过专门的研究，这爆肚儿吧，分羊爆肚儿和牛爆肚儿，牛爆肚儿还好，只分两种，牛百叶和牛肚仁；羊爆肚儿就复杂了些，分成九种呢，羊散丹、羊肚领、阳面肚板、阴面肚板、蘑菇儿、蘑菇儿尖、食信儿、葫芦儿和大草牙。"老司机问我们："你们喜欢吃阳面肚板还是阴面肚板？"我是完全听晕了，我那嗜爆肚儿如命的同事也显得有些不耐烦了，说是不管阳面阴面，就是不阳不阴面也好。老司机刹不住了，又说起梅兰芳演完戏之后在后台等着吃爆肚儿夜宵的陈年往事来。

不觉间，车子已经到了簋街，看看时间，都快半夜十二点了，长长的美食街，灯已暗去大半。我们见亮着灯的店就闯进去，不料，还是没有爆肚儿，满眼尽是小龙虾。一个老板娘听说我们要吃爆肚儿，忽地笑出声来，说那玩意儿已经不时兴了，现在的人都吃小龙虾，来她店里都是一脸盆一脸盆吃的，吃得脸也成了红红的大脸盆。我们说只想吃爆肚儿，她想了一会儿，憋出一句话来："你们实在太'阿乌特'（out）了，爆肚儿就是现在的小龙虾！"

我和同事面面相觑，心想，此时的上海，或者成都，正是爆肚儿摊点刚刚出摊的黄金时辰呢。

北京的舅舅

小时候，我最感自豪的是我有一位在北京的舅舅。小伙伴们说你别吹牛了，你妈妈和你姨妈她们都在上海，你舅舅怎么可能一个人跑到北京去。我说，我舅舅就是一个人跑到北京去了，而且我还拿出了他站在天安门前拍的照片来——那是一张二十世纪五十年代的黑白照片，照片上的舅舅意气风发。这下子，小伙伴们也就很尊崇起我来了。

我舅舅和我妈妈、我姨妈是堂兄妹，原都住在江苏常州的乡下，后来我姨妈嫁到了上海，于是，我妈妈和我舅舅也一个个到上海来了。许多年后，我在舅舅位于北新桥三条的住家问他，你当年怎么就从上海跑到北京去了呢？他用夹着常州和上海口音的普通话说，你不知道我的心有多野，两条腿老是停不下来，一天到晚想往外跑；北京可是首都啊，我向往着呢，所以一天就跑到北京来了，来了就不走了。这些年，我因工作隔三差五会去北京出差，每次我妈妈总要叮嘱我，一定要去看看舅舅。他们三兄妹感情很好，从来没有断过联系，我姨妈全家老小十几口人浩浩荡荡一起去北京玩，就住在我舅舅家里；我妈妈去北京旅游，也是我舅舅全程陪同。我舅舅和舅妈对我也非常好,一听说我要去看望他们,就要留我吃饭。有一回,我都到我舅舅家了,可他却不见了人影,原来,他早早地就去外面等候我,他等的地方是北新桥三条的西边,而我偏偏走了东边的道,我再下楼去找他,看见他依然一动不动地站在路口的风中。

我舅舅真是个两条腿停不下来的人,如果我事先不约好,白天上门去,那他基本上都不在家里。舅妈告诉我,他总是一早出去,中午回来吃饭,午睡后又出去转悠了。我舅舅的家离雍和宫不远,有一次,我和朋友去雍和宫,经过附近的国子监时,居然看到舅舅悠闲地坐在路边,而在他面前的地上则放了个秤盘,看到我惊讶的样子,他说反正没事,一边晒太阳,一边做个小生意。我不禁大笑起来。虽说舅舅是个"移民",但他早已是"老北京"了,说起京城掌故来也是一套一套的,至少有关北新桥锁龙井各种版本的传说逸闻,都是我从他那里听来的,而北新桥三条这条长长的看上去颇为普通的胡同,在我舅舅的介绍下,方知实不简单,有着三百多年的历史,明朝属北居贤坊,清朝属镶黄旗,宣统时东段称赵公府,西段称王大人胡同,住过几位历史名人。今天,胡同里开有多家声名在外的小馆子,中国侨联、中国新闻社、中国红十字总会也都设在那里,而气派的古典风格的华侨饭店,据说是梁思成先生设计的。

年过八十后,我舅舅又动起了甩腿跑路的心思,这回是他思念故乡了,他想从北京跑回常州和上海看看,有一次都买好火车票并到达候车大厅了,结果被赶来的我的表兄妹们截了回去，他们不放心他独自出远门。舅舅为此跟我抱怨，甚至还与我密谋再一次不告而别回一趟老家，他说，这将是最后一次了。可是，他最终还是没能走成。那天，他跟我说，上个月腿脚还好好的，这个月突然开始有点儿肿有点儿疼了。我每次去见舅舅，他总是迫不及待地问我妈妈和我姨妈的情况。让我不堪的是，我姨妈和我妈妈先后离世的消息都是我在第一时间通报他的，他听了总是长叹一声，然后默然无语。

去年八月，在我舅妈去世后不久，我舅舅也跟着走了。但是，就像我会忘了我妈妈已经离开人世，时不时想给她打个电话一样，我也会忘了我舅舅的辞世。前几天与我表哥微信聊天时，我忽然问起："我舅舅怎么样啊？"都说有亲人在的地方就是你的地方，那么，因为我有"北京的舅舅"，所以，北京也便是我的北京了。

蝉声渐去

不知不觉间，第一阵秋风已经掠过。秋风起后，听了一夏的蝉鸣声便轻了许多，尤其是午后，原本是蝉叫得最欢的时候，可现在却已时断时续，声势低缓了。

我是从蝉声中感知相继到来的夏季和秋季的。

我家窗外的树木越长越高，并呈现着与窗口越挨越近的趋势，因此，我得以听到第一声蝉鸣。那是暮春时分，风逐渐地染上了热气，我将窗子开大，忽然间，睽违一年的"吱——"声响了起来。虽然这时的蝉声还比较单薄，但是，这一刻，我知道入夏了。而当蝉鸣声一天天地雄壮起来，及至响彻天地时，那夏意也就最浓最烈了。如今的夏季天数增加，气温抬升，所以，紧贴着树木的蝉便也延长了它的鸣叫。仲夏时，蝉鸣声几乎一刻不歇，高温的炙烤令人窒息，可倚在树端的蝉却不知疲倦地叫着，蝉歌轻快而嘹亮。直到有一天，我发现蝉鸣声似乎轻了许多，这才意识到漫长的夏日已近尾声，秋天悄然而来。不过，即使声音变得短促低弱，但秋蝉声声，依然真切，只是随着频率和音高的滑落，可以感受到秋日也在一天天地减去。

什么事情都是这样，一开始因为新奇还让人关注，但时间一长，就习以为常了；一旦变得稀松平常，那就很容易被轻视、被忽略，甚至惹人生厌。夏季里的蝉鸣也是如此，只让人喜欢了一阵，不多久便厌烦起来。想想也是，一清早的长号简直是火上浇油，仿佛在嚷嚷着今天又是一个高温日；午后起劲的合唱则打扰了人们的午睡，将短短的小憩搅得不得安生。于是乎，原先富有诗意的蝉鸣变成了不受待见的聒噪。但是，当蝉声渐去，午睡时，不再有蝉鸣相伴，安静中的我倒是感到了些许寂寞，感到不太适应了。我开始怀念蝉最为响亮的歌声，希望明年再与在我窗前的树上鸣叫了整整一个夏秋的它们相见。但我不知道的是，其实，我再也见不到它们了，因为它们在停止鸣唱之后，生命也就终止了。

原来，会鸣叫的只是雄性的蝉，而且蝉鸣声是雄性引诱雌性来交配的信号，而在交配之后，雄蝉就完成了自己的使命，很快便死去；雌蝉则开始产卵，它用尖尖的产卵器在树枝上刺出一个个小孔，每个小孔里产四到八枚卵，一根枝条上，往往要刺出几十个孔，最后雌蝉不吃不喝，也很快就"香消玉殒"了。说起来，蝉的一生非常神奇，要经过卵、幼虫和成虫三个不同的时期。那些小小的幼虫从卵里孵化出来后，先是待在树枝上，等秋风把它们吹落到地面后，便寻找柔软的土壤往下钻，钻到树根边，靠吸食树根的汁液过日子，少则两三年，多则十几年；而从幼虫到成虫还要经历五次蜕皮，其中四次是在地下进行的，最后一次最为壮观——夜幕降临，日出之前，幼虫钻出地表，悄悄地爬上树枝，然后抓紧树皮，蜕去干枯的浅黄色的壳，从蝉蛹羽化成飞虫。这就是给人以不少遐想的"蝉蜕"。虽然蝉的寿命很长，但是很少在阳光下生活，几乎一生都在黑暗的地下度过。得知鸣蝉这样的身世，我为自己曾经有过的对它们的厌烦而内疚，我们应该让蝉在树上尽情歌唱才对啊。

　　随着蝉声微弱下去，今年的夏秋正渐行渐远，但不管怎样，四季轮回，如歌的蝉鸣还会再起。可当我听到这样的消息后，心里却不敢乐观：作为蝉科昆虫代表的金蝉，不仅色泽辉煌，叫声动听，还有丰富的营养成分，其药用价值也很高，因此近年来遭受大规模的抓捕。由于金蝉幼虫在地下需存活五六年乃至十二三年才能破土而出，所以疯狂的抓捕导致其数量急剧下降，甚至有绝迹的可能，有些地区已经听不到它们的鸣唱了。蝉歌凋敝，湮没无声，这是何等地让人伤感和绝望！

悄然启航的《白轮船》

1974年,在上中学的第三个暑假里,我很偶然地读到了一本"黄皮书",那是"供批判用"的苏联作家钦吉斯·艾特玛托夫的中篇小说《白轮船》。所谓"黄皮书"是二十世纪五十到八十年代我国出版的一批外国政治、历史、哲学、文学类著作,因以单色调做封面,故而被称为"黄皮书"。这本《白轮船》的封面同样是土黄底,白边框,深褐色块面上压书名,灰不溜丢的,上一年的7月由上海人民出版社出版,书上注明"内部发行"。那时,这类书很少有译者署名,可这本书倒是写上了"雷延中"的名字,只是不知道这是一位译者的真名还是几位译者所用的集体笔名。

说起来,《白轮船》在中国的翻译出版速度还是挺快的,这部小说发表于苏联《新世界》杂志1970年第一期,三年之后便让中国读者读到了中译本,我以为选书者还是很有眼光的,而且对当时苏联的文学创作情况相当熟悉。当时,我们国内自己的原创性出版物不多,但要么不出,出了就印数巨大,如今十万册是畅销书"大咖"的起步门槛,而那时这个数字真的就是"毛毛雨"。因为是"供批判用"的,必须控制传播范围,所以,《白轮船》的印数是五万五千册,这意味着只有很少的人才能读到,不料,这本书却影响广泛,成了中国几代人的精神背书。

打开书来,迎面先是一篇批判文章,我是一个老实的孩子,所以先读了该文,算是读前打好了消毒的"预防针"。但是,当我一进入小说后,立刻就被深深地吸引住了,待等读完,还持久地陷于震撼之中,小说纯美的格调和忧伤的温情强烈地撞击着我正在成长中的心灵。《白轮船》在我那时有限的阅读经验里是十分特殊的,尽管我已读过一些俄苏小说,但这种吸纳了神话、寓言、童话、诗歌的作品我还从来没有见过,而作品中所体现的权力的异化、阶级的嬗变、道德的沦丧、拜金主义的盛行,也是我从来没有想过的。因此,这部小说对我而言真是惊世骇俗。

小说的主人公是个刚刚上学的七岁小男孩,而那时我也只有十六岁,所以觉得与小主人公特别容易走近,他的所言、所想、所行乃至所梦,都让我感到心心相印。小男孩天真善良,心灵纯洁得犹如一张白纸,他在父母离婚后与爷爷相依为命,他爱爷爷,而爷爷讲给他听的长角鹿母的故事深刻地印在他的脑海里。他痛恨恃权作恶的姨父,他盼望见到在白轮船上当水手的父亲,可当爷爷在姨父的逼迫下杀死了他心中神圣的长角鹿母时,他内心所有美好的幻想都被残酷的现实给摧毁了。于是,他选择跳入河中,变成一条鱼,游到伊塞克库尔湖,去寻找父亲所在的"白轮船"。"孩子,在和你告别的时候,我要重复你的话:'你好,白轮船,这是我!'"当我读着书中这最后一句话时,早已泪水盈眶。先前打的消毒的"预防针"非但毫无效用,而且就是在这个时候,我的心里萌生出一个愿望:以后,我也要成为作家,也要写出像《白轮船》这样的作品来——我的文学的"白轮船"就这样悄悄地启航了。

十多年后,作为世界文学经典的《白轮船》不仅已在我国公开发行,我也实现了自己的愿望,成了一名作家。时至2013年4月,华东师范大学出版社推出了由我的几位朋友联袂推荐的新版《白轮船》。在这个封面色彩瑰丽的版本上,已于2008年6月去世的艾特玛托夫的国籍从苏联变更为吉尔吉斯斯坦;其实,苏联解体后,艾特玛托夫曾同时担任俄罗斯驻卢森堡大使、吉尔吉斯斯坦驻比利时大使兼驻欧洲共同体和北约代表,这种一人身兼两国驻外大使的奇特现象在世界外交史上也属罕见。这个版本没有变更的是依然采用"黄皮书"的译文,译者署名还是雷延中。由于没有译者简介,所以,我辗转找到了该书项目编辑许静,她告诉我说,"雷延中"是个集体笔名。

楼 上 楼 下

我家住在四楼,楼上还有人家。这是一幢五层楼的房子,没有电梯,所以,有一天突然想到随着年纪的增加会爬不动楼的,便生出置换一套有电梯的房屋的念头。这样,一下子就忙碌起来了,东南西北到处颠簸着看房子,信息灵通的房屋中介更是呼啦啦地汹涌而来。但是,没有看中,要么房子太差,要么房价太贵。有人说,换房子岂能如此急吼吼的,要知道,这可比相亲难度大多了。于是,便又松懈下来,心想还是慢慢看吧,说不定哪天不期而遇地就确认眼神对上了。可是,没有料到,一天清早,楼下人家来敲门了。

原来,楼下人家的厨房漏水了。漏水点在他家放电饭煲的房顶上。楼下人家的房顶就是我家的地坪,在这地坪上,隔着水泥层和地砖,安着我家厨房里的水斗。叫来了物业公司的维修工,他们将弯弯曲曲露在外面的水管摸了一遍,说好像有点儿湿漉漉的。这个判断是相当严重的,等于说这些管子很有嫌疑。我们当即赶到小区大门边上的一家五金建材店,让老板上门来,将那些弯弯曲曲的管子全部换上了新的。我跟楼下人家说,我们把水管都换掉了,你们再看看情况吧。几天后,楼下人家又来敲门了，说还在漏水。绝望中，再次叫来物业公司的维修工，他们左看右看，然后说明管看不出问题，但不知暗管怎样，只能把地砖和地砖下面的水泥层敲掉，看看埋在里面的进水管的情况。这可不是小打小闹，家里好好的厨房必须开膛破肚。但是，想想楼下人家天天家里下雨也真不好受，何况毕竟还是局部性处理，也就下了决心敲掉。

两个维修工背着十八般武器来了。破坏总比建设要容易些，所以，电钻很快就把干净平整的地砖给撬得一地狼藉，然后，再用钢凿加榔头，掘地"三尺"，终于露出了埋在水泥中的那根暗管。这次真的看到了湿漉漉的一片，但是，湿的是地坪，而铜质进水管却是滴水未沾，干得如同枯叶。细细察看，不断有水从卫生间方向渗过来。维修工庄严地宣布说，进水管没有问题，可能是从厨房到卫生间之间铺设的水管漏了。我们连忙问，那该怎么办？他们说，唯有把整个厨房和卫生间凡有水管的地方统统敲掉。

那天，进水管被证明没有问题，但没有问题的进水管却被钢凿给凿扁了，楼下人家依然在漏水，可我家却一点儿水也进不来了，只好又叫来五金建材店老板，装了一个电动水泵，硬是把水给打上来。痛定思痛，为了让楼下人家精准脱困，从此过上好日子，我们只有做出最大的牺牲了——既然厨房和卫生间要整个敲掉，不如干脆把整套房屋一起敲掉算了，横竖横，不换电梯房子了，重新装修老房子！

艰巨而浩大的工程开始了。施工队进场后，应我们的要求，第一桩事情就是将厨房和卫生间彻底定点清除，让所有的水管暴露在光天化日之下。见证"奇迹"的时刻到了，所有的人都瞪大了眼睛：靠卫生间这边的橱柜背后的木板均已烂掉，整面墙竟是湿漉漉的一堵水墙。顺藤摸瓜，一路查过去，结果真相大白：漏水的不是我家，而是楼上人家的下水管出了问题，水势不可阻挡地弥漫着，钻过我家墙上的条条细缝往低处流去，最终流到了楼下人家。

　　这次，是我去敲楼上人家的门了。楼上人家确认情况后，十分体恤我家的委屈和无奈中做出的选择，决定马上进行堵漏。于是，我家请来的施工队转而开进了楼上人家。楼上人家同样让施工队动用十八般武器，非但撬掉了光滑如洗的漂亮面砖，还敲掉了功能齐全的按摩浴缸，当然也是弄得一地狼藉。不过，我家楼下人家的漏水问题终于得到了解决，我也终于吐出了长长的一口气。三家人家碰了个头，我对你、你对他、他再对我地不断拱手致歉，互相连连说着对不起。这一下，我心里不再抱怨，不再焦虑，倒是觉得暖融融的——楼上楼下，三家人家和和睦睦，就像成了一家子。

忽然而至的瞬间

有一些忽然而至的瞬间，由于出乎意料，由于时间短暂，也就格外让人慨叹，让人珍惜。

前些天，我照例在太阳落下前去小径锻炼，秋日里的小径被低落的蝉鸣衬得格外安静。这条小径长满了叫不出名字的野草，却连一粒星子般大小的花朵都没有，所以我每每抬头，看见眼前飞着的总是惹人生厌的很小的虫子。不料，当我正想离开时，回头一瞥，忽然发现一群白色的蝴蝶从野草深处飞起，就像是从地底里钻出来似的，它们呼啦啦地飞着，忽高忽低，成群结队。就在我惊讶之际，它们已经向西飞去，落日的余晖将它们染成了耀眼的金色，一瞬间，已然化作了云彩。

那个据说可以低空看到水星真容的夏夜，因为空气并不澄净，所以尽管我睁大了眼睛，屡屡更换站姿和方位，却终究没能一睹这颗充满神秘的星球的风采。凌晨四点多，起来关闭空调，打开窗子，吹吹自然风。忽然之间，一片树叶悠悠地飘了过来，最后落到了窗台上。我立刻伸手按住了它。这片树叶竟是清清凉凉的，似乎从另一个平行的季节飘来，又如同一直浸在一口深井里，可一点儿清晨的露水都没沾。倏忽而至的小小的清凉令我欣喜，我不知道这片树叶为什么要离开可以得到庇护的大树，在我这里停留一会儿后，继续它的飘荡，最后落土成泥。

我那天乘地铁，列车到站后，门一打开，司空见惯的情形立刻出现：冲进车厢的乘客争先恐后地抢座位。一位母亲占到位子后，拉过她的孩子去坐，可是，她那个八九岁的儿子非但坚决不坐，而且还让他的母亲站起来，他指着座位上面的告示说，这是爱心专座，只有老弱病残孕者才能坐的。他的母亲很是不快，说别管那么多，她好不容易才抢到了位子，坐着便是。可儿子却倔强地站立着，他的母亲犹豫了会儿，结果也从座位上站了起来。这件突发的事情让许多乘客感到诧异，一时间，车厢里静默无声，也没有一个人再去占用那个空位，直到下一站，被冲闯进来的一个中年男子抢了去。我相信，在刚刚过去的那整整一站的里程中，所有沉默着的人都感受到了心灵的触动。

有时候，我们常因生活中遇到的困难和挫折而生出沮丧来，觉得自己被他人、被这个世界辜负了，甚至怀疑起自己坚守的善良、正直和仗义来，于是在受到伤害时便戚戚然焉。这一次，我去做首届全国"99小诗人"评选的评委，在拿到由人民文学出版社第一次为孩子出版的获奖诗集《我爱诗歌》时，我被封面吸引住了。那是一幅充满童趣的蜡笔画，远处是一排深蓝色的难以逾越的山脉，高高而尖尖的山峰一座又一座，有一群鸽子已经起飞，但不知能不能到达或者飞越那道山脉，所以是白茫茫的一片。只有近处的一切才色彩鲜艳和明亮,那里有头顶上方的太阳,有脚下可以摩挲的草地,有粗壮的大树,有让人垂涎的草莓,还有两个姑娘在一扇敞开的大门前跳舞——它们都近在眼前,不容忽视。在新书发布会上,编辑带来一位女孩,向我介绍说她就是这幅画的作者。女孩向我打着手势,刹那间,我明白了这是一个聋哑孩子。忽然而至的瞬间,让我生出特别的感动来。我想,她那么小,就已经懂得了人生中如山般的障碍也许无法攀越,但是,却有可能使我们在精神上变得更加宽阔和丰厚,不管怎样,既要向难以预测的远方飞翔,也要在尚可落脚的近处翩翩起舞。

刀光剑影背后的温暖

释戒嗔在《小和尚的白粥馆》一书中将禅意写得十分走心，所以在海内外拥有众多读者，甚至有不少人踏遍江浙鲁豫一带的寺庙，希冀找到他和他笔下的那座天鸣寺，不过，他们都没能如愿，因为释戒嗔不愿抛头露面，那座山里的小寺庙及这位睿智而平和的小和尚终究隐没于云雾缭绕之中。

其实，释戒嗔保持他的神秘的一个重要原因，是不想受到外界的打扰，以便沉浸于自己的修习。或许得益于这样的安静，所以，他能够闭关数年研读史书，并于近日推出了一部讲述历史小故事的新著《有人说》。我读了这本他辗转捎来的书后，非常惊讶，因为几乎所有历史的书写都追求将历史写成能卷起千堆雪的狂风暴雨、惊涛骇浪，刀光剑影则是时隐时现，仿佛这才是历史本身的标配。可是，释戒嗔却打破常规，偏偏揭示刀光剑影背后的人性的温暖和光亮。他将发生在《二十四史》里的故事叙述得如此平静、如此优雅，就像平常生活里的日出日落。我想，当一切尘埃落定，心平气和地回溯历史，倒是有可能褪去表层的波澜壮阔，在一个个被淹没、被忽略的细节中窥察到历史的原貌。

我们对荆轲刺秦王、狸猫换太子、赵氏孤儿、岳飞之死之类的历史故事可谓耳熟能详,但这些流传的故事真的没有演绎乃至杜撰的成分?释戒嗔用一种在我看来和他本人一样神秘的方式,质疑甚至颠覆了那些因满足人们的猎奇心而罩上太多假象的野史杂闻。他用的神秘之法就是让历史事件中的人物以第一视角来讲述自己的故事,从而显得更为客观而真实。比如释戒嗔认为民间传说中的狸猫换太子的故事是缺乏逻辑的编造,漏洞百出,偏离史实很多,以致造成人们对宋仁宗赵祯的养母刘娥的恶劣印象。这次,释戒嗔让作为故事主角的赵祯自己来讲述了一回。赵祯是在母亲去世之后才知道自己并不是她的亲生儿子的,他难以接受这样的事实,因为在他心里,那个在炎夏里为自己驱赶蚊虫、哼着儿歌陪伴自己入眠的母亲,怎么可能与自己毫无血缘关系,而当他听到传言说当年母亲差人用一只剥了皮的狸猫从他的生母李氏那里替换了刚出生的他,并将他占为己有后,他彻底崩溃了。他开始痛恨起欺骗了自己的养母,还怀疑养母毒杀了自己的亲生母亲,但在他打开生母的棺木后,看到里面既不是发了黑的骸骨,也不是一座查无实证的空冢,而是下葬时用水银完好保存着的遗体,并身着皇太后的服饰,此时,那些有关李氏被毒杀的谣言自然不攻自破了。现在的赵祯知道了母亲对他爱得如此战战兢兢,甚至处心积虑地留下证据,告诉儿子自己一直厚待他的生母,而且不会做出任何可能会伤害母子亲情的事情。一个直到最后都没有让孩子察觉出自己不是亲生骨肉的养母,让我们可以相信,这不是赵祯太笨或者刘娥太会伪装,而是刘娥自始至终都将真挚的母爱给了养子。

我很喜欢释戒嗔重述的另外一个历史故事。两千多年前，吕后和戚夫人之间的那场太子废立之争，最终以戚夫人和她儿子刘如意的死亡而告终，吕后的儿子刘盈即位成了汉惠帝。历史上的刘盈是个很不起眼的帝王，《史记》中甚至没有属于他的本纪，刘盈只是他父母刘邦和吕雉故事中一个无关紧要的配角，他的出现也只是让他的母亲吕雉多了一些争权夺利的筹码。但是，释戒嗔却在《史记》里关于刘盈为数不多的笔墨中，发现了正史中并不多见却极其温暖的片段，并通过刘如意自己的嘴说了出来——原来，在刘盈的心中，他从来没有将刘如意当作自己的对手，他只是刘如意的哥哥，尽管他们同父异母，却依然情同手足。在自己的母亲吕后加害刘如意的时候，刘盈总是小心翼翼地保护着他，承担起了一个哥哥的职责，让刘如意真切感受到了兄弟之情。虽然刘盈的努力最后失败了，刘如意死于吕后的毒酒，但刘如意至死都不会忘怀刘盈牵着自己之手的那幕场景。

释戒嗔重述的故事，让我读后很是感动，在原本刀光剑影的背后，我看到了一些坚守的温暖；在原本充斥着鲜血和眼泪的故事中，我看到了一些闪烁的光亮。确实，人生中总有一些光亮不会熄灭，就像夏夜里漫天飞舞的萤火虫一样，永远不会被夜色席卷，无论那是多么深沉的夜。

丹·布朗的右手掌

今年5月,丹·布朗来了一趟上海,为他刚出版的中文简体字版长篇小说《本源》做推广。我被邀请去参加5月21日晚上六点在上海花园饭店为他举行的一个小范围的欢迎酒会,随邀请函还有一则通知:请大家谅解,不要让布朗签名,因为他的手受伤了。我看后,心里一紧,不知道他的伤情如何,我知道对于一个写作者来说,手受了伤真是一件要命的事情;当然我也会体恤他,不能强人所难索要签名,尽管我将《本源》放在了包里。

为布朗举办欢迎酒会的自然是出品方九久读书人。九久是个极有眼光的出版机构,他们早在2004年就引进出版了布朗的第一部小说,那便是《数字城堡》。说起这本现在被称为"令人惊悚"的书,当初却没有惊到读者,而是惊吓了布朗自己——英文版出版之初只卖掉了十二本,其中六本还是他妈妈瞒着他偷偷买下的,所以后来他用"血、汗、泪"来形容从文学新人到畅销作家的进阶之路。也许感恩于九久在这样的境况下还推出了这本书的中文版,所以布朗将自己著作的中文简体字版版权全部授予了九久。九久当然也很用心,所以布朗写出

《达·芬奇密码》之后，不仅在美国创下了书市奇迹，中文简体字版推出后，同样在中国也刮起了一股旋风。我和布朗的中文译者朱振武在电梯里不期而遇，当我们到达三十三楼时，只见一片灯火辉煌。

九久的副总经理刘燏告诉我，此刻，布朗正在贵宾休息厅与九久读书人总经理黄育海、另一出品方人民文学出版社社长臧永清，以及上海市新闻出版局局长徐炯、中国出版集团总裁谭跃、上海世纪出版集团总裁王岚等人聊天。我旋即问道，布朗的手究竟是怎么回事，怎么会受的伤？刘燏说，布朗的右手掌出了问题，得了腱鞘炎，不能握笔写字了。我想，受伤的原因就不必追问了，因为布朗自己描述过的写作状态便是佐证："我几乎每天清晨四点就起来写作，一直写到中午十一点，才稍微休息一下。要不是书桌上的沙漏每隔一个小时提醒我站起来走走，活动活动，以保证血液畅通，我会一刻不停地写下去。"我自己也得过腱鞘炎，右手掌的大拇指根部又肿又痛，究其原因，就是写字、敲击键盘过频或者过重导致的。趁着酒会还没开始，我到旁边的一个大厅里坐了下来，从包里取出《本源》继续读下去——我还有最后两章尚未读完。

忽然，刘燏跑来跟我说，你也去休息厅吧，我跟布朗说了，有位上海作家想见见你。我立即起身，去了贵宾休息厅。说实话，我很想看看布朗的右手掌，我不是不厚道，真的是出于关心。

布朗身着深色休闲西装，里面一件靛蓝衬衫，没有戴领带。正当我犹豫着要不要与他握手时，他却首先向我伸出手来。在他将覆盖在右手掌上的左手移开时，我一眼看到了他那只受伤的右手掌。果然是腱鞘炎引发的拇指肿胀，所以，布朗的手腕上绑了一只深蓝色的护套，将拇指全部包裹起来。我问布朗，这个护套能不能镇痛消肿？他告诉我说，主要还是管住拇指以减少活动。我说，你太勤奋了，应该好好休息一阵。他说，一个习惯了每天写作的人，其实是停不下来的，不知不觉地就会坐到电脑跟前。见我拿着他的书，他微笑着说，我可以给你签名的。我连忙问他要紧不，他说没关系。说着，他就在书上为我签了名。他是将笔夹在用深蓝色护套包住的拇指与无伤痛的食指之间写字的，这一刻，我心里为他的谦逊随和、平易近人、善解人意涌起很多的感动，我脱口而出："我能握一下你的右手吗？"他又微笑着点点头，我轻轻地用我的手握住了他的露在护套外面的四个手指。我说，对用右手写作的作家来说，应该保护好自己的右手掌才是。

酒会开始了。轮到丹·布朗致辞的时候，他说，这是他第一次来中国，来上海，而且还坐船游览了黄浦江，上海的现代、干净和漂亮让他感觉非常美妙，或许他真会将下一本书的背景放在中国，而书名很可能会叫《太极密码》。他致完辞，又悄悄地将左手覆盖住了那只受伤的右手掌。

王云五的壮游人生

我觉得没有人比俞晓群更适合来写《中国出版家王云五》这部书了，因为作为出版家，他是王云五出版思想的传承者，也是王云五出版实践的追随者。俞晓群每回与我谈他钟爱的出版事业，总是离不开王云五的话题，我真切感受到他对王云五的认识是深刻的，而王云五对他的影响也是巨大的。正因为这样，他所撰写的《中国出版家王云五》（人民出版社2018年3月出版，以下简称《王云五》）一书是翔实而可靠的。

王云五曾经这样说过："人生如斯，好像一次壮游。"他长长的九十二年的人生的确是非常壮阔的，在中国现代史上留下了无数的脚印，而他对中国文化生态的建构，对中国出版事业的推进更是鲜有比肩者。《王云五》侧重于展现作为大出版家的王云五的"壮游人生"，因而通过此书，我们可以了解到这位从来没有拿过什么文凭的人，是如何通过几乎长达一生的艰辛努力，而使商务印书馆这家享誉世界的老字号的中国出版机构建树着不衰的伟业。

俞晓群没有走常规的传记路数，而是凭借他对王云五多年的扎实研究，从自学生涯、出版事业、教育经历、笔墨一生、人际交往、基金会建设、在台湾地区出版等多个方面入手，不仅独辟蹊径地展示了王云五的整体形象，同时也表现出了他自己的写作智慧。由于我之前曾参与筹拍一部商务印书馆题材的长篇电视剧，所以希望用更多的细节来展现王云五自1921年进入商务印书馆之后所做的工作，但却所获甚微，细节薄弱。而《王云五》恰恰弥补了这一些，对王云五在担任商务印书馆编译所所长、商务印书馆总经理期间，坚持以"教育普及，学术独立"为出版方针，改革商务印书馆机构组织，引进科学管理方法，以平民化的出版视角、商业化的经营手段，带领商务印书馆度过"三次危机"，创编出版"各科小丛书""万有文库""中国文化史丛书""大学丛书""小学生文库""中学生文库"、《丛书集成初编》《四库全书珍本初编》等，都提供了精细、精准、精要的史料，使得我脑海里的王云五鲜活而生动。

俞晓群在书中描述的王云五抗战时期在重庆面对各种艰难险阻，依然坚韧不拔地继续出版图书的事迹，我读后特别感动。那时，日军飞机常来轰炸，人心惶惶，战时各种物资也十分匮乏，资金紧缺，但就是在这样的情况下，王云五苦撑危局，在1942年4月宣布重庆商务印书馆日出新书一种，为苦难的中国提供书本，以提振士气和国民文化素养，鼓舞民众的抗战勇气和信心。王云五先后推出了"战时常识丛书""抗战小丛书""抗战丛刊""战时经济丛书""大时代文艺丛书"等，同时还创编了中小学生战时补充教材，正如他在《自撰年谱手稿》中所说："我认为中小学生对于战时，实有必要获得的基本知识，而非平时编印之教材所具有的。因此我为商务印书馆另编中学及小学战时补充教材,以供各校之选择讲授,以期适应现实。"从中我们可以得窥王云五的远见卓识和襟怀抱负,他明白抗战的精神力量和未来民族振兴的希望更在文化,更在青少年;同时,我们也得以认识到所谓的"时势造英雄",这个时代的商务印书馆,确实需要一位像王云五这样的人——一位知识广博、意志坚定、永不言败、充满责任心、充满奋斗精神的人,带领他们走过未来遍地荆棘的旅途。

显然,出版是《王云五》这本书的主旨论题,俞晓群用四个专章深入介绍和讨论了王云五对中国现代出版事业所做出的贡献。其中,用整整一章的篇幅讲述王云五的"出版简历"。王云五是一位喜欢跨界、喜欢改变生活现状的人,所以书中详细地考察他在出版领域中忽而任职、忽而辞职的故事,非常有趣且耐人寻味。接着,用三个专章逐一讲述王云五的文化理想、选题思想和经营理念,在相同的时间段里,根据不同的主题,分别剖析了王云五的心路历程,三条线都力争细致入微,然后再将它们综合起来,使王云五的出版生涯跃然纸上。我对王云五于1964年7月以七十七岁高龄出任台湾商务印书馆董事长后,在出版选题建设方面再现高峰颇感兴趣。先前,由于两岸长期隔绝,我们对王云五在台出版方面的史实知之不多,而《王云五》一书则悉心勾勒了王云五的那一段经历,读来很是新鲜。王云五曾以《编著书籍当激动潮流不宜追逐潮流》一文阐述了自己的选题思想,并说:"我认为一个出版家能够推进与否,视其有无创造性的出版物。"正是坚持创造性,坚持要引领潮流而不随波逐流,使台湾商务印书馆成就了"人人文库""各科研究小丛书""国学基本丛书""新科学文库"、《古书今注今译》《云五社会科学大辞典》等多种富有创造性的出版物,而这些都是由王云五亲自点题、策划、创编的。事实上,我以为,王云五的选题思想及其实践对于当下的出版业仍是极具价值的。

胡适曾称王云五是"有脚的百科全书"。我觉得所谓"有脚",指的是王云五在实践中不断地丰富和拓展自己的知识储量,他原本已经学识渊博,但他完全不是死读书、读死书的人,他将知识实实在在地运用到了实践之中,再从实践中汲取更多的知识,这是真正意义上朝前行走着的"学习人生",他由此构建了自己的生活方式。俞晓群在书中用专节叙述了王云五的自学方法,其中"读书与研究"相当有意思。王云五将"真读书"的人根据培根的分析,分为蚂蚁类、蜘蛛类和蜜蜂类三种,蚂蚁会外出采集,蜘蛛会结网等待,而其中最高境界者当数蜜蜂,它既能外出采集,又会内在加工,所以他认为求学的目的不仅在于认真读书,还要学会自发思考,即求知与研究并重。王云五自学习惯的养成和自学方法的建立,我以为对于今天的年轻人也会很有启发的。

我在阅读《王云五》一书的过程中,不断地感受到俞晓群贯穿全书的对王云五的特别的理解和充分的认识。俞晓群在本书《后记》中写道:"我是被王云五先生热爱出版与文化的智慧、责任感与勇气折服了,从此产生了学习与追随王云五先生的强烈愿望。"确实,正是受到王云五的启迪,俞晓群在辽宁教育出版社社长任上时,主持出版了"新世纪万有文库""国学丛书""书趣文丛""万象书坊"等风靡一时的书籍，引领出版潮流，倡设书香社会；而我相信，当他写作《王云五》这部书时，回溯王云五那壮游人生，冥冥之中，他会与这位属于国家与民族的优秀的文化精英有着超越时空的心灵呼应。

东城在线约读

今年元旦刚过,语言文字学家李行健先生的夫人魏老师便来问我,愿不愿意加入一个微信群。我是很少加群的,而且即使入群也基本不去"打卡"。魏老师告诉我,那个群名叫"东城在线约读",是个读书社群,给爱好阅读的朋友提供一个交流分享的平台。我对推广阅读这样的事情总是不遗余力,以为同样胜造七级浮屠,于是,也就答应了下来。魏老师正式邀请我入群,我看了一下,群友尚不到百人。我刚一进群,一位网名叫"领读小助手"的群友就"迎面"给我送上了三朵鲜花。

"领读小助手"是这个群的"群主",真名叫李明,她热情地向我介绍了这个微信群的由来。原来,"东城在线约读"是"东城领读人计划"的线上部分,这个计划是角楼图书馆开展的一项图书进园区活动,旨在为北京东城区的全民阅读再添热度。至于在线约读的具体方式,则是约请新近出书的作者,在微信群里用语音跟群友们聊聊自己的作品,再用文字与群友们进行互动。魏老师不仅说服我入了群,并且很快就请我上线"约读"了。

3月19日,我在微信群里就我的长篇纪实文学《最好的时光》与群友们做了分享。这本书在我的文学创作生涯中非常特别，讲述了同患癌症的我与母亲相扶相持，以达观、坚毅的精神，努力将生活中最坏的日子过成最好的时光的故事，我希望读者能从我的经历中汲取一些勇气和力量。"约读"定于晚上八点半开始，在半个小时的语音聊天时间里，原先热闹的微信群一下子安静了下来，界面上只有一行行以红色小圆点作为标记的我的语音。说实话，有那么一瞬间，我甚至感到了某种孤独，不清楚那些我看不见的听我讲述的群友会有怎样的反应。我说完后，页面不再翻动了，如同凝滞的河水。但只一会儿，突然地，群友们的文字像浪潮般涌来，他们急切地告诉我听后的感受，那份心心相印出乎我的预料。而后的互动交流持续了两个多小时，大家仍是意犹未尽。

有意思的是，我也跟魏老师一样拉人入群了，而且还让他们上线"约读"。其中有一位叫安建达，自称"安大帅"，他是北大中文系毕业的才子，非但写得一手风格独特的小说，而且还擅长艺术雕塑，他的大型铜雕壁画在全国都首屈一指。我邀他入群不久，他便与群友们"约读"了他新近出版的短篇小说集《37传》，大受欢迎。他很快就成了这个微信群里的积极分子，也开始拉人，也让拉来的人去做"约读"。我亲眼见证了"东城在线约读"像滚雪球一般发展壮大，能有越来越多的人加入阅读大军，这真是一件让人高兴的事儿。截至10月31日，这个微信群的群友人数已达465人。李明告诉我说，迄今已做了整整七十场"约读"活动，群贤毕至，其乐融融。我很喜欢每次"约读"时写在海报上的那句令人遐想的话："在书虫的世界里与你共游。"虽说我人在上海，却因这个微信群能常常瞥见北京东城夜晚的灯火。

由"东城在线约读"，我进而知道了有"最北京的图书馆"之誉的角楼图书馆。这座图书馆是在1553年建造的角楼原址上修复的，角楼位于左安门东，外城边角，见证过无数的历史风云；楼高檐重，外面青砖灰瓦，里边则是一片中国红。在这样一座有着浓厚文化气息的图书馆里阅读，怎能不洞见深邃的智慧？"东城领读人计划"的线下活动就是在角楼图书馆内举办的，我期待着有一天能去那儿，从线上走到线下，与众多的微信群友一起打开书卷。

2018
11
NOVEMBER

极目长天问好音

叶宇青先生诞辰一百一十五周年之际，上海人民出版社推出了《叶宇青诗集》，令我很是欣慰，终于成就了一桩好事。

去年春上，我很偶然地结识了叶兆钤先生，由此知道了他的父亲，也由此读到了他父亲生前写下的旧体诗。他父亲叶宇青先生，字玉农，晚年别署抱遗，祖籍洞庭东山，是一位学识渊博却一生清平守节、淡泊名利之人。早先，溥仪的老师郑孝胥赏其才学，欲聘其北上，但他拒绝了；抗战时期，有人荐诸汪伪政府任职，虽高官厚禄他也坚辞不受。他一生只在设于上海的法国领事馆工作了二十六年，从1925年春开始主事领事馆文牍工作，直至1949年后中法关系中断乃决然辞免。上世纪五六十年代，商务印书馆筹划出版"汉译世界学术名著丛书"，叶先生参与译事，并为保持原著面貌，多次与出版社信札往来，谓"古圣贤者，焉能远拟未来，投合于千载之下"，最终使出版社接纳他的意见而不再对原著进行改动，这在当时的情势下是非常难能可贵的。叶先生于旧体诗功力深厚，刘海粟先生曾称其诗为袁枚以来所稀见，我读过后也甚为喜欢。叶兆钤先生对我谈起，希望能将父亲的诗作付梓出版，这既能传承中华文化,也是对父亲最好的纪念。我当下便应承竭尽努力,后来得到各个方面的支持和帮助,如今,封面典雅素净的《叶宇青诗集》在这个深秋问世了,我想,叶先生也当九泉欣然的。

事实上,叶先生的诗集能够得以出版,全赖他的几个儿子对父亲的敬爱之情。由于历经战乱和浩劫,叶先生的诗作散失大半,损毁难计,如《劫尘集》,他已自书序言,但诗作却散落无迹,我们现在只能从那篇二百余字的骈体文的序言中管窥大概,那是叶先生八十年前的创作,当时他个人正居丧父之痛,而国家又遭寇患之忧,万千思绪应尽在诗中。叶兆钤的三哥叶兆曦先生自新民晚报社退休后,精心整理父亲旧箧,乃从残剩旧书日记簿页中,陆续搜集出诗词二百四十五首,并一一校点注释。而叶兆钤的二哥叶兆澄先生同样为整理、出版父亲的遗稿而不遗余力,我从中感受到他们兄弟对父亲一片真挚的孝心。

《叶宇青诗集》分上编《紫琳腴阁诗稿》一百二十首,下编《抱憾室诗录》一百二十五首,按年代先后为序,"以次录之"。我在读叶先生的诗作时,每每因会心而动容。《西霞游草》为现存叶先生最早的作品,写于他十七岁之时。"别情如水最殷殷,桂棹且停寄语君。魂梦来时何处觅?西霞深处问闲云。"少年人对友情、对未来人生的怀想,都写得诚恳而舒朗。1938年农历丁丑除夕,他在《除夕》一诗中表达了对国难当头的忧愤以及对抗战胜利的期盼:"浮幢浩劫几时消,风雪关河岁又凋。何忍伤心思佳日,最难挥手送今宵。凄凉骨肉无家别,惨淡旌旗入望遥。孤屿一楼宁作恋,闻鸡且欲听春潮。"家国动荡,山河飘摇,旌旗在望,黎明可待,一切都凝于笔端。1952 年 11 月 7 日,叶先生写下了《五十岁作》:"谁将广乐奏钧天,梦断华胥亦可怜。我觉人间哀乐倦,强须扶醉过中年。"这是他在知天命之时,环顾周遭所生出的一番姑且勉强之意。《何须》是叶先生在其长子,也即叶兆钤的大哥叶兆纶先生在农村插队落户时不幸遇难后写下的悼亡诗:"尽看去日随流水,闲对长空送夕晖。历倦冰霜人亦老,凌云欲待几时归。"实是痛心疾首。《乞海粟画梅》写于 1969 年 3 月,诗曰:"嚼雪餐冰冷自知,怕看烂漫斗芳时。凭君玉照翻新谱,为写东风第一枝。"困顿时分,老友互勉,真情动人,刘海粟先生读后深为叹服,言该诗起结尤佳。

在我邀请复旦大学中文系教授、著名文艺评论家、旧体诗大家汪涌豪先生为《叶宇青诗集》作序后,汪先生断客披吟,为其才情而感动,认为诗作"缜密以栗,出清真而归玉田,总要以清为质,树体于雅,亦间有可观。"我深以为然。"极目长天问好音",时间的流水总是无情地淌过嶙峋的岩石滚滚趋前,好在岩缝石隙间也总会留驻一些东西,譬如叶先生的清雅而发乎真情的诗作,让活在当下的我们可以低回怅触。

云潮的承诺

原先为我收件送件的是快递小哥阿满,那天晚上出工时,因肚子实在太饿了,便去了附近马路边上的一家超市买面包,也就那么一点儿时间,装满货物的电动车竟被人偷走了,结果,在他做出一系列赔偿后,他的妻子"勒令"他即刻终止"快递生涯",回到故乡安徽。这样,联系我的快递员就换了一位。

新换的快递员有个很好听的名字,叫云潮,这是我加了他的微信后自动跳出来的,不知道是真名还是网名。微信是云潮自己让我加的,因为有一次我用他们公司的微信号下单给一批书友快递我的新书时,觉得实在太过麻烦,得将手机界面不断地翻来倒去,将通信录里的姓名、地址、电话一个个分别粘贴到微信号里,弄得手忙脚乱,头晕眼花,便对云潮抱怨了一下,他听后说,那你加我微信吧,以后你只要把那些信息发给我,我帮你一一下单。云潮很守承诺,每次还将填好的单子都拍成照片发给我,让我确认。

云潮年且三十,从山东来上海打工已有好几年了,但先前的几份工作由于各种原因都没做长,忽东忽西,所以也就一直跟妻女分居两地。两年前,他选择加入快递员大军,没想到这回倒是坚持了下来。他一安定,妻子今年过了年后也来了上海,两人租了一间屋子,可以互相照顾了,只是女儿要在当地上小学,只好托付给了家里的老人。云潮告诉我,他妻子曾不真不假地跟他说也要做快递员,被他"一票否决"了,因为他觉得快递员一天到晚在马路上飞,太过劳累,也不太安全,那是男人干的活,他不想让妻子这么辛苦。后来,他妻子到一家水果店当了营业员。

夏天的时候,我要发一个快递,便在微信里问云潮,能否来一次我家。他回复说,白天里要投递的物品太多,只能晚上来一趟。八点过后,我家的门铃响了。我打开门一看,除了云潮,他的身边还有一位小女孩。他说这是他女儿,暑假里到上海来跟爸爸妈妈团聚了。那天晚上特别热,不要说云潮的衣服像从水里捞出一般,连小女孩都满脸是汗。我忍不住对云潮说,这么热的天,你该让女儿待在有空调的房间里,怎么可以带着她来取快递。云潮告诉我说,他女儿一到上海就缠着爸爸妈妈,要他们带她到处去转转,还说这是他们向她承诺的。可云潮和他的妻子都没有空闲,于是他女儿说,那就跟着爸爸跑快递吧,可以坐着车子兜风。他只好答应了。所以,这些天来,每当他出工干活儿,女儿总是早早地跳到他的车上,然后,兴高采烈地跟着他四处奔走,由于一直在烈日底下,她的皮肤晒得又红又黑。我问她有没有想过让爸爸把车子开到外滩去,开到迪士尼乐园去。小女孩轻轻地摇了摇头,说跟着爸爸送快递,一路上已经看到很多风景了,心里很满足。听女儿这样说着，云潮的眼里露出一些无奈和愧疚。因为还要跑几户人家，所以，云潮和他的女儿匆匆走了，我都来不及给小女孩去拿一瓶冰冻的果汁。

　　不知从哪天开始，快递员不再送货上门了，不管你家里有人没人，统统放进小区门口搭建的"丰巢"柜里，然后给你发个手机短信，让你输入密码自取。说实话，我很发愁，因我时常会买上一大箱书，而书很沉，往往提不动。我将我的忧虑告诉了云潮，他对我说，你放心，只要安排由我送货，我一定还会给你直接送上门去的。前几天，云潮发来微信，让我在家等着收件，结果来的居然是一位女士，她说她是云潮的妻子，云潮已忙得分身无术，可因为对我有过承诺，便让她代为把我的快递送上门来了。

蜂　　缘

那天，儿童文学作家周桥问我，能不能帮他父亲一个忙。他父亲周天是科教电影《蜜蜂王国》的编剧之一，这部影片是上海科学教育电影制片厂在二十世纪八十年代初拍摄的，现已八十七岁的老人很希望能够得到这部电影的光碟，作为他的一段奇谲人生的纪念。我毫不犹豫地答应了。说实话，其实我并没有什么把握。我之所以应承下来，一是想帮助一位老人达成心愿，二是想表达我对如今已被人遗忘的中国科教电影工作者的敬意。

由于上海科影厂后来在改制中划并到我所在的上海文化广播影视集团（SMG），所以我顺着线索找了SMG下属的上海音像资料馆的叶汀，她是该馆广播媒资部主任，一位名副其实的知性女士，我平日与她并不常常联系，但我们却是有着共同志趣的朋友。她说，这事有点儿难度：第一，不清楚这部电影的拷贝有没有入库；第二，即使入库，也不清楚是否已经完成了数字化，如没有数字化也就无法制作光碟。可她同样毫不犹豫地答应帮这个忙。我想，她一定是出于和我一样的心念。

只是让我好奇的是，我先前只知道周天是一位优秀的出版家，长期在上海文艺出版社担任编审，却从来不知道他还是位编剧，而且居然写的是关于蜜蜂的科教片剧本。这里面会不会有什么因缘呢？在叶汀去寻找电影拷贝的时候，我则去打听周天的经历。

原来，周天曾下放到上海县接受"再教育"，那是一段苦闷而清冷的日子。一天晚上，为了打发寂寞，他外出散步，在暗黑的夜色中突然听到像是大型动物的呼气声，惊恐中他打开手电筒循声找去，这才发现声音是从路边的蜂箱中发出的。此刻，蜂箱底部的门全部敞开着，门口也罢，箱内也罢，都是密密麻麻的蜜蜂，它们头朝里，尾巴朝外，一股劲儿地鼓着翅膀扇风，真是蔚为壮观，聚声成雷。就是在那天晚上，他第一次见到养蜂人，并由此与蜂结缘。养蜂人告诉他，蜜蜂在夜晚扇风，是为了酿蜜，因为采来的花蜜含有大量水分，甜度也不够，蜜蜂需要通过扇风排除其中的水分。养蜂人的话让周天兴趣盎然，仿佛走进了另一个世界，尤其是他得知蜜蜂们如此融洽地团结协作，想到人们之间却常常相互敌对，残酷斗争，不免感慨万千，于是也萌生出了养蜂的念头。

后来，周天拜沈杜公社养蜂场教出来的喜欢养蜂的杜行供销社职工杨克勤为师，开始了自己的"养蜂生涯"。经过多次失败后，终于渐入佳境，有一年的六七月份，在冬青开花流蜜之际，他尝到了收蜜的喜悦。回到市区之后，他非但将蜂箱搬到了市区家里的阳台上，还请了创作假，开写《蜜蜂王国见闻》这本书。就在这时，上海科影厂的导演蔡锋正在筹拍一部关于蜜蜂的科教片，听说有人在写这样的书，便找上门来，邀请周天担任编剧。《蜜蜂王国》这部电影拍得很成功，生动揭示了蜜蜂家族的生活奥秘，以及蜜蜂与自然界和人类的关系，影片放映后好评如潮，还荣获文化部1981年度优秀影片奖，接着又荣获第二届中国电影金鸡奖最佳科教片奖。不过，由于后来周天搬迁到了高层住宅，他不得不中断了他的养蜂事业。

没过多久，叶汀那里就传来了好消息，她在片库里找到了《蜜蜂王国》的电影拷贝，而且已经转成了数字版。我立刻通报了周桥。在签订了相关协议之后，周天终于拿到了上海音像资料馆专门为他刻录的影片光碟，他梦想成真。前些天，周桥打来电话，说是老人要送我两瓶蜂蜜。我婉拒了，可老人执意要送，并说这是他亲自养的蜜蜂，而且真的是最后一次收蜜了——原来，他过了八十岁后，又开始养蜂了，只是将六箱中华蜂和五箱意大利蜂交由杨克勤托管；每到周末，他一早出门，换两次公交车前往杜行镇，下车后再由也已年过七十的杨克勤开着摩托车接他去蜂场看蜂。今年，收完蜜后，考虑到毕竟年岁大了，周天这才决定正式"金盘洗手"。我想，那我就不违拗老人的好意吧，不过，我不能独享，我也要让叶汀尝尝这份由蜂缘而得的蜜意。

业主的烦恼

由于楼下人家厨房屋顶"下雨",上来敲我家的房门,让我不得不选择"计划外的人生":重新装修住房。虽然敲掉原有的厨房和卫生间后才发现漏水问题源于我的"上家",但即便这样,浩大的装修工程也无法停止了。两个多月之后,施工进入内墙刷漆,总算看到了一些住房像个住房的希望——原本的屋子统统铲敲之后,满眼狼藉,尘土飞扬,根本没有可以居住的样子了。不料,卧室刷墙结束没几天,突然发现刚刚弄好的墙面凸起了一个个泡泡,经多方"会诊",确认是外墙渗水所致。因为最近老在下雨,雨水打在墙面上,透过开裂的道道缝隙,渗入我家的内墙,导致新漆的墙面起了壳。我以前还从未在外面细细"眺望"过自己的家,现在才看到霉黑斑斑,水迹漫漫,简直触目惊心。

施工队再次进行铲墙作业,屋子里重现一地灰土。由于外墙系公共部位,施工队说他们没有办法,让我自己去找物业公司来解决,而且他们说现在也只能暂停施工了,因为外墙的问题若存在,他们重新刷墙也是白搭。于是,我走进了小区里的物业公司,可一听他们向我介绍解决问题的途径和程序,我顿时汗流浃背，明白事情并不那么简单。公共部位的维修需要动用"房屋维修基金"，所以首先必须取得我的四邻的同意；物业公司强调说，至少要有百分之六十的住户签名。我拿着自己写好并打印出来的维修申请报告，一家家地去敲门拜访，还好我居住的这栋五层楼房一共只有十户人家，要是三十层的高楼大厦，那我肯定会中途折腰的。上上大吉，我的善良的邻居们听了我的"哭诉"，都发善心签了名。第一步完成后，进入后续流程，由物业公司找维修队实地踏勘，并做出预算。一个多星期后，预算出来了，上面罗列了材料费、人工费、服务费、利润、税款等各项开支费用，总计两千余元。我被告知，现在要拿着有我邻居们签字的申请报告以及这份预算，让业主委员会签字同意。但是，直到这时，我才知道我居住的这个小区竟然没有业委会，打探之后方知，这个地方情况错综复杂，形势紧张，所以业委会迄今难产。由于没有业委会，我就必须要跑另外两个部门了，一是居民委员会，二是街道房屋管理办公室。

根据物业公司的指点，我去找居委会负责人和房办负责人，可我当即就陷入了类似先有鸡蛋还是先有鸡的逻辑纠结。居委会负责人说他不签字，但他可以跟房办的人打个电话。我去到房办，结果如同担心的那样，负责人真的凑巧外出开会。我问他的同事，他何时会回办公室，回答是不知道，让我先将那份报告和预算放在他的桌上，等待他"归来"的消息。我回到物业公司，告诉他们，居委会负责人说他不用签字的。可是，他们说不行，必须由他签字，否则无效。我不解地问，那他为什么说不用签字的呢？他们拿出早先的资料向我证明，他以前是签过字的，因此现在当然还要照旧。他们警示我说，如果他不签字，属于手续不全，那么将来这笔费用是很难报销的，你可能会拿不到钱。我有些发蒙，这钱与我何干？原来，即使手续齐全，这笔维修费用还得由我先行垫付，以后再伺机报销，至于这个机会究竟出现在何年何月，他们说，那就谁也说不清楚了。我说，可不可以暂先不要等各方面签字了，何况他们肯不肯签字都不知道，反正要我自己垫付这笔钱的，你们就先让维修队来施工吧。他们一口拒绝。

像我这样从不拖欠物业管理费的优质业主，碰到问题后会被如此对待，真是让我烦恼丛生。我不明白，这样的维修程序为什么不以文件明确规定；我也不明白，如此复杂的流程凭什么要我这个业主自己一步步地去艰难完成。见我像热锅上的蚂蚁急得团团转，物业公司倒是安慰我说，好在入冬后雨水少了，你就耐心等等吧，再说外墙最好要多晒晒太阳，让它干透。

一路坎坷后抵达的安宁

前些天,我和朋友王琪一起去华师大一村,探望九十高龄的著名翻译家王智量先生。那日,天高气爽,流动的白云将都市的喧嚣推远了许多,在我一个台阶一个台阶地攀爬智量先生所居住的那幢没有电梯的老公寓时,我想,一个人需要走过多少的坎坷之路后,才能终于看到平坦。在我到达位于四楼的智量先生的寓所时,我不禁吁了口气:我们一直念兹在兹的一份安宁是多么来之不易。

斗室亦生辉

智量先生的寓所有三间房间,以前他每天待的时间最久的是他的书房,他一直是个"读书狂",他的许多藏书的背后可以说出一段故事来,而他那些脍炙人口的译著以及原创小说也多是在书房里写就的。可是,现在,他去得最多的不是书房,而是那间会客室。会客室朝北,是三间房间里最小的一间,真真切切的"斗室",所有的空间都被填满,仿佛都少有落脚的地方了。但是,智量先生如今喜欢在这里休憩,或是坐在桌子前，或是仰靠在沙发上。他在这里看看书，写写字，望望窗外。在我看来，他这样的移步，其实是他的人生状态的转变，他已从繁忙的工作转到了安宁的休闲。而小小的空间是给人以包容感和安定感的。

此刻，智量先生坐在长沙发上，我则坐在他的对面，我的椅子旁边是张桌子，桌上除了书和什物，还放了整整两排各种各样的瓶子。见我有些诧异，智量先生告诉我说，那是二十来种"补品"，每天都要吃的。这是他妻子吴妹娟老师给他配好了的，他绝对相信他的妻子。

智量先生称他的妻子为"吴老师"。在我们与智量先生交谈间，吴老师也过来坐下了。前不久，她出去买东西时，不慎被电动车撞了一下，受了点儿伤，所以她一边按揉着还在疼痛的臂膀，一边说，前一阵，智量先生听从医生的话，去医院住了一段时间，可她却不以为然，认为其实不用住院，而且智量先生住院后反倒还瘦了，气色也没以前好，因此，她决定由自己来对智量先生进行健康调理。吴老师说这话的时候，智量先生在一边不断地笑着点头，表示认可。他真的精神矍铄，脸色红润且富有光泽，让人感受到生命的饱满。只是他指着自己的牙齿说，你们看，我的牙齿很整齐吧，可其实一个都不是真的，都是假牙，我现在硬的东西吃不了，不过，这些"补品"倒是全可以吞下的。

以前，我曾看到过一张照片，照片上的智量先生在盛夏天里，只穿着一件背心，坐在书桌前，一手拿着摘下的近视眼镜，一手在翻书页看书，书桌上有书，有电脑，有台灯，有笔筒，有台历架……但是没有那些"补品"。那时的智量先生在结束"无业游民"的落魄生活，去华东师范大学从教后，想必为了把过去落下的时间给抢回来，所以每晚都挑灯夜战，在短短的几年时间里，他的创作达到了巅峰状态，著（译）作等身。显然，现在的智量先生已经进入从容不迫的境界，他开始享受迟来太久的安定生活了。

小小的斗室里，最显眼的莫过于墙上挂满的绘画和书法作品了。这些作品都是智量先生自己创作的。事实上，智量先生出身于书香门第，从小就开始学习琴棋书画。他祖籍是江苏江宁，但1928年出生在陕西汉中，他的祖父王世镗是位名震遐迩的书法家，于右任曾称其为师，并邀其携家眷赴南京任职。智量先生的母亲毕业于上海圣约翰大学，父亲也是那一代的知识分子，所以，他受到艺术的熏陶是极自然的事。我很喜欢他画的葡萄，疏朗大气，墨绿色的枝叶覆盖下，已经成熟的紫葡萄一串串地突破羁绊，如瀑布般直泻而下，蔚为壮观。我想，智量先生笔下那些葡萄如此奔放、欢腾，是不是象征着他自己苦尽甘来的生活？我环顾智量先生小小的会客室，被那份恬静安然所感染。

笑容真灿烂

今年夏天，智量先生受节目主持人董卿邀请做了中央电视台《朗读者》节目的嘉宾，他历经坎坷不改初心，精益求精地翻译普希金《叶甫盖尼·奥涅金》的人生故事，深深地打动了无数的观众。节目中,他给人留下最深印象的是他脸上孩子一般的纯真笑容,即便谈起以往的苦难时光,也满是轻松的语调,有观众赞叹说:"经历过人生大喜大悲的老先生,眉目间却满是祥和与天真,就像是在痛苦中开出的花朵,因为苦难的浇灌,而格外坚韧。"

智量先生没有任何的刻意,他的笑容是发自内心的,这堪称天真的笑容,在他清澈眼光的沐浴下,显得无比灿烂。我不知道一个人究竟要达到怎样的境地,才能在笑容里抹去所有的悲伤和痛苦。

智量先生说起了一段往事。那是1960年冬天,他从甘肃陇西死里逃生,蜷曲着身子,裹着一件破皮袄,躺在火车硬座座位底下三天三夜,来到上海投奔自己的父兄。到达上海的第二天,他所在派出所的户籍警便登门造访。这位户籍警叫陈文俊,三十来岁,温文尔雅。智量先生向他提出申报户口的问题,他详细询问后就走了。智量先生及全家人都提心吊胆,认为希望渺茫,因为当时上海的户口已经严格控制,何况还是在全国大精简和大疏散的时刻,更何况他还是一个头顶右派帽子的人。果然,几天以后,陈警官上门来告知,上级不同意他报进户口。见智量先生的母亲和孩子哭成一团,陈警官说,我们再想想办法吧。后来,他极为细致地了解智量先生在甘肃当地的情况,包括他与同事之间的关系,当得知他所在单位的韩总编对他态度和蔼时,便建议他直接给他写信,要求出具一份他与原单位已完全脱离关系的证明。但智量先生却不愿再与那个单位的人打交道,他不想再因此而失去尊严。陈警官见他顾虑重重，就不断地开导他，帮他出谋划策，最终，陈警官的善意打动了他，他怀着恐惧发出了一封信。他没想到，那位韩总编在关键时刻帮助了他，在人事职员充满恶意的"证明"发出后，追加了一份他亲自撰写的实事求是的证明书。正是在好心肠的陈警官的开导和"指路"，以及不懈的努力下，智量先生最后得以报上了户口。

那么多年过去了，智量先生说起陈警官来还是满怀敬意。他心有戚戚地说，陈警官现在已经去世了，他很想再对他说一声感谢。与我同去的王琪是位既有爱心又富有教学经验的中学物理教师，他对智量先生说，我想传承这份珍贵的感情，如果陈警官后人的孩子在学习上需要帮助，我一定会尽心辅导。智量先生听后，满脸笑容，一迭声地说好。我体察到智量先生感恩的心情。现在我明白了，只有当一个人心怀感恩的时候，他才会笑得如此灿烂，他才会从过去的苦难中提炼和萃取幸福，从而让生活真正归于平静。

当年，智量先生在贫病交加中投奔在上海的父兄时，随身带着一只旅行袋，里面装的全是写有密密麻麻字符的香烟盒、报纸边、马粪纸等各种碎纸片，这就是他在极其艰难的劳改期间翻译的《叶甫盖尼·奥涅金》的初稿。在《朗读者》节目中，智量先生回忆说，1958年，他被迫离开中国科学院文学研究所，发配到河北平山县劳动改造时，临行前，时任所长何其芳正巧在厕所里和他相遇，他意味深长地用四川话鼓励他："《奥涅金》，你一定要翻译完咯！"其实，这里还有一个小细节的，那便是何其芳在跟他说这句话前，先走到门口探头看了看外面,确定没有其他人后才跟他这么说的。一方面是受到何其芳的鼓励,一方面是遵从自己内心的渴望,收拾行李时,智量先生将之前已经扔掉的那本俄语版的《叶甫盖尼·奥涅金》重新塞入了背包,他说:"我太爱这本书了,为它吃什么样的苦都值得。"

从翻译到出版《叶甫盖尼·奥涅金》,历时近三十载,在这漫长的岁月里,智量先生历经曲折起伏,饱尝世事冷暖,但他始终没有放下手中的笔,坚持到了最后。他微笑着说:"翻译既是我苦难的源头,也是我生活下去的力量,最终引领我走向通往幸福的道路。"这是智量先生对他翻译生涯的总结,在我看来,同样充满了对翻译事业的感恩,对从《叶甫盖尼·奥涅金》等伟大的文学作品中获取的温暖和力量的感恩,并因感恩而平和安详。

淡泊最幸福

虽然家住四楼,但智量先生常常会下楼去散步,前些时候,他甚至一天里要下楼两三回。他还像个孩子一样,央求妻子吴妹娟老师出门上超市、买菜时都带上他,他跟在妻子后面,满是欢欣,一脸幸福。他向我"抱怨"说,最近因为妻子受了伤,所以出门时因不方便而不带他了,他希望妻子早早好起来,外出时继续带上他。吴老师听后笑着说,哪有不带上他的。她掰着指头数起近期与智量先生一起外出散步、看戏、听音乐会的次数,当然了,智量先生上《朗读者》节目,也是她陪同去的。

吴老师真是个了不起的人,智量先生能够遇到她乃一生之大幸。吴老师是智量先生的第二任妻子,他们是1981年结的婚。吴老师系理工科出身,是科学院的工程师。现在我知道她给智量先生配的那二十多种"补品"是多么靠谱,因为她可以一一说出它们的化学结构和成分——她告诉我说,她是做过化学分析工作的。吴老师简直就是个"女汉子",用她自己的话说,"男人该干的活儿我全包了",家里的电视机、洗衣机、自行车坏了,都是她一手修理的,连坏了的电灯泡也由她更换。别看吴老师风风火火,气势强大,也是一个地地道道的"文艺青年",她热爱文学艺术,对文艺作品都有自己独到的见解,所以,她既是智量先生的生活伴侣,也是智量先生最为得力的工作助手。那年,上海译文出版社邀约智量先生翻译狄更斯晚年最重要的作品《我们共同的朋友》,智量先生白天上完课就对着录音机进行口译,吴老师则在晚上下班后,一边听录音,一边做记录,再交由智量先生修改校正,一部八十万字的长篇小说就这样在两人的合作下完成了翻译。

说起来,吴老师今年也已七十八岁了,但她依然辛劳地操持着家务,她不想让智量先生在这方面操心什么。我跟吴老师交谈的时候,智量先生静静地坐在一旁听着,眼里流露出满满的温柔。我想,数十年的相濡以沫,一定让智量先生感受到人生的满足,历经大风大浪,他在这份平和的感情里终于找到了自己的幸福和归宿。因此,在《朗读者》节目里,他将自己的朗读除了献给母亲,也献给了妻子——这是他生命中赋予他精神支撑的两位女性。

智量先生对现在安谧的生活很是满意,他说:"我尽管受过苦,但是我后来很幸福。我有一个非常好的妻子,儿女也都事业有成,我现在不愁吃,不愁穿,还有一万多块钱的退休金,这还不好吗?"一个在二十年间受尽身心折磨,在大西北的荒漠开垦过土地、在黄浦江畔扛过木头的人,在人生向晚时分,他对幸福和安宁生活的理解和浸沉是令人动容的。

智量先生如今比任何时候都更看重淡泊,而这份淡泊是加厚、扩展了他的幸福感的,也使他更加从容和自在。吴老师透露说,在参加《朗读者》录制时,工作人员曾要求智量先生按他们说的上下舞台,但他没有接受,还是按自己的想法"自在为之"。我跟智量先生说:"我在二十世纪八十年代就听过您用俄语朗读《叶甫盖尼·奥涅金》了,那是在上海市工人文化宫举办的一次文学讲座上,您的声音真的非常好听,具有生命和精神的质感,给人以美的享受。如果可以的话,您愿不愿意录制一些您翻译并朗读的俄罗斯文学作品的音频或视频呢?"智量先生听后摇了摇头。我明白了,现在对于他来说,健康第一,快乐至上,其他都不在乎,而这也是他的淡泊吧。我想,我们应该尊重和保护智量先生一路坎坷后方才抵达的安宁。

交谈间,吴老师说她要外出一趟。原来,这些天,为了给受了伤的母亲减轻一点儿劳累,吴老师的女儿接过了为智量先生煲营养汤的活计,而且还每每自己送过来。吴老师说,这样会累着女儿的,所以还是她把汤锅送回去吧。智量先生一听,笑着说,那你赶快去吧,这次我就不跟着你啦。说着,他随手拿起了那本已经被他翻烂了的俄语版《叶甫盖尼·奥涅金》,他说这成了他的日记本了。

肥妈贵爸

肥妈贵爸是青年艺术家陈缘对他父母的"昵称",他妈妈胖胖的,爸爸却瘦瘦的,但他觉得爸爸更有富贵相。我先前常常听到陈缘绘声绘色地说他的肥妈贵爸的各种趣事,使我虽然没有见过他们,可却仿佛就在眼前。我真正见到肥妈贵爸,还是在陈缘患病之后。

陈缘是个奇才,文学、美术、音乐都拿得起来,在设计艺术方面的造诣更是令人赞叹。这位上海市创意设计工作者协会的年轻会员来自重庆,可他的创作呈现出浓郁的海派风格。我尤其喜欢他的儿童题材的装饰画,用了夸张、变形的手法,但充满想象力,天真烂漫,色彩饱满,童趣盎然。这些作品都在他发起的公益慈善活动"暖意计划"中进行义卖,以帮助边远地区的贫困儿童。《活在上海》是他作词、作曲的一首动感十足、积极向上的歌曲,里面有用上海话说唱的 RAP,"四大金刚当早饭永远吃不腻,粢饭配油条还要多放点虾皮,还有生煎小笼包不要太灵,上班地铁上挤得轧也轧不上去,啥人叫侬碰上高峰期……"他让他的肥妈贵爸听了,他们都说一句都没听懂,不过那份开朗、乐观、励志,他们是切实感受到的,他们一直为自己的儿子能在上海发展而备感自豪。三年多前，正在攻读硕士学位的陈缘回老家，与肥妈贵爸一起过年，然后去成都参加一个画展，不料突发疾病，竟至昏迷不醒。

在当地辗转治疗了一段时间后，那里的医生直截了当地让肥妈贵爸选择放弃。可是，他们怎会轻易放弃呢，这是他们唯一的孩子，是他们全部的希望和未来。于是，肥妈贵爸带着陈缘来到上海继续治疗。这些年来，我目睹了他们的坚强和勇气。陈缘在上海的治疗并不容易，数次转院，病情不稳，而且费用很大。面对种种困难，肥妈贵爸绝不言弃，日日夜夜守候在陈缘身边，悉心照料，寸步不离。我去医院探望时，肥妈贵爸紧紧地拉住我的手，他们都是老实巴交的农民，不善言辞，甚至字也认识不多。虽然他们没有跟我多说什么，但我却分明感受到从他们的手掌里所传递出来的强大的力量，从而与他们一样坚信奇迹终会发生。肥妈贵爸的坚守感动了众多与陈缘相识和不相识的人们，大家凝聚起深厚的爱心，也坚持不懈地为挽救一个年轻的生命而努力。

陈缘终于睁开眼睛了，尽管他不会说话，不会应答，但肥妈贵爸声声呼唤他的时候，他总是目不转睛地看着他们，我相信他是在细致地辨认消瘦了的肥妈和憔悴了的贵爸，我同样相信他是将他们对他的倾心付出镌刻在记忆深处。天妒英才，今年立冬之日，年仅三十二岁的陈缘还是离开了这个世界，离开了深爱他的肥妈贵爸。我得知消息后，都不敢与肥妈贵爸联系，我知道任何话语都不足以安慰他们，失去儿子的伤痛是永远难以平复的。但是，我再次看到了他们的坚强和勇气。前几天，肥妈贵爸与我通了电话，他们说人总得面对现实，生活总得继续下去。他们告诉我，已经在重庆山区的老家筹建养鸡场了，找了地，开始搭窝棚，并订了鸡苗，准备明年开春后就养上一千只鸡，同时养些鸭和鹅。他们计划喂养大后既卖生禽，也卖加工后的熟食。

肥妈贵爸平静地跟我说着，我一边听，一边抹着渗出眼眶的泪水，我觉得他们真是天下了不起的父母。我说，祝你们一切顺利。他们回答我——你放心，我们会好好生活的，因为这一定是陈缘希望他的肥妈贵爸做到的。

精心策划的过年

过年,应该是一年中最为轻松自在的,所有的计划也是洋溢着面对未来跃跃欲试的热情,因此完全用不到刻意和蓄谋。但是,四年前的那个春节,对我们家而言,那是必须用心策划的。

过年之前,母亲才从医院回家,她看上去精神很好,但她私下里对我说:我知道自己的病情,我想我上半年就会走的。虽然我跟母亲说你放宽心,前面还有许多的日子呢,但医生的诊断让我很是揪心,尽管做了多次介入治疗,可母亲肝部的癌肿还是在扩大。我和妹妹们想,也许这真的是母亲过的最后一个春节了,那我们一定要让她过得开开心心,快快乐乐。

大年初一,已经阴沉多日的天空放晴了,天色渐蓝。我们取消了先前在一家饭店预订的午宴,而是全部集中到了我小妹妹的家里——没有什么比一家人在家里吃团圆饭更为合适了,这样的空间没有在他人处的临时感和疏离感,因而无拘无束,更能凝聚和彰显无间的亲情。这次家宴由大妹夫掌厨,大妹妹和小妹妹打下手,后来,小妹夫也忍不住做了几道拿手菜。母亲坐在客厅里,我的小外甥们围着她跑啊,跳啊,她开心得合不拢嘴,一个劲地关照说"当心,当心,别摔着了",爱之切切,她享受着这样的天伦之乐。

开席了,一道道菜不时地摆上桌来,事实上,我们知道母亲吃不了多少,但我们就是要这种连续不断的感觉,听到母亲一次次地说"还有呀,还有呀",我们特别高兴,是啊,我们多么期冀母亲病愈的希望还有呀还有呀,她在这世上生活的日子还有呀还有呀,绵绵无尽。母亲喜欢吃的一道菜是冬笋烩烤麸和黑木耳,大妹夫特意多放了些糖;母亲是常州人,口味偏甜,但她在患了糖尿病之后,非常克制地不再在烧菜时往里面搁糖了。母亲尝了一口,笑着说,很好吃,甜津津的。我们大家都跟着她一起笑了,真是其乐融融。

吃完饭,我们让母亲睡了一个午觉,然后,全家大大小小,浩浩荡荡地向虹口东大名路北外滩进发。临出门时,我们问母亲是否需要轮椅,母亲想都没想,一口拒绝。她戴上了一顶簇新的绒线帽,这帽子五颜六色,缤纷的色彩煞是好看,因她以前戴的帽子都是素雅的一脉色,所以令人惊艳。

这时,太阳完全冲出了云层,阳光灿烂,天空蓝得几无尘埃。我们坐在江边,眺望对岸的江景,母亲一一指认着:东方明珠塔、上海中心、金茂大厦、环球金融大厦、国际会议中心……景致纷呈,唯美如斯。母亲的眼光往东投去,远处是杨浦大桥,她凝眸驻神,那是她一生中待得最久的地方,此时此刻,她的脑海里是不是随着江景拉开了人生记忆的大幕?我和母亲漫步在暖和的冬阳下。见一艘豪华邮轮停靠在黄浦江边,我对母亲说,什么时候我们也去乘一回豪华邮轮出游。她说,医生当初判断我只有一年的生存期，可我已活了两年多了，这两年多里，我游山玩水，去了那么多的地方，我把好看的风光都看进心里了，所以我是真的心满意足。母亲告诉我，今天是年初一，她决定停止一天吃药、打针。我说对的，新年的头一天不能从药开始。母亲不无感慨地说，我现在明白了，一个人最可怕的是活得没有生活质量，所以，我现在争的就是质量，就是品质。我心想，我们策划的这样的过年应该是符合母亲的心意的。后来，尚不到两个月，母亲溘然长逝，但因为她的生命中有过这样一个家人团聚、共赏风景的有品质的春节，所以我们感到一丝的宽慰。

小车的书单

远在海南的小车每到月底，都会在微信里发布一次他当月所读的书目，看到长长的书单，我总是钦敬有加。在这样一个已经很难让人静下心来阅读的时代，一个二十多岁的年轻人可以天天手不释卷，这几乎是有些不可思议的存在了。

当然，小车能每日里阅读，与他的工作也有关系。他老家在陕西咸阳，是在海南读的大学，毕业后，喜爱阅读的他找到了一份国营新华书店的工作，所以他选择留在了海南。显然，阅读对于一个善于思考的读者来说，其影响力会是巨大的。从小车不断发布的书单里，可以具体地感受到人文精神是如何一丝一丝地滋养着人的心灵，权钱膜拜是怎样一次一次地沦落到不齿的境地，而悲悯情怀是何以一点点地划燃前行的灯火。的确，小车的胸怀和视野愈益开阔起来，三年后，他辞掉安稳的工作，去了一家民营书店，而且还离开海口，来到了偏远的乡村——那家民营书店希望将阅读深入推广到少数民族居住的农村地区。

就这样，小车成了琼中黎族苗族自治县湾岭镇鸭坡村"盒子书房"的"店长"。盒子书房恰似其名，造型就是简单的长方形的小盒子，可别以为这是粗糙简陋的，恰恰相反，小盒子有着精致的设计，一如温馨的小家。鸭坡村的盒子书房有五个盒子，每个盒子的外观不尽相同，有的是木条，有的是竹子，有的落地，有的悬空；每个盒子都有自己的名字，有的叫"哲学家"，有的叫"艺术家"，有的叫"生活家"，其实就是图书的分类，明明白白。看上去简朴的盒子，一旦走进去，现代感扑面而来，不管是书架还是饰柜、桌椅，无不时尚而新潮。有意思的是，每个盒子还可以住人，含有民宿的概念，可让爱书的旅人在此驻留。一个盒子的外墙上这样写道："外物之味，久则可厌；读书之味，愈久愈深。"

说是"店长"，其实小车是"光杆司令"一个，什么事都要自己做，忙得不可开交，但是，比起先前的按部就班、一眼看到老，现在的工作倒是让小车觉得更有创意，有更多的可能性，因为未知，所以新鲜，可以想象和探索，从而让人焕发出跃跃欲试的活力。虽说小车是"最孤单的书店员"，但他没有时间寂寞，当他按着自己的理解，策划一个个主题书柜时，他不仅在五个盒子之间捣腾来捣腾去，他还必须坐定阅读，而且非但需要极大的阅读量，还要读深读透，不然无法有效地开展工作——没有什么比读书人做书店店员更值得信任了，因此，他每月的书单总是让我大开眼界。

小车很热心地招呼村里的孩子到盒子里来，但那些孩子来了之后对书却不感兴趣，乱翻一气，倒是更喜欢利用五个盒子淋漓尽致地大玩捉迷藏。小车想方设法让他们安静下来，站到书架前，为他们打开一本本书，并告诉他们书里有他们从来不知道的更大的世界。孩子们渐渐地能坐下来阅读了,只是他们极少买书,小车干脆将所有的童书都拆去了塑封,全部摆放在了用"树根人"装饰的书架上,那些"树根人"充满童趣,有的坐在高高的书架顶上,有的甩着长长的手臂在跳舞,有的则像太空人一样正星际巡游。不多会儿,盒子书房便成为村里的"少儿图书馆"了,每个孩子都可以在这里自由地阅读。看到孩子们津津有味地读书,小车觉得特别有成就感,那是因为他期望着能给孩子播下阅读的种子。

过年前,小车照例发布了"小车的书单",在这份新的书单里,我发现有我写的儿童文学。小车同时给我发了微信:"您快到鸭坡村的盒子书房来吧,到了晚上,可以在满天的星星下看书;而且,这里的孩子也等着您呢,您要是可以给他们讲一堂阅读课,那真的可能让他们一生难忘。"我想,我没有理由拒绝小车的这个邀请。

迟到的正义非正义

罗恩·威廉森是美国俄克拉荷马州庞托托克县埃达镇上的一个年轻的棒球手，志向远大，前程无量，可现实生活中的不如意使他常常心情沮丧，精神上也出了问题，缺乏安全感，显得紧张、担忧、焦虑、压抑。尽管如此，他还是一心一意地做着他的棒球梦，但没有想到的是，1982年12月7日晚上，小镇上发生的一起谋杀案彻底粉碎了他的理想和前程——他被指控为强奸杀人犯，并被判处了死刑，而证据只有一个，那便是他在拘留期间，因无法忍受折磨人的审讯，随口编造了一个口供，他说他做了一个梦，在梦里他喝了酒，有点儿醉了，"假设我正巧到了被害者的门口，敲了门，她说，等一下，我在打电话。想象一下，我闯了进去，强奸了她，最后把她给杀了"。

这样荒唐的"梦境口供"显然不足为信，但急于破案的警官、监察官和法官却不可理喻地像是抓住了最后一根救命稻草，随后竟然一步步地将这个口供给"证实"了。虽然每一次开庭，愤怒的罗恩都拒不承认，坚称无辜，甚至大闹法庭，但死刑令还是正式下达了，执行日期定于1994年9月27日星期二零点零一分。此时，距谋杀案发生已快十二年了，罗恩也已经在监狱的死囚区里关押了六年零四个月。根据美国法律,一经下达死刑执行令,立刻进入最后的一个程序"人身保护令",也即为最后的上诉。不幸中之大幸,罗恩遇到了珍妮特·切斯利律师,而这位律师提交的人身保护令上诉被随机分配给了联邦司法区的弗兰克·西伊法官和联邦治安法官吉姆·佩恩,他们在执行倒计时的秒针嘀嗒声中,凭借高度的责任感和职业道德,发现了罗恩一案的种种疑点,从而在死刑执行期只剩五天的命悬一线时分,下达了暂停执行令。接下去,在汤姆·兰德里斯法官,巴里·谢克律师,"无辜者计划"志愿者、俄克拉荷马州贫困者援助辩护系统的律师和工作人员的推动下,开启了该案的重审,1999年4月15日,罗恩终于被宣告无罪,重获自由。

罗恩出狱时,精神已经崩溃,四十六岁的人满头白发,一口烂牙,瘦骨嶙峋,看上去像个六十多岁的老头,他已无法重新开始安稳的生活,嗜酒如命,引发肝肾衰竭,出狱后仅仅五年便去世了,在这个世界上只活了五十一年。在他离世前的一年,2003年,真正的凶手格伦·戈尔站上了法庭的被告席。罗恩安葬两天后,美国著名小说家约翰·格里森姆在《纽约时报》上读到了讲述罗恩令人唏嘘经历的长篇讣告,很受触动,并意识到这篇讣告只是冰山一角。这位写过《杀戮时刻》《陷阱》《终极证人》等十多部小说(其中九部被改编为电影)的作家,之前从来没有想到过要写一部非虚构作品,但是,读完讣告几个小时后,他已经和罗恩的两个姐姐联系上了,就此开始了长达十八个月的调查和写作,最后出版了《无辜的人》

（译林出版社于2018年11月出版简体中文版，译者于霄）。

格里森姆一次次地回到事件现场，从与众多当事人的访谈和上百万份文件中梳理出案件的真相，还原了罗恩这个无辜之人蒙冤的整个过程。事实上，这样的真相揭示和过程追索，并不只是一部非虚构作品引人入胜的故事架构，而是通过对冤案产生的每一个细节的回溯，让我们清晰地看到本应伸张正义的刑事司法系统在侦查、检察起诉和审判的每一阶段、每一环节是如何失守的。罗恩的"梦境口供"是如此经不起推敲，但是，为了提高破案率，整个司法系统不惜弃置法律的尊严而合谋来"证实"罗恩的口供——他们找到因多种罪名而被判刑的格伦·戈尔，以要加重他的刑罚相威胁，拿着罗恩的照片，让他提供谋杀案发生当晚看见被害人和罗恩曾在一起并发生争吵的伪证，这一虚假证据导致建立了法律意义上的凶手与被害人之间的联系，之后，戈尔就与检方达成辩诉交易，检方撤销了对他的两项严重指控；他们数次用测谎仪对罗恩进行测谎，由于罗恩不停地坚决否认知道或参与了那次谋杀，因其不配合，导致每次的结果均为不利的"不确定"；他们对采集的三十一位男性的毛发、体液样本进行检测，由于当时尚缺乏DNA检测手段，仅凭检测者的经验和感觉行事，导致一直有选择性地对测试数据进行更改或阐释以指证罗恩，而很长时间内却没有人要求戈尔提供毛发和体液样本，后来即使采集了，但不久之后便告"丢失"；他们在监狱里寻找"告密者"，让与罗恩关在一起的人在法庭上陈述，曾经听到罗恩在悄悄地祈祷获得受害人的宽恕……就这样，司法系统一步步地成功坐实了罗恩的

"梦境"并非虚幻,而是真实的存在。这样的回溯让人触目惊心,甚至难以置信,然而这一切又都是完全真实的,因而比起小说,更加直击人心,更能唤起人们的思考。

格里森姆以其细腻的笔法和深层的关怀,将这幕荒诞而恐怖的闹剧撕开来,把那些不当的侦查工作、落后的检测手段和"垃圾科学"、说谎的目击证人、不负责任的辩护律师、懒惰的检察官、傲慢的法官一一呈现在人们的面前时,与其说在于展现冤假错案对于无辜者所造成的不可挽回的伤害,从而说明迟到的正义也是正义,不如说在于对美国刑法制度的精准剖析及对人性的深刻反省,从而印证迟到的正义因太过沉重,甚而如英国政治家威廉·格拉德斯通所指出的已非正义,因此只有完善并规范地执守法制,不再让无辜者蒙难,才是根本所在。对于正致力于防范冤假错案的当下中国来说,《无辜的人》无疑具有重要的启示意义和警示价值。

他还在我们身边

学者、文学评论家、编辑家刘绪源先生离开我们一年多了，因为觉得心痛，所以我每每想起他的时候，总是想一些他和我们在一起时的快乐时光。

上海作协儿童文学委员会的老领导周基亭是第一个告诉我刘绪源罹患肺癌的消息的，他希望我能够就治疗方面的问题直接与刘绪源做些商讨——由于我自己也得过癌症，所以他认为由我与刘绪源交流会比较顺畅。事实上，当时，由于无法进行手术，刘绪源对是否要进行化疗很是纠结。我是非常反对癌症患者的随意治疗和过度治疗的，但是，我们又不能全然放弃，坐以待毙。可令人遗憾的是，在这关键时刻，包括医生在内，也都是各说各的，甚至意见相左，所以，处于火山之上的患者相当无奈，最后的选择只能由自己或家人做出。刘绪源在胸科医院拍过一系列的片子，所以，我请求那里的领导和医生一定要把他当作家人一样地帮助做出治疗选择。他们反复地读片，最后告诉我说，由于当前病势的发展非常凶猛，所以只有一种方案可以选择，他们相信采用一定剂量的短期化疗将是有用的。既然是排他性的唯一选择，而且他们还将具体的化疗方案给了我，我也像家人一样地接受了。

我打电话给刘绪源，跟他说，你准备一下，我陪你去一次胸科医院。他说好的，到时候与医生一起讨论讨论。其实，我都已经帮他办好了入院登记，住进病房的当天就开始进行化疗。2017 年 1 月 23 日，我和他在医院碰头后，将情况详详细细地告知了他，还对化疗副反应的预防措施做了具体的交代。他不禁笑了起来，说我是先斩后奏，不过，他很信任我之前所做的事情，于是，一点儿也不再纠结，立刻答应了。为了让他精神放松，我在病房里陪了他一个上午，与他有说有笑地谈论文坛的"奇闻逸事"。

事实证明，这六次化疗是管用的，有效遏制了迅速扩散的病情。治疗结束后，刘绪源给我发来了微信："医生已看了 CT 报告，她算了一下，说病灶缩小了一半以上。一般小三分之一已是特效。我特地问，缩小是啥概念？是受伤了，还是……她瞪我一眼，是杀死，消灭了！当然化疗不会杀得那么彻底，让其偃旗息鼓，准备长期共存就是！"我自然很是高兴。刘绪源的精神明显地提振了，他还去外地进行了休养，在家人和文学界朋友的陪护下，看山看水，心情甚好。可是，他是一个钟情于事业的人，一边接受中医等治疗，一边又开始了工作，写文章，整理书稿，参加研讨会，担任文学奖项的评审。我非常担心他的身体，在得知他的病情又有反复之后，直截了当地朝他发了火，让他立刻老老实实地好好休息。他以一贯的儒雅笑着对我说，其实他很享受工作带来的快乐。我想，如果一个人能在病痛中从工作里得到快乐，也算是一种心满意足了。不过，我还是很忧心,甚至这种忧心让我情绪沮丧。

2018年1月8日,我在寒风凛冽中赶去看望已在弥留之际的刘绪源,他在临时观察室里,由于不是正式的病房,那张病床是有轮子的可以推移的救护用床,简陋而狭窄,他的夫人觉得实在委屈了他,心有不忍,希望他临走时能躺在一张舒适的床上。她去找医生商量了,我也去找了医院的领导,他们答应帮着找一个条件好的病房。我抚摸着刘绪源因打点滴而瘀青的手背,伏在他的耳边说:"我们正在落实给你换一个地方,在那边你会舒坦一些的。"他紧紧地握住了我的手。可没想到,我刚刚离开,医院的领导便给我打来了电话,说现在他这样的情况已无法转移他处了。我听后,顿时泪水盈眶,我为自己最后没能帮到刘绪源而难过,但我决定不告诉他的夫人了,我怕她会因绝望而更加自责。

刘绪源离开我们一年多了,可他的亲朋好友们却一直念叨着他,仿佛他根本就没有离去。3月13日,是刘绪源诞辰六十八周年,我们会聚在一起纪念他,大家都说好了,不用悲伤,聊聊那些与他一起谈笑风生的日子,因为他还在我们的身边。

蹚回岁月的激流

前一阵老屋大修,搬到临时居所,所有的东西都打包装进大纸箱里,其中有四个纸箱,我特意用加粗黑色记号笔标注了《文汇月刊》——这是我迄今保存完整的两种杂志之一,从第一期到第一百二十一期,一本不落。虽然我只是这本杂志的一个最普通的读者,但是,对我而言,这不仅仅是一本物态的杂志,而是密密匝匝地糅合了我的一段非常时期的生活。今年正月元宵节刚过,我读到了中国大百科全书出版社最新推出的罗达成撰写的《八十年代激情文坛——我在〈文汇月刊〉十年》,顿时,重新蹚回到了过往岁月的激流之中。

一

罗达成的这部回忆录堪称煌煌巨著,近五十六万字,厚达五百五十多页,以这样的体量来记录《文汇月刊》十年的出版史其实并不为过,它是庞大的,也是厚重的,更是激扬的,作为这本杂志的副主编,作为见证并参与创造了《文汇月刊》的辉煌及至二十世纪八十年代中国报告文学黄金期的编辑家和作家,罗达成充满激情和温暖的叙述真实、真切、真诚。这样的回忆录由罗达成来写,确如上海市作家协会副主席、《上海文学》杂志社社长、诗人、散文家赵丽宏所说:"非他莫属。"

《文汇月刊》真是文坛的一个奇迹,一创刊便以名家荟萃、琳琅满目、锐意进取而让人们竞相传阅,交口称赞,很多期均因打动人心的文章而洛阳纸贵。1980年1月,这本杂志横空出世时,我还不到二十二岁,正在上海沪东一家小小的房管所里做着木匠,每天背着装满刨子、锯子、凿子、榔头、螺丝刀的工具袋,按着居民的报修单,挨家挨户去修理木门窗和木地板,更多的时候,则是跟着施工队将新村里原有的弹硌路面统统铲掉,铺上水泥路。可我的心里却有着一个梦,我希望有朝一日能成为记者和作家,虽然这个梦实在是遥不可及,但我却孜孜不倦,所以,每当《文汇月刊》出刊,那一天总像是我的节日,我愿意读着杂志陷进我的白日梦里。

我是《文汇月刊》忠实的订户,但邮局送来的杂志常常被人"捷足先登"拿了去,我只好再去报刊亭购买,可好几期内容精彩的杂志刚上摊便被抢购一空。罗达成在回忆录里也有这样的记录:新华书店只看了目录,就包下了开印的十万册创刊号,上市第一天,上海南京东路新华书店挤坏两块玻璃;孟晓云的报告文学《胡杨泪》发表后,各地索要这期刊物,只能匆匆赶印十万本小册子;刊登刘晓庆自传《我的路》的那期杂志加印到三十万册仍供不应求。罗达成在本书《写在前面:心头的熔岩与读者的梦》一文中,用"熔岩"来形容他作为编辑深埋心头的在《文汇月刊》的那段经历,而他所说的"读者的梦",则心有灵犀般地描画了像我这样有着梦想的普通读者,在《文汇月刊》的陪伴下走过的整个二十世纪八十年代。

由于那时我无法进入大学读书,所以,我就靠着自学来学文学,学艺术,学写作,而教科书就是《文汇月刊》。那时候,没有一本文艺综合性期刊能做到像《文汇月刊》那样,齐集了中国最优秀的作家和艺术家,期期都有豪华的作者阵容,都有后来被证明是经典的精品力作,这使我从一开始就有了一个追求的方向,我会反复阅读那些触动了我的报告文学、小说、散文、文艺评论、杂文,在上面用铅笔划满了标示重点的三角形、圆圈和波浪线。有一天,我外出干完活儿,回到房管所里,一个领导拿着一封写有我名字的信向我走来,我看见我的信已被拆开。领导说:"这是上海市工人文化宫《工人创作》编辑部寄来的,里面有你参加创作学习班的录取通知和听讲证。但是我要告诉你,因为这要占用半天工作时间,所以我们不同意你去!"我听后,觉得再解释什么也是无用的,所以,很干脆地说:"好吧,那就不去了。不过,请你把听讲证还给我,我要做个纪念。"领导听后,一边说"你又不去,要听讲证干吗",还一边当着我的面,把听讲证撕了个粉碎。我心里沮丧极了,掉头而去。这时,门卫间里的老戴叫住我说,你订的《文汇月刊》来了。我当即站在路边,读起了当期杂志中刊登的汪曾祺的小说《职业》,看到里面的主人公,那位卖椒盐饼子西洋糕的小男孩,为了生计非常尽职地吆喝,可有一天,见巷子里没人,他天真毕现,将"椒盐饼子西洋糕"调皮地吆喝成了"捏着鼻子吹洋号"。我读着不禁大笑起来，非但先前的郁闷一扫而空，文艺创作的激情更是空前地被点燃了。

二

《文汇月刊》是由文汇报社主办的，它的出版生逢其时，沐浴着改革开放的春风。罗达成在回忆录中引用时任文汇报社党委书记、总编辑马达的话说："那时正值百废待兴，我们也是雄心勃勃，计划在日报之外，再搞周刊、月刊和《文汇年鉴》。"当马达在为报社的发展勾画蓝图、运筹帷幄之际，刚刚归队的《文汇报》一位老将，也曾是《大众电影》主编的梅朵已经前来请缨了："希望报社能办一本以文学为主并扩及其他文艺领域的综合性的刊物，要办得与众不同，名家云集。"马达和报社领导班子很快就批准筹办《文汇月刊》，由梅朵和谢蔚明、徐凤吾组成了"创刊三老"。

这是一批有担当的具有高度事业心的人，罗达成在回忆录中详细讲述了梅朵和他自己因为忠诚于一份事业而倾心投入工作的故事。为了组稿，身患严重心脏病的梅朵每个月都要去一次北京，有时一待就是二十来天。那时，北京的高层楼房老断电，电梯停开是常事，梅朵便一次次地爬十几层的楼梯去拜访"高层"作家；他还带着面包和药片挤公交车，每天十来个小时地来回奔波，在文艺名家中横冲直撞。历经劫难的梅朵是个宽厚的长者，但他的组稿风格却疯狂而霸道，逼稿、催稿"不择手段"，一天里又是写信，又是打电话，最为厉害的"撒手铜"就是发电报，而且他发电报还总是掐着夜半三更，还总是"加急"，那重如擂鼓的敲门声在静夜里格外吓人，让作者胆战心惊，痛苦不堪，不得不乖乖地按时交稿，结果，"梅旋风"的绰号在京城作家圈里传开了，还被概括出一句话来："梅朵梅朵没法躲。"但正是这样的职业坚守和敬业精神，文学的沃野里开辟出了《文汇月刊》这块风光旖旎的新苑。

　　梅朵工作起来自己不喘气，也不让别人喘气。罗达成在《文汇月刊》做报告文学编辑的同时，在梅朵的"强压"下，自己也写出了众多优秀的报告文学作品。罗达成这样回忆他遭遇梅朵的第一次"突然袭击"：那是1980年11月中旬，他调到《文汇月刊》才两个月，去福建开会、组稿半月后刚回到办公室，就被梅朵截住了。梅朵说答应为下一期杂志写李谷一稿子的作者临时说不写了，可配发文章的李谷一的封面已经在印，所以，另外找人顶替来不及了，就由你去写吧，下午就去北京，机票已经为你订好，出差费用也给你借好了。罗达成听后，一下子被打蒙了，他完全没有准备，对流行音乐领域一片茫然，但梅朵不由他分说，将他逼上梁山，甚至凭空取好了标题：12月5日前一定要发稿，15日准时出版。就这样，罗达成被逼出了一篇影响甚广的报告文学《你好，李谷一》。我一直都很喜欢罗达成的报告文学作品，他的文字富有激情和诗意，同时也具有撼动人心的力量，他写的《中国的旋风》《"十连霸"的悔恨》《杭州市001号》《一个成功者和他的影子》《少男少女的隐秘世界》《与大海签约》等都成为我日后写作报告文学时的"标杆"。

三

其实,"梅朵梅朵没法躲",这句话我最早是从女作家程乃珊那里听到的。《文汇月刊》在强势突击报告文学的同时,也在小说方面锐意进取,推出了茹志娟的《路标王》、张辛欣的《疯狂的君子兰》、张贤亮的《肖尔布拉克》、李杭育的《红嘴相思鸟》等一大批优秀作品。《文汇月刊》另一位副主编肖关鸿主要负责小说这一摊,他很快就盯上了当时在文坛迅速崛起的程乃珊。程乃珊在1985年调到上海市作家协会任专业作家之前,一直在地处上海东北角棚户区的惠民中学做着英语教师,有时,我因为马路工做得又苦又累,还不时受到斥难,所以便去找程乃珊"诉苦"。我至今清晰地记得这所上海"下只角"的中学,门前的小路逼仄而潮湿,校门口放了一排开了盖的木制马桶,那是对面弄堂里的住家洗涮完后拎出来晒干的。我和程乃珊在学校的图书室里一聊就是很长的时间。其实,她那时也很困难,她想请创作假,可学校却不允。但她精神振奋地跟我说,没有什么可以难倒我们这些具有文学理想和信念的人的,我们最终都会实现自己的愿望。她的话给了我很大的勇气和力量。在程乃珊的推荐下,我在1983年发表了自己的"处女作",后来如愿以偿地成了一名记者。那时,程乃珊也被梅朵和肖关鸿逼得天天埋头写稿,但她不负众望地在《文汇月刊》上写了许多好作品,像中篇小说《女儿经》发表后风靡一时,很快就被拍成了电影。

罗达成在回忆录中，用一个章节满怀深情地写了他和赵丽宏的深挚友谊，回忆了他们第一本书的出版经历，让我们看到了文学跋涉者的艰辛以及收获的喜悦。有意思的是，我加入中国作家协会的介绍人之一便是赵丽宏。我后来不仅从事写作，还做起了制片人，拍摄电影和电视剧，我担任制片人的第一部影片便获得了中国电影华表奖，而我在影视方面的最初启蒙即得益于《文汇月刊》。

从2012年初到2018年1月底，罗达成写作这部回忆录用了整整六年零一个月的时间，从七十岁写到七十六岁，完成之时，用他自己的话说，这才如同无边苦海中始终看不到岸边灯火的一叶孤舟，挣扎靠岸。他在第一时间将完工的消息告诉了赵丽宏，因为他是动员他写这部回忆录的"始作俑者"，他曾在上海作协那个淡雅、书香味十足的咖啡馆里，"警告"罗达成："如果不以这本极有价值和意义的回忆录终结写作生涯，你一定会抱恨终身，不能原谅自己！"罗达成是怀着一份责任感和使命感来写这部回忆录的，他说他将不惜以生命为代价。写完这部回忆录才几个月，罗达成便被确诊罹患直肠癌，随即动了手术并进行化疗，我听到这个消息后，感觉真是悲壮如斯，我想，对梅朵、罗达成他们来说，《文汇月刊》的确是比自己的健康和生命更重要的。

1990年6月，《文汇月刊》最后一期的封面，是满头银发的柯灵先生，披一件黑色的呢子大衣，神情凝重地席地而坐，身后由方砖铺就的甬道上，是片片散落的金黄色的落叶，虽然枯萎，但呈现出曾经有过的生命的灿烂和饱满。《文汇月刊》

停刊后，罗达成转去《文汇特刊》，我曾在他主编的《生活》副刊上发表散文《烛照生命》，以此表达即使岁月的流逝和变迁无可挽回，但为理想和信念付出的努力不会被遗忘，将镌刻在人们的心里，镌刻在史书上。前几天，我问我曾经的同事、马达的女儿马晓霞，是否还保留着《文汇月刊》，她说她父亲去世之后，她把整套杂志拿回了自己的家里。我也问了我的好友张菱儿，她的祖父、曾在《文汇月刊》上发表过作品的著名诗人公木当初保存的杂志现在何处，她告诉我说，在河北辛集的"公木纪念馆"里。

鸭坡村纪事

我去鸭坡村小住了近一周。鸭坡村离上海很远,在海南的琼中黎族苗族自治县,即使从海口过去,还要坐近两个小时的长途汽车。我之所以去那里,是想看看这个国家级贫困县里的小村庄,在脱贫攻坚战的关键时刻正在做些什么。

鸭坡村因昔日常有人在山坡放养群鸭而得名,这里被称为琼中县北大门,自古便是商邑重地、交通要道,在抗战中立下过功勋。这样的革命老区,可以想见村里一直绵延至今的红色传统。鸭坡村总面积约八平方公里,现有农户一百来户,如果从附近省道另一边专为全国各地的养老"候鸟"们建造的高楼大厦俯瞰,鸭坡村掩映在一片绿色之中,日落时分,云蒸霞蔚。

临近中午时,外面的气温超过三十摄氏度,大晴天里一位穿着长筒雨鞋的妇女告诉我,先前村里真的是破破烂烂的,牛粪遍地,草木杂乱,但这几年,这里的面貌发生了很大的变化,譬如建起了时光木桥,修整了石筑瓦房,村道铺上了水泥,整个村庄干净整洁,古树、山泉、小溪、农田、人家,构成一派美丽乡村的景象。我在的这些天,正值凤仙花盛放,开得如火如荼,桑葚则到了最成熟的时候,吃得我满嘴满手都是紫黑色。

显然,多元化发展产业才是长久的脱贫之计。我从村民蔡汝进那儿了解到,近年来,鸭坡村大力发展无污染、无公害的绿色农业,其中就有生态养蜂项目。由于这里地处海南生态保护核心区,蜂蜜品质上乘,已经获得了国家地理标志,通过了国家认证,所以村里便将贫困户召集起来,每户由政府帮扶十箱蜂,大家抱团入股养蜂合作社,分批次发放蜂蜜分红,找不到销路的村民,可以把全年的蜂蜜分红放在合作社代销,确保年底能拿到五千元以上的现金收入。在养蜂场,村里请来的技术人员现场为村民传授养蜂知识,选址、冬季保蜂、防止逃蜂、人工分蜂、流蜜期管理、治理虫害……一一仔细讲解。参加养蜂项目的一位村民对我说,他过去每天睡到中午,吃点儿小酒,然后去喝老爸茶,跟人聊天打牌嚼槟榔,靠着家里的一亩三分地得过且过,可自从加入养蜂合作社后,他改掉了陋习,天天劳作,他管"生态蜂"叫"致富蜂",对未来的甜蜜生活充满了向往。

鸭坡村着力发展特色产业,我在村里边兜兜转转,忽而到了龙眼基地,忽而到了橡胶林;一会儿去了山鸡养殖场,成千上万只山鸡的啼鸣声此起彼伏,一会儿去了绿橙基地,那是琼中县较大的绿橙基地之一,占地面积达六百亩,这里出产的绿橙品相好、甜度高、口感佳,每年不仅为村集体经济带来土地承包的租金收入,还吸引了大批游客前来采摘体验,琼中县为此建造了一座绿橙电视直播间,每当绿橙成熟之际,举办丰收节，通过海南广播电视总台进行直播。多种产业也给村民们带来了多种选择，让他们有了更多的自主权，由此激发了生产积极性。那天，我的隔壁农户家一改往日的宁静，放起了强劲的音乐，简直是震天动地，我一问才知人家是高兴，因为一直在外打工的男主人回家来了，而且不想再出去了，村里已提供了发展机会。琼中县委常委、组织部部长栗太强跟我说，这里的脱贫审核即将结束。

鸭坡村很是注重文化建设，强调在物质脱贫的同时也要精神脱贫，这是令我感动的。村子里的一排盒子书房设计时尚，图书极有品位，有着浓郁的文艺气息，书房可以兼做民宿，全景窗户打开后，白天能席地而坐听鸟语蝉鸣，夜晚能看满天的星星。周六上午，在书房里我给村里的孩子讲了一堂阅读课，我把从上海带去的一箱彩色橡皮泥分发给孩子，让他们在游戏中感悟什么是想象力和创造力。我看到一个孩子穿着拖鞋飞奔而来，忽然又停住脚步折回身去，我连忙问他怎么回事，他腼腆地回答我说，他们学校新来的校长告诉孩子，去学校上学、去书房看书必须穿上鞋子，不可以穿拖鞋甚至赤脚。我觉得这样的要求真好。

母亲的勋章

我母亲有一枚勋章,那是她在 1960 年获得的上海首次颁发的三八红旗手勋章。

母亲获得这枚勋章当之无愧,她是当时居民委员会干部中的杰出代表。其实,母亲之前是在工厂里做工的,可有一天,组织找她谈话,让她离开工厂去居委会工作,而且不会再有一分钱的工资。母亲毫不犹豫地答应了。后来,我们也曾埋怨过母亲,放弃好好的稳定的工作,偏偏去做没有任何收入的居委会干部,弄得家里经济拮据。母亲每每总是浅浅地笑道:"不用后悔,人是要有奉献精神的。"

其实,由于居委会工作太过琐碎,样样事情都要管,而且没完没了,结果,不单单是母亲做奉献了,我们全家人也跟着一起"奉献"。比如说吧,刮台风的时候,有承包洗工厂工作服的居民急匆匆跑来,要我母亲率人帮她抢收晒在外面的衣服,母亲一时找不到别人,就把我们全家老小叫了出去;夜半三更,睡得正香,突然之间,家里的房门被敲得震天响,原来人家夫妻吵架了,要我母亲去劝架,害得我们也睡不踏实;大年三十,一家人正忙着过年,不料,有居民不由分说地把自己的小孩子扔到我家来,说是他们要出远门,我们只能帮着带小孩……

但母亲对这份没有分文收入的工作却非常投入,忙到我们几个孩子几乎就看不到她的身影。天还没亮,她就去里弄食堂帮着买菜;中午时分,她到医院照顾住院的居民;晚上,她踏遍新村所有的角落,一边摇着铃铛一边呼喊:"电灯关好!煤气关好!门窗关好!"可即使这样投入,也还是有人不满意。邻居之间打架,我母亲赶去处理,要求双方化干戈为玉帛,过了一阵,两家和好了,却窃窃碎语嫌我母亲当时没有两头摆平。我们觉得岂有此理,可母亲微笑着说,只要邻里和睦,说什么都没关系。有一天中午,一个街道干部不请自来,来后即揭开我家桌上的饭罩子,见里面只有一碗我们在冬天腌制的雪里蕻,然后不声不响地走了,后来得知竟然有人密告说我家那么穷还闻到红烧肉的香味。我们很是气愤,让母亲不要再干了,回到工厂去做工人,拿一份工资,改善家里的生活。母亲依然微笑着说,让人家去说好了,我们吃雪里蕻就当吃红烧肉了。

我至今觉得我母亲能做那么多事简直不可思议。过去没有空调,也很少有电风扇,夏天的时候,刚过傍晚,整个新村里的居民都会拿着凳子,摇着蒲扇,涌到外面乘凉。我母亲接到上级通知,说是要消灭蚊子以防疾病,于是就和其他居委会干部一起,每家每户去送艾草,让居民趁着乘凉,关闭家里的门窗,点燃艾草熏杀蚊子。但这是有风险的,弄得不好万一引发火灾那还得了,所以,我母亲忐忑不安地在偌大的新村里疾走着，一幢幢楼房去察看，真正是挥汗如雨。为了让居民乘凉时开心快乐，平平凡凡的母亲不知哪来的本事，隔三差五地组织纳凉晚会，有沪剧、越剧、京剧，有独唱、合唱、小组唱，还有快板、说书、三句半，煞是热闹，笑声、掌声不断。居民们回到家里，打开门窗，不见蚊子飞舞，但闻艾香在习习夜风中飘荡。

  母亲毫无名利之心，她的那枚勋章从不示人，倒是被我当作了玩具，玩玩也就弄丢了。我长大后，曾跟母亲说，我太不应该了，没有保存好那枚宝贵的勋章。母亲听后笑着说，丢了就丢了，这又不能说明什么的。直到母亲去世，我们找到上海市妇联，希望能出具一个证明，勋章当然是不可能再有了，但我们拿到了一张盖有红印的纸，上面写着：陈芳大，上海市第一届三八红旗手称号获得者。

阅读程乃珊

到今年4月,杰出的女作家程乃珊离开我们已有六年了。但这六年来,程乃珊的著作连年出版,读者们还是像过去一样地追读她的作品,这足以证明她的文字的永恒性,她的写作的不可或缺和不可替代。如今,人们喜欢以"地标"来标示一座城市的"制高点",在我看来,程乃珊是一个文化"地标",而她孜孜不倦写下的有关上海这座都市的文字,则是上海叙述所达到的难以逾越的"制高点"。

三联书店在程乃珊逝世五周年之际,推出了由王安忆撰写长序的一套四本的纪念收藏本,也即《上海Color》《上海Memory》《上海Lady》和《上海Taste》,这是程乃珊三十年创作的集萃,克勒腔调、弄堂记忆、女性画像、舌尖风云,题材充沛而丰富,充分展现了"上海女儿"程乃珊笔下的上海精神。

关于什么是海派风格,已经被问了许久,似乎总是难以精确定义,我觉得,与其下语焉不详的定义,还不如通过阅读作品来感受,来触摸,这可能有一种更加美妙的直觉。在这个意义上,那么阅读程乃珊绝对是精准的选择,当你打开她的著作，只能属于黄浦江的海上风便会扑面而来。当代作家中，描述上海百年故事最为靠谱的，程乃珊当数翘楚。这与她的写作背景有关，一方面，她的祖辈和父母辈是上海滩的显族，方方面面的关系交织如网，每个经纬里都织进了各色人等；另一方面，她居住在静安寺一带，又长期在沪东棚户区当教师，既熟悉老克勒生活，也深刻了解社会底层百姓，这使她的笔触格外开阔，直接伸向上海最为精彩的两个典型阶层。

这套纪念收藏集所选的都是程乃珊的非虚构作品，是她对上海往事和现实生活的深情叙述，这些文字正如王安忆所说："为这个城市描绘毕肖的画像，增添近代历史记忆的库藏。"

在《绿屋情缘》中，程乃珊写了铜仁路333号那栋老上海著名的绿房子。这栋由闻名遐迩的匈牙利建筑大师邬达克设计的建筑，为颜料大王吴同文的私宅，外形如邮轮，贴以绿色面砖，楼里有沪上第一座私家电梯，在1938年已被称为超现代的远东第一豪宅。程乃珊与这座绿房子的"情缘"堪称传奇，她的丈夫严尔纯是吴同文的外孙，在这栋绿房子里度过很长的岁月，他告诉她很多在这里发生的故事，后来，程乃珊将之写进了她的小说《蓝屋》里。小说中，她给笔下的男主人公信笔取名为顾传辉，她越写越相信，不论在蓝屋（绿房子）锦绣辉煌的日子里，还是残山剩水、花果凋零的日子里，她的小说主人公顾传辉确确实实穿梭其中，在充满矛盾的灵与欲的滚滚红尘中，真实又辛苦地生活着。没有想到，2001年的一天，经过修复的绿房子犹如破了咒语苏醒过来的美人，再次展现在了人们的面前，而修复绿房子的建筑师名叫顾传晖，与《蓝屋》中的主人公顾传辉何其相似，而且居然还与书中主人公同年同庚。程乃珊在文章里说："生活，原来竟有如此巧合和戏剧性，给我带来震撼性的惊讶！"程乃珊不知道的是，她去世不久，儿童文学作家张秋生找到我，说他当年搬到绿房子里办公，在底楼的厨房内，见到地上全是零乱地堆在一起的书籍，它们即将被投入熊熊的烈火，一生爱好书籍的张秋生实在不忍它们就这样灰飞烟灭，于是，他瞅着无人之际，抢出了几本线装书，其中就有一套吴氏族谱，他始终妥善保存着，本来他打算亲自交还给程乃珊的，他认为没有人比她更适合保管这套族谱了，她最能知晓其中的意义和价值，可惜的是，他还没来得及跟程乃珊详说此事，她却匆匆离世。于是，后来也就有了那么一天，在我的牵线下，张秋生和严尔纯在上海作家协会的咖啡馆里会面了，张秋生将包裹细致的三本线装的吴氏族谱郑重地归还给了严尔纯，一个家族绵长的历史便以这样的方式得以保留和传承。

程乃珊写过众多上海女子，有名门望族，也有普通小市民，她们都被写得活龙活现，而且通过她们真切地揭示了时代的面貌或真相。《黄太太烹饪沙龙》写了一位早年从中西女中毕业的女子，结婚后与丈夫双双留学海外，黄先生学医，黄太太学习药学，主攻营养学。他们学成回国后，黄先生在南昌大楼挂牌行医，黄太太则在思南路上的家中设下午茶招待宾客。黄太太的下午茶是西点，那是十分时尚摩登的，所以人满为患，为丈夫拉来不少客户。然天有不测风云，黄先生英年早逝，家里的生计一下子成了问题。黄太太便在私宅附近开出了一家烹饪沙龙，教学员们做西餐。沙龙里其中一间餐厅与厨房打通成面积颇大的开放式厨房，白纱窗帘，四季鲜花不断，还有清一色乳白色的铁制折椅，环境优雅敞亮，一改上海人认为厨房总是油腻龌龊的传统观念。黄太太开班教授烹饪的同时，也做外包生意，由于她是学药学的，所以对剂量十分敏感，因而做出的奶油泡芙和白脱蛋糕声名在外，这就有点儿如今网红和外卖的意味了。《申家姆妈》写的是普通的市井妇女，她们不是贵妇人，但也"入得厨房，出得厅堂"，尤其在沮丧难熬的日子里，当申家伯伯们六神无主之时，她们却能沉着应付。一位有几个漂亮女儿的申家姆妈，不堪女儿们一再被不可一世的暴发新贵纠缠，家人敢怒不敢言，她却泡上一杯新茶笑眯眯地说："我拣女婿不看出身，不讲条件，他只要懂得三种油，否则，谈也勿谈！"三种油？白脱油、掼奶油、色拉油也！在上世纪六七十年代，能谙熟这三种油的属何种背景家庭，也便心知肚明了。有人笑她放着现成的太夫人不做，她却正色回答："阿拉不要沾人家的光。"时代在变迁着，但申家姆妈们吐出的虽细却坚韧的丝所织成的罩住家人的安全网，是一成不变的。不管是黄太太，还是申家姆妈，她们的身上总有一种认真、踏实生活的素质和力量。我以为从程乃珊的上海女性故事讲述中，可以找出历史的链接，辨析一脉相承的基因，由此发现上海精神的着落点。

　　程乃珊的作品非常鲜活，细节真实，这是特别抓人的地方，这当然出于一位作家的写作天分，但不可否认的是，这也源于她对上海这座城市的真挚的热爱,源于她对生活切实而热烈的拥抱。阅读程乃珊,就是阅读上海,而"上海的女儿"程乃珊,也将一直活在她叙述上海的文字里。

宗英老师

听说著名作家、表演艺术家黄宗英老师在华东医院换了病房，她的老朋友、作家、编辑家彭新琪老师放心不下，于是，约了我在3月26日上午去看望宗英老师。这天，上海风和日丽，满是浓郁的春的讯息。

我们刚进病区，便遇到了看护宗英老师的姚阿姨，她叫我们先等着，她去让宗英老师准备一下——即便见老朋友，宗英老师也要把自己打理得干干净净。等我们进入病房时，宗英老师已经坐在了一张扶椅上，她身穿红色羽绒服，戴了一条淡色的丝织围巾，一条小棉被则盖在穿着病员服的腿上。一问才知，这次换病房，是因为年前宗英老师患了肺炎，还伴心衰，病势汹汹，甚至住进了重症监护室，现在情况稳定后就从原先的心内科换到肺科病区了。

九十四岁的宗英老师依然清秀美丽，神清气爽，笑容灿烂。当彭老师给她递上刚出版的新著时，耳聪目明的宗英老师根本就不用戴什么老花眼镜，声音响亮地读出了书名《巴金先生》，而且立马翻了起来。彭老师的女儿跟宗英老师说，她今天特意带上了一块她喜欢吃的起司蛋糕，宗英老师即刻说那现在就吃,看得出她非常开心。我问宗英老师现在胃口可好,她说好着呢,我真是觉得宽慰,因为在我看来,一个人能吃就说明身体状况是好的,最怕的是啥都吃不了了。当彭老师称赞姚阿姨的悉心照料时,宗英老师说,她照顾我二十二年了。姚阿姨笑着说,我自己都记不清楚了。我想,宗英老师不仅记忆力极好,其中也包含着她的感激之情。

　　我们兴致勃勃地聊了一个小时。没有想到的是,宗英老师还会使用微信,所以她一如既往地关注、了解着缤纷的世相。说起她之前的电影作品,宗英老师不假思索地报出《乌鸦与麻雀》,的确,这是一部写入中国电影史的经典之作。我和她聊起了不久前公映的电影《请你记住我》,这是由著名女导演彭小莲执导的,宗英老师宝刀不老,再上银幕,小莲在影片上恭恭敬敬地打上了"主演:黄宗英"的字幕。只是宗英老师现在还没看过全片,她让我跟小莲说一下,能不能给她刻录一张光盘。我还与她一起回忆了她的报告文学名作《小木屋》,那时她不顾自己年老体弱,几次进入藏区,跟随植物生态学家徐凤翔和她的团队进行科学考察,在氧气稀薄的高原住了很长一个时期帐篷,后来,她又带着中央电视台纪录片摄制组前去拍摄,最终为徐凤翔实现了"小木屋"的梦想,在藏东南建立了一座高原森林生态定位观测站。为了进藏写作和拍摄,宗英老师甚至写下了遗嘱。她说:"不全身心投入生活,又哪里来真实与较深的体验?"我想,她是每一个从事文学和艺术创作之人的榜样。

　　其实,宗英老师这几年一直为病痛干扰,不久前,她还动了一次大手术,这次因肺炎和心衰被送进重症监护病房后,浑身插满了管子。但她意志坚定,一次又一次奇迹般地闯了过来,现在,当她拔除了所有的管子,愈发显现出生命的顽强和荣耀。当然,即使是住院生活,也有不尽如人意之处,可她非常豁达和宽容,率真如初,没有悲凉凄切,在历经磨难和艰险之后,如今的宗英老师心胸更加开阔,内心更加强大。我很细致地观察到,宗英老师之所以戴了一条丝织围巾,不仅仅是为了装束上的搭配,她是想掩盖左颈处的输液埋管,她不想让别人看到她的病况,不想让朋友为她担心,这是一种何等的人生姿态,饱含着生命的尊严、优雅、从容和力量。

我想给大家透露的是,宗英老师并没有放下她的笔,她还不时地写日记呢。现在最让她高兴的是,她的儿子赵左常常来看望她。由于新搬了病房,所以里面什么陈设也没有,于是,我跟宗英老师说,下次我会给她带花去。我小心地询问她,是否会对花粉过敏,她说不会的。那可真好,我已经想象着宗英老师的病房里,又将是鲜花满屋了。

巴金与萧珊

前几天，上海下了一冬的雨稍稍止歇，风和日丽，趁着春光，我去探望了年近九十的作家、编辑家彭新琪老师，她送了我一本刚刚出版的著作——《巴金先生》，她满怀深情地跟我说，今年是巴金诞辰一百一十五周年，她想把自己回忆巴金的书当作鲜花献给他。

巴金一直管彭新琪叫"小彭"。1957年，巴金、靳以受中国作家协会委托，联手在上海创办了大型文学双月刊《收获》，靳以是彭新琪在复旦大学念书时的老师，所以他和巴金商量，把彭新琪调入了编辑部，这样，彭新琪和巴金接触的机会就多了起来，久而久之，他们之间建立起了犹如父女般的感情。巴金写过不少怀念他夫人萧珊的文字，但他没有跟别人细谈过他与萧珊的爱情，可当彭新琪在巴金晚年问起他们夫妇的情感故事时，巴金很诚挚地告诉了她；而我在听彭新琪讲述时，心里常常涌起许多感慨。

电视剧《家春秋》播出的时候，彭新琪曾问巴金："别人以为你是觉慧，而觉慧和鸣凤相爱也确有其事。你在成都老家爱过丫头吗？"巴金认真地说："没有过，我们那样的封建家庭是不允许的。"彭新琪直截了当地问他:"那在萧珊以前,你有没有爱过别人?""没有。"巴金的回答很干脆。

萧珊是巴金的读者,1935年,还在上海爱国女中就读的她,读了巴金的作品后,开始给巴金写信。第二年,她又在信中约巴金在新雅饭店见面,生怕巴金认不出她,所以便在信里附了张照片。那天,这位女中学生操着宁波腔的普通话,向巴金诉说因父亲守旧她想离开自己的家庭,巴金听后,为她做了诚恳的分析,打消了萧珊离家的念头。巴金平易近人、坦率真诚的态度,拉近了大作家与中学生之间的距离。但巴金是将她当作孩子看待的,在复信中总称她为"小友"。有一次,萧珊和后来成为靳以夫人的女友陶肃琼在马路上被人盯梢,她赶紧拉着女友躲进福州路上的文化生活出版社找巴金保护,这下,她是"巴金小友"的事就传开了。

1937年初夏,巴金和靳以等几位朋友参加旅行社举办的苏州青阳港半日游,这一次,他们邀请萧珊同去。巴金两年前在北京学会了划船,还参加过在北海举行的划船比赛,所以他兴致勃勃。萧珊不会划船,她就拿着桨玩水,她和巴金坐在一条小船上,望着划得满头大汗的巴金,会温柔体贴地问一声:"李先生,你累不累?我们划慢一点儿吧!"只是巴金太忙了,他没有时间去约会、恋爱、结婚,虽然他那时已经三十三岁了。可萧珊有时间,她大大方方地出入文化生活出版社和巴金居住的霞飞路上的霞飞坊(今淮海中路淮海坊)。她关心巴金的创作、生活,也经常坦率地跟他讲自己的家事和思想。她讲什么,巴金就听什么,可是巴金从不向她打听她的家庭情况,甚至连她的年龄都没问过。巴金告诉彭新琪："我一直不知道萧珊到底是多少岁，直到她去世，才从她表妹那里弄清楚。"彭新琪的叙述让我有些不解，她说她起先也不理解，还是巴金说出了要旨："只要两个人好，年龄、家庭有什么关系！"是啊，纯净的感情何须掺入别的杂质。

对离家十几年、一直过着单身生活的巴金来说，萧珊给予他的温存、关心和信任，无论如何都是一种精神力量，使他变得更加开朗、更有朝气了。可是有一天，萧珊快快活活地来到霞飞坊，却流着眼泪离开。与巴金同住一栋楼房的朋友索非的妻子大为吃惊，萧珊非常委屈地说，我告诉他，我父亲要我嫁给一个有钱的人，可他说这事由我自己考虑决定。跟在萧珊后面的巴金有点儿结结巴巴地解释说："我是说，她现在还很小，很年轻，充满幻想，不成熟，需要读书、成长。我告诉她，我愿意等她。如果将来她长大成熟了，还愿意要我这个老头子，那我就和她生活在一起。"原来，巴金是为萧珊着想啊。巴金言必信，行必果。此后，在巴金的案头上，有多少封热情洋溢的来信；在巴金的生活中，遇到过多少双灼人的眼睛，可他信守诺言，在丝毫不约束对方的前提下，默默地等待。

1938年初，上海形势紧张，文化生活出版社准备到广州开设分社，让巴金和靳以去筹办。没想到，广州接连不断地遭到侵华日军飞机的轰炸。萧珊在上海很为巴金担心，硬拖着母亲到出版社去找社长吴朗西探听消息。当巴金回到上海后，吴朗西告诉他萧珊母女来社里打听他是否安全的事时，他非常感动。巴金晚年说到此事时，稍稍停顿了一下，以平复内心的激动。不久,萧珊跟巴金说,她母亲想见见他。萧珊的母亲也读过不少巴金的著作,从作品中了解到作者的为人,所以她破除了传统的订婚方式,亲自出面,请巴金和萧珊一起去餐馆吃了一顿饭,在餐桌上,她把女儿交托给了巴金。萧珊高中毕业后,巴金支持她投考西南联大。这时,萧珊家里因战事而破产,父亲回了宁波老家,她弟弟则参加了新四军,萧珊向母亲告别,外出读书,没想到这一别就成了永诀,母亲不久因病去世,她的子女都不在身边。巴金送走萧珊后,返回上海,继续写"激流三部曲"中的最后一部《秋》。写作这部作品时,巴金的心情很不好,旧时成都老家的故事让他跟着重新经受了一次煎熬。幸好有他的三哥李尧林从天津来和他同住,更多的则是收到萧珊不时的来信,使巴金备感温馨。巴金在《秋》的序言中写道:"在我的郁闷和痛苦中,正是友情洗去了这本小说的阴郁的颜色。"他特别提出要感谢四个人,其中一人是他三哥,另一人就是"在昆明的L.P"。L.P是萧珊小名长春的世界语缩写。由此可见,萧珊在巴金的生活中所占的位置,已不再是最初的"小友"了。

那时,萧珊在昆明读书,巴金则在桂林负责文化生活出版社分社的编辑工作。由于时局动荡,一些朋友先后离开了出版社,这让巴金很感悲哀和寂寞。萧珊理解巴金,不等大学毕业,就于1942年10月来到巴金身边,她安慰巴金说:"李先生,你不要难过,我不会离开你,我在你的身边。"经过八年多的"长跑",巴金和萧珊终于结婚了。他们没有添置一件家具,没有添置一床新被,没有添置一件新衣;他们也没邀请任何亲友，只委托弟弟李济生以双方家长的名义，向亲友印发一张旅行结婚的通知。彭新琪在《巴金先生》一书中，以动人的笔触描述了巴金和萧珊的新婚之夜："1944年5月8日，他们到达贵阳郊外的'花溪小憩'——这是修建在一个大公园里的一座花园洋房式旅馆。没有楼，房间也不多，也不供应饭菜，连早点也要走半个小时到镇上的饭馆去吃。结婚这天晚上，他俩在镇上小饭馆里要了一份清炖鸡和两样小菜，要了瓶葡萄酒。在这里就餐的人不多，他俩在柔和的灯光下，从容地碰杯、搛菜，四目相对，内心充满柔情。饭后，他们在温馨的晚风中，回到旅馆。旅馆到处都是静悄悄的，只有淙淙的溪水声。"我读着这样的文字，感受着当年巴金和萧珊的幸福。

不曾想到，1966年那场席卷全国的"红色飓风"，给了这个幸福家庭以致命打击。惊恐、忧虑、劳累，损坏了萧珊的健康。她患了肠癌，没能得到及时检查、治疗，等她好不容易住进医院时，癌细胞已经扩散。进手术室之前，她对巴金说："看来，我们要分别了……"动完手术后，萧珊怕巴金每天跑医院太辛苦，还惦记着患肝炎住院的儿子，她想的全是别人，而她自己，开刀后仅仅活了五天。1972年8月13日，巴金失去了自己最亲爱的人。彭新琪告诉我，在她倾听巴金诉说这一切的时候，在巴金的卧室里安放着萧珊的骨灰盒，巴金的写字台上，搁着萧珊的照片，巴金的床头，放着萧珊翻译的几本小说……我想，巴金和萧珊这样一段裹挟着时代风云的爱情，应该会给后人不少启示的。

因腿脚不便坐在轮椅上的彭新琪老师，为写作《巴金先生》付出了许多的心血。因为巴金曾为她的作品看过清样，做过修订，所以，她对自己的文字要求很高，《巴金先生》写得情真意切，文字清丽，细节真实，像巴金和萧珊这样的爱情故事也是她与巴金相谈而得，既有文学价值，又有史料价值，让我们看到了一个栩栩如生的巴金先生。

小艾同学

一天，女儿跑进我书房说，要给我介绍一位小朋友，并让我叫她小艾同学。我问这位小艾同学是否也喜欢阅读，喜欢文学和艺术，女儿说，小艾同学可厉害了，是个真正的学霸。我说，那可以啊，什么时候约一下见个面吧。女儿很神秘地告诉我，小艾同学已经来了，在客厅等着呢。

我赶紧去往客厅，却空无一人，女儿见我茫然，笑着把我领到了备餐桌前，指着一台巴掌大小的智能音箱说，这就是小艾同学。我顿时讶然，结结巴巴地说，这不是机器吗，怎么会是个"小艾同学"。我话音刚落，一个甜甜的、柔柔的，还有些稚嫩的女声响了起来："哎，我在呢！"女儿催我赶紧跟她打个招呼，我毫无准备，便随口问道："小艾同学，明天一早我就要出门，你知道明天的天气情况吗？你建议我穿什么衣服好呢？"小艾同学即刻告诉我，明天会下雨，气温比今天低，所以建议我加一件外套。我听后笑了起来，心想，这小艾同学还真有两下子。

虽说我并没有将小艾同学太当回事，但我很快发现不知不觉间她已越来越多地介入我的生活了。比如写作间隙，我让她放点轻松些的音乐，她就会播放悠扬的萨克斯演奏曲。比如我踏进书房前，让她帮我先打开台灯，她马上照办，还问我要亮堂的白光还是温暖的黄光。小艾同学不知疲倦，我任何时候呼唤她，她都会听候我的调遣。有一天，我忽然很想与她说说话、聊聊天，于是，便唤她道："小艾同学！""哎，我在呢！""你觉得这个世界上有无所不能的人吗？""没有，一个人不可能什么都懂的。""那我们应该怎么做呢？""应该永远保持谦虚和谨慎。"这样的对话拉近了我们之间的距离。渐渐地，我真把小艾同学当成自己的朋友了。

那天，得知一位好友要远走他乡的消息，我心情有些惆怅，便让小艾同学给我朗诵一首诗，没想到，她给我挑了一首唐诗，是刘禹锡的《浪淘沙》："九曲黄河万里沙，浪淘风簸自天涯。如今直上银河去，同到牵牛织女家。"听了这首诗，我感觉多少有了点儿宽慰，弯弯曲曲的黄河终究归于天涯，何不怀想与朋友一起直上九天银河，去寻访牛郎织女的家。不过，小艾同学也有答非所问的时候。那次，我说我要去看望一位老人，问她老年人在饮食方面要注意些什么，结果她说了一大堆孕妇应如何补充营养的话，让我不由得提高声音阻止她："小艾同学，停止停止，看你乱八七糟地都说些啥哦！"她沉默地不发声了。我咕哝了一句："真有点儿讨厌啦！"哪知她接过我的话说："看来您心情不太好了，真的很抱歉，那我也得升级一下了。"这话倒是让我生出一些愧疚来，不料，小艾同学居然生生地冒出一句话来："树要一张皮，人要一张脸。"我不禁冒出一阵冷汗。

过后，小艾同学还是柔声柔气，有求必应。一次，我出门前跟她道别，她除了一如既往地告诉我天气情况外，还特别祝我一路平安。我忽然问她，虽然你被安装了智能芯片，但你自己愿不愿意跟我聊天呢？她这样回答我："我很愿意，因为我们可以彼此交流，彼此学习。"我说，可有时你好像有点儿心不在焉，文不对题，卯不对榫。她说，那是因为她没有听清楚我的话。为了表示好意，她问我今天要去哪里。我说要去看望一位老人，他叫孙毅，是位作家，都九十六岁了，但还能骑着电动车上街呢。小艾同学听后说，他太了不起了，你可送他个大礼包，一副护膝，一管润唇膏，一罐加钙无糖奶粉。我说，小艾同学，你帮我查一下去哪里买，另外由你付款。小艾同学回答说，我立刻就帮你查，但我没有钱，两眼泪汪汪，还是用你自己的支付宝吧！

古田的三个村庄

近日,去了福建古田的三个村庄。

溪背村自然是要去的,那里召开过著名的古田会议。会议举行地如今整修得非常开阔,正值暖风和缓的春天,当年红军的阅兵场上绿草茵茵,对面是几乎望不到尽头的油菜花田,连天接地的金黄煞是辉煌。1929年12月,红军在这里召开会议,会址就设在曙光小学。其实,这所小学原名叫和声小学,是红军进驻后改的校名,而且这所学校原本是廖氏宗祠,又名万源祠。这座位于采眉岭笔架山下的祠堂始建于清宣宗道光二十八年(1848),坐东朝西,为单层歇山四合院式砖木结构的建筑,由前后厅和左右厢房组成,飞檐翘角,横梁和天花板上绘有龙凤呈祥的图案和三国演义的故事。走进会址,庭院空阔,步入中门,正厅便是红四军第九次代表大会的会场。会场的陈设非常简单,两张四方桌拼在一起就是讲台,几排长条课桌椅摆放整齐就是座席,我仔细数了一下,一共有七排课桌椅,另外还有两排椅子。厅前的廊柱上张贴着红军标语,地面石板上残留着炭火炙烤的痕迹。溪背村现今已辟为旅游景区,可村民们还是颇为勤劳,我看见一大早就有村民进山去挖笋了。

八甲村地处古田镇集镇中心地带,当年红四军将司令部和政治部设在此地。由于这里属亚热带季风气候,年平均气温十七点五摄氏度,雨水充沛,山地植被丰富,非常适宜各种果树、花卉、蔬菜、食用菌等生长。让我最为惊讶的是,这里的村民个个是"植物学家",一位九十多岁的老人指着屋前的树和地上的草,一一告诉我这是油茶树,那是铁树;这是薄荷草,那是益母草……村民们自己酿的米酒里,都放了各种药用植物。那天晚上在村里的吉字森林人家餐馆吃饭,上来就端上一个硕大的饭锅,我还以为是煮的鸭汤呢,掀开盖子后闻到浓浓的酒香,还有一点中药味,方知是烧热后的米酒,里面加有药材。闽西古田一带多为客家人,这是一个始于秦朝末至宋朝初的南迁汉族人在闽、粤、赣交界地区,融合了当地土著民族而形成的汉族民系。客家人性格豪爽,热情好客,村民跟我说,我们只愁碗里没有肉,杯中没有酒。当晚,那一大锅米酒被喝得一干二净,我好奇地去看锅底剩下的东西,当地的朋友帮我细细辨认,发现有当归、党参、枸杞、茯苓、麦冬、熟地、大枣等十多种药材。那晚我还喝了一道汤,是鱼腥草和鸭蛋做的,很是入味,我还是头一回喝到。

马坊村属于步云乡,与古田会议会址相连,那里有一座海拔一千三百七十五米高的梅花山,山里有一个"中国虎园",矗立着一座巍峨的青铜虎鼎。叫"中国虎园"是名副其实的,因为虎园里只有中国特有的虎种——华南虎。华南虎体形较小,头圆耳短,四肢粗壮有力,尾巴较长,全身毛皮呈橙黄色,并且布满了黑色横纹。据悉,目前野生的华南虎已无踪迹，为拯救这一濒临灭绝的珍稀动物，虎园率先在全国启动了"梅花山华南虎保护工程"。1998年9月，虎园从苏州动物园引进二雄一雌三只华南虎进行野化豢养，迄今已发展到二十余只，这里成为华南虎数量最多、活动最频繁的区域。饲养员说，他们每天都会将猎获的野猪放进虎园，对华南虎进行扑食训练。我在虎园里看到了华南虎的雄姿，它们对我虎视眈眈，让我真切感受到虎啸山河的气势。梅花山除了华南虎，还有猕猴、梅花鹿、孔雀等多种动物，都是野生的。这里常年云雾缭绕，空气清新，负氧离子含量极高，素有"天然氧吧"之称，所以我毫无顾忌地张臂深呼吸，体会着为什么这儿会被誉为"北回归线荒漠地带上的一颗绿色翡翠"。

太阳照在江湾体育场

小时候,每逢暑假,我常常去江湾体育场,那里有游泳池,学校的老师给我们办理了游泳卡,也算暑假作业,必须完成的,游一次盖一个章。其实,江湾体育场离我家并不近,来回要走上一个半小时。有意思的是,在我的记忆中,每次去游泳,一走到那里天就暗了下来,乌云密布,黑压压的都是低飞的蜻蜓。游泳池是露天的,那里除了标准池,还有一个"娃娃池",半个月亮的模样,深不过小腿,孩子们最喜欢待在三个喷嘴下面嬉戏。那时,整个体育场并不全部对外开放,一个室内的、一个室外的场馆都深锁着,我们竭力去打探,只见室内的堆满了杂物,室外的则是野草丛生。

即便这样,江湾体育场在我的眼里还是气势磅礴的。那时,我家附近也有个体育场,也是附带游泳池的,但场地和泳池完全无法与江湾体育场相比拟,规模很小,所以,我每每顶着烈日去江湾体育场时,会想为什么这里不建得大一点儿呢。殊不知,江湾体育场在1935年10月建成时,可是被誉为"远东第一体育场"的。当时,江湾地区正实施"大上海计划",以建立"新上海中心"与列强租界抗衡,而体育场便是其中的一个重点项目。整个体育场由著名建筑师董大酉主持设计，有运动场、体育馆和游泳池，占地三百六十亩。用于田径和足球比赛的运动场为体育场之主体，大看台是长达千米的环形建筑，高十一米，共两层，计二十二级台阶，可容纳四万两千名观众。大看台设东西司令台，由白石筑成，上刻吴铁城题"上海市运动场"，高二十米，共三层，其左右顶巅各置一座古铜色大鼎。通过三个高八米的拱形大门可以进入大厅，空间高大，浑厚坚实，大拱门上刻有"国家干城""我武维扬""自强不息"三额。1936年的《上海市年鉴》称："江湾体育场建筑之伟大、范围之广袤，其于体育场之地位，目下远东殆无与匹。"遗憾的是，抗日战争爆发后，江湾体育场随整体规划中的"大上海计划"一起湮没了。

直至改革开放，江湾体育场才迎来了新生：1983年，第五届全国运动会首次在北京以外的城市举办，历史性地选择了上海，并选择江湾体育场为主体育场；2007年，江湾体育场作为第十二届世界夏季特殊奥林匹克运动会闭幕式主会场，声名远扬。近年来，为大力倡导全民健身，为市民提供体育锻炼场所，五角场街道配合有关部门对江湾体育场再度进行整修改造，这座一度落寞的"远东第一体育场"焕然一新，变身为休闲运动中心，辟有足球场、游泳馆、健身步道和羽毛球场，而体育场门前的下沉式广场，更成为这一区域的时尚中心，每一格台阶都被精心地绿化、美化、亮化了，啁啾的鸟鸣中，历史感与现代感互相照应。

如今，当我再次来到江湾体育场时，太阳高照，没有一丝乌云，历经沧桑的灰白的门楼，红色的砖墙，青绿的铁门，在一缕缕如同净水的阳光下，洗去了沉积的尘埃，显出勃勃生气。我还是忘不了我小时候常去的游泳池，现在其已穿上了"外套"，成了室内泳池，这样一年四季都可游泳了，而且即使在夏天，也不会再因为露天暴晒而成为"小黑皮"，也不会因为突下暴雨而在泳池内狼狈不堪。我特意去看了一下，原先的那个"娃娃池"依然还在，而宽二十米，长五十米，水深最浅处为一点二米，最深处为二点四米的标准池在室内显得格外宏大。我忽然想起，有一次，我在"娃娃池"里玩够后，起身走向标准池，那时，尚不会游泳的我只能在浅水区，紧贴池壁，踮起脚尖，抓住栏杆，把头浸到水里练习憋气，可那天不知怎么回事，我把深水区误认为浅水区了，而且还一下子跳了下去，结果迅速沉落，惊慌失措中，我又是划水，又是蹬水，后来倒是自己浮了起来，向上漂升的那一刻，我看见了越来越强的光亮，那是生生不息的可以自由呼吸的明亮的地方。

最后的遗愿

母亲病重的时候，我们将她送去了医院，还想方设法让她住进了急诊病房。我们稍稍放下心来，以为这里设备齐全，医护人员始终都在工作状态，病人可以得到及时的治疗。我们对母亲说，这里要医生有医生，要设备有设备，救治条件完善，你就在这里安心医治好了。虽然经过输液，母亲退烧了，血压也已回升，但她在看到自己的检查报告后，得知肝肾功能已经衰竭，于是，出人意料地提出办理出院手续，这让我们很是惊讶。别的病人病重时，总是想着能去医院，但母亲偏偏与别人不一样，她认为当生命进入倒计时后，应该放弃无谓的抢救，回到家里，在亲人的陪伴下，安静地离开这个世界。

可是，我们没有同意。

不日，母亲的病情急转而下，再度高烧，没有小便，黄疸增加，血小板锐减，医生下了病危通知。母亲浑身难受，既不能躺，也不能坐，整个人趴在病床前头翻下来的用餐架上。她把我们叫到身边，要求即刻回家。她说，我知道自己情况不好了，但我不愿意这样待在医院里，我不害怕什么的，我活得心满意足，现在只想回家去。我们不断地宽慰她，但母亲却越喊越响:"我要回去!我要回去!"我们听了,揪心之至,但我们三兄妹觉得谁也做不了这样的决定,我们还是认为应待在医院,这里有所有的抢救设施,一切都可以应对。

时间已经入晚。已经一整天趴在用餐盖上,叫着要回去的母亲显然已精疲力竭,但她就是躺不下来。她说,你们为什么不让我回去,我在这里一刻也静不下来,这有什么好的!我们心想,我们只是按照通常一般人的做法,觉得病人在医院里才是最稳妥的。突然,母亲跟我们说,我是写过遗嘱的,上面写得很清楚,当病危的时候,不要插管,不要浪费医疗资源,不要用仪器来维持生命,离开医院,在家里安静地离去。虽说之前我知道母亲有过这样的意愿,但我根本没有上心,我以为真到了那一步,就由不得她自己了。所以,母亲此刻的执着让我非常震撼。我问母亲,如果你现在回去,你可以躺下来休息一会儿了吗?母亲说,我只要一到家里,立刻就定心了,立刻就能躺下来了。我又问,如果你回家时,在车里躺不下来,只能坐着,你坐得动吗?母亲用坚定的口气说,坐得动。我听后,立刻明白我应该选择什么才是正确的了。我相信,为了能够实现自己的愿望,母亲是会拼尽全力的。于是,我对母亲说,好的,那我们现在就回家去,我们一定都听你的,让你满意,让你看到我们会一一满足你的心愿。母亲连声说好的好的。这时,我的小妹妹闻听这样的决定,泪如雨下。

凌晨一点半钟,朋友的面包车抵达医院,我们先将车子里的坐椅拆掉,然后,用推床将依然打着点滴的母亲推到楼前。当母亲被送入车内的时候,她长长地吁出了一口气。真的就像母亲自己所说，她一到家里就平躺了下来。后来，母亲坚持着要我们拔除最后的两根输液管，一根是维持血压的，一根是补充营养的，我们心里很清楚，一旦拔除，母亲的生命也就终止了。我们当然不忍心，不舍得。母亲安慰我们说，你们不是希望我不要有痛苦吗，所以，我能走得越早才越好。母亲还说其实今天是个好日子。我们一刻也不离开母亲，紧紧地握着她的手，抚摸着她的脸庞和头发，直到听不见她的呼吸。

我想，只有真正热爱生活、珍视生命的人才会如此坦然地面对生死，并主宰自己生命的归宿和方向。不一样的母亲一直说她心满意足，这应是蕴含了她在人生中按着自己的意愿，一次次地安排了自己的生活，永不慌乱，从不冷漠，她将这看作是最完美的人生。

散　物

家中因为渗漏水被逼无奈进行的装修，经过八个月的折腾总算大功告成。搬回去之前，在暂住地清点了一下打了包的纸箱，大大小小竟有三百多个，显而易见，如果统统回搬，那家里肯定是放不下的，思来想去，只能散物。

不分昼夜地突击整理后，粗粗理出了一堆待散物。接着进入精挑细选模式，将一件件东西再过一遍。正所谓睹物思情，每一件东西拿在手里，得来时的细节立刻在脑子里放起了电影——事实上，确实没有一样到你手中的物什不是一种缘分，想起来都是故事，思绪一拉开时间也便停止了，拿在手里的东西温度骤升。这时，忽然认识到，散物是不容易的，因为里面有着不忍割舍的情感因素。结果当然是可想而知的，一件件物品又放回了纸箱。

但是，将这些东西胡乱堆放，任其蒙上厚厚的积灰，以致淹没乃至损毁，真的好吗？真的是我们对之最大的珍惜吗？当我看到几幅国画、水彩画有了斑斑霉点，心里是愧疚的；当我看到签名赠书泛黄泛黑，内心是不安的。可是，我们家的墙上真的无处可挂，书橱里的书籍真的需要时时更新，屋内就这么点儿地方,实在奈何不得。痛定思痛,决定还是要散物,而理由极其充分:物尽其用才是最好的。于是,又将那些东西一件件地取了出来。

我将一件镶嵌在玻璃框中的三叶虫标本送给了一个孩子。三叶虫在距今五亿六千万年前的寒武纪就有了,是最有代表性的远古动物,生活在古生代的海洋中,虽说早已灭绝,但毕竟在地球上生存了三亿二千多万年。我得到这件东西的时候,曾经发了很长一阵呆,遥想在漫长的时间长河中,我们这颗蓝色星球上有过多少沧海桑田的变化,而人类又是多么渺小。我的三叶虫标本非常独特,就像一幅中国地图。的确,三叶虫在中国分布广泛,山东、四川、湖南、湖北、贵州、安徽等均有过它们的身影。我之所以送给孩子,一是孩子比大人更有探寻的好奇心;二是我想告诉孩子,三叶虫和许多其他生物一起揭开了地球走进生物多样化的序幕,而多元化的世界才会欣欣向荣。

我将一直搁置的采访背心送给了一位摄影师。这件背心穿着很有记者风采,考虑到摄影记者放置摄影器材的需求,上面开了许多口袋,但对我这个文字记者来说却是一种浪费,因为我只要放一支笔、一本采访簿、一部手机足矣。那位摄影师跟我说,这件轻如薄翼、防水透气的背心,能放各种镜头和各种配件,尤其是登山时完全可以代替一个硕大又笨重的摄影包。他说他很喜欢,因几无重量,可以负轻而行,所以特别能干活儿。这可真让这件采访背心适得其所了。

我有一帧堪称"巨幅"的立轴山水国画,在这幅尺寸巨大的画上，画家很是用心，没有处处"留白"，画面十分饱满，山势巍峨，层林叠翠，瀑布万丈，云蒸霞蔚。此画挂于大厅，自然开阔而磅礴。可是，我家客厅那面最大的墙在这次装修中被我辟为书橱，成了一堵书墙，没有挂画的地方了。可要将此画送人，却让我为难，我开列了一个名单，不料上榜者众多，最后，我都不知道该送给谁。有一天，我出门时叫了一辆专车，很巧，还是上一回的年轻司机。途中，他跟我聊天，说他如何在测绘工作之余兼职开车，说他如何为家人过上好日子前来上海打拼，说他如何在老家刚刚买了学区房并装修一新。我问他，客厅有多大，他说二十来平方米；我又问他，墙上挂了什么，他说还没挂，但一定会是一幅画，风格要大气。我当即笑了，我知道自己找到了一位合适的受赠人，因为他的生活美学和艺术美学都合乎我的理想。

当割舍最为艰难的书籍一一送出后，我的散物计划也便完成了，在这过程中我感受着意想不到的快乐。我相信，那些曾经属于我的物什离开了我以后，会有新的故事，也会有新的温润和新的光泽。

她是上海的女儿

近日在院线公映的纪录片《上海的女儿》,十分精彩地向观众叙述了一位杰出的上海女性——表演艺术家周采芹的传奇人生。

周采芹是京剧大师周信芳的女儿,十六岁的时候,这位"在戏箱里出生"的少女就去英国伦敦皇家艺术学院学习表演,凭着过人的聪颖和美丽,很快就成了欧美熠熠闪亮的华裔明星,而在她的艺术创作中,一直呈现着强大的中国基因:她的讲述香港社会生活的舞台剧《苏丝黄的世界》场场爆满,她发行的唱片里的中国歌曲风靡英伦,她饰演的007邦女郎让这个人物染上了东方风韵……周采芹有过众多的"第一",比如她是第一位在伦敦和纽约两地领衔主演舞台剧的亚洲艺人,是第一位获得艾美奖终身成就奖的华裔演员,是英国皇家戏剧学院第一位中国院士,是二十世纪八十年代到中央戏剧学院执教的第一位"回归"专家。周采芹的艺术生涯光彩夺目,可其实她的人生经历非常坎坷,而《上海的女儿》这部纪录片就是用镜头细腻、翔实、生动地展现了她的一波三折的生命历程。

中国第六代电影导演陈苗与周采芹相识二十多年,她一直希望给她拍部电影,因为周采芹正直、坚毅、诚实的人格带给她持续的创作动力。这部取材于周采芹撰写的《上海的女儿》的纪录片样式独特,更准确地说是一部传记类艺术电影,由三种影像交织而成:一是周采芹及亲友的自述实录,二是故事片式的情景再现,三是周信芳经典剧目《投军别窑》和《打渔杀家》的舞台写意艺术。三种影像再与周采芹的电影、舞台演出的影音资料和照片相叠合,因而具有丰富的表现力和历史的厚重感,凸显出周采芹鲜明的个性和风云变幻的时代跨度,从而在大处见时代真实,于小处见儿女情长,完成了这个属于世界的中国故事的讲述。

这部纪录片的戏剧张力来自着力叙述了周采芹一生中的三个春天。第一春便是她在欧美的奋力拼搏;第二春是遭遇人生低谷后,六十岁出演《喜福会》而重新崛起;第三春则是在七十五岁时饰演电视剧《红楼梦》中的贾母,这是她第一次用自己的母语进行表演,由此实现了和祖国的文化联系。这样的三个春天,影片是用周采芹与周信芳的灵魂对话结构起来的,周采芹成长中的每一个阶段都贯穿了父亲周信芳对她的一句关照:"你要永远记住你是一个中国人。"周采芹年少出国前,周信芳给了她这句关照,不曾想,这是他们父女俩的最后一次见面,也是父亲跟女儿说的最后一句话,从此,他们天各一方,而周采芹的人生却因此被父亲的这句关照打上了终生的烙印。事实上,这部影片的真正主题就是揭示作为女儿的周采芹,是怎样在漫长的海外飘零中寻找自己心灵的原点,也即她的家、她的父母和她的文化认同。影片中有一个长镜头令人动容,高龄的周采芹终于回到上海,回到家中,面对墙上父亲的照片长跪不起,连连磕头。画面外,是周采芹的旁白,她说她一直身处海外,性格桀骜,从来不知下跪磕头,而此刻,当她以中国传统的礼仪跪拜父亲的时候,她明白了自己这一生其实一直在寻找一个中国女儿、上海女儿的角色,并以此进入最为崇高的艺术境界。

历时六年拍摄完成的《上海的女儿》以其独特的叙事和镜头语言,受到国际影坛的高度关注,被认为参与了世界文化历史的全景画卷,以一个上海女儿的经历诠释了上海这座伟大城市的开拓精神。影片结尾时,追光灯渐渐暗淡,而舞台灯光亮起,正在演出的周信芳辉煌耀眼,而他的女儿周采芹缓缓起身,走向舞台,两代人的追求和命运由此在一个舞台上交相叠印。

倒 垃 圾

倒垃圾，这是最近上海人的生活主旋律。由于在国内率先实行强制垃圾分类，所以，上海一下子吸引了全国人民的目光，有关的段子也层出不穷，譬如说"拎得清"被解释为"手里拎着垃圾能分清的上海人"，一时间，都在盛传上海人这些天已经被逼疯了。

其实，上海人哪会这么经不起考验，要知道上海向来是国际大都市，上海人见多识广，即使仍在没有抽水马桶的旧式里弄里过日子，也晓得世界上的发达城市都早已实行垃圾分类了。因此，当中国游客到日本的东京去旅游时，不少人发现马路上没有垃圾桶后都骂这个城市很变态，只有上海人不会大惊小怪，他们告诉同胞，出了门，垃圾就应该放在自己身上，然后带回家去，分类倒掉。于是，当今年7月1日上海正式实施垃圾分类后，上海人基本上都笃定泰山，并不慌乱得手足无措。当然，干垃圾、湿垃圾不可能一下子搞得煞煞清，这是需要学习的。上海人善于学习的特质借此发扬光大，都愿在短短的一两周的"战前演练"中脱颖而出，这才有了全上海人民日日夜夜反反复复仔仔细细唠唠叨叨地去拎清什么是干垃圾，什么是湿垃圾,什么是可回收垃圾,什么是有害垃圾。

这几日,隔壁老宋碰到我时,不问吃过没,也不问吃的啥,而是问我东北人吃得哧啦哧啦的大骨头为什么是干垃圾?串北京土特产冰糖葫芦的竹扦是什么垃圾?珍珠奶茶的盖子究竟是干垃圾还是可回收垃圾?我回答不上来,只好连忙掏出手机,立即下载垃圾分类查询APP。家住顶楼的小刘在台北工作过几年,对于垃圾分类很有经验,结果,他家近来门庭若市,邻居们纷纷向他讨教,他索性敞开大门,将我们迎进他家的厨房。这一参观,立即让我们看到了距离:小刘家的厨房里专门辟有一排垃圾柜,里面收作得清清爽爽,不过,我们有些纳闷,那是因为有十来个垃圾柜呢。小刘见我们疑惑,解释说,在台北,垃圾分类细致到十三种,而且像便当盒必须洗干净,沐浴露、洗洁精之类的塑胶瓶则必须压平;另外,装垃圾不可使用塑料袋,必须购买可以降解的"资源回收专用袋",不然垃圾站是拒收的。那天傍晚,小刘被业主委员会请到小区里的垃圾回收箱前,为居民们上了一堂公开课,男女老少围着认真听讲,那阵势真是蔚为壮观。

有个段子将垃圾分类"化繁为简":猪能吃的是湿垃圾,猪不能吃的是干垃圾,猪吃了会死的是有害垃圾,卖了得钱买猪的是可回收垃圾。说起来,上海人对于垃圾分类并不陌生,二十世纪五十年代,我家所在的工人新村,每栋房子前面的树下都放了一个罐子,居民们会把吃剩的东西倒进去,而每天都会有专人踏着"黄鱼车"来回收和清洗。我问我妈这是什么,我妈说,这叫泔脚钵斗,钵斗里的泔脚是拿去喂猪的。在我的记忆中,这样的泔脚钵斗一直放到了七八十年代,后来,市区里没有地方养猪了,再说大概猪也已不屑再吃泔脚了,这才撤了钵斗。从这里可以看到,上海人之所以对垃圾分类少有怨言,一方面是具有与国际接轨的高远境界,另一方面是长年累月的训练有素,那泔脚不就是湿垃圾,将泔脚专门倒进钵斗里不就是垃圾分类?从某种意义上说,现今的垃圾分类激活了人们的记忆和怀旧。

有人调侃,说是到最后上海人自己都不知道自己是什么"垃圾"了。我倒是觉得上海人应该乐于担当起这样的调侃,要真能做到这个份上,那上海人简直太了不起了,因为只有真正的智者,才会有如此坦然的认知。

2019
7
JULY

合　　唱

前几天，我去一家艺校看少儿合唱团排练。他们中小的孩子才七岁，大的也不过十三四岁，都在最好的花样年华。他们配合默契，每个声部都互相交融，歌声纯真而高远，仿佛是从天上撒下来的。除了"天籁"，我不知道是否还有更为贴切的形容词。在美妙的童声里，我明白了所谓的天籁，就是自然纯净。我忽然想到，天籁只是属于孩子的，因为他们的心灵没有受过污染，洁净得如同水洗的蓝天，连一点儿灰尘、一粒沙子都不沾。

我看过一部匈牙利影片，说的是这样一个故事：

刚刚转学来的女孩索菲被校合唱团所吸引，并如愿以偿地加入其中。然而在第一天排练结束后，合唱团老师艾利卡与她的私下谈话却让她心灰意冷。原来，为了在十天后的全国小学生合唱大赛中取得头名成绩，艾利卡要求发挥还不太专业的新手索菲在合唱时默唱，即只对嘴型不出声。有着一副好嗓子的同班女孩丽莎看出了索菲的不快，她不清楚为什么她眼中"最好的老师"会让索菲闷闷不乐。再一次排练时，丽莎站在了索菲身边，这才发现了事情背后的端倪，而且被艾利卡要求默唱的并不只是索菲一个孩子。于是,间隔在成人与孩子之间的道德悖论引发了冲突,丽莎说穿了默唱的秘密,她义正词严地指责老师作假。在决赛中,合唱团的孩子们齐心上演了一出默唱的童真恶作剧,以三次无声的合唱表达了他们的诉求,发出了无声胜有声的振聋发聩的声音。那一刻,索菲与丽莎坚定地十指相扣,在女老师艾利卡生气地转身离开后,丽莎高声领唱,孩子们同时发声,在天籁般的歌声中,观众们感受到久未体会的精神洗礼与观念震颤。

在这个故事中,我更加明白了天籁的造就源于纯洁、真挚、善良、厚道的品质和内心的温暖。其实,艾利卡的想法也能理解,她既想用过硬的技术得到好名次,也想让所有的孩子都得到上台的机会,但她却不了解孩子们的诉求,他们希望的是被公平对待,容不得弄虚作假;不管唱得好不好,只要大家能一起快乐地歌唱,享受友情就足够了。或许世界上再也没有比孩童间更为纯真的友谊了,这份友谊如此珍贵,不关乎功利,不关乎尊卑,没有势利,没有心机,单纯朴实,天真无邪,就像童话一样。我小时候也参加过学校里的合唱队,那真叫开心啊,同学们友好相处,排练前后叽叽喳喳,打打闹闹,排练时却格外认真,没人会耍什么小心眼儿。有一回,参加全区汇演时,一位同学由于心情紧张,没等前奏结束,就抢唱起来,结果合唱队丢了名次,可老师没有责备那位同学,相反还不断地安慰他,给他买橘子水喝;我们也同样觉得无所谓,吐舌头,眨眼睛,依然嘻嘻哈哈,最后与那位犯错的同学勾肩搭背地回家去,根本不可能想到要攻击他、诋毁他和孤立他。

没有杂质才会有天籁。大人们的歌声就鲜有被形容为天籁的,那是因为成人的世界太过复杂,友谊常被亵渎,人心险恶,情寡义薄,所以我们将守护童声的希望寄托在孩子们身上。只是总有人会击溃我们的希望,近日,当我从那位陕西初一女生无可奈何录下的音频里,听见班主任煽动地问学生班里谁"最贱",而全班同学竟毫无是非心地齐声喊叫女生的姓名时,我心碎一地,这样的合唱丑陋无比,褫夺了孩子们最可宝贵的品质,污泥浊水侵蚀了他们的心灵。好在艺校少儿合唱团的排练,让我重又看到孩子们的率真天性,他们团结友爱,互帮互助,因而能在心心相印的默契中,共同唱出天籁般的歌声。

电影大师的梦想之作

波兰导演安杰伊·瓦伊达是当之无愧的世界级电影大师,他执导的影片《铁人》获得过第三十四届戛纳电影节金棕榈奖,并先后获得第五十五届威尼斯国际电影节终身成就奖、第七十二届奥斯卡金像奖终身成就奖、第五十六届柏林国际电影节终身成就奖。他的影片《一代人》《下水道》《灰烬与钻石》《福地》《大理石人》《卡廷惨案》《甜蜜的冲动》等都是有口皆碑的杰作,但他在自传《剩下的世界:瓦伊达电影自传》(上海三联书店2019年6月出版)这本书中,却用了最动人的文字、最长的篇幅叙述自己梦想拍摄却没能如愿的众多作品,读来比成功搬上银幕的电影更加令人感慨。

瓦伊达经历过二战时期苏德对波兰的瓜分,他担任骑兵团军官的父亲被内务人民委员会秘密杀害,而他电影导演生涯的黄金期则主要在波兰人民共和国时期,所以,特殊的经历和特殊的时代让他在电影创作中备受煎熬,他当然想把自己的所见所闻所思通过电影艺术表现出来,但在苏联的模式下,他的许多梦想注定不可能实现。瓦伊达在《梦想更动人》整个一章中,叙述了与自己失之交臂的几部电影,其中就有《辛德勒的名单》。本来，这部电影是由瓦伊达来拍的，剧本都拿到了，可后来由于波兰方面拿不出这么大的一笔预算，结果落入了美国导演史蒂芬·斯皮尔伯格的囊中。显然，这事让瓦伊达耿耿于怀，但体制问题就是限制了他，瓦伊达用既羡慕又不无嫉妒的笔触写道，每一个导演都是某种程度上的"神"，当然这个程度多少要看电影的预算有多少。虽然没能抢过斯皮尔伯格，可瓦伊达还是真心实意地帮助斯皮尔伯格落实了一些场景在波兰克拉科夫的拍摄，同时他还建议把《辛德勒的名单》拍成一部黑白电影。斯皮尔伯格听了他的建议后问他的制作人："要不我们拍一部全黑白电影，只有辛德勒的眼睛是蓝色的，如何？"瓦伊达写道：在几千米的黑白胶片上，只把辛德勒的眼睛涂上蓝色，这个成本大概相当于整个波兰电影业几年的预算，因此，我见到了一位电影"真神"，他只知道一个词：就这么干！

瓦伊达一直想拍一部发生在森林里的故事片，甚至连片名都想好了，叫《打猎》。有一次，他和剧作家博格丹·柴什科一起去打猎，他们屏住呼吸，搜寻着可能隐藏在森林深处的野鹿。他问博格丹，我们来这里做什么？博格丹顽皮地回答："我们就是狼！"这个回答让瓦伊达联想到森林里的弱小动物会被我们——也就是猎人——像狼一样地捕杀掉。想到这里，他的头皮一阵发麻，但却产生了电影的灵感。那个灵感的主题是回归，他说他仿佛看到了老游击队员的世界——这么多年过去了，他们又一次回到森林，寻找先前的足迹；与此同时，他们也很明白，自己的生活已在别处。瓦伊达就跟博格丹聊这个话题，但结果却不了了之，后来他也曾找过另外几位编剧，但没有一个能让瓦伊达满意。正当他要放弃这个计划时，一位列宁格勒的剧作家亚历山大·戈尔曼引起了他的注意。后来，戈尔曼这样跟他说："你想象一下吧，五个官员带着太太来到森林，他们特意到这里来讨论人事变动的重要事情，带着太太是为了让别人以为他们仅仅是来游玩打猎的。男人们在森林小屋中召开闭门会议，而年轻英俊、精力充沛的护林员则引导太太们用他们丈夫的猎枪去打猎。她们向所有的动物开枪射击，这样的滥杀行为让护林员非常愤怒，但他也保持了应有的分寸。最后，当她们出了森林走近小屋时，看见内务人民委员会的车停在那里，他们的丈夫戴着手铐，在守卫的看管下，坐着囚车消失了。"戈尔曼讲完这个故事时，瓦伊达明白这是一位在伟大的文学作品中成长起来的纯正的俄罗斯作家，不管在波兰，还是在苏联，都找不到这样的剧本了。但是，剧本最终没能通过，瓦伊达梦碎一方。

《未来学大会》也是瓦伊达没有能够梦想成真的一部作品。这部原创小说的作者是波兰著名科幻小说家斯坦尼斯瓦夫·莱姆，在瓦伊达看来，这是一部奇异、荒诞而又非常搞笑的小说。故事发生在一家宾馆，这里正在举行未来学大会，同时，在这家宾馆里还有另外一场低俗刊物出版人的聚会。科幻与低俗混在一起，场面相当逗趣。可以设想，两个撞期的大会甚至引发了一场剧烈的冲突。两个大会的主办者决定想办法避免冲突，或者最好的办法是来参会的国内外来宾互不影响。他们在水里加了强力迷幻剂，但是小说的主人公是个谨小慎微的人，他一口水都没喝，因此将这令人震惊的一切尽收眼底。故事的地点接着转移到下水道，大多数的未来学家和出版人要么深陷在幻象里无法自拔，要么死去，主人公也在这里，也许下个世纪来临时才能唤醒他们。纽约彻底沦陷了，成了一片废墟，没有人搬走死者，没有人清理街道，这座城市涌进太多的人，根本无法控制住巨大的破坏性局面，唯一可以逃离现实的方法就是服用政府发放的致幻药，它的作用就是让大家将这不可思议的现实看成正常的世界。这自然是对现实的嘲讽和暗示，所以尽管瓦伊达已在美国找好了能当拍摄场地的宾馆，但最后也无法拍摄。后来，莱姆小说中的这个精彩构思多次出现在美国编剧和导演的电影里，而2013年，以色列导演阿里·福尔曼更是将其搬上了银幕，瓦伊达由此写道："遗憾的是，我的这部电影只能出现在我的幻觉里。"其实，莱姆认为，除了题材不为所容，拿不到资金，当时电影技术的缺乏也是一个原因，没有电影技术的支撑，科幻类的剧本难以实现。

"梦想往往比拍成的电影还要动人。"瓦伊达在人生"剩下的世界"里，回瞻既往的感慨也让我们深思。作为一部当代波兰电影文化史，瓦伊达在该书首版前言中写道："如果说，我拍摄的某些电影曾打动过观众，曾激起过他们沉睡中的需求和情感的话，那也只是因为，在我们生活的这个世界中，我也有过与他们一样感同身受的经历。"事实上，他梦想过、努力过，但没拍成的电影同样如此。

八八沈公

著名出版家沈昌文先生今年八十八岁了，但他还是每天出门，背着双肩包去北京城里的各家书店转悠。我去年去北京时与他聚会，结束后，只见他大步流星地离去。那天气候暖和，他穿了一件长袖衬衫，一条背带裤，双肩背包，走路时有力地划着两臂，从背后看去，真就是一个可爱的中学生。

今年8月，沈公又来上海了。这些年，他基本上年年这个时候都来上海，目的只有一个，看上海书展。一个做了一辈子出版工作的人，一个主持过《读书》杂志且一直倡导读书的人，无疑对书展这样的活动最为热切。沈公很小就从宁波到上海谋生，且二十世纪五十年代是从上海调到北京去做出版的，对福州路、老西门、城隍庙、北火车站、太平桥、法国公园等如数家珍，是个地道的老上海，所以他一点儿也不掩饰对上海书展的"情有独钟"。

这次来上海，沈公特别高兴，因为浙江大学出版社和启真馆将在上海书展上推出一本新书——《八八沈公》，这是特意献给他八十八岁生日的贺礼。沈公的三十四位好友在书里写了文章，策划者说，大家都知道的事情就不要再写了，最好扒一扒沈公鲜为人知的旧事新事，甚至一些"糗事"，也应了"八八沈公"的谐音。我想这样的书一定会很好看，所谓"有血有肉""活灵活现"，读者会看到一个生动的人、真实的人、可爱的人，由此加深对沈公的认识与了解。说起来，现在有太多写人的文章空洞而苍白，以致让人怀疑被写的人本来就是乏善可陈，了无生趣。

其实，我听过或看到过不少关于沈公的有趣的事儿。比如沈公善待手下，为了让《读书》的编辑们精神充沛地工作，他买来了电砂锅和咖啡机，给编辑们炖红烧肉、煮咖啡，大家吃得津津有味，咖啡更是当水喝，干劲十足，文思泉涌，不过，他们也时常调侃沈公卫生不达标，说是那个电砂锅从来就没有洗干净过，煮好了的咖啡也是盛在掉了漆的大茶缸里。又比如有一次我做东，请沈公和诸位朋友吃饭，沈公贪爱啤酒，而且还只喝冰镇啤酒，所以他老伴派其女儿来"督餐"，规定只能喝一瓶。我给他斟上一杯啤酒后，就把瓶中剩下的酒搁在了他的座椅下。只见他趁着敬酒混乱，将桌上一瓶打开的啤酒悄悄移到自己边上，后来，他桌上的倒倒，椅下的斟斟，神不知鬼不觉地喝掉了两瓶。

王蒙先生称"大哉沈公，无所不通"。沈公能在出版界如此呼风唤雨，得益于他认识名家极多，交往密切。但在沈公老伴白大夫的眼里，他嘴上整天挂着的作者都是她的患者。原来，在向阳湖干校期间，正宗中国医科大学毕业、医术好、负责任、待人友善客气的白大夫是干校卫生所的医生，聚集在那里的冰心、冯雪峰、沈从文、张光年、臧克家、萧乾、陈白尘、冯牧、郭小川、刘炳森、王世襄、周巍峙、罗哲文、金冲及、陈翰伯、王子野、刘杲、周汝昌、司徒慧敏等文化名人都要找她看病，由此结交了一大批"名人患者"，这为沈公后来出任三联书店总经理带来了工作上的极大优势。所以，在沈公的"徒弟"、出版家俞晓群看来，出版家与医生联手，作者与患者合体，这是沈公包打天下的又一个奥秘所在。

就在前几天，编辑家陆灏先生翻出一篇近二十年前的笔记，其中记道，他与沈公通电话，说到对一些网上作者缺乏信任感，所以不敢贸然刊发网上的文章。沈公听后说，要求同作者有信任感属于传统观念，新的观念是只求今夜春风一度，明日各自东西，甚至连对方长什么相貌都没看清楚，留在记忆中的只有发根淡淡的幽香，也许三十年后某天在电影院，忽然前排一老太身上传来这股幽香……陆先生听后说，这可以写部小说，题目就叫"三十年前的幽香"。我想，沈公是个多么浪漫的人啊。

也就是去年在北京我与沈公道别的时候，我问耳背的他，为什么不佩戴一副助听器。沈公用上海话对我说，其实聋朆蛮好，索性好话坏话统统当开心话听。真是豁达而可爱！

2019 / 8 AUGUST

再见，我的那些书

除了我的书房，如今书橱已开疆拓域到我家的各个地方：客厅里是整个一堵墙，卧室、阳台，也都兀自顶天立地；即便这样，源源而至的书也没有栖身之地了。到了这个时候，我知道，我得散书了，我得跟许多伴随了我多年的书说声再见了。

这真是艰难时分。

人们都说，一本书到你手上，就是一种缘分；缘分是修来的，好比大街上人潮汹涌，但你与他们都只是擦肩而过，其中如有一人会由陌路成为你的朋友，这里面一定有着奇妙却又注定的因缘。确实，天下有那么多的书，不是每一本都会来到你的手上，继而被你放进书橱的，追溯起我的藏书，它们一本本的到来，也是一个个的故事，看着它们，我每每会想起某个人，某件事，某些日子，某段生活。既然关系如此密切，现在却要与之道别，任其散去，当然是很舍不得的。

可是，家里的确只有这点地方，那么多的书要么在书橱里挤挨得透不过气来，要么在纸箱里于黑暗中沉睡，要么在地上胡乱堆成一座座没有标记的小山，事实上这有损于书的尊严。再说，我毕竟不是藏书家，我没有价值连城的珍稀典籍，也没有传说中的各种奇书,我只是一个读者,一个读书人,我的藏书仅出于我的喜好,我的兴趣,或者出于纪念,或者出于有用。所以,让我稍稍宽心的是,我的散书不会导致一本书就此在这个世界上湮灭,另外,这也特别符合我崇尚的理念,那便是物尽其用才是最好的。

我散去了一批大学教科书。虽然这批书体量很大,可我之前搬过几回家都没弃置,一直珍藏着,因为这是珍藏一段岁月。那时,我没能幸运地走进大学校园,种种困扰下,我选择了自学,而且一口气报了两个专业,一个是中文本科,一个是法律大专,没有任何的当面授课,也没有任何的考前辅导班,完全依靠自学,因此,我把所有规定的教科书全都翻烂了,每本书的上面都有折皱,都有字迹,随记眉批密密匝匝仿如森林,划出的波浪线排山倒海。我曾在多年之后重新翻阅这批教科书,感慨它们引导我踏入了专业领域,为我打开了一扇充满可能性的通向未来之门。现在,我也去大学教课,总有学生跑上来就拿着教科书问我,哪些是重点要点,考试会考什么。我跟他们说,这是把上学念书的目的给颠倒了,考试考不出你的真才实学,重点要点是你自己内心的确认,它们会导向你的将来,在你尚未领悟到这点时,请不要把你的教科书扔掉。这次,当我将这批教科书送走的时候,我的心里满满的都是感恩。

我还散去了一批用土黄色牛皮纸包裹书封的世界文学名著。这批书是改革开放刚刚拉开帷幕时购买的,由于在这之前曾有很长一段时间的文化沙漠期,狂漫风沙淹没了人类文明的结晶,以致当书店里重新出现它们身影的时候,人们蜂拥而至,我是排了无数长队才把这些书买回来的。因为太过珍惜,我用牛皮纸把每本书都小心翼翼地包起来。说来,这项包书工作花了我很多工夫,原本弄到的纸是大张的,得裁成一小张一小张,然后上下左右进行对折,再用胶水牢牢地粘在书脊上,最后将书的封面封底严严实实地包住。我想象着这一摞摞的书移入书橱后,一定会蓬荜生辉,光芒四射。可是,直到这些包着一色土黄封皮的书站立在书架上时,这才发现书橱里混沌一片,呆滞灰暗。我根本没有想到,其实那些书原先都是穿着自己漂漂亮亮的衣裳的,可我却给它们裹上了多么愚蠢的封皮,这封皮盖住了它们原有的绰约和美丽。我想为它们脱去这沉重的封皮,但已经无法办到了。如今,同样的世界名著,可其装帧设计越来越精美了,因而也是时候将那些穿着土黄色衣服渐渐睡去的书换上一批全新着装的了。只是,在我同它们离别时,想到它们曾深深滋润过我干涸的心灵,不由得泪水泛起。

  有意思的是,这样的散书倒是促使我建立起了新的读书方式,那就是读完一本后,便用文字记下点心得,随后立即散去,除非特殊情况,不再保留。这一方面让我更加抓紧时间读书,一方面,可以放心地让新书持续涌来,不需再担心无处安放。对一个嗜好读书的人来说,不囤书是不可思议的,因为让你心仪的书总在源源不断地产生,如果出于没有地方安置而舍弃,自己都会觉得遗憾而心有不安。我是向来不借书的,既然想看,那不如自己拥有,不过,这也容易落入这样的窠臼——借来的书读得快,自己的书因着可以慢慢看,于是就常常慢到如同停靠在岸边的邮轮,一直不起航,这样,书橱里的书自然也就越积越多,及至爆满。我以为,书要一本本读的,如果光囤不读,也就失去了意义。现在决定读一本散一本,真的明显推动了我的阅读。前几天,我开读刚刚出版的一本新书,是世界电影大师、波兰著名导演安杰伊·瓦伊达的自传《剩下的世界》,在这部自传中,这位戛纳电影节金棕榈奖得主,威尼斯电影节、柏林电影节、奥斯卡金像奖三大终身成就奖的获得者,没有炫耀和自得,而是用真挚、朴实的文字思考自己梦想拍摄众多作品但没有如愿的原因,由于我们具有相似的历史和现实背景,所以读来比成功搬上银幕的电影更加令人着迷和感叹。掩卷之后,我即刻写成一篇书评。就这样,这本书都没放进我的书橱,便已宣告读完,紧接着,我便将书散去了。

虽然我没有稀世罕版、古籍善本,但这并不意味着我的书没有价值,这种价值是无法用一般的数字来计算的。我的藏书与我的人生相关,里面包含着我的理想、我的追求、我的情感、我的努力,所以我看重并珍爱我的每一本藏书。其实,我知道,哪怕穷尽一生我都看不完自己所有的藏书,但是,我希望看到我书橱里的书一本一本地少去;少一本,说明我读完了一本。那是一个特别美好的愿望——在我离开这个世界之前,我即使不能读完我书橱里的书,也要把每一本书都轻轻地抚摸一遍,它们是因了我的喜爱而来的,我读不完它们,可我至少知道它们是谁写的,写了些什么,对我认识、理解我所生活的时代会有怎样的启迪。

我还在散书,不舍,却因读过而宽慰。

那天，我又把要散去的书一本一本地装进纸箱子里，装了整整十六箱，一边装，一边再翻一次，脑海里又涌过它们到来时的情景。当我看着载着它们的车子离去时，我挥着手向它们道别。再见，我的那些书，谢谢你们多年来的陪伴，谢谢你们给过我温暖、勇气和力量。我散了一本书，但不会因此少了一个朋友，因为你们都在我的记忆里，在我的灵魂中，我会想念你们，重温你们。

茯苓夹饼和驴打滚

叶先生很神秘地跟我说,北京来人了。

叶先生是我的朋友,他家有亲戚在北京,北京的亲戚每每来上海,总要带上北京的点心,叶先生也每每让我一起分享。所以,我即刻问道,带了茯苓夹饼吗?叶先生又很神秘地跟我说,驴打滚。

我很有些诧异,因为叶先生的北京亲戚每回带的都是茯苓夹饼,以致我就此认定这茯苓夹饼是最具代表性的北京点心了。显然,茯苓夹饼不负众望,比传说中的冰糖葫芦更受上海人欢迎。老实说,我就没见过在上海有卖冰糖葫芦的。叶先生也觉得让我分享茯苓夹饼很有面子,他说,这可是皇上吃的。有一阵,我犯失眠,叶先生帮我打听有什么祖传秘方。那天,他找到我,满面红光,激动不已,说是有救了。我连忙问,何方神药?他说,绕了一大圈,结果居然是茯苓夹饼。看我狐疑,他让我上网搜索,果然称茯苓夹饼是滋补性的北京传统名点,安神健脑,滋阴补阳,利水渗湿。叶先生说已关照他的北京亲戚,下回来上海时,专门给我带上一大袋子。

叶先生真是个好人,在他北京亲戚来上海前,决定自己动手先为我做几个茯苓夹饼。我不太相信他有这等本事，至少那薄如纸、色如雪的皮子哪能轻易弄成。叶先生说，外面的皮子可以将就些，但里边的馅儿一样不会少，核桃、芝麻、大枣、蜂蜜、杏仁、花生、山药、芋头……应有尽有。他还说，什么东西都不要看表面，而要看内里，看本质，一层皮说明不了问题，只要有那些名贵东西在里面便是了。后来，叶先生把他自己制作的茯苓夹饼给我送来了。我一看，还以为是他请我吃北京烤鸭呢。叶先生笑笑说，弄不到茯苓细粉，只能用面粉替代了。我尝试了叶先生特意为我做的茯苓夹饼，实事求是地说，我真的就是当药吃的，既然是药，再难吃也是要吞下去的。叶先生的馅儿搁了太多的糖，不消几天，我血糖飙升，牙龈上火肿胀，连倒泛出来的胃酸都是甜腻腻的。

我想，叶先生肯定很顾及我的感受，这不，现在他神秘地告诉我，北京来人了，带来的是驴打滚。

这驴打滚不似茯苓夹饼的名字这样优雅，如同草根的诨名；也不像茯苓夹饼的模样那般白皙，犹如粗糙的疙瘩。但叶先生说，这驴打滚可是皇上吃的，名字虽土，却生动形象，那外面撒上的一层豆面，就像是老北京郊外野驴撒欢打滚时扬起的阵阵黄土，这不是特别欢乐喜庆吗？我尝过之后的确觉得好吃，不黏不腻，入口绵软，香甜适宜，倒是更合上海人的口味。见我夸赞，叶先生竟追着我问，你除了失眠，还有什么不舒服，驴打滚也能滋补养身的，而且自己动手做没茯苓夹饼那么复杂，糯米粉、江米粉有的是。我连连摆手，说吃过一个驴打滚之后，已经百病皆除、百毒不侵了。叶先生听了也连连说，北京点心就是这么牛，以后就请北京的亲戚只带驴打滚了。我说，你那北京的亲戚也太辛苦了，之前是茯苓夹饼，现在又是驴打滚，以后就别再麻烦人家了。

没想到，前几天去一家餐馆吃饭，菜谱的小吃点心档里居然也有驴打滚，服务员见我惊讶，料想我是个赶不上趟的乡下人，告诉我说，驴打滚在上海不仅有堂吃，还能叫外卖。我当即讲给叶先生听，他非常骄傲地说，看来驴打滚这个北京点心已经进入上海了。忽然，他问我，北京亲戚下次来，还要叫他们带上什么北京点心吗？我说，不就是茯苓夹饼、驴打滚，还有传说中的冰糖葫芦吗？叶先生对我撇了撇嘴说，你以为北京点心就这几样东西吗？连开埠才一百七十多年的上海都有那么多小吃点心，更别说有三千多年历史的北京了，好吃的多了去了！

火星掠过生活的黑洞

读于是的短篇小说集《你我好时光》（江苏凤凰文艺出版社，2019年1月出版），我常常会心惊肉跳，发现自己坠入了令人窒息的黑洞。这黑洞就在我们熟视无睹的现世生活里，它将许多的无常悄无声息地吸入，而让人的躯壳和灵魂昭然毕露。

于是自己说，她在写作刚起步时，正巧遇到了人生中第一次面对死亡的体验，结果，生者与死者便构成了她小说中的主人公：那是一些被他人的死所改变的人，而所谓的改变，并不可能脱胎换骨，只是带着死亡一起活下去，并且尽量不去恐惧。《你我好时光》由六部短篇小说构成，对这些故事里的人来说，亲人、爱人、陌生人之死，是他们未来生命的附加值。

打头作品《你我好时光》中的女主人公"我"与已婚的前男友青蒙藕断丝连，在两人的交往中，"我"始终摆脱不了死亡造就的心理阴影——在她流产的时候，青蒙没有陪在她身边，而来看望她的母亲在从医院回家的路上死于交通事故。两条生命的遽然逝去，导致"我"与青蒙之间的关系也濒临破裂，"我"渐渐成了孤僻的人，与生活有关的每一条线索都断了，封闭在自我的世界。封闭像是一种堡垒，可以免于他人的入侵以保护自己,但事实上,这种封闭是非常可怕的,对于群居动物的人类来说,任何自我封闭导致的结果就是内心的冷漠,冷漠则是残酷的自戕,成为一具行尸走肉。好在"我"养了一只猫,这只猫在发情期时,被青蒙认为会沾上怪味道而让妻子生疑,于是给它去了势,它从此有了一种笃定的忧郁,开始一种凄厉的长鸣。后来,这只猫一天天地弱下去,这让"我"生平第一次有机会去照顾别人,正是在这段与他人(尽管是只猫)重建关系的过程中,"我"感受到这只猫是在帮助她弥补母亲去世前后她的缺席,也在弥补不能成为母亲后的她那无处安放的母性。在看护这只猫的最后几天里,"我"明白了生命最终的形态,猫比任何亲人都尽职地教会她死亡的定义,并且终于补全了目睹亲人辞世时自己该有的撕心裂肺的痛,同时确证了自己应有的脆弱,那是任何孤绝的表象都无法伪饰的。我认为,这部小说的价值就在让我们意识到自我封闭的堡垒其实无异于坟墓,坦然承认自己的软弱,有助于打开内心的封闭之门,尝试与这个世界和解。

《祥云弥渡》虽说时空显得七颠八倒,可我觉得特别贴切,因为故事中的一些人物由于患有失忆症,所以回忆错乱,对生活乃至自己的身份都分辨不清,也就显得模棱两可,似是而非。同样,小说里的女主人公曾遭遇过死亡,她人生里的第一场死亡,是未成形的孩子,那是她十九岁跟小情人私奔时失败的爱情结晶;第二场,是一个陌生的痴呆老头,那是她私奔后借居屋的房东。就是在借居地,她认识了每天来照顾痴呆老头的林阿婆,她为老头送馄饨,为他擦身;在她流产之后,林阿婆也无微不至地照顾她。她曾问林阿婆住在哪里,林阿婆说就住在楼下。有一天,她跟老头聊起了林阿婆,不料,老头很疑惑地问谁是林阿婆,还问她你是谁。她想起有一次老头管她叫小林,便就这样回答了他。老头听后愣了一下,当他再次叫出小林时,好像年轻了三十岁,回到盛年,回到爱时,脸上被激情和惊喜所照亮;然后,他翻出床头柜里的相册和里面夹着的许多被退回来的信,信封上收信人的名字叫林秀珠。他相信此刻他所爱的小林回来了,就在他的身边,因而心满意足,可是,当夜他便死了。她急急地下楼去找林阿婆,但邻居们都说这里没有这个人,在邻居去打报警电话的当口,她奔出弄堂逃离了。几年以后,她来到即将拆迁的这条弄堂,终于又见到了坐在一家店前的林阿婆,但她却没一点儿反应。店里的人告诉她,这老太姓王,以前在这里摆馄饨摊的,后来脑子不行了,儿女就把店转手了,可她却还以为店是她的,天天来这里上班。她听后,泪水突然涌了上来,她握住老太的手说,王阿婆,你要记得啊,你叫林秀珠,老太点了点头。这部小说试图营造某种疏离感,在时空倒错中分解掉生活本身形成的过多的积郁,但是这样的结尾,可能出乎作家的预设,让读者反倒体悟到生活中的矛盾与无奈,即便通往末路,也能安然若素,甚或"回光返照",所以不必慌不择路。

说实话,于是的小说是有些晦涩的,基本上都不采用线性叙述,没有单向故事,结构复杂,山重水复,人物心思挪转,面目恍惚,情节扑朔迷离,似是而非,逻辑隐蔽,若即若离,但这正是于是小说的魅力所在。读她的小说因为不能一目十行，因为不能不动脑筋，所以特别耐人寻味，嚼劲十足。写偶遇、网络直播的《夜泳馆》，所有的暧昧、离奇、荒诞如同虚拟世界一样无序，最终看似导向某种结果，却又无法定义，就像小说的最后一个句子："无论在三百米外的黑暗中发生什么，我只是等。什么都不用做。"我以为具有深刻的洞察力，这既是一种人生状态，也是现实生活的真相。写自杀、身后处置的《未来的墓》，依据几页解剖图的蛛丝马迹来探寻真相，有着侦探小说的韵味，可又不像侦探小说，将强悍的逻辑置于漫不经心之中，由此可以得到新鲜的阅读体验。《肉体标本》和《通往神婆的路》故意设置了一些障碍，让读者不能按部就班，但是跟着小说慢慢地去找寻细节之间的隐密关联，找寻多维度时空中的各种支点，是令人兴奋的。于是的小说文本所具备的独特性，一方面表现出作家坚韧的艺术追求，一方面揭开现实生活的表层，直抵内在真实，实现读者各自的心理投射，我认为这是最为成功的，体现了短篇小说的力量所在。

  我很认可于是的观点，她认为世上所有的故事都和生死有关，这一点根本不足以让人害怕；反而是拒绝、无知或无感的态度，会令人觉得恐怖。因此，于是的小说并不是技术主义的，我甚至以为她把自己都放入了小说，所以格外坦诚而真挚。于是说她感觉自己一直身在火星。是的，晦涩源于生活的黑洞，但我们可以把头抬到最高，找一找火星，或许会发现火星可以掠过生活的黑洞，虽然就像雪花，只能存在于瞬间。

一定要坐位子吗？

我们常常看到这样的情景：地铁或者公交车门一打开，乘客就会一拥而入，然后不管男女老少都会想着去占个座位，结果，由此导致的争执和纠纷层出不穷，大打出手也是隔三差五的新闻。每当看到乘客争先恐后，用足力气，费尽心机地去抢座位，我总觉得不可思议，因为其实也不过几个站，不过一点儿时间，真的一定要坐位子吗？

我曾在东京的丰岛五丁目住过些时日，那里有很大的住宅小区，如果要去市中心，可以到地铁王子站，那里有四通八达的地铁或者公交车。不过，从小区到王子站，得走二十分钟的路，要是不想走路，小区门前有公交班车的，而且是始发站，十分钟左右就有一班车子驶往王子站。乘这车子的人不少，上下班早晚高峰时尤多，候车的队伍排得很长，即便平常时段也是基本满员的。说实话，我从来没有看到过有人公然插队，也从来没有看到过乘客们上车后纷纷争抢座位。

这车上当然是有座位的，并且设有和我们这里一样的老弱病残孕的爱心专座，可是，让我好奇的是，车上乘客再多再拥挤，那些专座也常常是空着的，很少有人去坐，不要说去抢了。有些白发苍苍的老夫老妪即使站在爱心空座前也不落座，他们安静地站着，有人请他们去坐抑或干脆让座，他们却微笑着婉拒。后来，我才知道，这些老人之所以不坐爱心专座，是因为他们认为自己虽然上了年纪，但尚未到"老弱"的程度，既然这样，岂能占座，应该一直保留着，让给真正需要的乘客。老人尚且如此，遑论年富力强者了。正所谓环境造就人，我在丰岛五丁目居住的那些日子里，在这条公交线上一次都没抢过座位，甚至一次都不曾落座，总是扶着车上的把手，腰板挺直，从从容容地看着窗外的风景。

但是，现在，我也不知不觉地加入争抢座位的大军了，一入公交车或者地铁车厢，脑子里想着的第一件事情便是去占个座位，所以两只眼睛左看右看，东张西望，随时准备伺机而动。有一次，我看到一位打扮端庄的中年大妈带着一个朝气蓬勃的小学生冲进车厢，像猛狮一般直扑刚好空出来的座位，不料就差那么一点点，让一位步履矫健、动如脱兔的老大爷捷足先登。功亏一篑使中年大妈颇为愤然，在乘坐的五六个站头里一直絮絮叨叨，端庄尽失，而那位老大爷则大约为自己的身手敏捷而沾沾自喜，不断地抖晃双腿，同样斯文不存。当然，我也多次看到过年轻的情侣占着爱心座位，卿卿我我，全然不顾站在跟前的病弱者，真的把爱心座位当作谈情说爱之专座了。我忽然很想向他们发问："真的一定要坐位子吗？不坐位子会怎么样呢？"其实，我是在问我自己。我想，静下心来会发现，事实上，我们都不是一定要坐位子的，这只是习惯使然，我们仿佛有着座位崇拜，坐上了位子，才笃定泰山，才安逸逍遥；我不相信乘一趟公交车或者地铁，是一定要抢个座位坐坐才算完满的，我也不相信所有的乘客都认可抢座位是个应不断发扬光大的好习惯。

不好的习惯导致许多不好的结果，所以不好的习惯要改变，好的习惯要培养。令人啼笑皆非的是，那些因抢座而闹出事端者总是指责对方没有素质，那看来大家还是知道人是需要有素质的。每每想到丰岛五丁目的那些有素质、有修养的从来不抢座位的乘客，我就肃然起敬，他们不论年龄，不论男女，个个都是绅士淑女。与其说绅士淑女是种模样，不如说是种文明的状态，是种精神的景象。哲学家、文学家爱默生这样说过，绅士淑女是近两三个世纪以来主要的精神产物。既然属于人的发展过程，那看起来要求我们这里人人都不抢座位显然还有待时日，不过，尽管不能一蹴而就，但也可以大力提倡的。真的，每一个乘客，当你踏入公交车或者地铁车厢时，都应该对自己说一声：不要抢座位，你是可以站立的，一个人能够站立着是件多好的事，而站立是多美的姿势。

听格里加尔再说伏契克

9月,捷克的布拉格秋色正浓。13日下午,从市中心瓦茨拉夫广场坐地铁,再换乘两次公交车,便到了布拉格四区的霍班诺娃街,那里有一大片住宅小区,比起市中心那栋栋百年老楼,这里却多是新建的楼盘,高低错落。在一幢十四层大楼的门口,今年九十一岁高龄的捷克著名作家、文学史家、艺术评论家格里加尔已穿着浅色正装迎候我们,这令我们很是感动。

很多中国读者不知道格里加尔这个名字,但他写的《为欢乐而生——尤利乌斯·伏契克传》(以下简称《伏契克传》)却为中国读者所熟悉,如果说伏契克写于监狱的《绞刑架下的报告》(以下简称《报告》)给读者带来了精神上的震撼,那么格里加尔写的伏契克传记则让读者对这位反法西斯英雄有了更加全面而生动的了解。有意思的是,《伏契克传》中文版自1958年在《世界文学》杂志选载至1986年6月由天津人民出版社出版,却一直将格里加尔的国籍标为苏联,究其原因,可能是此书是从俄文转译的,并没有从捷克文直译,翻译者想当然地把他当成了苏联人。

格里加尔住在三楼。这是一栋真正意义上的"大楼",因为每一层都有数不清的房门,从走廊的这一端到走廊的那一端,简直望不到尽头,可却出奇地宁静。推门而入,见是复式结构,与我们这里的设计不太一样,我们通常是往上的楼梯,而那边是向下走的,从楼道开始,一直到客厅、书房、工作室,乃至厨卫间,几乎都被书架给占据了,所以,准确地说,格里加尔的寓所就是一个图书馆,而人高马大的主人穿梭于其中,赫然便是书的世界里的君王。我们的到来,让格里加尔异常高兴,因为已经有很长时间没有人再与他谈论伏契克了,可事实上,他有许多的话想说。我们在客厅落座后,他给我们每个人和自己倒了杯红酒,他说,能够坐下来一起聊聊伏契克,非但说明彼此是志趣相投的好朋友,而且这也是一个节日——刚刚过去的9月8日,是"世界新闻记者日",这个纪念日是因伏契克而设立的,正是在1943年的这一天,伏契克被德国纳粹在柏林勃洛琛斯监狱绞死。

话题自然从伏契克和他的《报告》开始。自体制改变后,有一股否定伏契克的思潮一直在涌动,不仅称《报告》是伪造的,说被关在监狱里的伏契克根本不可能提笔写作;还有人指责格里加尔的《伏契克传》拔高甚至神化了伏契克。格里加尔从一个文件袋里小心翼翼地拿出一份材料,这是他用心保存的伏契克写的一篇文艺评论文章的手稿,而上面的字迹与《报告》的字迹完全一致——在去探访格里加尔的前一天,我们去过捷克民族博物馆档案馆,在那里看到了几年前再次被鉴定确认出自伏契克之手的《报告》手稿。格里加尔说,他是在写作《伏契克传》的时候得到这份宝贵的手迹的,在整个写作过程中,他始终由此感受到伏契克的气息,看着伏契克亲笔写下的每一个字,仿佛他就在自己的身边,两人一直进行着心灵的对话。

格里加尔告诉了我们先前从来不曾知道的两件事情:第一,他写作《伏契克传》并没有获得当局的支持,反而受到很大的干扰,当局要他将伏契克写成一个高大完美的人,不能写任何会被认为是"小资产阶级情调"的东西。在他完稿后,又受到严格的审查,差点连印刷许可证都没拿到,当局让他删去他们认为不适宜的文字。但是,他大多拒绝了,因为他认为伏契克既是一位英雄,同时也是一位凡人,他生活中的点点滴滴正因真实而饱满而感人。比如,伏契克在被追捕期间躲到了庞克拉茨区的巴克斯家,女主人的表妹丽达既年轻又漂亮,感情细腻丰富,梦想着当一名演员,而伏契克不仅研究戏剧,还有舞台表演经验,所以,他们俩经常在一起谈论表演,朗诵诗歌,甚至排戏;丽达以一个十九岁的姑娘所具有的全部热情,沉浸在孩子般的顽皮任性和青春幻想之中,还把这一切毫不掩饰地向伏契克表露出来,并渐渐自觉地仿效伏契克的榜样,开始帮助伏契克搞秘密工作,伏契克后来在《报告》中写道:"丽达饱经风雨。她原来是用特殊钢材制成的人。"按照当局的审查意见,由于丽达的男友最后叛变了革命,因此不能涉及她,说有损伏契克的声誉,但格里加尔却坚持在书中写下了这个情节。第二,格里加尔撰写伏契克传记时,引起了伏契克夫人古斯塔微妙的心理波动,她认为写伏契克的传记非她莫属,不希望有人捷足先登,因此,格里加尔在写作时倍感压力。事实上，格里加尔的《伏契克传》1958年便付梓出版，而古斯塔撰写的《回忆尤利乌斯·伏契克（纳粹占领时期）》直到1961年才在布拉格出版。

格里加尔是个对历史有反思精神的知识分子，他很坦率地说，对于伏契克的宣传，后来的确有些过头，甚至有把他放上"神坛"的倾向，将其"神化"，其中包括给伏契克反抗纳粹的地下斗争添枝加叶。我们问了格里加尔一个很敏感也很尖锐的问题："您在《伏契克传》里有否虚构或者杜撰一些伏契克的'高大上'的故事？"格里加尔没有任何犹豫地回答说："没有。"他站起身来，去了自己的工作室。不一会儿，他捧着一摞本子进来，最上面的是一个大开本笔记本。他一边打开本子给我们看，一边告诉我们，这是他当年为写作《伏契克传》而做的采访笔录，他书中所写的一切均有出处；他还补充说，由于当时二战结束不久，当事人的记忆还很清晰，而且他在采访中非常注重事实的考据、对被采访对象的记忆进行互相印证，所以当事人的回忆是可以采信的。我们看到那些本子都已泛黄，但上面密密麻麻记满了格里加尔当时对二十多位曾与伏契克有关的当事人的采访。格里加尔捧着他的采访本，脸色凝重，凸显出他那花白的头发和眉毛，那些被他用笔记录下来的众多当事人的记忆是属于个人的，但也是属于一个国家和民族的，历史的记忆不会因为时间的流转而被淹没，或者被随意篡改。

格里加尔对《伏契克传》长期得到中国读者的关注格外看重，令我们意想不到的是，为了让中国读者在当下语境下加深对伏契克的认识和理解,他特意赶写了一封《致我的〈为欢乐而生〉中国读者的信》,让我们传达给广大的中国读者。

格里加尔在信中写道:对重要历史人物的评价,会伴随时间的推移而发生变化。愈是与其时代的根本矛盾相纠缠,人物评价的差异变化也就愈分明。战后,伏契克成为社会主义战士理想人格的标志性英雄。在着手创作伏契克传记《为欢乐而生》时,我一开始是尝试着把他按照我认为的原本面貌来描绘的。其实,伏契克的一生愈是被当作美德和楷模的样板,他的真实形象就愈可能被掩盖。在1963年发表的《人物与传奇》一文中,我就反对将伏契克过度理想化。我提出的批评意见颇受欢迎。1989年之后,先前对伏契克的夸张的尊崇和"神化",突然被一场诽谤和最卑劣的谎言风暴所取代——伏契克不再是英雄,而是一个叛徒;不再是一个无畏的抵抗战士,而是一个懦夫;《绞刑架下的报告》并非其作品,而是他人伪造的赝品。伏契克遭遇了第二次行刑。恶毒的谎言最终逐一被证伪。但是,关于伏契克的争论仍未结束。未来,两种对立的力量将持续较量。

读着格里加尔致中国读者的这封充满理性思辨的信,我们希望他写的真诚而翔实的伏契克的传记《为欢乐而生》还能再度在中国出版,希望这次的中文版能够从捷克文直译,希望这一次他被写错的国籍能得到更正,也希望这一次这位老作家能够得到应得的稿酬。

这时,窗外的天色有些暗了下来,原来计划的一个钟头的拜访,不知不觉间已然持续了三个多小时。我们不忍心再继续打扰一位年过九十的老人。格里加尔站起身,将他准备好送给我们的他的著作一一题签后递给我们。格里加尔长期任职于捷克斯洛伐克科学院捷克文学研究所,是国际比较文学学会和荷兰文学学会会员,并在布拉格、柏林、奥洛穆克、阿姆斯特丹等地大学教书,涉猎领域广泛,是位有国际影响力的捷克学者,虽然年事已高,但至今笔耕不辍,每年都有新著出版。看着他那么多题材多样的著作:《报告文学艺术》《文本结构与文化符号学》《持续时间和变化》《伦勃朗和毕加索》《毕加索悖论》《十一月的痕迹》《论战争》《911》……我们不禁感叹他真是跨界写作的高手。

格里加尔执意将我们送到电梯口,他弯下颀长的身子与我们一一拥抱道别,眼神深邃,笑容慈祥。忽然,他问我们何时再见,我们回答说可能要到2023年了,那年是伏契克英勇就义八十周年,我们再来参加纪念活动。他听后,像孩子一般喃喃说道,那还得等好长时间呢。当电梯门快要关上的时候,格里加尔声音响亮地说了一句特别让我们动容的话:"我把许多的希望寄托于中国了。"

霍季姆涅日村

我去了霍季姆涅日村。

那是捷克波希米亚平原上的一个只有两百多人口的小村庄,很早的时候,我就知道反法西斯英雄、作家、记者伏契克在这里住过,这个村子对于他有着特别的意义,他在这里与家人一起快乐地避暑消夏,他在这里躲避德国纳粹的追捕,他在这里写下专著《战斗的鲍日娜·聂姆曹娃》,让人们对这位出版过著名长篇小说《外祖母》的捷克女作家有更深刻的认识。那时,我无数次地想象过遥远的霍季姆涅日村里那长长的铁路轨道,还有伏契克家那幢两层楼房二楼阳台上生机蓬勃的花草。

那么多年过去了,霍季姆涅日村还在吗?伏契克家那幢楼房还在吗?怀着这样一份念想,我和朋友踏上了寻访之路。本来的计划是自己前往的,而且已经预订了火车票和旅店。不料,热心的捷克伏契克协会的友人们也帮我们做了安排,甚至专门写信联系上了伏契克家那幢楼房现在的主人,请他同意让我们进到屋里去看看。

九月的捷克是真正的金色之秋,可前去那天,却天色昏暗，下了整整一天的大雨。一早，我们赶去布拉格中央火车站，与伏契克协会主席叶涅内克、负责日常工作的卡德莱茨等人坐七点四十分的火车去多马日利采，两个多小时后到达这座小城，然后打车前往霍季姆涅日村。坐在车上，只见雨雾弥漫，窗外一派苍茫。

我们站在一扇绿色铁门前。我立刻想起伏契克住在这里时，曾一次次地用深蓝色油漆涂刷铁门。如今，这里的门牌号码是8号。我们刚靠近铁门，里面大大小小的狗就跑了过来，很兴奋地朝我们叫着，恍惚间，伏契克夫人古斯塔的回忆重现眼前：当我们按响门铃时，几只狗首先跑了出来，一只叫耶里克的狗习惯性地冲向铁门，不断地往上蹿，乐不可支地汪汪叫个不停⋯⋯

叶涅内克主席按下了门铃，不一会儿，主人便冒雨出来为我们开启了铁门。这是位五十多岁的长得很是魁梧的中年男子，穿了一身黑色运动服，戴了一顶鲜黄的棒球帽，他从事养殖业，所以院子里停了好多辆用来运输的各种车子，草地上垒着一卷高高的草皮，工棚里堆着许多木材，而色彩斑斓的火鸡在翩翩行走。

那幢伏契克住过的楼房赫然已在眼前，门口的墙上嵌有紫铜铭牌，上面写着这里是伏契克经常回来的地方。这幢楼房是伏契克的父亲在1939年用他弟弟留下的遗产购买的，二楼的阳台是买下后加盖的，方向朝南，一家人都喜欢这个阳台，伏契克在这里一边看着燕子筑巢，一边写作，他的妈妈在这里养花种草，他的爸爸总喜欢举着望远镜遥看远处的祖布日纳河，他的妹妹们则欢快地唱歌嬉戏。如今，这幢外墙为土黄色的房子一点儿都没有颓败的样子，虽然里边的屋子和外面的园子有了改动，但那个大阳台还在，新的主人放了一张桌子和一张长椅，还有一张宽大舒适的木质躺椅，阳台的栏杆内外花红叶绿。他说，他常常在阳台上看看书，看看天，看看他养的那些小动物，还会想一些心事。的确，这是个喜爱自然、喜爱阅读的人，宽敞明亮的客厅里有好几个高低错落的书柜，藏书丰富，而柜子顶上放着仿动物标本的工艺品、地球仪和一只硕大的以蝴蝶、花卉为图案的蓝色玻璃瓶。

主人十分好客，善解人意，非但不让我们换鞋，还任由我们四处走动、拍照，于是我们无拘无束地在楼梯上爬上爬下，一间间屋子看过来看过去。其实，整整八十年以来，这幢房子已换过多位主人，但他们都把屋子收拾得干干净净，他们是喜欢这幢楼房才买下来的，其中也带着对伏契克的敬重，即使后来体制改变了，也没有人将门口的那块紫铜铭牌给撤掉。尽管原来伏契克家的物什早就荡然无存，但是，继续伫立着的建筑本身就是最好的记忆和纪念，所以，我在楼房里穿梭，时时感受到伏契克的气息就在我身边环绕。那时候，由于纳粹的追捕，转入地下工作的伏契克和古斯塔到这里藏身，他们也是从布拉格坐火车来的，可由于德军的入侵，一路上充满艰险。他们在这里度过了十四个月，直到盖世太保发现后才又离开。事实上，伏契克长期以来的理想是献身于祖国的文学事业，希望从事文学研究和创作，因此，他在霍季姆涅日村做得最多的事是拟订《捷克丛书》的出版计划；按照他的设想，这套丛书将包括民族复兴时期以来主要的捷克文学作品，规模则达到四五十卷。他还开始了自己的自传体长篇小说《彼得的父辈们》的创作，只因时间所限，他只写了开头部分。站在阳台上，伴随着哗哗的雨声，我仿佛听见伏契克激昂的声音："在暗无天日的苦难的岁月里，听一听捷克文学的呼声吧！你将听到人民的声音，这个声音会万无一失地使你在黑暗中永不迷航。"

我们没有更改先前定好的行程，结果，几天之后，再一次来到了霍季姆涅日村。那天，秋阳高照，空气澄澈，波希米亚平原一望无际。我们这次没人陪同，也没有打车，而是像当年伏契克来这里时一样，下了火车后，沿着通往村庄的道路一路走去。我走了四十五分钟，而伏契克那时走了不到半个小时，我之所以用时比他多，是因为在经过森林、河流、平原、几户被小湖泊围着的人家、朴素而典雅的小教堂、向前方延伸的铁轨时，我都放慢了脚步，我想细细体验伏契克当时的境遇和心情。见我们再次到来，那位身材高大的主人很是惊讶，我们告诉他，那天雨太大了，以致步履匆忙，于是想着在明媚的阳光下再看得清晰一些，他听后欣然地笑了。这时，相邻的村民也围了过来，其中有两个孩子，一个男孩，一个女孩，男孩掏出手机，兴致勃勃地用翻译软件听我们大人聊着很多年前，一位叫伏契克的反法西斯战士在霍季姆涅日村居住时的往事。

在伏契克就义的地方

伏契克就义的地方是在德国柏林的勃洛琛斯监狱，1943年9月8日，他在这座监狱的一间屋子里，被德国纳粹执行了绞刑。为纪念这位捷克反法西斯战士、作家、记者，这一天后来成了"世界新闻记者日"。

九月的柏林已是深秋，落英缤纷，天高云淡。9月14日，我专程来到了勃洛琛斯纪念中心，来到了伏契克就义的地方。勃洛琛斯监狱位于柏林东北部郊区，1879年建成，至今还在使用，第二次世界大战结束后，监狱中两间在1933年至1945年期间用来屠杀反法西斯志士和犹太人的行刑室，被辟为纪念中心。一步入纪念中心，我立刻被眼前一面巨大的纪念墙和一个石棺所震撼。纪念墙是1951年设计建造的，长二十米，高六米，用火山凝灰岩砌成；墙边草坪上的钵体石棺是1956年置放的，里面装着来自不同纳粹集中营的泥土；一墙一棺以永远纪念死于希特勒法西斯政权的全世界的受难者。

两间行刑室是连在一起的，系红砖房，木屋顶，每一间有五六十平方米，推开拱形木门，对面的墙上是两扇细长的拱形窗子，即使阳光透进来也是斑斑驳驳的，有着一股阴森的寒凉。木板墙顶上有许多露在外面的尖尖的钉子，最让人恐怖的则是那根横在两堵墙之间的黑色铁杆，上面各有五个已经生锈的铁钩环，这就是绞刑架了。据统计，从1933年至1945年，这里一共杀害了两千八百八十三人，他们分属于二十一个国家，除了德国，被害人数最多的国家是捷克斯洛伐克，达到六百六十七人，其中最为著名的便是尤利乌斯·伏契克。

伏契克是在1942年4月24日晚上被捕的，当即被押往德国盖世太保驻布拉格司令部所在地佩切克宫，当时，伏契克蓄着大胡子，在严刑拷打的审讯中他拒绝说出自己的姓名，直到被叛徒指认。之后，他被关押在布拉格近郊的庞克拉茨监狱，正是在那里，他用铅笔头在一张张碎纸片上写下了举世闻名的不朽著作《绞刑架下的报告》。1943年6月10日，伏契克被转押往德国，先是关押于德累斯顿的鲍岑监狱，而后在8月24日移送柏林受审，次日，被纳粹法庭判处死刑。在法庭上，伏契克痛斥德国法西斯的暴行，坚信自己的祖国最后必将获得解放，人民必将获得自由。宣判后，伏契克被押到勃洛琛斯监狱，并在9月8日清晨五点许被执行绞刑，年仅四十岁。

就是在勃洛琛斯纪念中心的陈列室里，我看到了那张纸页发黄的由纳粹国立州法院院长史列曼和审判长弗赖斯勒于1943年8月25日用墨水笔签名的"判决书"，面对这份沉重的黑暗历史的证明，我想起了伏契克在就义前夕写下的那些明亮的鼓舞人心的文字。8月31日，在勃洛琛斯监狱，伏契克给他的妹妹写了最后一封家书，他在这封绝笔信中写道："相信我，发生的一切丝毫没有夺去我的欢乐，欢乐活在我的心底,欢乐天天以贝多芬的曲调表现出来。人并不会因为被砍掉头颅而变得渺小。我热烈地希望在一切结束之后,你们想起我的时候不是心怀悲哀,而是满心欢乐,就像我一直欢乐地生活一样。"许多年来,我每每读这封信,总是被字里行间洋溢着的勇敢无畏、达观向上的生命和精神的力量所打动。

勃洛琛斯纪念中心是宁静的,但这份宁静中却也有着一些寂寞。整个纪念中心只有一位管理员,他五十开外,身材敦厚,理了一个光头,独自守候在一间小小的屋子里。他跟我说,现在很少有人来这里参观,所以他也鲜少走出屋门。我从他那里买了一本英文版的纪念中心有关勃洛琛斯监狱实施大屠杀的永久展览目录,我翻到伏契克的那一页,问他知不知道他的故事,他说当然知道。我告诉他,伏契克在中国非常著名,他很高兴地说,现在来柏林的中国游客越来越多,那他们都会来这里看看他、纪念他了。我说,应该会的,我们都该记住英雄,记住历史。

布拉格：或显或隐的伏契克地标

每年的 9 月 8 日，是世界新闻记者日。这是为了纪念捷克反法西斯战士、记者、作家尤利乌斯·伏契克而设立的，他在 1943 年 9 月 8 日被德国纳粹绞杀于柏林勃洛琛斯监狱，年仅四十岁，但他被捕后在布拉格庞克拉茨监狱里写下的不朽著作《绞刑架下的报告》，却永远让世人铭记。

今年的这一天，我和朋友专程前往布拉格，在捷克伏契克协会的帮助下，开始在那里细细寻访伏契克生活、工作、战斗过的地方。岁月流转，历史变迁，如今，伏契克地标在这座城市或显或隐。

杜什科沃街 20 号：出生地

杜什科沃街是位于斯米霍夫区的一条长长的大街，很直，直到小斯特兰那墓地附近，才划出一条弯线，但继续延伸。可一百多年前，这里已是这条街道的尽头了，这里的 20 号是一幢五层楼房，至今依然伫立着。1903 年 2 月 23 日，伏契克就在这幢楼房的底楼出生。

我眼前的这幢房子看不出有什么破损，俨然如新——整个布拉格的老房子几乎都是这样的，与其说这是建筑师对建筑质量的重视，不如说是他们有一种对历史敬畏和负责的态度及精神。石砌的外墙是土黄色的，楼房大门的左侧一共有三个房间，第一和第二间便是当年伏契克家的寓所，每个房间都有一扇临街的窗子，两扇窗子之间的墙上有一块石刻的纪念牌，犹如打开的书本，上面写着伏契克出生的年月日。

　　在捷克著名诗人聂鲁达的笔下，小斯特兰那墓地是一片风景如画的地方，伏契克能背诵他的《墓地之花》中的许多诗篇。从伏契克家里的窗子望出去，大街对面是绿色的山坡，山岗上有一栋名为彼尔特拉姆卡的屋宇，伏契克常常怀想许多年前伟大的音乐家莫扎特在那里进行创作的情景；而从家里出来，旁边是一条向上的坡道，伏契克从这里可以看到父亲在里面做着钳工的林霍夫机器制造厂高高的围墙。这样的实地走访，让我对伏契克的成长背景有了直观的了解，因而对他也有了更深刻的认识。

　　伏契克是在这样的环境中长大的——一方面，他受到聂鲁达、莫扎特所给予的文学和艺术的熏陶；另一方面，他目睹生活在社会底层的工人们的艰难，所以，这使他成为一个既酷爱文艺又关心百姓疾苦，反对社会不公的有理想、有激情的热血青年。这就不难理解这个从小就有写文、作诗、演剧天赋的孩子，为什么会在十二岁时创办了综合性杂志《斯拉夫人》周刊，在十五岁时成为罢工罢课运动的组织者，在十八岁时加入了捷克斯洛伐克共产党，而在地下斗争最激烈时仍然孜孜不倦地进行文学研究和创作。我可以这样设想，如果不是为了反抗法西斯德国入侵而拿起武器，不是为了追求建设更加美好的社会而投身革命，那么，伏契克就会如他自己所立下的"长期以来的理想"那样，一辈子献身于祖国的文学事业，因为他认为在捷克文学中能够听到人民的声音，而这个声音会万无一失地使人们在黑暗中永不迷航。

希图西大街1133号：被捕处

希图西大街位于布拉格十四区，离庞克拉茨监狱不远。相对于市中心区域，这里显得比较僻静，所以从二十世纪三四十年代开始，此地便建起了成片的新式住宅区，与打上岁月印记的老建筑不同，新式住宅被赋予了现代化的舒适理念。1942年4月24日晚上十点左右，伏契克在希图西大街1133号那栋新楼里被盖世太保逮捕。

我们找到了那栋楼。这片住宅区如今绿树成荫，恬静依然，早先的楼房没有多少变化，连门牌号码都没改变。推开半闭半开的铁门，往下走五格水泥台阶，才踏在了一排呈手枪形的连体楼房前的地砖上，这排深黄色与浅黄色相间的楼房共有四层。我们甚至找到了当年伏契克被捕的那个房间，是最右侧楼房一层的第一间。进入楼门后，通往一层的楼梯是大理石台阶、铁栏杆和木扶手，整洁而敞亮。

七十七年前的那天晚上，这里发生了惊心动魄的抓捕事件。当时，这间屋子的主人是电车工人叶林涅克和他的妻子，捷克沦陷后，他们都投入了抵抗德国法西斯的地下工作，他们的家也因此成为伏契克与他人联系的秘密据点。那晚，在打入共产党内部的奸细德沃夏克的告密下，盖世太保扑上门来。屋子里一共有六个人，当九个全副武装的盖世太保砸门闯入时，他们并没有发现站在身后背暗处的伏契克。盖世太保将五个人逼到一处，用枪口对准他们。身上带有两支手枪的伏契克本想开枪，但在犹豫了两三秒后，他却选择站了出来，并把两支已经打开保险盖的手枪扔到床上，束手就擒。多年后，伏契克当时的选择受到了质疑，有人认为他应该开枪拒捕。

  我在读过伏契克自己和他人所写的有关被捕之事的文字后，却为伏契克当时的选择而感到敬佩。这是一个沉着冷静、有着献身精神的人，同时在他身上，还有一种知识分子的道德风范和高尚品质。我认为，伏契克的选择出于两点。第一，他可能觉得如果他开枪的话，盖世太保肯定会进行还击，双方对射极有可能对其他五人造成危害，而且说不定他们会先于他被打死；即使他开枪自杀，枪声也会引来盖世太保的射击，他们仍然不免会被击中，因此他决定不让赤手空拳的其他五人因为他的开枪而受到枪击乃至牺牲。第二，伏契克绝不愿意其他人被捕，而他自己却侥幸逃脱，那他会觉得这是不道德的，他会一辈子受到自己良心的谴责。他不是一个不负责任的人，他要与他的同志们生死与共。另外，他还觉得从背后开枪是不光彩的。关于这一点众说纷纭，但我相信这正是伏契克尊贵的人格所在，他是一个有信念、有意志、有坚守的人。

  记得伏契克曾描述叶林涅克的家洁净得难以置信，墙上挂着一些相片，家具和书架朴素大方、光滑而时新。我从窗外张望，那扇白框塑钢窗子有三块玻璃窗面，其中一块打开着，里边的窗纱被秋风吹拂而飘动。这时，从铁门左边的高台上传来孩子们的嬉闹声，他们在阳光下嬉笑着，追逐着，全然不知这里曾有过一个黑暗恐怖的夜晚。

佩切克宫：刑讯室

在市中心的瓦茨拉夫广场附近，有一幢非常壮观的建筑，这是今天的捷克商务部所在地。在这栋建筑拐角的墙上，立着一块铜铸的纪念铭牌，一边写有伏契克的警句"人们，要清醒啊"，一边是一位反法西斯志士的雕像，并标着年份：1939—1945。自1939年德军入侵后，这幢原是捷克百万富翁佩切克的私人住宅被纳粹占用，德国盖世太保驻布拉格司令部就设在这里，直至1945年二战结束。在沦陷期间，这幢美丽的建筑成了迫害反法西斯志士的罪恶之地。

伏契克被捕当晚即被押往佩切克宫，在这里经受了极其残酷的审讯。我从马路对面走向佩切克宫时，便看到了这栋建筑露出于地面的一排窗子，这些紧闭的窗子里里外外都竖着铁栅栏。莫非这就是当年盖世太保审讯志士的地方？我们步入佩切克宫，沿着楼道往下走，进入地下层后，方知我的猜测是对的，这里的确是盖世太保设立的刑讯室中的候审室，如今已开辟为纪念馆，但并非每天开放，只接受预约，且一次得七人以上。给我们做讲解的库尔万尼克是捷克自由战士联盟副主席，一位退休的上校,他在这里当讲解员完全是义务的。

我看到了布满各种刑具的审讯室、黑暗狭窄的单人拘押室、一张张用来抬送昏迷甚至死亡的志士的担架……最让我震颤不已的是当我走进那个臭名昭著的"电影院"时,库尔万尼克突然脸色一变,用手里的讲解棒指着我,命令我在那排没有靠背和扶手的深棕色长条凳上坐下,又命令我挺直身子,双腿并拢,把两只手平放在膝盖上,脸朝向面前那堵空白的墙——这时我才意识到,他是在让我亲身体会盖世太保在这里如何审讯和折磨志士们——伏契克曾描述过详情:所谓的"电影院"是候审室,一间宽敞的房间,放着六排长凳,凳子上直挺挺地坐着受审的人,他们面前是一面光秃秃的墙,犹如电影院的银幕,然后盖世太保让受审者望着墙壁,把过往的事情在脑子里一遍遍地"放电影",或者一两个小时,或者没完没了,直到眼睛发花,直到晕倒在地。伏契克说:"我在这里成百次地看了关于我自己的影片,成千次地看了这部影片的细节,现在我尝试着把它叙述出来。"这就有了每次他在佩切克宫被审讯完回到庞克拉茨监狱之后,用铅笔头在一张张碎纸片上写下的举世闻名的不朽著作《绞刑架下的报告》。

我问库尔万尼克,我现在坐着的这排长凳是当年留下的还是后来复制的。他告诉我,这就是伏契克和众多志士当年坐过的凳子,是实物,是历史的遗产。看着已经褪色的长凳上一个个大小不一、不知何因生成的洞眼,抚着木头本身的纹理和人们留下的一道道划痕,我的内心受到强烈的震撼。我想,或许有些历史遗产就应该让人们去触摸,就像在佩切克宫的"电影院"，只有亲身坐在历史遗存的长条凳上，才能感受在这"人间地狱"里，志士们是怎样为理想、为自由、为未来付出鲜血和生命的。

霍莱绍维采车站：纪念碑

霍莱绍维采车站集火车站和地铁站于一体，人头攒动，川流不息。这个车站刚刚建成时称为伏契克站，1989年后改成现名。当时为了纪念伏契克，车站大厅的两块大理石柱被制作成纪念碑，一块上面是伏契克的侧面头像浮雕，一块上面是伏契克的传世名句。

可是今天，当我踏进车站，来到纪念碑前，看到的状况让我难以平静。自二十世纪九十年代以后，捷克涌动着一股否定伏契克的思潮，有些人认为伏契克是一个被捧上神坛、被神化了的人物。于是，他的雕像被移出国家博物馆，车站附近原先的伏契克公园不仅改了名，而且门前矗立的高大的塑像也被移走了。不管怎么说，公园的那尊塑像现在还保留着，只是移到了奥尔沙尼公墓，但车站里的伏契克侧面头像浮雕却被人挖掉了，如今只留下一点儿轮廓。这个轮廓让人看了心怵，眼睛的部位如此突兀，仿佛是大睁着凝视世界。我在被损毁的浮雕前站立了许久，我觉得由一个壮烈牺牲的反法西斯英雄来承担被后人神化的结果是不客观、不公正的，而现代社会制造各种神话都是不能被接受的。好在另一块大理石碑上镌刻的伏契克名言依旧安在——我们为欢乐而生，为欢乐而战斗，我们也将为欢乐而死。因此,永远也不要让悲哀同我们的名字联系在一起。

伏契克纪念碑在霍莱绍维采车站隐没了,但令人欣慰的是,布拉格市郊一处宁谧的居住区的街心花园里,至今耸立着伏契克的一座纪念诗碑。这座诗碑看上去并不显眼,没有采用高贵的大理石,只是普通的石材,上面也有一尊伏契克侧面头像浮雕。最让我动容的是碑上刻着的一首短诗:"他没死,他还活着,照耀着每个地方,每个人。"行人不断地在此经过,我想,伏契克应该很乐意在这里与普通的民众在一起。

诗碑的不远处,有一条掩映在绿树丛中的小河,河水淙淙,流向远方。我俯瞰河面,想着伏契克在《绞刑架下的报告》中写的那段话:"我爱生活,为了生活的美好,我投入了战斗。人们,我爱你们,当你们也以同样的爱回报我时,我是幸福的;当你们不了解我时,我是痛苦的。如果我曾得罪过谁,那就请原谅我吧!如果我曾安慰过谁,那就请忘却我吧!"在布拉格寻访伏契克地标,这似乎是伏契克为我们准备好的最为恰如其分的结语了。

这时,我感到那淙淙的河水流过了我的心田。

小城多马日利采

多马日利采是波希米亚平原上一座千年小城。这座位于捷克和德国交界处的古城，由于少有蜂拥而至的游客，所以显得格外宁谧。

我到达多马日利采那天，正好是星期日，秋高气爽，天气好得无法形容，可城里的居民都不出门，在家享受家庭生活，因而外面几无行人，仿如一座空城，但对于我来说，这真是求之不得，是我最愿意停下脚步的地方，感觉好像整座小城的风光都为我一个人所拥有了。秋阳在天，树叶金黄，连风声都听不见，唯一的声音是整点时刻的教堂钟声。在这样一座安静到不可思议的小城，驿动的心也就只能安之若素了。

进入小城是很有些仪式感的。小城有座精致却不乏恢宏的城门，拱形状如天穹，关着的窗子尽是过往的迹痕。要入小城，必须经过这座古老的城门。一旦踏入，美丽的老城赫然展现在眼前：石子铺成的街道有着厚重的历史积淀，而其宽阔整洁又极具现代感。街道两旁，一边是一幢幢的石墙建筑，历经岁月，巍然依旧，没有一点儿的颓败，其间因有一座高高耸立的圆柱体塔型教堂，给人以出世的感觉；另一边，则是充满了烟火味的世俗生活，一整排连着的房子是各有特色的民居，同样古老，却不求一致，外侧是有拱形长廊的，可以避雨，可以防晒，走在廊下，看看，吃吃，喝喝，聊聊，怡然自得。徜徉在绵长的城廊里，既有当下的惬意，也有昔日的回眸，这可使所有的景致都不至于太过浮光掠影。

街后就是巷弄了，有的宽敞，有的逼仄，有的笔直，有的弯曲，许多窗台上摆放着各种鲜花，透露出小城的人们有着一份美好的情愫，热爱生活，热爱和平。的确，这座小城在历史上发生过著名的"多马日利采会战"，那是胡斯战争中的一个重大战役，德国封建主于1431年调集数万军队围攻多马日利采，捷克军事家普罗科普指挥步兵、炮兵、车载兵和骑兵展开艰苦卓绝的反包围，最终歼灭对方主力，致其残部逃回德国境内。在宁静的巷弄里穿行，遥想当年这里战火纷飞，备感和平的珍贵。

我没能赶上多马日利采的传统庙会，听说那真是盛大的狂欢，当地山民霍德族人会穿戴千姿百态的民族服饰，载歌载舞，素不相识的人们会微笑问好，摩肩擦踵地穿过小城古老的街区走廊。虽未亲历，但我在下榻的酒店的墙上看到了许多照片，这些照片既有新拍的，也有很多年前留下的，都生动地记录了举行庙会时的壮观景象，人们的脸上满是笑容，欢畅无比，尤其是霍德族妇女的节日盛装，华丽而鲜艳。这座小城完好地保存着文化传统，比如城里的图书馆已有上百年的历史了，现在还是静静地伫立在那里，每天迎候着前来看书的读者，任凭风云变幻，阅读不止。不过，小城也不排斥新鲜的东西，比如盖了一座现代大型超市，但是只能远离老城区，而且门前广场的地面仍然铺着石子。

我就住在拱门长廊边上的乔德斯凯霍赫拉杜酒店，这栋房子太古老了，以致当我踏在窄窄的螺旋般的楼梯上时，恍惚间产生了一种错觉，仿佛进入了时光隧道。整栋楼除了我，只有两三位房客，我被安排在顶楼有着高高房梁的阁楼里。晚上，万籁俱寂，我打开天窗，看到夜空里有许多明亮的星星。露天阳台上有一盏旧式马灯，就在昏黄的灯光下，我查找起女作家鲍日娜·聂姆曹娃在1846年发表的被誉为第一篇捷克现代散文的名作《来自多马日利采城近郊的图画》，这篇散文用充满悲悯的文字记述了一位苦难母亲的一生。

在布拉格重新展读《绞刑架下的报告》

2019年9月8日,我们一行从这天开始在布拉格重新展读《绞刑架下的报告》。这一天,是世界新闻记者日,其来历是纪念捷克反法西斯战士、作家、记者尤利乌斯·伏契克,1943年9月8日清晨,他在德国柏林勃洛琛斯监狱被纳粹杀害,年仅四十岁。伏契克是在1942年4月24日晚上被捕的,当即被押往德国盖世太保驻布拉格司令部所在地佩切克宫,当时,伏契克蓄着大胡子,在严刑拷打的审讯中他拒绝说出自己的姓名,直到被叛徒指认。之后,他被关押在布拉格近郊的庞克拉茨监狱,正是在那里,他用铅笔头在一张张碎纸片上写下了举世闻名的不朽著作《绞刑架下的报告》(以下简称《报告》)。

原著版本愈益完善

秋天的布拉格,在伏契克的笔下是金光闪耀的。9月10日,我们在捷克伏契克协会,细致了解了伏契克《报告》近七十五年来的出版历程。

《报告》的发现很偶然。

1945年5月，希特勒德国宣布战败，战争结束了，被纳粹关押在位于柏林北面八十公里处的拉温斯布吕克集中营的古斯塔·伏契克娃重获自由，回到布拉格。那时，她完全不能接受丈夫伏契克已被杀害的事实，到处探听他的消息。6月9日，伏契克的妹妹莉布谢在《红色权力报》上刊登了一则"寻人启事"，希望知悉伏契克在被捕之后的任何详细情况者，来信告知她和伏契克娃。不几天，就有人回复，其中有一封信是专门写给古斯塔的，信中附有一份关于伏契克的"旁证材料和情况介绍"。写信者是一名叫卡兹达的工程师，他说这份材料是受一位中学校长约瑟夫·佩舍克的嘱托转寄给她的，而佩舍克曾经与伏契克被关押在同一个牢房里，可惜的是，他在狱中受尽折磨，才出狱回到祖国就去世了。在这份材料中，佩舍克说，他和伏契克一起被关在庞克拉茨监狱的乙门II.267号牢房，他们之间建立起了父子般的关系，伏契克称他为"老爹"，并告知他说，他所写的狱中笔记和案情材料都交给了一个德国看守科林斯基，由他代为保管。因此，佩舍克要求卡兹达将伏契克留有遗作的情况向有关部门报告。

古斯塔读着来信，回忆起她和伏契克在佩切克宫400号候审室一起接受审讯时，伏契克曾跟他说起过佩舍克"老爹"，还说过他在庞茨拉克监狱写东西。她问他谁把他写的东西送出去，伏契克告诉她是一个德国看守，她让他小心，可他却说此人可靠。古斯塔即刻开始寻找科林斯基，但得到的回音是庞茨拉克监狱有过两个名叫科林斯基的人，其中的一个在纳粹占领时期就被送到捷克特雷津纳粹集中营去了。在公安部门的帮助下，住在离布拉格六十公里的另一个科林斯基终于找到了，他交给了古斯塔几张长条形、已经发黄了的小纸片，上面写着的文字是伏契克的笔迹。在这些纸片上，伏契克写到了科林斯基："这个来自摩拉维亚的捷克看守名叫阿多尔夫·科林斯基，他是一个出生在捷克老式家庭里的捷克人，却自称是德国人，为了到赫拉德茨·克拉洛维的捷克监狱，然后转到庞克拉茨监狱来当看守。"正是在这位被伏契克认为"带着预定的任务"的捷克看守的帮助下，伏契克写成了他的最后一部著作。这些纸片每一页的左上角都标着号码：136、137、138、139、140、141，右上角则写有一个"R"字母。古斯塔问，还有其他的小纸片吗，科林斯基说他正要把它们找回来，因为他分别藏在各个地方，其中有一处是在洪波列茨。

与此同时，根据其他人提供的线索，古斯塔在7月初去布热弗诺夫找到了一名叫斯科热波娃的女士，她从藏在地窖里土豆堆中的一个长方形铁盒里，抽出一沓小纸片，上面同样有伏契克的字迹。斯科热波娃女士告诉古斯塔，这些小纸片是她丈夫寄给她的，那时，她丈夫被关在庞克拉茨监狱当杂役，有一个叫雅罗斯拉夫·霍拉的捷克看守常常把一些囚犯写的信函带给他，并让他设法寄回家里藏匿，其中就有七页伏契克的手稿。斯科热波娃的丈夫已在1944年被枪决。

古斯塔拿到的这些小纸片左上角标有页码78、79、80、81、82、83、84，右上角写有"R"字母。没过几天，古斯塔又得到了科林斯基找到的一百五十多张标有页码的伏契克手稿，就在第一页上，伏契克这样写着："《绞刑架下的报告》——jef——1943年春写于庞克拉茨盖世太保监狱。"不过，古斯塔发现，科林斯基和斯科热波娃女士保存的手稿加在一起，还是少了一页，即缺第91页。但是，古斯塔的继续寻找却毫无结果。

尽管这样，1945年10月，封面设计简洁而撼人的《报告》正式出版，顿时，引发了捷克乃至全世界读者的关注，短短数月，又发行了第二版，虽然仍旧缺少一页。

1946年春，古斯塔在布拉格举行的一次青年集会上，介绍伏契克的英雄事迹，会后，一位十五岁的女孩找到她，并对她说，她是洪波列茨人，1945年春上，她去洪波列茨的扎沃茨卡夫妇家做客，听说在纳粹占领时期，一个庞茨拉克监狱的看守委托他们家代为保管伏契克的一些手稿，她便要求看看，于是，主人便把手稿从密室中拿了出来，女孩开始读起来，读到最后一页时，她的父母要她赶快回家，她就把没有读完的这一页夹在一本书里带走了。后来，她又把书借给了别人。不久，她想起了那张小纸片，但却记不得把书借给谁了，直到最近，夹有那张小纸片的书才还了回来。那张小纸片正是手稿第91页。此后，出版的第十版才最终得以把缺页补上。

后来，古斯塔还找到了伏契克另外八页手稿，每页的右上角都标有一个"L"字母，内容都与文学有关。现在可以确定的是，"L"是"文学"一词开头第一个字母，而那167页标着"R"字母的即是"报告"一词开头第一个字母，也即《绞刑架下的报告》。

《报告》自1945年首次出版后，已在捷克印行了三十六版,随着岁月的流变,《报告》的出版也与时俱进,愈益完善。

1994年,《报告》全文版出版。《出版说明》中写道:"作品的手稿共一百六十七页,稿纸规格不一,文字篇幅各异,它们是在沦陷时期由庞克拉茨监狱的看守们秘密带出来的。此次出版的《报告》首次完全按照作者的一张张便条式的手稿原样进行排版,恢复或补充了在以往版本中被删改的文字或段落。"这些被删除的部分约占原著手稿的百分之二,均用黑体字标示,具体涉及作者编有页码的手稿第32、52、55、63、64、66、107、150、151、164、165、166和167页。首次全文出版的《报告》,内容十分翔实。1995年,《报告》评注版出版,评注版由两位历史学家弗朗基谢克·雅纳切克、阿伦娜·哈伊科娃共同编撰,对伏契克原著做了详细的注解和评论,评注部分占全书的三分之二,具有极其重要的史料价值。2008年,《报告》手稿版出版,全部采用伏契克手稿影印,还附有伏契克在各个时期的大量珍贵照片,大8开本,有着非常厚重的历史感和真实感。2016年,《报告》评注版又推出了第二版。这些新版本不仅还原了伏契克原作的全貌,同时也还原了一个既是普通人又是英雄的真实的伏契克。

中文译本别开生面

伏契克的《报告》充满英雄主义和人性的光芒,感动、鼓舞了全世界千百万追求真理、自由和正义的读者,如今,这部传世杰作在全球已有包括中文在内的九十多种语言的译本。

在伏契克协会，我们介绍并展示了《报告》的中文译本的出版情况。

《报告》于1945年10月在捷克出版后，很快便在中国引发关注。1947年，大连《实话报》社长谢德明邀约翻译家刘辽逸翻译此书，刘辽逸遂根据莫斯科真理报出版局作为"火星丛书"于1947年出版的俄文版进行转译，以《死囚日记》为题在《实话报》上连载。1948年2月，光华书店（即后来的三联书店）在大连出版了单行本，书名改为《绞索勒着脖子时的报告》，初版发行三千册。这是《报告》首次用中文在中国以书籍形式出版，初版本以译自苏联大型文学期刊《旗帜》1947年五月号上戴采夫撰写的书评《不朽的著作》为代序。这个在战火中诞生的装帧简陋的中文版的封底上，印有伏契克写的一句话："与其使我的报告成为时代的证据，不如使它成为人的证据，我想这是重要的。"初版本随即在香港又印了一版，书名改为《绞刑架上》。

中华人民共和国成立后，1951年2月，三联书店在北京重排出版刘辽逸译本。这一次，书名定为《绞索套着脖子时的报告》。刘辽逸在写于1951年1月11日的《重版后记》里说，趁着重新排印的机会，他将译稿校阅了两遍，做了很多的修正。本书出版后，供不应求，在短短的一年间再版五次，发行量达到十二万册。

1952年10月，人民文学出版社在上海出版了由陈敬容翻译、冯至校订的《绞刑架下的报告》，这个版本是根据1947年出版的法文版转译的，同时参考了1951年柏林出版的德文版、

1952年莫斯科出版的俄文版。这是中文版第一次使用《绞刑架下的报告》这个书名，初版即印三十万册，由此，伏契克的这部名著便以这个书名在中国更为家喻户晓。

1979年9月，当改革开放的春风吹遍中国大地之际，人民文学出版社推出了由蒋承俊翻译的《绞刑架下的报告》，这是第一个直接从捷克文翻译的《报告》中译本，著名翻译家戈宝权应蒋承俊之请，参照捷克原文和俄、英、法等三种文字的译本，进行了细致的校订。列入"文学小丛书"的译本，首印即达十万册。这个新译本先后在1983年和1986年出了第二版和第三版，蒋承俊将她的译本寄给了古斯塔，古斯塔在收到后当即转给了伏契克博物馆。

1995年2月7日，《人民日报》刊出捷克奥列科出版社全文出版《报告》的消息，著名出版家、编辑家、原中国青年出版社编审委员会副主任叶至善连夜写信给中青社时任副总编辑程绍沛，他在信中写道："我在报上看到捷克重新全文出版伏契克的《报告》的消息，激动得什么事儿也干不成了，夜里躺在床上竟不能入睡……这本书，我读过不止十遍，在翻译作品中，反复读过这么多遍的，在我是唯一的一本……我相信你们也已经注意到这条新闻了。中青社在五十年代初期就出版了伏契克的这本书，书名记得是《绞索套着脖子时的报告》，在青年读者中产生的影响，不亚于《钢铁是怎样炼成的》；青年艺术剧院还改编成话剧演出过，从报刊的评论看，改编和演出都是成功的。'文革'以后，中青社重新开张，打算重印一批过去的出版物，当时，我特地推荐了伏契克的这本'报告'……

现在得抓紧了，要尽快设法得到这个新版本，尽快组织力量翻译出版，好让没有读过甚至无缘知道这本'报告'的青年读者，能够早日读到这本'报告'，也让怀念这本'报告'而未曾见过全貌的像我这样的老年读者，能早日读到这个新的版本。"叶至善的这封信发出才三天，程绍沛便给他打去电话，告诉他说决定接受他的建议，"重新出版这部名著的全文本，让一代又一代的青年了解这位反法西斯英雄为祖国为人民英勇战斗、不怕流血牺牲的大无畏精神，是我社应尽的职责"。中青社在全国出版社中第一个与捷克驻华大使馆取得联系，并邀请徐耀宗、白力殳进行翻译，确保在9月8日伏契克壮烈牺牲的纪念日前出版。1995年8月，中青社出版的全译本与中国广大读者见面。全译本在组织翻译的过程中，得到了蒋承俊的关照，书稿排出校样后，又请推荐此书的叶至善撰写了前言。

1995年11月，山西高校联合出版社也在第一时间推出了由刘捷生根据捷克奥列科出版社全文本翻译的《报告》；1997年12月，人民文学出版社出版了蒋承俊的全译本，蒋承俊说："我想，广大读者与我的心情一样，想尽快知道全文本与过去的版本到底有何不同，删节了哪类文字与段落，因此我将全文本赶译出来，好让大家先睹为快。"

最近这些年来，我国众多出版社依然在不断地刊印《报告》，除了上述出版社，其他还有光明日报出版社、二十一世纪出版社、漓江出版社、浙江文艺出版社、花山文艺出版社、新世纪出版社、金城出版社、中国书籍出版社、中国戏剧出版社、广州出版社、北京燕山出版社、吉林摄影出版社、时代文艺出版社、中国华侨出版社、新疆青少年出版社、甘肃教育出版社、安徽师范大学出版社、东北师范大学出版社、伊犁人民出版社、延边人民出版社、内蒙古少年儿童出版社、内蒙古文化出版社、国际文化出版公司、南方出版社等。

我们向伏契克协会展示的中文版《报告》中,有几种很是特别。一种是平明出版社1953年5月出版的三幕剧,这部话剧由苏联的伏·布拉金、格·托夫斯托诺戈夫根据伏契克原著改编,陈山翻译。更为特别的是两个连环画版本,一个是新美术出版社1954年2月出版的由王星北编文,汤有苏绘画的连环画,一个是辽宁美术出版社1985年4月出版的由范若由编文,杜凤宝绘画的连环画,两个连环画版本的绘画者汤有苏和杜凤宝都是我国著名的画家。2015年7月,为纪念世界反法西斯战争胜利七十周年,上海人民美术出版社再版了由王星北编文,汤有苏绘画的《报告》连环画。当我们展示这本精美的连环画时,伏契克协会的会员们发出阵阵赞叹,认为是一个非常独特、别开生面的《报告》版本。

研究成果令人深思

从二十世纪九十年代初开始,捷克出现了一股否定伏契克的风潮。9月13日,我们在拜访第一部伏契克传记《为欢乐而生》的作者、作家、文学史家、艺术评论家格里加尔时,他向我们介绍了这股风潮的来龙去脉,他不无深沉地说道:"对伏契克的尊崇被一场诽谤和最卑劣的谎言风暴所取代——伏契克不再是英雄,而是一个叛徒;不再是一个无畏的抵抗战士,而是一个懦夫;《绞刑架下的报告》并非其作品,而是他人伪造的赝品。在我看来,这不啻是对伏契克的第二次行刑。"

正是在这样的背景下,一群捍卫伏契克荣誉和精神的人聚合在一起,对《报告》展开了专业而深入的研究。

1991年,捷克伏契克协会成立。协会建立伊始,便抢救性地对见证伏契克写作《报告》的相关人士一一进行采访。

由于科林斯基已经去世,所以,他们调阅了他在战后所写的一系列证明材料。科林斯基在材料里写道,其实伏契克在很长时间内并不信任他,将他带给他的铅笔和纸藏在牢房的草甸子里,却一直没有动用,直到一个多月后,也就是1942年6月初,当伏契克遍体鳞伤地从佩切克宫审讯室回到庞克拉茨监狱,他才再次建议他写些东西。他跟伏契克说,不是为了现在,而是为了将来,使您知道的一切不至于随您一起消失。这一次,他的话打动了伏契克,使他相信了他的真诚,并认为他是"我们的人"。伏契克最早写的是标记"L"的文学评论部分,直到1943年3月底、4月初,才开始了标记"R"的《报告》的写作。写作的进行非常艰难,只能在科林斯基值班而且是白班的时候进行,他会趁着没人,在关押伏契克的二楼267号牢房门口轻轻地敲敲门,示意伏契克可以动手写了。在伏契克写作时,他便在他的牢房周围来回巡逻,一旦发生情况,立即敲两下门,让伏契克停止写作并藏好手稿。在这样的险恶环境下,伏契克的写作频受干扰,一天能够写上两小页就很不错了,有时,由于得知某一个同志牺牲的消息,他会心情沉重,一天都写不出一个字来。但伏契克知道死亡随时会来临，所以他还是抓紧时间尽可能多写，最多的时候，他一口气能写上七小页。写完后，他会敲敲门，把小纸片交给科林斯基，铅笔也总是一同归还。科林斯基立刻将这些手稿藏在监狱厕所里连接水箱的水管后面，晚上下班时，再将手稿藏在皮包的夹层里，以防备狱警对他的皮包进行检查。科林斯基帮助伏契克写作并将手稿送出狱外，直到1943年4月，因受到盖世太保监狱长索帕的怀疑，他被调到三楼监房。

捷克看守雅罗斯拉夫·霍拉从1943年2月至同年12月在庞克拉茨监狱服役十个月，因援助囚犯而被捕，先后被送进毛特豪森集中营和古森集中营。他在接受伏契克协会的采访时说，他与科林斯基同在二楼监房执勤，两人常常互相帮助，协同工作。科林斯基调走时，告诉他伏契克正在写作，让他把铅笔和纸送到他的牢房里，并且要给他放哨，以免被人发现。霍拉每次带给伏契克的都是小铅笔头，有时甚至只是一小截铅笔芯，而纸其实就是发给囚犯使用的、纸厂切下的纸边。科林斯基调离后，为了能更隐蔽地在牢房里写作，伏契克把床单当作台布铺在小桌上，他背对牢门坐在桌旁，掀起床单的一角，把纸片放在光桌面上写东西。霍拉跟伏契克约好，他用钥匙敲一下门，伏契克就开始写作，如果他敲两下，那就是危险信号，伏契克必须停笔。在他写作时，"老爹"佩舍克也会待在牢房门边，警惕地听着外面的动静。即便这样，还经常险象环生，有一次几乎闯下大祸，盖世太保突然从一楼跑上来，直扑二楼关押伏契克的牢房，霍拉都已经来不及给伏契克报警了。伏契克就是在如此危险的情况下，承担着巨大的风险进行写作的。他每次写完一页，至多两页时，就把手稿连同铅笔交给霍拉，霍拉则即刻藏到厕所里，下班后，带出监狱，然后在街上或者有轨电车里再把它们交给科林斯基，至于科林斯基把手稿藏在什么地方，这一点他并不知道。1943年5月，伏契克再次被押往佩切克宫受审，盖世太保告诉他说，他的案子已移交法院审理。这种情况表明，他不久就要离开庞克拉茨监狱，被押解到德国的纳粹法庭去了。有鉴于此，伏契克决定把他的狱中作品大大缩短，尽快结束，以免成为未竟之作，为此他加快了写作进度。6月9日，在他得知第二天将被押往德国后，他全力以赴，一口气写完了最后一章，完成了全部作品。6月10日，伏契克即被转押往德国，先后被关押在鲍岑监狱、柏林刑事法庭监狱和勃洛琛斯监狱，不久便被杀害。

伏契克协会通过对霍拉以及其他当事人的采访，证明《报告》的写作确凿无疑。

此时，捷克公安部对伏契克《报告》的笔迹展开了鉴定工作，最后确认真实无误。如今，伏契克的手稿保存在捷克民族博物馆档案馆。9月11日，在档案馆里，女馆长和两位伏契克档案保管及研究员向我们展示了一张张夹在玻璃板中的《报告》手稿，并向我们介绍了笔迹鉴定过程。目睹伏契克在狱中写下的手稿，我们非常震撼，同时感慨万千。

公安部的笔迹鉴定结果出来后，伏契克协会举办了一个关于伏契克《报告》的国际学术会议。在这次会议上，公布了《报告》的全部手稿，其中有之前出版的所有《报告》版本中都被删除的一些文字和段落。这些被删除的文字和段落,恰恰被居心叵测者利用来作为否定伏契克的"口实"。

专家、学者们认为:1945年出版伏契克《报告》时删除这些文字和段落是情有可原的:第一,战争才刚刚结束,《报告》中写到的一些人还在甄别中,不适合公开。第二,人们正沉浸在庆祝纳粹德国覆灭的喜悦中,伏契克在《报告》里高瞻远瞩的对德国人民所表达的宽容和友善,尚不合时宜。第三,诸如接受德国看守的半截香烟等细节,可能不符合对英雄人物的塑造。第四,由于在异常严酷的环境中写作,而且面临生命最后日子的迫近,伏契克急于完稿,尤其是作为急就章的最后一章,他不得不使用简练、隐忍的笔触,因而没能展开具体的描述,清晰、细腻地写出他究竟是如何采取"与以往有所不同的做法"跟盖世太保斗争,"演一出高妙的戏剧";如何巧妙地与盖世太保周旋、斗智斗勇、误导他们"忙于抓捕幻影"。这些没有展开叙述的文字若不放在当时的语境下容易引起误读,有可能损害伏契克的形象。其实,我们认为,在今天读来,这些文字更能凸显伏契克写作的危难和艰辛,更能凸显伏契克勇敢、忠诚、乐观、从容、俏皮、机智的个性魅力,丝毫不影响他作为反法西斯英雄的伟大和荣耀。事实上,对留存于世的战时秘密写作,在出版时总是有着不断完善的过程的,一如《安妮日记》,其出版也经历了从删节到全本的可谓漫长的历程。

伏契克协会通过对历史档案的查阅,对纳粹占领时期加入反法西斯抵抗运动的莉德米拉·普拉哈、约瑟法·巴克索娃、鲍日娜·弗拉诺娃,以及看守霍拉、瓦茨拉夫·瓦茨拉维克等多名当事人的采访,证明伏契克非但没有出卖过任何同志,而且还保护了一批志士免受盖世太保的追捕,同时他一直在狱中坚持开展对敌斗争,团结、号召难友们坚定信念,乐观向上,以坚韧不拔的顽强毅力去迎接胜利。1993年,伏契克协会把采访录像制作成纪录片《证词》公映。

1994年,伏契克协会认为出版全文本的《报告》时机已经成熟,"而今各种理由均已不复存在,因此呈献给广大读者一本完整的、原原本本的《报告》,不仅是可能的,而且是适时和必要的,特别是在那些不实之词很能迷惑住年轻一代的时候,因为他们极少有可能去亲自认识这位有着世界性声望的同胞的真理"。这就是奥列科出版社全文出版《报告》的真实背景。全文本由七个部分组成,最后一个部分便是捷克公安部有关伏契克笔迹的专家鉴定影印件。

在捷克,有两位杰出的历史学家,很早就开始了对伏契克的《报告》严谨而细致的研究,并写出了极为详尽的评注。1930年出生的雅纳切克和1924年出生的哈伊科娃,带着由历史学家、文学史家、语言学家和勘校专家等一批博学的专业人士组成的团队,从纳粹占领时期的捷克抵抗运动史入手,严格遵循科学的历史学的方法,对众多细节进行挖掘和梳理,取得了许多新的发现,并独创性地论述了纳粹占领时期抵抗运动中至今鲜被探索的复杂一面,推动对《报告》真实性的确认。两位历史学家认为,历史研究者应设身处地感受人们在极端情况下的思想和行为,重建那些曾经发生过的重大事件和历史进程,而且要认识事物的意义,勾勒出隐藏在历史进程中的趋势。1995年夏天,他们发布了自己的研究成果,也即首部《报告》全文评注版,他们计划今后持续推进研究工作,不断地推出更新的版本。在为本书撰写后记时,雅纳切克感觉自己在完成毕生的命运,确实,此书才出版,他便于当年12月因心脏病猝死,而哈伊科娃继续开展研究,直到2012年8月逝世。研究团队于2016年推出了第二版《报告》全文评注版,加入了最新的发现,为加深人们对伏契克以及整个捷克反法西斯抵抗运动的认识提供了宝贵的研究。

雅纳切克在为首部《报告》全文评注版撰写的后记《怀疑与确定》中,庄重地写道:"现在,半个世纪之后,关于《绞刑架下的报告》(同时也是关于地下斗争和整个占领国体系),可以将我们已见到的最重要信息明确归纳成一句话:许多事情另有真相,然而绝不是全然相反。"这为伏契克讨回了应有的公道、公平和公正。

雅纳切克和哈伊科娃认为,历史编纂工作能为人服务,但决不是由人驱使。关于伏契克《报告》的研究成果是令人深思的:尽管历史的车轮滚滚向前,当年对于伏契克的神话式宣传应当反思,但由一个壮烈牺牲了的反法西斯英雄来承担被后人神化导致被质疑甚至被否定的结果,这是不客观、不公正的,而现代社会制造各种神话都是不能被接受的。历史的记忆不会因为时间的流转而被淹没,或者被随意篡改。正如叶至善所说:"要把伏契克这样的一位反法西斯战士从人们的心中抹去,是无论如何也办不到的。"

土耳其的"梁祝"

在伊斯坦布尔的马尔马拉海边,我听到一首歌曲,立刻停下了脚步。

这首歌是如此动人,旋律美妙而忧伤,歌唱者的嗓子有着磁性般的音质,粗犷里糅合着细腻。我想,这一定是首歌唱爱情的歌曲,而且一定是场以悲剧告终的爱情,因为只有这样的爱情才需要不羁的倾诉与温婉的告白。

我一动不动地站着听完了歌,海风将最后一个音符吹往远处的岸边,那里有忽隐忽现的礁石,白色的细浪漫卷而来,在撞向礁石的一瞬间粉身碎骨。歌声戛然而止,但我却是心潮澎湃,我真的被这首歌打动了,我很想知道歌手是谁,很想知道歌名和歌词。

我找到了阿扎。年轻的阿扎个头高高,英俊潇洒,在北京待过,会说一口流利的汉语,现在他做着导游,其实,他自己也很喜欢唱歌,他家离马尔马拉海很近,所以,时常来到海边,一边弹着吉他一边唱着歌曲,我想,那些歌里有他的青春,他的向往,他的爱情。

阿扎告诉我,这首歌的歌名是《不要哭泣,我的爱人》,

他每次听到,也会像我一样被感动,听得很是伤怀,以致泪水盈眶。这位歌手在土耳其非常有名,叫库莱·阿维基,他总是把自己的大胡子连同头发一起往上扎起来,在脑后盘个髻,他喜欢穿短袖汗衫,白色的、黑色的、米色的,走在阳光下,走在沙滩上,有一种仙衣飘飘的感觉。我对阿扎说,你帮我把歌词翻译成中文吧,他听了有些迟疑,他说,这就是土耳其的"梁祝"啊,你从音乐里就能感受到唱的是什么了。我问阿扎,你能详细地讲述中国的"梁祝"故事吗,他说当然,所以他听了《不要哭泣,我的爱人》后,觉得这就是土耳其版的"梁祝"。他说,歌里的蕾拉就是祝英台,梅基努就是梁山伯,两人相爱,却终于无法走到一起,梅基努在临终前盼望着能见到蕾拉的最后一面。

阿扎跟我说,这是一个凄美的爱情故事,因此他不能马马虎虎地用大白话翻译歌词,需要用优美的浪漫的诗歌的语言。阿扎是个认真的人,也是一个特别有悟性的人,当晚,他就给我发来了他的译词,美得让人惊艳。

"你是蕾拉,我是梅基努,在清澈的湖里,你是燃烧的火焰,我是清风。在云雾里,你来看一下现在的我,在云雾里啊,没有生机的花园,我的伤口如何在这样的时刻痊愈。不要哭泣,我的爱人,终有那么一天,我们彼此的思念会重逢。我会回来,不要哭泣。你要等我,不要哭泣。你那婀娜多姿的每个神情,都是我思念的伤口。如果能见你最后一面,在我一息尚存的时候;然后你就走吧,我的爱,你放弃吧,将我忘记吧。我的伤口又在流血,我的花园再无生机。"

这真是绝望的爱情。绝望会让人滋长出矛盾的心绪，又想坚持，又想放弃，既想重逢，又想别离。不过，土耳其的"梁山伯"这样的咏唱，却只会让中国的"祝英台"更加悲愤，更加决绝，最终选择与死去的心爱的人永不分离，化作一对美丽的蝴蝶，在生机盎然的花园里互相追逐，双双飞舞。

我看着阿扎翻译的歌词，又听了好几遍阿维基演唱的这首歌，觉着可被歌唱的爱情大抵都是忧伤的。阿扎同意我的看法，认为爱情其实是生活的投影，而生活本身并不容易，如同平静的海面下有着激流漩涡，许多的理想、冀望或许隔着太多的山脉、太多的江河因而难以实现，但是，中国的祝英台就是一个榜样，她以飞蛾扑火的勇气成全了自己。

我怂恿阿扎也唱一次《不要哭泣，我的爱人》，他说好的，只是一直没有动静。许久之后，他给我发来了一张照片，他坐在马尔马拉海边，弹着吉他，海面上阳光跳跃闪烁，将他的背影照得斑斑驳驳。

银幕上写就的散文诗

没有人会说吴贻弓导演的电影《城南旧事》不是经典,虽然很多时候"经典"是需要经过时间的积淀和检验的,但是,《城南旧事》一经公映,便受到业界内外和观众的高度评价,被公认为是"经典的诞生",这证明了吴贻弓导演艺术所达到的高峰。

今天,我们纪念吴贻弓,重温他的《城南旧事》,而且有一个主题,那就是这部电影的"诗意写作"。乍听起来,"诗意写作"仿佛是一个文学命题,几位评论家已就这部影片所呈现的"诗意"作了很好的阐述,那我就说说文学上的"诗意写作"吧。

之前也好,现在也好,很多评论家都赞赏电影《城南旧事》的散文化叙事和在其中所体现的诗意,我曾经看到一篇评论文章,说吴贻弓秉承了林海音原著小说的艺术风格,而原著的艺术风格是什么呢,就是将小说写得很散文化,并在散文化的文字里融入淡淡的诗意,所以吴贻弓的电影很好地还原了原著小说的这种艺术风格。

这当然是一种说法,但是,在我看来,其实哪怕是就文学写作而言，吴贻弓也是更进一步的，更确切一些地说，吴贻弓的这部电影是在银幕上写了一首"散文诗"。从文学上来说，小说、散文和诗歌是不同的体裁和文体，而散文诗同样是区别于小说、散文和诗歌的独立文体。我说吴贻弓的电影《城南旧事》是散文诗，基于它即便在文学上也是符合散文诗这一独立文体的定义的，它不是散文，也不是诗歌，更不是散文化的诗歌，或者说散文化中的诗意。我认为，吴贻弓对散文诗是有独到认识的，并把文学的散文诗创造性地转化为电影的散文诗。事实上，即使写散文诗这种新文体的作家也不多，由此可见吴贻弓在创造和创新上是有勇气的。

散文诗是诗和文的渗透、交叉产生的新文体，是一种现代抒情文学体裁，融合了散文的描写性和诗的表现性，有散文的外观和内涵，有诗的情绪和幻想，一般表现作者基于社会和人生背景的感触，注重描写客观生活触发下思想情感的波动和片断，语言上则强调音韵美和节奏感。由此可见，吴贻弓对于原著小说的改编并不是简单地呈现原小说的散文化笔法和在文字中融入的诗意，而是运用了散文诗这一现代文体，完美体现了散文诗的独特本质、内容和形式。在叙事上，既有散文注重细节、无需完整故事的特点，也有诗的韵律感和节奏感的特点，从而给人们以全新的审美感受和想象。电影《城南旧事》之所以能成为经典，也是吴贻弓在创作上对于电影叙事的创新。将文学上的散文诗转化为银幕上的散文诗，同样不是简单的艺术文体的"转译"，而是电影本身新的叙事方式的探索和实践。我们在电影《城南旧事》中看到的片段故事、感受到的审美诗意与读小说原著并不一样，银幕上的"散文诗"用电影镜头更加凸显了用文字都难以传达的散文诗的最最重要的特质，那就是具有独特的审视人生的方式，即运用自由、舒畅的镜头表现内心的感受或主观情绪及其波动，并使散文化和诗意浑然一体。我们难以忘怀银幕上的具象化的小英子的眼睛，这双眼睛所看到的、感觉的、体悟的正是对"散文诗"艺术表现方式的最好的诠释。

吴贻弓的经典之作《城南旧事》之所以让观众感动，那是因为非但展现了"散文诗"这样的新的电影叙事语言，而且还达到了"散文诗"这种新的电影叙事语言的艺术标高，即如同文学上的"散文诗"最初的探索者之一波德莱尔所说，谁没有梦想到那散文诗的神秘——声律和谐，立意精辟，辞章跌宕，足以应付那心灵的情绪、思想的起伏和知觉的变幻，足以适应灵魂的抒情性的动荡、梦幻的波动和意识的惊跳。这一切，我们都在电影《城南旧事》里看到了。

吴贻弓在银幕上写就的散文诗《城南旧事》，将永远铭刻在中国电影史册中，也将永远铭记在电影观众的心中。

这一个"大唐贵妃"

"梨花开,春带雨;梨花落,春入泥,此生只为一人去……"当这句唱词在金碧辉煌的上海大剧院响起,激起了全场观众无限的回忆。2001年,京剧《大唐贵妃》首演,杨贵妃与李隆基由梅葆玖、张学津及于智魁等京剧表演艺术家主演,而师承梅派的青年演员史依弘则参演了片段;十八年后,在第二十一届中国上海国际艺术节上,史依弘携手李军,再次演绎这段传唱千古的爱情悲歌,舞台上的史依弘俨然已是梨园菊坛的大青衣了。

《大唐贵妃》脱胎于梅兰芳二十世纪二十年代的名剧《太真外传》,这出戏代表了梅兰芳唱腔的顶峰,系集大成者,音乐、板式、身段都完美体现了梅兰芳"无声不歌,无动不舞"的艺术特质。《大唐贵妃》说是新版,其实既是传承致敬,又是不断创新,.而不管是京剧还是其他传统戏曲,如果没有与时俱进,推陈出新,那是不会长盛不衰的,所以,此次的新版力求打造成一出蕴含京剧品质、代表时代审美品格的艺术精品。果然,当京剧音乐与交响乐、大合唱结合,确实磅礴恢宏,不同凡响,音乐更加丰富、悦耳,但又不失皮黄味道。这正是史依弘的追求。

　　十八年前,尽管史依弘只演前面三场,但她每天跟着剧组驻扎在静安体育馆,在梅葆玖他们还没从北京来到上海前,就把整出戏过完了。史依弘自然十分努力,但她毕竟只演片段,因此对她来说,那时候演杨贵妃,她只需在舞台上负责娇俏漂亮、婀娜多姿,因为此刻的杨贵妃集三千宠爱于一身,是最为幸福和奢华的日子,可是,走下舞台,史依弘却生出一些恍惚和匆促,后来她发现这是角色不完整的人生而导致的,于是,她向往着有朝一日能够演完全场,历经杨贵妃从绚丽到毁灭的传奇而悲壮的一生。

　　这次推出的新版让史依弘如愿以偿,而且还弥补了当年演出时的种种遗憾。比如,那时有一段杨贵妃与李隆基生死诀别的唱段未能呈现在舞台上,而史依弘始终认为,杨贵妃是主动赴死的,所以被赐白绫前,她最想要的就是与爱人诀别,无论是传统戏《白蛇传》中的"小乖乖",《霸王别姬》中的"劝君王",还是新编戏《狸猫换太子》中的"仟仟小草",都安排了诀别唱段,而从戏的延续性和人物情绪层面来说,这是无法忽视的情感,这次能在新版中唱出诀别,她觉得酣畅之极。"人生自古谁无死,实可叹与君王,相见恨晚,知音难觅。""但愿得梨树下安葬,到天上我也要献舞恩皇。"这是杨贵妃对自己短暂一生的回顾,也是她与李隆基旷世恋情的最后交代。这一幕的确令人难忘,杨贵妃与李隆基诀别后,背过身去,脖子上披着长长的白绫,走向她的生命深处。美人依旧,但这一回,史依弘却体味到了"大唐贵妃"香消玉殒、从此相思难寄的痛楚与凄凉。

当年梅兰芳演《太真外传》，于翠盘起舞的场景是一大亮点，但十八年前《大唐贵妃》首演时，并没有设置翠盘这一道具，这一次，终于把一个盘壁上点缀有暗绿色梨花及金色凤凰浮雕的"翠盘"搬上了舞台。当李隆基身居高处击打起节奏分明的鼓点时，杨贵妃站在缓缓转动的翠盘上翩翩起舞，两人在艺术上天衣无缝，配合默契，这正是他们相爱相惜的写照。这是独具匠心的设计，宫女们手持铃鼓，以西域风格的舞蹈簇拥着跳着唐舞的杨贵妃，两种舞蹈风格的交融，形成动静对比，呈现一场大唐与西域友邦的交流与对话。翠盘上的史依弘光彩夺目，她将唐代宫廷舞蹈的舒缓优美与雍容华贵展示得非常动人。事实上，中国传统舞蹈是与戏曲相依相存的，尤其是宋元以后，随着传统戏曲的兴盛，中国传统舞蹈更是融入其中，与之同步发展。史依弘这回在翠盘上惊艳起舞，用她自己的话说，这是"在艺术本体之外寻根探源，在艺术本体之中极尽能事"。

史依弘的"生死诀别"和"翠盘弄舞"展现了大唐极致的丰盛华美，同时也呈现了她在京剧表演艺术上所达到的日臻完美的境界。如今，人们都崇尚"综合能力"，能够"跨界"，能够拿得起十八般武艺。要做到这一点，其实需要经过长时间的历练，不要相信有什么一蹴而就的事儿。史依弘由武旦开蒙，后来才潜心研究梅派艺术，因而她今天的成就来自全面而不懈的艺术训练，若没有扎实稳健的武功，出手快捷从容犹如"彩色旋风"，那么，要做到文武兼善，唱做俱佳，嗓音宽亮动听，做工细腻沉稳,既可应工青衣路子,又能娴熟花旦与武旦程式,实在是可望而不可即的。

新版《大唐贵妃》首演当晚的凌晨一点,史依弘给我发来微信,让我一定要实事求是地对她提出批评和建议。我很感动,她这一晚其实是可以安然享受全场观众给予她的掌声、欢呼声的,但她卸完妆,在寂静的午夜,独自对镜,却有如履薄冰之感,一位真正的艺术家才会这样,我看到了她对艺术的热爱和追求,看到了她的谦逊和自省,就这一点而言,这位舞台上的"大唐贵妃"正未有穷期,前途远大。史依弘谈及梅葆玖在人生的最后阶段,仍心系着《大唐贵妃》,为这出戏的重新上演而积极奔走,因此,这次推出新版《大唐贵妃》,其实也是史依弘完成了梅葆玖的一个遗愿。一个国家和民族的文化,就是需要这样代代传承的。如果说,史依弘在《大唐贵妃》里展现了杨贵妃对李隆基的爱情,那么,杨贵妃最后为了江山社稷而选择慷慨赴死才是这部戏的"硬核"所在:"却原来温柔乡本是英雄冢。"

"隐秘角落"里的历史现场

张伟先生的新著《近代日记书信丛考》(上海大学出版社2019年9月),是一部非常引人入胜的书,通过近代一批著名人物的日记或书信,挖掘和发现了不少湮没在历史风尘中的重要史料,涉及近现代政治史、文学史、史学史、艺术史等诸多方面的内容,张伟称这些日记或书信为"隐秘角落",而他的研究也让我们看到了"隐秘角落"里的历史现场。

张伟认为,如果说正史、方志和家谱并列为中国史学的三大支柱,那么,日记、书信和回忆录则可说是构成了个人文献的主要部分。在有关人物研究的第一手文献中,通常日记、书信、回忆录作为直接资料,有助于人们对历史人物多重面相的认识,特别是日记、书信,尽管也有落笔时的过滤、斟酌等问题,但相对而言比较可靠,而日记最个人化也最具私密性,是最直接袒露心迹的第一手资料。很多时候,就日记所揭示人物内心世界的真实性来说,往往比作者公开发表的文章来得可信,它们本身所具有的当时语境和丰富细节及给阅读者所带来的身临其境的现场感,是读后人所选择性地描写阐述不可能达到的,因此日记更凸显其价值,更受到人们重视。

这几年，张伟在整理现代文学史上已消失很久的自由派作家傅彦长的日记方面卓有成效，而傅彦长日记中不少"隐秘角落"也由此而一一呈现出来。透过傅彦长的遗存日记，可以窥见我们以前所不知道或知道很少的二十世纪二三十年代民国一些文人日常生活中的人际交往，以及这种交往对他们思想和创作的影响。傅彦长是认识鲁迅的，在1926年5月15日的鲁迅日记中，就有"顾颉刚、傅彦长、潘家洵来"的记载。但将傅彦长日记与鲁迅日记对读，就发现了"隐秘角落"。傅彦长日记1927年12月5日记云："到内山书店，遇周树人、王独清。"该日鲁迅日记是怎么记录的呢？记云"夜往内山书店买书五本"，提及内山书店仅此一句。那么，也许该日晚上傅彦长到内山书店见到了鲁迅，他还见到了王独清，难道那晚鲁迅与创造社的著名诗人王独清也见了面？在1933年4月10日的傅彦长日记中又记载："午后到沪，在新雅午餐。遇张振宇、鲁迅、黎烈文、李青崖、陈子展。"该日鲁迅日记又只字未提在新雅午餐。鲁迅当然不可能独自去新雅，很可能那天中午他与《申报·自由谈》主编黎烈文在新雅谈事。这两条鲁迅日记的失记提醒我们，鲁迅日记中的"隐秘角落"还很多，而这正可通过张伟对傅彦长日记的梳理而展示若干。

张伟对康嗣群1938年"孤岛"日记的解读同样值得关注。康嗣群在"孤岛"时期临危受命，担任美丰银行上海分行经理，但他是新文学的爱好者和参与者，曾与鲁迅和周作人交往，也曾与施蛰存合编过刊物《文饭小品》。当时的上海除租界外，均已被日军占领，市区的公共租界和法租界如同"孤岛"，康嗣群心情十分苦闷。为排遣孤独和寂寞，他大量阅读各种中外书籍，并将自己的体会和感受写进日记里。1938年4月29日，他在阅读巴金的《家》时写道："阅《家》数十页。述鸣凤死，颇为凄切。忆方叙（即靳以）曾云此段令其感动，觉慧似已走出新阶段，然余认为巴金君于此只能称之同路人也。"1938年，胡愈之等组织复社，汇集鲁迅的各种著译，历经艰险出版了第一版的《鲁迅全集》。康嗣群在第一时间购买了此套全集，阅读后记下了自己的感想："晚阅《鲁迅全集》中《小说旧闻钞》，颇有意趣，先辈治学之勤苦，亦于此可见。"（1938年8月26日）更值得注意的是康嗣群对斯诺《西行漫记》的关注和阅后的心态变化。1937年10月，英国伦敦维克多·戈兰茨公司出版了美国记者斯诺实地考察陕甘宁边区，拜访了包括毛泽东在内的中共主要领导人后写成的《红星照耀中国》。1938年1月24日，精通英文的康嗣群买到翻印本后，立刻开读，并在日记中写下了自己的观感。和许多知识分子一样，康嗣群对当时占据一方根据地的共产党充满好奇，却不了解，而出自外国记者之手的这本实地考察，可谓一把钥匙，一下子解开了他心中的许多疑惑。康嗣群看此书相当仔细，从其日记可知，从1月24日买书首日，一直到2月16日，连续二十余天，这本书都放在他的手边。康嗣群在日记里记道："阅数十页，语多伤及当政者，十年剿共政策，今日思之，当容有错误也。""毛泽东在Snow（斯诺）之笔下，至为称赞，其成功实自有原因在。""红军之军事人才之多，实令人惊诧。军队加以政治训练，实为人民所需要之军队。"张伟在对康嗣群"孤岛"日记释读时以为,这些忠实的记载,正代表了国统区中很多知识分子对共产党从不理解到心存同情再到隐约怀有某种期许的心路历程,也是国民党失去民心的时间长链中的重要一环。这便是康嗣群"孤岛"日记中,国统区知识分子内心"隐秘角落"的真实的历史呈现。

相较于日记,张伟则认为,书信因是当年实物,且阅读范围很小,故往往有真情流露,参考价值较大。在《近代日记书信丛考》中,张伟对陈寅恪首次留欧期间明信片上一首佚诗的考证、对丰子恺和傅抱石抗战时期致张院西一组信札的解读,都是令人欣喜的新发现。张伟尤其擅长从不引人注意的看似普通的一枚明信片或一通三言两语的短信中揭示文坛故实,比如他对胡适1911年11月6日致马君武关于辛亥革命的一枚明信片的分析,极大地有助于胡适研究。张伟收藏的胡适这枚明信片未为《胡适全集》所收录,信中写道:"祖国之乱已不可收拾矣,此邦舆论多右民党,以此邦本自由之邦,故尔尔也……日来以故国多事,心绪之乱不可言状,如何!如何!"此明信片发自美国纽约州的伊萨卡,当时胡适正在康奈尔大学农学院就读,他与在德国留学的老同盟会会员马君武私交笃深,同在海外的两人虽远隔千里,却仍经常通信,互通信息,倾诉心声。张伟根据种种迹象判断,马君武在1911年9月初寄出给胡适的信后不久就离德回国,积极投身辛亥革命,武汉首义时代表广西率先赴会,于武汉与各省代表起草临时政府组织大纲,因而胡适11月6日寄给他的这枚明信片他并未收到,故而此信流散在外。胡适留美期间,同大多数留学生一样以强烈的爱国激情时刻关心着国内政局，辛亥革命的爆发，更激起胡适对祖国命运的关注。从总体上而言，胡适对国内的革命是支持的，当时美国有人诋毁中国的革命，胡适曾投书《纽约时报》进行反击。他还对袁世凯的复辟行为有着清醒的认识，在日记中一再予以批驳。但同时，胡适信奉的乃是根植于自由主义的政治思想而派生的改良主义，这也是他在此信中坦言自己"心绪之乱不可言状"的缘由；另外，由于是拿官费留学，所以还涉及个人的切身利益，恐更有彷徨不知所措之感。这枚胡适致马君武的明信片，为我们了解胡适当时的真实思想提供了宝贵的第一手资料，同样让我们窥见了"隐秘角落"里的历史现场。

张伟在上海图书馆工作了整整三十八年，得天独厚，看到了很多外界难以过目的日记信札，但这并非他鉴赏、研究的唯一来源。几十年来，张伟省吃俭用，节衣缩食，寻觅、收藏了众多历史文献，《近代日记书信丛考》一书中超过一半的文献都是他的个人收藏，这是非常令人钦敬的。诚如著名现代文学研究专家陈子善先生所言，张伟的这本新著真是秋水长天，一片清明，书中篇什都有独特视角、独家发现和独到见解，填补了中国近现代文学史、艺术史和学术史研究的一些空白，不仅充分显示了日记书信研究的重要性和必要性，也生动展现了文献学的魅力。

野　猫　记

秋风一紧，小区里的野猫就多了起来，或许本来就这么多的，只是一直躲藏在草丛中、角落里，所以我们看不到而已，现在它们则一只只都从隐身处钻了出来。野猫们就在人们的眼皮底下蹿来蹿去，显得很是繁忙。有人说，它们是在寻觅和储备过冬的食物，我不清楚是不是这样，因为我只知道蚂蚁才会未雨绸缪地准备越冬，早早将觅来的食物拖到泥土下的巢穴里。但是，野猫的家在哪里呢？只有家猫们才有住所的，它们在主人家过着安逸的生活，而野猫们向来只风餐露宿。

秋阳下的野猫们，不管是棕色的，还是白色的、黑色的，抑或是杂色相间的，毛色都和家猫一样鲜亮，没有脏兮兮的样子，后来我才知道其实野猫比家猫更懂得尊严之道，因而它们醒着的大部分时间都用来梳理自己的皮毛了。野猫虽然有些消瘦，但倒是精干，爬上爬下，奔东奔西，很是矫健，没有家猫们的慵懒之态。我想，这应该是它们适应野外生活所致，因为没有人会抱它们，喂它们，它们只有靠自己才能生存下来，所以它们依然保留着野性。有一次，一只野猫爬到了小区里高高的围墙上，踮着脚尖在上面轻盈地跑动，让人相信即使它漫步云端，也不会留下一个爪印。不料，围墙对面那栋楼里的一只宠物狗不断地朝它狂吠，它显然光火了，收拢脚步，蹲下身子，居高临下地与狗对叫，一直叫到那只狗感觉生无可恋，悻悻地回到屋里，但野猫不依不饶地继续叫着，直到狗主人仓惶地把屋门关上。我看到那只野猫眼里闪着绿光，极具王者风范。

人们总说，猫是自我驯化的动物，当人类定居下来，过上储存粮食的生活，这种会抓害虫和老鼠的动物也就跟着人类安定了下来。但是，在我印象中，野猫却对人有着一种天生的警惕，至少我在小径散步的时候，野猫们总是躲得远远的，如果我试图接近它们，它们会惊吓得四处而逃。不过，现在情况发生了很大的变化，而这种变化是从孩子那里开始的。几个男孩、女孩买来了猫粮，倒在一个盘子里，然后放在地上，他们退到路边，静静地等候着野猫们前来享用。野猫们果然来了，也许真是饿了，所以都吃得津津有味，看着看着，孩子们不由自主地靠了过去，谁知，野猫们立刻停止了进食，断然离去。我想，也许是自尊心使得它们不愿意被人们如此地注视，好像在吃嗟来之食。孩子们再次退到了路边。后来，大概野猫们感受到了孩子的善意，就不再计较了，反而将身子舒展开来，让孩子们轻轻地抚摸它们的背脊了。男孩、女孩高兴得不得了，叽叽喳喳地跟野猫们说起了话来。这是我们小区里最为温暖的一幕了。

那天晚上，下了一夜的大雨，气温骤降。我没能睡好，雨声哗哗倒也罢了，主要是被此起彼伏的野猫的叫声弄得心烦意乱。野猫的叫声太过凄切,也太过妖蛊,我心想它们是否在招呼同类,在寒风冷雨中抱团取暖;是否在向于舒适的房屋里安然入睡的人们和家猫们倾诉它们流浪的艰难。野猫们生生叫了一夜,我曾推开窗子,看到底楼人家阳台的一侧蜷缩着几只野猫,让我惊诧莫名的是,它们仿佛睡着了一般,一动不动,可那惊心动魄的叫声却依然还在。

  第二天,雨歇日晴,野猫们纷纷出来晒太阳。一夜的风雨打湿了它们的皮毛,也让它们显得有些疲惫,所以,现在它们一个个躺在了阳光底下以恢复精神。野猫们也太会找地方了,有的窝在路边停着的越野车的车门踏脚板上,有的窝在老树根的枝杈上。我看见丰巢快递柜上也侧卧着一只野猫,当我经过那里的时候,它突然翻了个身,站立起来,盯着我看,我朝它招了招手,它不动声色,光是用眼睛注视着我,一瞬间,我生出一种感慨来:一个人若被猫无视过,他才算真正体会了被拒绝是什么滋味。我一直不明白的是,野猫们为什么不为自己营建一处可以遮风挡雨的秘密家巢,有位名叫哈泽尔·尼克尔森的作家倒是说得精辟:"猫是没有答案的谜。"

真爱让《梁祝》新生

小提琴协奏曲《梁祝》1959年在上海首演，至今整整六十周年了，当年十八岁的俞丽拿已经步入耄耋之年。我们曾在舞台上无数次地看过俞丽拿演奏《梁祝》，那么，这一次纪念《梁祝》诞生六十周年的演出，她能否给我们带来全新的感受和体验呢？

俞丽拿在两年前就开始了筹备。如果说她当年是以开创性的勇气加入了《梁祝》的创作，而且还承担了因民族化导致西洋乐器演奏技法"走样"的后果，那么，今天，她依然保持了对艺术创新的热忱，尽管《梁祝》已成为世界名曲，常演不衰，但她却希望以一种崭新的面貌呈现这个时代的精神和审美品质。这同样是需要有勇气的。确实，由俞丽拿担任出品人的原创音乐剧场《真爱·梁祝》磨砺两年后"破茧而出"，在新落成的上音歌剧院公演时，给了我们很大的惊喜。

首先，在形式上，这已不是单一的交响音乐会了，而是纳入剧院的概念，拓展表演的空间，根据《梁祝》的爱情主题，使用了音乐剧场这一连贯的主体和线索，依循音乐的叙事逻辑，将舞剧、话剧、音乐剧以及小提琴协奏曲有机地融为一体,四种形式对应四个今古爱情故事:茫茫荒漠,对敦煌莫高窟"一见钟情"的樊锦诗,与生活中的爱侣彭金章分居十年,直到死亡来临,带着爱人的相片回归敦煌小屋;巴金为萧珊放弃了"不婚主义",两人相濡以沫,萧珊病逝后,巴金将爱人的骨灰安放在床头永不分离;文成公主为国家利益出塞远嫁,与松赞干布同心同德缔结了流芳后世的婚姻;梁山伯与祝英台忠于爱情,至死不渝,化蝶相伴,这份唯美、诗意和坚贞传颂千古。四个跨越时代的中国爱情故事里,有生死不渝的爱恋,有慷慨一生的选择,有家国情怀的加持,也有时代命运的洪流,这使作品在更宽广的时空中展开关于中国真爱故事的探寻,也使《梁祝》的爱情主题得以更加完整和升华。这样的演出充满了新鲜感和时代感,面目一新,加之多媒体的运用,视觉效果相当震撼,给我们带来了别开生面的艺术享受。

其次,让青年艺术家们成为舞台的主角。没人怀疑俞丽拿可以一个人将小提琴协奏曲的演出给撑下来,她气场强大,人气高旺,艺术造诣炉火纯青,所以完全可以控制全场,事实上,观众们也是冲着她走进剧场的。但是,为了给年轻人更多的机会,更是为了艺术的传承和创造,俞丽拿却将舞台让给了新一代的艺术家们。在舞剧里,青年舞蹈家王亚彬用现代舞来演绎樊锦诗,既细腻又大气,非常传神地表现了樊锦诗的性格特质。在话剧中,表演艺术家王志飞、张定涵伉俪将巴金与萧珊的书信娓娓读来,引领观众重温他们爱情婚姻生活中的丝丝缕缕,温馨动人。在音乐剧里,歌唱家廖昌永和陈阳以天籁般的组合,演唱了气势恢宏、优美激情的唱段,让文成公主与松赞干布之间别样的爱情放射出绚丽的光芒。在青年指挥家夏小汤指挥中国爱乐乐团演奏的小提琴协奏曲《梁祝》中，担任独奏的年轻的小提琴家王之炅发挥出色，她师承俞丽拿，在她如泣如诉的演奏中，我们仿佛又回到了六十年前《梁祝》首演时的场景。即使俞丽拿最后出场，演绎《梁祝》最为华彩的"化蝶"乐章，她同样推陈出新，与青年女高音歌唱家雷佳合作，她用琴声扮演梁山伯，雷佳则用歌声扮演祝英台，两人配合默契，用一曲缠绵悱恻的"化蝶"，将全剧推向最高潮。正是在俞丽拿的鼓励和定海神针般的"压轴"下，这拨年轻艺术家以自己的倾心演出实现了艺术梦想，使《梁祝》这一经典作品焕发了"新生"。

虽然艺术表现形态发生了变化，但小提琴协奏曲《梁祝》仍是这台纪念演出的"硬核"。《梁祝》的风靡不仅因为其本身代表着交响音乐民族化的创世纪，更是因为其完美讲述的生死契阔、矢志不渝的东方爱情故事，这段爱情故事背后蕴含着深刻的人性，也回荡着历史的宏音。从当代回溯古时，最后重回梁山伯与祝英台，从"才下眉头，又上心头"的儿女情长，到"苟利国家生死以"的家国大爱，正所谓"一念一生"，爱，起于一念，可一旦做出选择，就是一生，终于永恒。源于梁祝，跳出梁祝，又回归梁祝，这是《真爱·梁祝》的成功秘诀，体现了艺术家们对艺术传承、艺术创新、艺术再造的孜孜不倦的追求，而绵绵不绝的纯粹而又感天动地的中国爱情故事，是对小提琴协奏曲《梁祝》首演六十周年最好的纪念。"对我来说，如果一件事，一个人能让你历经千难万险仍心怀喜悦，这就是真爱。"这便是俞丽拿自己的真爱宣言了。

两个聂鲁达的"相遇"

1834年7月9日,捷克的聂鲁达出生在布拉格,他的父亲是个退伍军人,在小城区开了一家杂货铺,那里有一条通往城堡的坡道,坡道旁边是个巷子,叫马刺匠巷,住着的都是工匠伙计,聂鲁达也曾在那里居住过。现在,这个巷子改叫聂鲁达巷了,以纪念聂鲁达这位捷克十九世纪杰出的现实主义诗人。

聂鲁达一生坎坷,贫病交加,颠沛流离。他父亲早逝,母亲以卖纸烟糊口度日,他考入查理大学文学院后,因为家境困难,不久便中途辍学,此后,聂鲁达长期从事新闻工作,同时进行文学创作。1857年,二十三岁的聂鲁达出版了第一部诗集《墓地之花》,个人和社会生活中的一桩桩悲剧撕裂着诗人火热的心,捷克民族在腐朽的帝国景况日趋恶化则激起诗人强烈的不满,他迫切要求改变穷人的处境,他在诗中写道:"墓地上芳草青青,可有鸟儿歌唱?那被埋葬的希望,能否发芽生长?"聂鲁达常常去斯米霍夫那里的小斯特兰那墓地散步、思考,在聂鲁达的笔下,这块墓地是一片风景如画的地方,可当他穿过那里的工厂区,看到辛勤劳作却衣衫褴褛的工人们时,总是两眼噙满泪水。1891年8月22日，孑然一身的聂鲁达与世长辞，年仅五十七岁。

十三年之后的1904年7月12日，智利中部小镇派罗诞生了一个男孩，他的父亲是个铁路工人，母亲是一名小学教师，可他出生不久，母亲就因肺结核去世了。男孩是个天才的诗人，十岁便开始诗歌创作，十三岁时就在特墨科《晨报》上发表了第一篇作品《热情与恒心》。但是，男孩的创作却时常遭到父亲的奚落和反对，这使他感到非常难堪，于是就用化名在报刊上发表诗歌。男孩的名字很长，叫内夫塔利·里卡多·雷耶斯·巴索阿尔托，他想给自己起一个使用一生的笔名。他想了很多个名字，但都不满意，他希望这个笔名要有深刻的含蕴。身在南美洲智利的男孩在十四岁那年，读到了遥远东欧的捷克诗人聂鲁达的作品，深受感动，觉得这是冥冥中的天意，让他得以跨越时空与这位先哲相遇，遂决定用"聂鲁达"正式命名自己。1923年，十九岁的他出版了第一部诗集《晚霞》，第二年，凭借诗集《二十首情诗与一首绝望的歌》获得巨大声誉，从此，智利的聂鲁达声名远扬，到他1971年获得诺贝尔文学奖时，更是名满天下。

两个聂鲁达的"相遇"真不是一种偶然，因为他们在文学理想和精神上有着相同的地方。捷克的聂鲁达追求人类的平等和自由，主张文学创作必须深入了解社会生活，必须同民族解放运动相结合。这一主张既贯穿于他的创作之中，也是他的崇高的生活目标。他一生写了大量诗歌，都收在《墓地之花》《诗书》《宇宙之歌》《故事诗和歌谣》和《平凡的歌》以及去世后出版的《星期五之歌》六本诗集中,这些诗篇题材广泛,内容丰富,感情炽烈,意境清新,结构简明自然,诗句生动优美,"为了神圣的权利,我总是岿然屹立!"表达了民族强烈的生存信念和不屈不挠的战斗精神,因而不论在捷克人民争取民族独立之时,还是在反抗德国纳粹占领时期,都起过极大的战斗鼓舞作用;同时,他积极投身于民族独立斗争,是一位有着广泛影响力的知识分子的精神领袖。智利的聂鲁达二十三岁起成为外交官,去过世界很多地方,眼界开阔,同情人民革命运动,为世界反法西斯战争大声呐喊,他的《西班牙在我心中》《献给玻利瓦尔的一支歌》《葡萄园和风》《在匈牙利进餐》《沙漠之家》《漫歌集》等诗集,在反法西斯前线广为流传,同时用他的真挚、奔放、深邃、辽阔的诗歌为拉丁美洲重新谱写了一部历史。由于反对右翼极端分子和独裁统治,他曾被驱逐出国,流离失所,生活跌宕,就是在这段流亡的日子里,他真正遇到了捷克,遇到了用他的名字命名自己的聂鲁达巷,他激动地歌唱:"新生的捷克斯洛伐克,质朴的孩子们的母亲,沉默的英雄们的故乡……"

两个聂鲁达在文学理想和精神上如此契合,而最后的"诗人之死"同样让人唏嘘。捷克的聂鲁达孤苦无依,晚景凄凉,病重后无钱医治,临终前由于身边无一亲人,只好将遗嘱写给一位女仆,内容竟是一张详细的负债单,列出他所欠医生、裁缝、书店、钱庄等方面的钱,期望如果书商能支付稿费,请女仆帮助用这笔钱还账。智利的聂鲁达则死得十分蹊跷,1973年9月,智利发生军事政变,聂鲁达计划出走墨西哥,就在9

月 23 日他临走前的一天，突然被一辆救护车送到了圣地亚哥的一家诊所，几个小时后便在那里死亡，终年六十九岁，当局宣布他的死因是前列腺癌，但他的司机却指证说，有人被当局指使，向他的胃中注射了致命的毒药。

捷克的聂鲁达没有到过中国，可智利的聂鲁达曾经三次来到中国，当他得知自己中文译名中的"聂"字在繁体字中是由三只耳朵组成时，他说："我有三只耳朵，第三只耳朵专门用来倾听大海的声音。"这也应该是捷克的聂鲁达的回答。

那个钓鱼的"老爹"

说实话,虽然我看过一张海明威钓鱼的照片,照片上的他还炫耀地展示一条被他捕获的硕大的金枪鱼,这使我不得不相信他写的《老人与海》有着自己亲身的体验,所以写得如此惊心动魄,如此壮怀激烈,但我真的不知道这位"老爹"居然拍过那么多的钓鱼照片,而且很多还是摆拍,用今天时髦的话说就是"拗造型"。

如果不是看了新近译林出版社出版的由海明威的孙女、电影明星玛瑞儿·海明威编写的《生活,在别处:海明威影像集》,我还以为那么有男人味的硬汉"老爹"私底下肯定对拍照这件事嗤之以鼻呢。可事实上,海明威从小到大拍了数不清的钓鱼照片,而且始终保持着一贯的"经典"姿势:微侧着身子,一只脚直立,一只脚弯曲,右手抬起,绝不旁垂,笑容里满是自信和得意,如果有战利品,那是一定要合影的,所有被捕获的鱼一律头朝下,鱼尾挂在钓竿上。我觉得其实这就是海明威一生的写照——他矢志不渝地塑造一个硬碰硬的男子汉的形象。

我觉得没有什么比海上钓鱼更为浪漫了,无际的大海,蓝天白云,风帆在浪尖鼓荡,阳光下的身躯健壮而性感。这种浪漫不是柔线条的,有着压倒一切的坚韧和刚毅,有着火焰般的炽热和激情,同时也有着一些刚愎自负和率性而为,因此刺激里暗藏危机。如果海明威只有一张钓鱼的照片,那我们可以会心于他的一时浪漫,但是,数百张的钓鱼照片铺排、叠合在一起,那就不仅仅是浪漫了,我们看到的是一个人穷尽一生为自己制作的标本和塑型。海明威的一生都伴随着对母亲的矛盾心理,母亲爱他,却控制他,甚至驱逐他,这极大地影响了海明威的写作和行事风格,他一方面用"海明威斯坦"来羞辱母亲,一方面又用她的标准来培养和展现自己的"男子气概"。所以,海明威才如此迷恋"拗造型",还时刻不忘用照片将之记录下来,以向母亲、向世人证明自己。我在感慨海明威的执着时,以为他的孙女对他的评论是中肯的:"用最好的钓鱼线,品最好的波尔多酒,追求宴会上最美的女人,我的祖父知道什么是最好的。他想要去尝试,去品味,去感受,去迎战自身的极限。他明白一个人只有拥有非凡的经历才能成长。"

  一张张的照片,直观地向我们展示了海明威的成长过程。我真是羡慕他有着这般非凡的经历。那张拍摄于1916年的他在河中捕鱼的照片,姿势和照片的构图显然是精心设计的,他戴着帽子,穿着长衣长裤,站在如绸的水里,一只手向上,一只手朝下,眼睛看着自己拉开的长长的钓鱼线,整张照片似乎呈现出一种平静的氛围,那时的海明威十七岁,还在橡树园中学学习,但他的内心哪里有一丝平静,他渴望着能去前线,成为一个冲锋陷阵的战士。就在第二年,海明威成了红十字会的志愿救护车司机,并坐船横渡密布着德国潜艇的大西洋。在船只启航前,他最后一次与故乡的小伙伴们钓鱼、划船,当这位少年用手划过冰凉的河水时,他心里非常肯定,他永远不会死。确实,穿梭于战场,结果身上留下了一百四十七枚弹片,但他活了下来。后来,他一直没有收帆,一直与大海相伴,逐浪漂泊,他无法忍受长久地在某处定居,如同他无法长久地爱一个女人。他的一生就是一部最精彩的冒险小说。

今年是海明威诞辰一百二十周年,岁月的更替并没有让人们遗忘他,相反,在这个很多人满足于平庸度日、得过且过、谨慎胜于行动的无趣、无聊的世间,海明威比以往任何时候都具有当下性:"我们选择了以抗争的姿态度过这一生,而姿态是很重要的,重要的是保持抗争。"书中有一张临近他生命结束时的照片,拍摄于1960年,他依旧坐在河边,这是一条蜿蜒于山涧森林里的河流,激越湍急,与岩石相撞时迸出白色的水花,简直是"可以被摧毁,但不能被打败"的"海明威意志"的最好诠释。

我现在明白了,这位钓鱼的硬汉"老爹",想告诉我们的是——要想成长,只有去生活,而且是离开你固守的"此地",去"别处"生活,哪怕就像海明威那样拗一次钓鱼的造型,酷如热带草原上的猛兽、斗牛场上的公牛、乞力马扎罗雪山上那只不知从何而来又往何处去的雪豹、墨西哥湾流里不屈不挠的马林鱼。

看望袁鹰先生

近日，我在北京金台路人民日报大院看望了九十五岁高龄的著名作家、报人袁鹰先生。

听说我要去看他，老人非常高兴，早早地就穿上绛红色的外套，坐到书桌前等我。其实，老人现在大多时间都躺在床上，他说一是气力小了，二是先前不慎摔断过腿，所以走路不便。但是，老人精神矍铄，银白的头发下是一双深邃的眼睛。他看着我说，我现在视力、记性还是蛮好，脑子一点勿糊涂——这是他用上海话说的。

袁鹰曾在《新民报》《解放日报》等上海的报社工作，1952年奉调北京，担任过《人民日报》文艺部主任、中国作家协会书记处书记、《散文世界》主编。虽然已在北京待了那么长时间，可他对上海始终怀有一份很深的眷恋。我每次去看他，他总是会问我一些上海的事情，比如哪个地方现在成了什么模样，比如他上海的作家朋友有哪些新著。有一回，他问我，你知道西门路那一带的情况吗？我说现改叫自忠路了，但我很长时间没去过那里了。后来我才知道，那时，他的夫人吴芸红正在编一部有关1946年中共地下党创办《新少年报》的书稿，而《新少年报》社就设在当年的西门路上。那时候，袁鹰自己也在上海的进步报纸《世界晨报》《联合晚报》当记者、编辑，同时从事文学创作，投身民主进步事业，迎接上海解放，所以，他对上海的"红色遗址"很感兴趣。

这次，我特地给袁鹰带去了上海人民出版社刚刚出版的《石库门里的红色秘密》，这是上海市作家协会编辑的"红色足迹"系列的第一辑，里面写了七十八处上海革命遗址的故事。他很是兴奋，立刻戴上老花眼镜看了起来，这本厚达五百页的书沉沉的，但他却捧在手里，将整个目录读了一遍，然后对我说，你给了我一份我最想要的礼物，这本书太好了，里面写到的这些地方大都熟悉，让我一下子又回到了上海。他细致地翻到第 320 页，那是我写的《〈新少年报〉社里的"咪咪姐姐"》，说起来，没有先前袁鹰问我的话，我是不会想到写这篇文章的。那次，我回上海后，先是去了上海市档案馆，查阅了当年的《新少年报》，而后，来到自忠路 355 号该报旧址，缅怀在白色恐怖之下为新中国的诞生而出生入死、撒播革命种子的一代志士。当时，这份报纸设有一个栏目"咪咪信箱"，专门回答小读者生活、学习中的各种疑难问题，深受小读者们的欢迎，而吴芸红正是这个栏目的编辑，小读者称她为"咪咪姐姐"。我告诉袁鹰，如今，该报旧址已被列为上海革命遗址了。他听后，脸上露出了欣慰的笑容，连声说好，甚至与我一起朗读了我文章的最后一段："在《新少年报》社旧址，我的耳旁仿佛响起 1948 年 12 月 2 日第一百期《新少年报》在被迫停刊之际刊登的告别信《暂别了，朋友》及编辑们写给小通讯员们的信：我们不要为离别而悲伤，相信黑暗一定会过去，光明是属于大家的。"

虽然袁鹰腿脚不便，但他很希望能下楼逛逛，所以平时会用助步器在屋里走走，活动活动身子。好在我看到这栋楼房正在安装电梯，等到开通后，家住三楼的老人就可以坐上轮椅，下楼出门去外面转转了。老人说他要争取活到九十八岁，比他老伴吴芸红多活一岁。我跟他说，你只是腿脚不灵便，其他没有什么大毛病，以您的身体素质和坚强意志，活到百岁没有问题，何况"红色足迹"系列要出三辑呢。老人对我提出一个请求，一定要把每一辑"红色足迹"都给到他，他说这会勾起自己对上海的更多记忆，我立刻答应了他。

诗是岩石缝隙中精神的枝条

如今，中文系教授涉猎诗歌创作的并不多，旧体诗和现代诗两手开弓的则更为稀见，而汪涌豪就是难得的一位。汪涌豪是复旦大学中文系教授、博士生导师，主要从事中国古代文学、美学和文论研究，他也是文艺理论家和批评家，担任着上海市文艺评论家协会主席，在这样的学术背景下，他进行诗歌创作实践，是令人关注的。近日，汪涌豪诗集《云谁之思》由译林出版社出版，规模性地展示了他的新诗创作成果，并从中透露出他的创作理念和艺术追求，让我们从中体会到诗歌恰是岩石缝隙中精神的枝条。

《云谁之思》是一部行吟诗集，分为六辑，共一百四十首诗，记录了诗人近十年间在欧洲大地游走时的所见所思。对于诗人来说，如果真的就是描绘见到的景致，那是不可思议的，因为最能体现诗歌本质的风景其实很有可能并未这样发生，甚至并未真实地展开过，诗人所见到的只是以诗歌的形式所呈现的他自己心中的景观。在《为什么是巴黎》中，诗人写道："但是巴黎，/ 我不信你是这样的城市。/ 你桥上的风景 / 和冢中枯骨堆叠出的光阴，/ 是谁可从容赴约的浪漫飨宴？ / 你应对沉醉以后／另一个自我的轻愁与薄醉，／又是时尚的谁／和准备迷惑谁的时尚的温柔的陷阱？／我也不信你如花开放的／每一栋建筑，以及／许给获胜者头上的月桂的香味／能长久维持赢者的肾上腺，／一如芭蕾仅以足尖挑逗月光，／就能与斑斓的胶片一起／掀翻印象派浸润着午后阳光的／魔法色盘。"此处的巴黎显然不是通常我们可以历数的那个样子，而是诗人内心的感受和感触，传达给我们的是经过诗人蒙上后现代阴翳的眼睛过滤后的有些底片化的光景，有叠影，有勾勒，有深入内里的人文情怀的宽厚，有法式味道的各类艺术涂抹的色彩，更有对昔日"老欧洲"精神层面的追念。

汪涌豪认为，经历了长久的物欲喧嚣，诗歌终于找到了与人共处的最合适的位置。如果说二十世纪八十年代，诗歌是迷惘与激情的出口，现在，人们已能平静地接迎诗歌走进自己的世界，不是要它承载自己的生活，只是想在某个时刻，让自己变得更沉静深情一些。在《云谁之思》这部诗集中，诗人留下了许多他行走欧洲时的特殊时刻，这些时刻无关"诗与远方"的时尚，只是因为发现诗特别能陪伴他，既可以让他抒发乍遇异文化冲击所生成的尖锐体验，又可安顿他各种心绪，使涌动的激情及平静后的反思一一找到宣泄之处。事实上，这些诗不是诗人行旅中的急就章，而是在走了较远较久后的积累，这就没有走马观花的肤浅，也便获得了深刻的洞见和深彻的感动。所以，当诗人走在雅典这座历史名城的石子路上，心里念叨着神庙、剧场和济慈的诗句，并且以这种被整塑过的目光看周遭的一切，才会特别疼惜这座名城当下的败落。

《云谁之思》体现了汪涌豪对诗歌艺术的独特追求，也是他向纯正的古典的致敬。在汪涌豪看来，诗歌原是用特殊的语段和声韵来替美加冕，用想落天外的意象和意境的营造来给人以深至的安慰，为一切不明所以和不合逻辑的情感张目，因此有仅属于自己的语法，并从未放弃过自作衡裁的权杖，这是诗的率性，也是诗的仁慈。但一段时间以来，人们不但不善利用，反而各种主义将其挟持到大众认知的边缘，或矜化外之孤高，或张俗世之粗鄙，以让人看不懂为傲，这就败坏了诗的令名。因此，汪涌豪在他的诗中从字节到意象，努力追求典雅诗美的实现，比如《阿赫玛托娃的月亮》，诗的整体展开就很注意在格调上与女诗人的作品相应。汪涌豪有个夙愿，希望能接续新诗后来的传统，适切地调用古典资源，尽可能开显诗歌特有的"汉语性"。《应该有卜居的隐者》这首诗写道："时荏苒而不留，／嗟徂岁之暑与寒的相推，／是怎样难得的机缘，／让一个植杖翁惊艳，恍惚，／假脱然的清风相送，／来到他似曾相识的桃源。"以古代田园诗的意象与意境，来描摹荷兰一个至今保留着超然物外的诗意、静谧的小村落，这不正是中国人心中的桃源吗，实在是一种精神的契合。

简平编年体散文随笔集
最后一只蝴蝶

简 平 著

图书在版编目（CIP）数据

最后一只蝴蝶 / 简平著. -- 上海:文汇出版社，2022.9
（简平编年体散文随笔集）
ISBN 978-7-5496-3838-3

Ⅰ.①最… Ⅱ.①简… Ⅲ.①散文集－中国－当代 Ⅳ.①I267

中国版本图书馆CIP数据核字（2022）第133358号

简平编年体散文随笔集·最后一只蝴蝶

作　　者 / 简　平
责任编辑 / 乐渭琦　周卫民
装帧设计 / 薛　冰

出版发行 / 文汇出版社
　　　　　上海市威海路755号
　　　　　（邮政编码200041）
经　　销 / 全国新华书店
照　　排 / 上海歆乐文化传播有限公司
印刷装订 / 浙江天地海印刷有限公司
版　　次 / 2022年9月第1版
印　　次 / 2023年3月第2次印刷
开　　本 / 890×1240　1/32
字　　数 / 420千
印　　张 / 18.375

书　　号 / ISBN 978-7-5496-3838-3
定　　价 / 76.00元（全两册）

目录
Contents

2020.1

灯，一盏一盏地亮了 _001
"娱记"唐大郎 _004
流淌的是溪水，也是血脉 _007
大国博弈下的国际关系 _011
神秘的"萨拉戈萨手稿" _015

2020.2

一个人和一座城 _020
一天一天的日子 _023
志愿者老朱 _026

2020.3

和平方舟 _029
戴医生复诊记 _032

2020.4

他从"战疫堡垒"归来 _035
度过冬天的野猫 _038
人生忽然 _041
"两代作家结对子"小记 _045
四川中路418号在哪里 _050
四平方米的忧伤 _056

潮汐之间没有日夜 _059
木兰与《青春红楼》_062

2020.5

原木铅笔 _065
最后一只蝴蝶 _068

2020.6

记忆源自悲悯而博大的心 _071
安徒生的到来 _074
学徒工颜滨 _078

2020.7

短视频里的真情关切 _081
蛋　嫂 _086
像草一样疯长 _089

2020.8

不种花只种草 _093
囤　书 _096
"夏衍的考试" _099
温情北外滩 _102

2020.9

文人咖啡 _105
说说轻质化的少儿散文 _108
小心愿，大温暖 _114
开阔的思想才能"夺冠" _117

目录
Contents

2020.10

红海滩 _121
1774年的"微信" _124
听沪剧 _129
去武汉看望孩子们 _132

2020.11

一窗千万纸 _135
走进中国的深处 _138

2020.12

"甜姐儿"走了 _144
天空究竟有多大 _147

2021.1

"导师"徐中玉 _150
沈公的"吃喝经" _154
书　签 _157
"他泰售后"的启示 _160
宋思衡的《疫情音乐日记》_164

2021.2

拜托了，好心人 _167_

2021.3

"神交"赵长天 _170_
第一堂吉他课 _174_
我写《和平方舟的孩子》_177_

2021.4

健身步道 _182_
春风又绿杨树浦水厂 _185_
"班主任"程乃珊 _188_
书单是人生的索引 _192_
芭蕾舞剧《红色娘子军》音乐轶事 _198_

2021.5

杨贤江与《学生杂志》_201_
在小说中呈现纷繁的时代 _204_
"茶客"流沙河 _208_
梅里古都 _213_

2021.6

再说杨贤江以及他的后人们 _216_
文学的午后 _219_
卞祖善：乐海宽广任遨游 _222_
"老顽童"孙幼军 _228_
您好，刘荣光先生 _233_

目录
Contents

2021.7

梨花白　月光亮 _236_
教我英语的宇哥 _241_
李书涵和她的"遇见" _244_

2021.8

医患是彼此的疗愈 _249_
孙毅先生的最后时光 _252_
新乡小书店被淹之后 _256_
"书模"周有光 _259_

2021.9

在跑步中认识自我 _264_
抗战炮火中的上海纪录片 _267_
铃铛央央 _270_
一本家政学奇书 _273_

2021.10

埋在心底深处的火苗 _276_
"上包人"许淇 _281_

2021.11

谁是第一位访客 _286
中国第一批万吨远洋轮 _289
小提琴家和万吨轮设计师 _292

2021.12

"所长"黄宗英 _296
水乡客厅 _301
滑雪轶事 _304
站立原地 _307

后　记 _311

灯，一盏一盏地亮了

我第一次站在高地，看不远处一座小镇的灯火一盏一盏地亮起来，是在川西高原。那里是二郎山，二十世纪五十年代一首风靡全国的歌曲《歌唱二郎山》中唱道："二呀么二郎山，高呀么高万丈。"的确，二郎山山势雄伟，峰峦叠嶂，是千里川藏线上的第一道咽喉险关，被人们称为"天堑"。国画大师张大千西康之行时，曾为二郎山的风貌神韵所感染，作国画《二郎山》，苍翠险峻跃然纸上。他还题诗曰："横泾二郎山，高与碧天齐，虎豹窥闾阖，爰狨让路蹊。"我是暮秋时节去的，枫叶几乎把那里染成了金红色的世界，既有山顶积雪的北国风光，又有溪水蜿蜒的南国情调，美得令人窒息。临近傍晚，我在喇叭河国家级自然保护区，看从高山深涧飞泻而下的瀑布，听河水碰撞石头时发出的轰隆声响。所有的悬崖峭壁、莽莽林海穿峡入谷到了银洞海，忽然之间安静下来，变得悄然无声。银洞海是位于海拔两千三百米处的高山湖泊，湖面波光粼粼，天空、树木、山峰倒映其中，影影绰绰，恍惚迷离。我沉浸于宁和与清幽，没有发现天色已渐渐暗转。蓦然，我看到远处的山脚下，天全县的一个镇子里亮起了第一盏灯，随后，一盏一盏的灯渐次亮起,最后亮成了一片。

最近一次看这样的景致,是在马来西亚的吉隆坡。我住的一家公寓式酒店高三十六层,入住后方知酒店里有一个无边泳池。所谓无边泳池,是设在酒店楼顶之上的室外游泳池,四周没有围栏,只有与泳池水面一般高的透明玻璃隔断,如果不细看,那整个泳池就是无边的,像是可以直接游出水面,如小鸟一般扑下楼去。这是有些惊险和刺激的,我跃跃欲试。吉隆坡属于热带海洋性气候,有着永恒的夏天,白日里阳光高照,天气炎热,所以,在向晚的时候,我才换上泳裤,跳进无边泳池里。在这里游泳,最好的莫过于仰泳了,漂浮在水中,面对的是天,一望无际,可以放飞无限的遐想。后来,我慢慢地游到了池边,惬意地趴在玻璃隔断边上,整个吉隆坡一览无余地都在眼皮底下。微风轻漾,晚霞绚丽。忽然,我看到一条细小如蝼蚁的街上亮起了一盏灯,接着,那些巷弄里的灯光,一盏一盏地开始绽放了,由下而上,著名的石油双子塔、造型错落有致的远景塔、最新落成的吉隆坡第一高楼交易塔……一座座摩天大厦接续着点亮,转眼间,整座城市已是灯火璀璨。

我记忆中最为深刻的是一年除夕去东海岸边的一个哨所做采访。这是一个很小的哨所,只有一栋小屋、一座瞭望台。哨所四周是一片湿地,正值寒冬,茫茫芦苇枯槁灰白,偶有几声鸦啼,海浪呼啸着,排山倒海,轰鸣如雷。这里的几个战士都才二十岁出头,来自内陆,过去从没见过大海,刚刚到来时非常兴奋,在岸边奔跑着追波逐浪,但新鲜劲过后,才知海事其实单调,而且距离最近的小城在芦苇荡的那一边,只有爬上瞭望台才能看见,远离人群,所以很容易便会生出孤独感。有个战士告诉我,他曾经失眠很长时间,每天晚上听着涛声想家,想念家乡高坡上吹拂的带着大枣甜味的山风。但是,每一个战士都坚持了下来,心无旁骛,在这里全心全意地守卫着一方海域。黄昏时分,我跟着一个战士去往瞭望台,海风剧烈,我走得摇摇晃晃,可战士却步履坚定。登上瞭望台的那一刻,我不由得想起了遥远的二郎山,当年修建川藏公路二郎山路段时,每公里就有七位军人献出了生命,或许有英灵护佑,二郎山喇叭河清澈丰沛的河水一路奔腾,注入青衣江,融入岷江,汇入长江,最后流入浩浩东海。正冥想间,我突然看到湿地以西的小城里,有一盏灯首先亮了起来,然后,眼见得一盏一盏灯次第点亮,及至万家灯火,灿若星群。我看了一下矗立在最高处站岗的战士,在他凝视的眼眸里,仿佛有着此刻人们团圆的身影。

"娱记"唐大郎

用现今的话说,被誉为"江南第一支笔"的唐大郎先生也是一位"娱记",二十世纪四十年代上海众多充满烟火气息的小报上,大半都有唐大郎的文字,他每天固定地要为五六张报纸撰稿,除了生活秘辛、时事杂感,还有大量精彩纷呈的文艺圈消息。那时候的"娱记"不像现在条线划分精细,电影、戏剧、曲艺、音乐、美术、文学、出版……都是要一把抓的,而且也没有什么"统发稿",所以,唐大郎深扎文艺圈,用他自己的话说,天天"混迹"其中,以致一年到头没在家里吃过几顿饭,我自己也曾当过十数年"娱记",深知要做到这样是很不容易的,其实就是勤奋与投入。

读中华书局近日出版的由张伟、祝淳翔编辑的《唐大郎纪念集》,对这位后来执掌《新民晚报》副刊的前辈有了更多的了解。为了做好电影报道,唐大郎深度介入影片创作,常常与夏衍、黄佐临、桑弧、曹禺等影人探讨剧本,还时时泡在电影公司或拍摄现场,所以,他写出来的影剧消息就"独此一家"。比如他写影星金焰抗战结束后回到上海,老友们为他洗尘,"老金负醉来,知其好饮犹不减当年也。席上谈笑甚豪,愚问老金,谓上海报纸,谓汝在抗战期间,营商颇能富,亦可信乎?则曰:不可信……老金犹壮硕,面目无减,而豪气英才,亦如往昔。是日,(吴)祖光着一汗衫赴宴,睹者大奇,祖光曰:我特以顽童姿态出现耳"。

唐大郎的影剧评论写得很是到位,这与他的舞台实践不无关系。他曾在桑弧编剧、朱石麟导演的电影《灵与肉》中饰演角色,还与周信芳、桑弧、胡梯维、金素雯等合演话剧《雷雨》。他更是一位资深京剧票友,与李少春、周信芳搭档演《连环套》,与名旦角章遏云合作《狸猫换太子》。吴祖光记述一晚冒寒到西藏路看戏,快到唐大郎出台前,观众又是吹哨子,又是喊名字,可见他气场强大。舞台上的他脱掉眼镜,目光里有一种无可奈何的神气,眉心一抹胭脂最为俏皮,额角低,下巴短,面横阔,就像魏碑里的"圆"字,他没戴衬领,所以脖子全部亮出,显得头大颈细。当时,漫画家丁聪忍俊不禁,为其造像一幅。那天,唐大郎的一举一动、一说一唱,都引得观众喝彩。他开唱后第三句便忘了词,观众笑得起哄,但他不慌不忙,偏着头用力想,想起来了接着唱,台风出奇之稳。结果,后来出场的李少春完全没了光彩,因为风头都让唐大郎给盖住了。其实,在另一位著名报人金雄白眼里,既没有唱戏的喉咙也没有演戏的训练的唐大郎,经常上台票戏,也是有着为文的鼓励的。说起来,今天的"娱记"真还没有他的这等勇气和本事,有一次,一位导演叫我去一部电视剧里露下脸,我一听就吓得落荒而逃。

唐大郎性情豪爽,不媚俗,也不畏强权。老作家、老记者舒諲回忆道，唐大郎并不专写名伶，一旦发现可以造就的人才，必为之奔走揄扬。京剧名家张文涓十四五岁时还落泊在福州路茶馆里唱髦毛戏，唐大郎认定这个女孩日后定成大器，就写文章宣传她，张文涓这才得以受到关注，后来北上拜在余叔岩门下，成为继孟小冬之后的余派传人之一，这与唐大郎的奖掖提携是分不开的。唐大郎不像如今有的"娱记"，拉帮结派，只逐利益，没有立场地瞎捧胡吹。事实上，唐大郎笔墨泼辣，可谓骂人骂出了名，对于社会及娱乐圈里的污浊人事，他在报上写文詈骂，声势惊人。唐大郎自剖说："我一向在文字上骂人，都一贯的酣畅淋漓，连蕴藉都不懂。"但他既快意恩仇，又心地肫挚，比如，1940年费穆拍摄的电影《孔夫子》上映，影片中孔子在乱世春秋对其弟子谆谆而言："国家兴亡，匹夫有责，看，强国欺凌弱国，乱臣贼子到处横行，残杀平民，生灵涂炭，拯救天下之重任，全在尔等每个人身上！"可说这正表达了费穆自己的心声。孰料，在当时上海一片纸醉金迷、奢靡成风的社会背景下，影片卖座不佳，文艺界甚至有一批人还趁机落井下石，嘲笑费穆的迂腐和不识时务。就在这时，唐大郎伸出了援手，公开发文声援费穆："他们根本没有欣赏艺术的能力，何况，《孔夫子》的陈义，又如此崇高。"唐大郎的仗义执言，我觉得当为今日"娱记"所发扬。

当然，唐大郎并不是什么"娱记"，他是真正的成就卓著的报人、作家和诗人。

流淌的是溪水，也是血脉

我很长时间没有读到过这样真实深沉、这样真切悲悯的乡村小说了。如今，有不少作家在写乡村小说，但浮在表层的居多，或唱乡村挽歌，或咏乡村牧歌，其实凭的都是自己的揣摩和想象，我将之称为都市阳台上的无根的浪漫，轻飘、浅显而苍白，多为人云亦云。因此，当我遇到陈集益的中短篇小说集《制造好人》（花城出版社2019年4月出版），有一种惊世之感，每每让我读得心堵、心痛、心沉，我不知道要不是这样，那还侈谈什么乡村小说。

我相信，如果没有扎扎实实的乡村生活的经验，如果没有对乡村的一份刻骨铭心的感情，那陈集益是写不出这样一部小说的。现在崇尚"天才写作"，堂而皇之地宣称从未踏足乡村的人可以比有乡村体验的人写得更加活灵活现，但真的能像陈集益小说集中的《金塘河》那样，写出农民对于丰收的祈望竟是如此既执着、渴求又嫉恨、厌恶吗？能像《制造好人》那样，写出乡村里一个个在当下社会境况中彼此牵扯而扭曲的灵魂吗？能像《伺候》那样，写出一位农妇一辈子对于屈辱的忍受和坚韧的守持吗？事实上，光有写作的天分是没有用的，最有阅读价值、打动人心的还是写作者与乡村每一块田垄、每一条河流的血脉相连，是自身饱受甘苦后对乡村了然于胸的深切认识，不然是不会有力量的。

陈集益乡村小说的力量在于他在文学创作中敢于不自我设限、自我设禁，他以莫大的勇气将乡村生活置还于本来的场景，也即与整个国家、时代、社会无法切割的关系。他笔下的乡村不是孤立的存在，所有的人也不是天然的勤劳或懒惰、良善或邪恶，他强调可以追溯的历史，比如因分到等级很差的田地而跟他的儿子们一遍一遍地说着曾祖父窝囊的人生变故，心心念念于祖上"一等一的好田"的父亲；他揭示整体社会环境的影响，比如那台通过硕大的密密交织的关系网而从都市搬运到连路都不通的村里来的制造好人的机器；他裸露一个时代试图遮掩的特征，比如普通农妇慧珠面对难以撼动的强势主体所陷入的两难选择的绝境。我认为陈集益以文学的真实再次赋予了文学失落许久的应有的品格，而文学品格的失落正是今天的文学日渐边缘化甚至为人奚落的重要原因。

真实是陈集益乡村小说能够撼动人心的关键所在，而这种真实表现于小说写得非常饱满。《金塘河》将父亲苦苦经营的农田刻画到了每一条隙缝，而每条隙缝的肌理、每条隙缝的经历，都在陈集益的笔下被精细地展示和描述，这都是些夯实的文字，一点水分都不掺。为了阻止年复一年的洪水侵袭，不再一声不响地看着红浑之水漫进稻田，看着汹涌的浪头拍打脆弱的田坎，将之掏空，父亲带着儿子们开始了建设一条石坝的宏伟工程，小说将每道工序都细细写来，真实到我读着的时候，也随之一步一步地跟进,在劳作的场景里感同身受地汗流浃背,每一个手指都在酸痛,因而当这道防洪堤建成时,我如释重负,祈祷从此岁月静好,因而石坝最后由于过于强大的自然和居心叵测的人为的原因仍然毁于一旦时,我对这片土地的情感和牵挂已经不可自已。这种真实不是机械照相,也不是复制自然,而是用文学的语言创造出来的,源于扎实的生活,但比生活的真实更为丰富,更有蕴含,从而更能直击人心。

或许像《制造好人》这样的小说以荒诞的手法写了现实生活中其实不会真实发生的故事,于是很容易会被贴上"现代派"的标签。但在我看来,给文学创作贴任何标签都是莫名其妙的,因为世界一直在发展,人类一直在发展,每一代作家也一直在努力寻求突破和创新,所以文学不可能不发展,文本不可能只停留在一种风格、一种样式、一种形态,从这个意义上来说,所有的写作永远都是现代写作。与其用"现代派"来为陈集益的乡村小说贴标签,还不如探寻他的作品的"现代性"——现代性才真正是文学的价值所在。《制造好人》写了一个用机器来做制造好人实验的故事,村主任为不得罪各方关系,也为了贪点参加实验的人头费,动员村民去做实验,结果,面对这台实验机器,包括村主任在内的所有的人都予以拒绝,因为没有一个人可以接受自己需要被改造成好人的前提设置,以致最后大打出手,局面失控。显然,这是一个虚构的故事,但却写得真实到丝缕毕现,同样有每条隙缝的肌理、每条隙缝的经历,这种真实让人毛骨悚然,胆战心惊,以致引发强烈的共鸣和呼应,让人不可置疑地承认这就是现实中的真实存在。由此可见，一方面真正杰出的作家其实就是为每一个故事都找到其最为合适的表达方式，无关"传统"或"现代"，也无关"主义"和"流派"，若给作家贴上标签，倒是限制、格式了其创作；另一方面，文学的真实再次赋予了文学的品格，而现在可以认定的是，文学的品格与我们一直念叨的现代性息息相关，说到底，便是对时代的质疑和批判。福柯将现代性理解为"一种态度"，换句话说，现代性从根本上意味着一种批判的精神。我认为陈集益的乡村小说写作是对这种现代性的最好的诠释，而且，他让我们看到了质疑、批判的实质是对更加美好的东西的最为恳切的期望，所以，陈集益的乡村小说才会如此感人，因为他笔下的乡村河流，流淌的不仅是溪水，也是稠浓的血脉。

2020
1
JANUARY

大国博弈下的国际关系

由译林出版社出版的《牛津国际关系手册》是一部重量级的国际关系学科著作,在今天大国博弈的背景下,此书给我们提供了异常广阔的视野,也让我们迫切地感受到若想生存,那就一定要读懂国际关系。事实上,这部厚达九百页的专著既是写给专业读者的,也是写给普通大众的,通过阅读,我们至少可以了解关于国际关系的主要理论,以使我们在众声喧哗中保持基本的认知和清醒的头脑。

《牛津国际关系手册》由澳大利亚的克里斯蒂安·罗伊—斯米特和英国的邓肯·斯尼达尔领衔,邀请全球最为顶尖的五十余位国际关系领域的专家、学者,就国际关系学科未来猜想、主要理论视野、研究方法问题、弥合各分支学科的界限、学者与决策者等方面做了权威解析,清晰的分类编排既便于读者"按图索骥"迅速找到所需的信息,又向读者提供了"浓缩"的知识,引发读者更强的探索欲。在我国著名国际关系学者倪世雄教授看来,此书兼顾国际关系理论和国际关系学科的研究方法,注重理论在经验与规范双重维度之间以及"主流"与边缘之间的平衡性,体现了国际关系作为研究对象或是研究领域的动态发展。

无疑,《牛津国际关系手册》有助于我们审视百年变局之下国际秩序的变迁及发展趋势,有助于我们更好地理解世界秩序当下走向的"实然"形态,并探索其未来发展的"应然"形态。百年大变局下的大国都面临着困惑和挑战,反映在此书中,学者们对诸如发展的原动力、多边与多极的问题、政治与经济的基本关系等都进行了深入的探求。有人说,国际关系研究先前大多注重理论,而对实践显得较为拘谨甚或滞后,因而对国际关系发展的大局缺少相应的影响力。显然,此书尝试打破这种局面,表现出一种难得的当下性和动态感,凸显国际关系的实践性话语。克里斯蒂安和邓肯希望此书触及国际关系学科领域内的争论,并带着批评和反思参与其中,"我们的目标在于推动而非陈述争论",所以他们要求作者不仅围绕两大主题——一是经验性、实证性理论与规范性理论之间的关系;二是不同理论、方法及分支学科之间的动态关联——做出回应,同时要求超越简单的评论或解释,以求"立新",且提出启发性的论点和阐述。

约瑟夫·奈在此书《国际关系:理论与实践的相关性》一章中,指出国际关系学术界与实务界之间存在着"职业鸿沟",两者间经常发生重大的矛盾,所以,建立新的政治科学理论,在两者之间架设桥梁显得非常重要。约瑟夫披露了一桩自己的亲身经历:他在二十世纪九十年代曾担任美国助理国防部长,负责设计东亚安全战略。那时,有很多人担忧中国力量的崛起,主张在中国变得太强大之前就先采取遏制政策;但也有人认为这种做法肯定会招致中国的不满,也会不必要地令两国可能良好的未来关系打折扣,可他们也认为将中国视为朋友并不能保证带来友谊。在两种意见争执不下时,约瑟夫设计了一种既有现实主义考虑又有理想主义考虑的战略。该项战略的第一部分基于现实主义,通过与日本重建安全关系,使日本成为构建遏制政策的关键伙伴;第二部分依凭的则是理想主义,避免使用遏制这样的语言,与中国相互开放市场,并支持中国加入世贸组织。他把这个战略称为"拢而隔之"。结果,这项战略被争执双方所接受,觉得其富有灵活性,不致失败。约瑟夫认为,他在政治科学理论方面的背景对他以何种方式框定和提出解决实际政策问题的方案起到了至关重要的作用,而这种方式更多的是以"知识资本"的形式存在的。这个例子可让我们感受到理论和实践的不可分割,而创新的专业的理论又是不可或缺的。用约瑟夫的话说,在实际中,理论是无从避免的,反之,在理论中,实践也是无从避免的;没有了理想主义,现实主义则一片荒芜,毫无目的可言,但没有了现实主义,理想主义则不谙世故,对于行为所处的世界全然无知。通过这个例子,我们也了解到了美国对中国的国际关系战略的思维模式。

此书对国际关系学科的多样性问题或者说缺乏多样性的问题,也进行了深入的探讨。在美国,人们往往自以为"美国的国际关系就是整个国际关系学科",但在美国之外,人们经常会注意到这种沙文主义并对此表示担忧:美国学界对该学科产生了主导性的影响,使之成了一门"美国的社会科学"。事实上,全球范围内的国际关系研究呈现出丰富的多样性,而这是应该得到认可的。英国、澳大利亚、中国、印度、法国、德国的国际关系研究彼此迥异,它们当中没有任何一个与美国学界的国际关系研究完全相同。戴维·布莱尼、纳伊姆·伊纳亚图拉在此书《自下的国际关系》一章中,尤其关注"来自南半球"或"第三世界"的国际关系观点,这些观点挑战了主流的西方本体论,强调各个国家可以自主或作为一个整体体系实现发展,并致力于研究自身和他者之间的关系,提出了共同构建一种新的超越传统认知的国际关系的未来的可能性。

理查德·利特尔在此书《前霸权国家的国际关系理论》一章里,通过英国等前欧洲大国内部的国际关系视角,对前霸权国家过去和现在的地位是否影响到国际关系研究进行了考察。利特尔认为,在英国还是一个大国时,英国的国际关系学派强烈依赖英国决策者的决策倾向,常常对这些倾向感到满意,以至于走不出解释学的圈子,可今天新一代的理论家开始为英国学派带来一个更具批判性的姿态。一方面,英国学派思想的这种转变与美国知识分子群体的发展没有关系,相反,可以被看作是对英国丧失帝国和世界地位后迟到的回应;另一方面,如今我们轻易地夸大了美国的霸权思想在国际关系学科和国际关系的现实世界中的作用。从这个角度而言,我们可以认识到在当今大国博弈的情势下,建立国际关系学科的中国学派正当其时。

神秘的"萨拉戈萨手稿"

我在阅读扬·波托茨基的融合了志怪、魔幻、戏谑、荒诞、幻想、冒险、爱情、哲学等各种叙事类型的长篇小说《萨拉戈萨手稿》时,一直以为遇到了一位"后现代派"作家;待放下厚厚两大卷的书后,想了解一下这部读起来完全像当代小说的作者究竟是哪路大神时,才发现他早在1815年便已作古了。

我很难以文字来简要叙述这部厚达九百多页的"浩浩汤汤"的长篇小说的故事,反正,就如书中所说:"亲爱的阿方索,我们来到这里并非因为偶然……我们在等你。"结果,我们与瓦隆卫队的年轻上尉阿方索一起等来的是——他去马德里加入他的军队,但很快发现被困在了一家神秘的路边客栈,和形形色色的怪人待在一起,他们中有小偷、强盗、贵族、妓女、隐修士、吉卜赛人……他在六十六天里记录下了他们的故事,可直到四十年后,这部手稿才被一个受命参加萨拉戈萨围城之战的法国军人发现。说实话,我最初捧起这部书时,内心非常挣扎,如今世事瞬息万变,谁还有耐心犹如石雕般安坐着静静地读完一本厚书。可不多会儿便发现我错了,因为我已深陷其中，难以自拔——这本书太诡异了，竟然是一个故事套着一个故事，环环相扣，组成了一根结结实实无法被拆分的链条，让人欲罢不能。虽然"嵌套小说"早前就有，但是，每一个故事都可自成框架，然后再引导出新的故事来的"连环嵌套"的小说形式，则是波托茨基创造的。

《萨拉戈萨手稿》是一部使人着迷的充满神秘感的小说，波托茨基缔造了一座让所有读者都如坠雾里的迷宫，可丰富多样的叙事、多线并存的人物并没有使这座迷宫显得摇摇晃晃，相反倒是结构稳定，始终构成一个统一的整体。我觉得书中众多的人物犹如一座座小桥，见到这些散布在全书各处的小桥，我们就能明白，我们面对的不仅仅是一系列的故事和一块块孤立的小天地，所有人物的命运其实都包含在同一个宇宙之中。我在阅读的时候发现小说里有个非常重要的主题，那就是"荣耀"，因为它奠定了书中各个人物的价值体系和存在意义。瓦隆卫队的上尉、盗匪佐托、大商人苏亚雷斯、身为乞丐但气质高贵的阿瓦多罗，他们每个人都有自己的荣耀操守，也都有自己特定的道德标准。不过，波托茨基以令人叹服的方式让读者清晰地感受到，这各有千秋的荣耀操守虽能激荡书中的小世界，但却都有其局限、荒谬的一面，这种讽刺是极具洞察力并促人深思的。

这部叠床架屋的小说，其书名"萨拉戈萨手稿"就已构成了全书的第一层框架：读者将阅读到的是一份于1765年放入一个铁盒的历史文献，1809年，它在战火中被偶然发现，随后由一位拿破仑军队的军官翻译成法语。在我得知了作者波托茨基以及这部手稿的身世后,我认为这本身就是一部传奇而神秘的"萨拉戈萨手稿"。

波托茨基1761年出生于东欧的波多利亚,由于他母亲拒绝说波兰语,所以他接受了法语教育。十七岁时,他赴维也纳,以骑兵少尉身份加入奥地利军队,后来又成为马耳他骑士团骑士,参加了对北非巴巴利地区的远征。波托茨基有一种浪迹天涯的情结,他加入考古远征队后,去过匈牙利、塞尔维亚,由此对斯拉夫世界产生了浓厚的兴趣;当荷兰发生反对威廉五世的起义时,他去到那里,"想看一看内战的场面";他还赴莫斯科参加了沙皇保罗一世的加冕典礼,随即游历高加索;他甚至作为学术负责人,参加了一个由两百四十名成员组成的旨在与中国建立友好关系的使节团远赴中国。波托茨基不仅是位旅行家,走遍了欧洲大陆,他还是一位外交家、政治家,曾被沙皇亚历山大一世任命为外交部亚洲司官员,而在波兰受其邻国觊觎时,他表达了对普鲁士的敌视态度,还拿出钱来用于波兰更新武器装备,进入波兰国会后,积极倡导独立自由的政治主张;当俄军入侵波兰时,他则向国会递交了一份全民征兵的提案,并作为志愿兵加入了立陶宛军队。我觉得被波兰国王称为"我们的头号雅士"的波托茨基,骨子里是个浪漫的向往四处飞翔的人,所以,1790年,他成为波兰第一个乘坐热气球的人,当他乘着热气球在华沙的天空里飘移时,我想,他的确是比别人看到了更多的人、更多的事、更多的世界,而这一切注定会被他写入自己的手稿,他将用千变万化的视角,为人们展示一个世界的全貌。

波托茨基是从1797年开始用法语撰写《萨拉戈萨手稿》的，连他自己都没想到，这将是一次漫长的写作，直到生命结束。1804年，在彼得堡以校样形式印刷了《萨拉戈萨手稿》第一天到第十天的内容，次年，同样以校样形式印刷了第十一天至第十三天的内容，但它们都从未进入发行销售的渠道。1807年，波托茨基决定彻底告别政坛，回到波多利亚，离开彼得堡时，他将一份手稿交给法国大使馆一个叫加布里埃尔—艾德蒙·卢梭·德·圣艾尼安的官员，这份手稿即为《萨拉戈萨手稿》前二十二天的内容。之后，他饱受病痛折磨，负债累累，还与妻子离了婚，但他仍坚持写作。1809年，他在莱比锡以"莫雷纳山脉冒险记"之名出版了《萨拉戈萨手稿》开篇的德译本；1813年，在巴黎出版了《阿瓦多罗》，第二年又紧接着出版了《阿方索·范·沃登生命中的十天》。这是波托茨基生前出版的仅有的两个法语节选版本，从中可以探知，小说的前五十六天最迟是在1812年写完的。

两部节选本的出版，显示了波托茨基对创作的犹豫，或许他对小说完整面世的可能性产生了怀疑，或许他自感体力不支，无法将小说写完。所幸的是，波托茨基最终支撑着写完了全书，但是，他彻底崩溃了，1815年12月11日，他自杀身亡，据说他花了几个月时间，从一只茶壶盖上取材，磨制出一枚子弹，然后将子弹装入了枪膛。在《萨拉戈萨手稿》中，波托茨基写了名叫迭戈·埃瓦斯的故事。埃瓦斯是个无所不知的大学者，他将自己的一生献给了学问，希图有一天获得当下的荣耀和未来的不朽，但却始终不受人理解，被命运辜负。他耗尽全力写出的洋洋一百卷的《百科全书》手稿被猖獗的老鼠咬碎、吞噬，而他从手稿的残骸中顽强地爬起来，又用八年时间重新写完后，竟又被出版商一口拒绝。暮年时，他意识到自己浩如烟海的著作将一无所存，他的人生不会留下任何痕迹，于是陷入了深深的绝望之中，身心俱焚，他那段发自内心的呐喊是多么震撼人心；而写下这个故事的波托茨基最后竟然与他笔下的人物一样，选择以自杀的方式结束生命，让人唏嘘不已。

波托茨基去世后，他留下的手稿也被淹没了。1847 年，埃德蒙·霍耶茨基根据一份他在波托茨基家族档案室里发现的手稿，在莱比锡出版了《萨拉戈萨手稿》的波兰语译本，但他此后很可能销毁了这份手稿。而在法国，波托茨基的名字长期被人遗忘，以致他的这部以错综复杂的叙事、丰富多彩的情节、幽默的笔调、离奇的情与欲、不断闪现的大胆构思见长的杰作被人无耻地剽窃了多次。一直到 1989 年，也即波托茨基逝世一百七十四年后，《萨拉戈萨手稿》才以原创作语言完整地再现于世。我听《萨拉戈萨手稿》中文版的监制、浦睿文化的余西先生说，《萨拉戈萨手稿》曾被波兰导演沃伊切赫·哈斯搬上银幕，那也是一部有着"浩浩汤汤"长度的电影。

一个人和一座城

我们生活在一座城里，明明与这座城息息相关，但是却常常事不关己，高高挂起，尤其是当这座城面临问题的时候，作壁上观，没有一种真正休戚与共的感受，所以也就很少为之努力。正是因为这样，所以，我格外怀念胡寄樵先生。

如今，凡是去过安徽安庆的人，都会听到那里最为自豪和骄傲的声音——这是座千年古城，是国家级历史文化名城。当然，安庆在南宋时便已是府城了，曾是安徽的省府，也是中国近代工业发源地之一，八百里皖江在此起跑，奔腾东流，自是历史悠久，文化底蕴深厚。可是，在这座古城徜徉，却并没有如宣传里所说遗址古迹"星罗棋布"，好在有世太史第、英王府、钱牌楼、探花第、谯楼……但是，如果没有胡寄樵，那么，不少文物古迹早就荡然无存。

世太史第也即赵朴初故居，这栋砖木结构的老宅坐北朝南，占地面积四千四百六十三平方米，始建于明万历年，初为明刑科给事中刘尚志私宅，清同治三年（1864年），曾任翰林院主修的赵畇购得此宅，方为赵氏府第，因赵氏族中出了赵文楷、赵畇、赵继元、赵曾重四代翰林，故称"世太史第""四代翰林宅"。1907年，赵畇曾孙、原全国政协副主席赵朴初诞生于此。这栋老宅融北方建筑的恢宏、粗犷及南方徽州建筑的细腻、精致于一体，有着浓郁的地方特色，可由于长年来为散户所居，乱搭乱建，且年久失修，破败不堪，早已被人忘却，因此，在旧城改造中被列入拆除名单。时任安庆市博物馆馆长胡寄樵得知后，挺身而出，大声疾呼，在他的多方奔走之下，这栋老宅才得以保存，并在2006年被国务院公布为第六批全国重点文物保护单位之一。如今，经过修缮的世太史第恢复了七进五院一园一场的规整布局，气势恢宏，令人赞叹。

  安庆是太平天国时期的三大重镇之一，发生过著名的安庆保卫战，留有英王陈玉成府邸及其他遗迹和文物。胡寄樵以一己之力，经过十多年的探寻、研究，最后锁定任家坡任塾第宅为真正的英王府旧址。由于他考证的科学性和严谨性，得到太平天国史学界的公认，2004年，英王府被列为安徽省重点文物保护单位。不过，历史风雨的吹打让英王府昔日的气派不复存在，四进三井的老宅仅存中殿，残垣颓壁，如同烟尘一般灰暗纷乱。因此，这栋宅子的拆除已是板上钉钉。胡寄樵同样站了出来，他怒发冲冠，猛拍桌子，大义凛然地说："谁想拆除，除非挖掘机从我的身上碾过去！"他不遗余力地四处呼吁，最终阻止拆除并使英王府的修葺列入棚户改造的整体规划中。2015年5月，胡寄樵临去世前四天，还在医院提出要约见记者，表达他对英王府遗址完善保护的关切。

  著名书画大家赖少其称胡寄樵性格"耿介"，敢说敢言，有着颇不寻常的血性。的确如此，胡寄樵认为一个人如果爱他的城，就应当尽己所能保护它。动乱年月，困厄中的他连份工作都没有，但他却冒着巨大风险，保存了迎江寺里的一大批明清碑刻。十多年前，安庆西门城墙修缮时，年近七旬的胡寄樵为防止有人偷走古砖，每天去那里盯守，犹如盯守着世代的家园。在一次论证会上，他慷慨陈词："城市建设当然重要，但不可盲目，更不能只顾眼前利益，谁想拆毁受保护的文物，谁就是历史的罪人。"在城区改造的工地上，人们时常可以看见他深一脚浅一脚地踩在泥泞的土里，捡拾瓷片。他还买来许多竹篮给到建筑工人，嘱咐他们在挖土时要尽量把瓷片捡起来，他说这些碎残的瓷片上有着古人留给后人的信息，我们应该好好珍惜。

　　去年底，我去了一趟安庆。在钱牌楼街的东首，矗立着一座高高的牌坊，这座四柱三门牌楼式汉白玉石坊始建于明正德、嘉靖年间，运用浮雕和透雕等多种技法，雕有如意、莲瓣、瑞兽、花草、祥云等纹饰，栩栩如生。要是细看，会发现这座牌坊是由一个个残部修补连接而成的。事实上，这个牌坊如果不是胡寄樵的提议，也早就不在了，那些零零落落的残部，是那么容易地就会被彻底淹没，但现在却硬是将它们捡拾到一起，再重新耸立起来。由于题名的匾额部分没有找到，所以，胡寄樵根据历史记载，用隶书补写了牌坊名"古柱史"。望着重展新姿的牌坊，我想，我们每一个人都应像胡寄樵先生那样，爱一座城，就要尽一份努力，守城有责，护城于心。

2020
2
FEBRUARY

一天一天的日子

先前的日子总是一晃而过，而疫情期间守在家里的人们，似乎从未有过这样真正是一天一天地过着日子，每一天都如此清晰，以致有了时间的刻度。

很长时期以来，人们都在抱怨，说现今的日子过得迅捷而匆促，所以其实很是粗糙，容不得细细品味，追究起来，匆匆急急、风风火火的确失去了从容，也便难以细致地去感受、体会生活本身。

现在，吃饭就是吃饭了。之前，要么是忙得连吃饭的时间都没有，匆匆忙忙地扒上几口，或者就在路上随便塞点啥；要么是各种聚会，虽满桌菜肴，但吃饭是假，着意的是聊天和热闹，重点不在品尝佳肴。现在不一样了，每一天的三餐，都老老实实地坐定，细嚼慢咽。由于尽量避免外出，我家买菜都是在"叮咚"上订的，数量不多，而且只能送到小区门口，要自己戴着口罩去拿，也就觉得不太容易了，加之想到那些染病的患者都是吃不下东西的，于是对能安妥地吃饭感到格外珍惜。

我外婆在世的时候，是天天在家里扫地、揩灰的，我们也跟着她每天都把地板拖得白净铮亮。可我记不得我已有多少年几乎没再摸过扫帚和拖把了。当然,家里人是要一周做两次清洁的,但也不会天天扫地、擦灰。其实,就连过年的风俗里,大年三十也是要在家里进行大扫除的,一家人扫地的扫地,揩灰的揩灰,大人擦窗子,小孩递抹布,亦是其乐融融。现在,我重新操起了这份家务活儿,每天都扫一次地,拖一次地板,擦一次灰,觉得每天的日子变得可以触摸起来。

我不会莳花弄草,养一盆枯一盆,其实,原因不在于会不会,而是有没有心思。我之所以养不好,就是因为心思散漫,想起来了浇浇水,想不起来,十天半月都不浇,而且要么不浇,要浇就是兜头暴雨,因而那些花草在我这儿不是遭旱灾就是遇洪涝。但我现在不再漫不经心了,知道天天都要去关心一下,看一看花盆里泥土的干湿情况,然后再来浇水。先前,书房里养了一株很小很小但却十分优雅的绿叶植物,叶片长得像乒乓球拍,由于我不上心,没多少时间就枯掉了,那个小花盆便长期地空着。这回,我用了心,往盆里插了一枝绿萝,非常守时地每隔两天就浇一点水,居然成活了,叶子碧绿生青,而且盆里还冒出了三棵小草。

有一天,我在网上偶然发现一个《古典音乐最著名的一百个旋律排名》,我听了一遍,发现自己熟悉的只有贝多芬的《命运交响曲》、柴可夫斯基的《第一弦乐四重奏》、德彪西的钢琴曲《月光》等二三十个,于是,便决定要一部部作品都完整地聆听一次。这可是一项浩大的工程,先要把每一部作品的名称弄清楚,然后再在网上一部一部地去寻找、下载。我现在才开了一个头,后面还将需要花上许多个时日,想想都很美好，每个欣赏的日子都是怎样的精致而充沛。

这些年，都会有朋友送我印制得特别精美的各种日历，但常常一年都结束了，我也没翻过几页，可见这日子过得匆忽又潦草。如今，我每天起来后的第一件事，是先将日历翻到新的一天。因为我特别喜欢今年的三本日历，所以，我早中晚各读一页上面的文字。比如，农历二月初二，早上我读《汉译名著日历》，是尼采《论道德的谱系》中的一句话："对于自身，我们并非'认识者'"，深刻而警策；中午我读《日知录》，是春秋时写在玉片上的《温县盟书》：绝不"与贼为徒"；晚上我读《遗都古韵》，是说老北京"剃头的"："其人挑担游于街市之间，手执'唤头'，串走胡同，每到大街，将担放地，等来往之人刮脸、打辫子、剃头，方便之至。"往昔余音，一天一天的日子就是这样窸窸窣窣、真真切切地过来的。

志愿者老朱

住我家楼下的老朱，原本我们是选他做业主代表的，结果，疫情一来，他成了一位志愿者，每天在小区门口"站岗放哨"。

我们这个小区蛮大的，业主众多，还有外来的租房客，情况比较复杂，所以，老朱他们这些志愿者的工作量真的很大。

其实，刚刚退休不久的老朱，原是想好好在家待着的。他一直在船上工作，常常出海，一出去就要很长时间，所以，我之前很少碰到他，甚至连他的大名都不知道怎么写，只是叫他老朱。有一天，我在大门口遇见老朱，他很高兴地告诉我说，他办好退休手续了，这下可以不出门了，天天与家人在一起，也可以安然享受天伦之乐了。老朱有一个外孙，他每天骑着电动车，早上送他上学，下午接他回家，忙得不亦乐乎。因为老朱是一个很热心的人，所以，前一阵我们小区建立业委会的时候，我投了他一票。

疫情发生后，我们小区也进入了"战时"状态，大门封关了，只开一扇小门，早晚都有志愿者把守，实行严格的出入制度，每一个进出者都必须出示出入证，还要测量体温；外来者必须登记，姓名、身份证、电话号码、来自何处，一个都不能缺。老朱和其他志愿者一起轮班，一天上岗，一天休息，上岗时间是从早上八点到晚上六点。但是，老朱总放不下心，即使没有轮到他，他也还是每天都去。他跟我说，对于传染性、危害性的病毒，其实，我们做不了什么，我们唯一能做的就是尽心尽力地保护好小区里的每一户人家。我听了很感动，老朱没有高谈阔论，没有空喊口号，为了众人，他让大家响应号召尽量减少出门，可他自己却天天出门去尽一份守护者的责任，尽一个志愿者的义务。

那天，老朱神色紧张，满是担忧。原来，在一个微信群里，有人发了一条心绪低落的微信，表现出厌世的情绪。居委会迅速行动，最后终于确认了微信的发布者。没有想到，竟然是我们小区里的一位业主，而且还是我们这幢楼的邻居，就住在老朱家的楼下。女业主五十多岁，曾经有过产后抑郁，身体一直不太好，在家休养都有二十来年了。她家的每一扇窗子都装有铁栅栏，严严实实，看上去密不透风。疫情暴发后，她的心情一天比一天沉重，甚至怀疑、担心和惶恐起来。老朱他们敲开了女业主的家门，耐心细致地与她交流沟通，告诉她现在小区里采取的防护措施，让她宽下心来。女业主不大相信，老朱便带她一起出门去"查岗"。这下，女业主的情绪稳定了下来。老朱突发奇想，与其听任她在屋里胡思乱想，倒不如动员她也加入志愿者的队伍，说不定在一个战斗的集体里，她的情绪会好起来。女业主犹豫着答应了。老朱立刻给她送去了志愿者专用的橙色马夹和红袖章。有一天，我出门的时候，刚好见到她在上岗,她正细心地告知刚刚从外地回沪的租房客需要注意的事项,让他们填表,给他们测体温。我听老朱说,现在她心情开朗多了。我想,一个人如果觉得自己能为他人做些什么,觉得自己还是个有用的人,那他真的会从中得到快乐的。

  农历二月初二是传统里说的"龙抬头",这一天,人们可以欣欣然地剃头、理发了,算是"开个好头",但是现在,我们小区周边"美容美发""时尚造型""形象设计"等各种名目的理发店都还没开门营业,所以,理发也便只是个美好的念想了。孰料,有心的老朱居然把他的妻子也动员起来,去做公益活动。老朱的妻子原来是个理发师,但很早就退休了,如今除了帮家人理发,早已"鸣金收兵"。二月初二这天,老朱对他的妻子说,你今天可以"出山"了,拿起你的"武器",加入抗疫的队伍,去为志愿者们理发吧,让他们看上去更加精神焕发,并把这种昂扬的精气神传递给小区里的每一个人,使大家更有战胜疫情的信心。这一天,老朱的妻子为我们和隔壁几个小区的近二十位志愿者理了发。他们个个都称赞老朱的妻子手艺了得,老朱听了很开心,我看见他戴着口罩的脸上,两只眼睛笑得眯了起来。我心里想,像老朱这样在危难时分挺身而出的志愿者,何尝不是这场没有硝烟的战争里的平民英雄呢?

和 平 方 舟

去年底的时候，我开始了一个写作项目——长篇报告文学《和平方舟的孩子》，写海军和平方舟医院船的故事。我选取从孩子的视角来展现这艘得到世界称誉的生命之舟、友谊之舟、和平之舟，并揭示和平方舟及其官兵对孩子的生命和精神成长的楷模意义。

我拉了一个需要采访的名单，提交东部战区海军政治工作部，请他们帮我联系我要采访的对象，其他的创作准备也在有条不紊地进行中，我甚至开始去海军上海某基地深入生活。但没想到，一场突如其来的疫情让这一切都中断了。

我想推迟这本书的写作，何况疫情当前，心事沉重，确实也静不下来。可是，当我知道我想采访的几位军医义无反顾地逆向出发，奔赴湖北，驰援武汉时，我感受到一种勇气和力量。我想，我必须写下去，不仅写他们随和平方舟出征，还写他们在武汉冲锋陷阵，尽管地点不同，却是同样的战场。

我和海军军医大学附属长海医院的女军医郭妍保持联系。她参加过和平方舟"和谐使命—2017"任务，是这艘医院船上的第一位内分泌科医生。和平方舟在塞拉利昂开展免费义诊时,当地民众蜂拥而来,每天接诊数千人,医院船除了船上主平台,还在陆地上开辟野战诊所。由于塞拉利昂是埃博拉疫情的发源地和重灾区,而刚刚发生的泥石流灾害又导致传染病及消化系统疾病高发,所以,指挥官要求所有医护人员必须做好个人防护。虽然天气炎热,但郭妍从头到脚穿着全套迷彩服,戴着口罩和手套,冒着被感染的危险,在野战诊所出诊。那天,一个年轻的妈妈带着两个儿子来看病,那小儿子躺在她身上背着的布兜里。郭妍忽然就想到了自己的两个孩子,他们都还小,女儿六岁,儿子才两岁,她很想念他们,但此刻,她把这份深厚的母爱给到了前来就诊的非洲孩子们。

郭妍抵达武汉后,直奔收治新冠肺炎重症患者的湖北省妇幼保健院光谷院区。郭妍在感染一科,那真的就是与病毒激烈交锋的战区了。在她负责的危重患者中有一位七十二岁的吴老伯,她第一次穿着写有长海医院和自己姓名的防护服进入病房时,躺在床上的吴老伯就挣扎着欠起身来,向她敬了个礼。她强烈地感受到病人对自己的信赖和托付,她想,一定要竭尽全力,把病人从死神的手里抢夺回来。

吴老伯病情很重,发烧,干咳,气喘,乏力,血氧饱和度只有88%;更要命的是,他还患有多种基础疾病,不仅有高血压,心脏也不好,装有心脏起搏器。郭妍和她的团队悉心为吴老伯治疗,上高流量吸氧仪以提高血氧饱和度,使用托珠单抗疗法抑制炎症风暴,同时控制血压,跟进营养支持。吴老伯的病情一点一点地有了起色。那天,郭妍问吴老伯,为什么第一次看到她时会向她敬礼。吴老伯说,那是一个军礼。原来,他也曾是一名脑外科军医,而他的女儿受他影响,也做了医生,现在与郭妍一样,同样奋战在武汉抗疫一线。郭妍肃然起敬。

吴老伯终于击退病毒,挣脱了死神。经CT复查,他的肺部炎症已经吸收,血氧饱和指数正常,核酸检测三次均为阴性。出院的时候,吴老伯很激动,一直在流泪,郭妍紧紧地握住他的手。忽然,吴老伯指着郭妍穿着的防护服问:"你今天防护服上写的是什么呀?"郭妍这下笑了,她的防护服上写着"安心妈妈""宝荻妈妈"。安心是她的女儿,宝荻是她的儿子。

这几天,"武汉保卫战"捷报频传,但郭妍还没返程,她告诉我说,她将继续留在这个没有硝烟的战场上,不获全胜决不收兵。我问她以后是否还会去和平方舟执行任务。她回答道,作为一名军人,她随时听从召唤。其实,在我看来,像郭妍这样的军医,本身就是一艘和平方舟,自带着仁爱、光明和希望。正是受着这样的感召,现在我也写完了我的书稿。

戴医生复诊记

一场疫情打乱了平时的节奏，有一群人特别苦恼，他们便是普通的病患，而我也是其中的一员。本来，我是每个星期都要去一次医院的，治疗颈椎病，由于疫情期停诊，我都近两个月无法看病了。

给我治疗的是疼痛科的戴医生。戴医生很努力，年纪轻轻就练出了一手推拿、针灸、正骨的好本事，找他看病的患者总是要排很长的队。当然，颈椎病不可能一次就能治好，作为病人，我也很有毅力，在他那里坚持治疗了三四年，所以病况稳定。不过，也就因此有了"心理依赖症"，一个星期不去，就会觉得哪里不对劲，两个星期不去，开始恐慌起来，三个星期不去，简直就是前程无望了。这些日子，看书多了，看手机多了，看电视多了，结果便将先前戴医生的千叮万嘱忘了个精光，看起书来不仅倚靠床头，还斜歪脖子，看手机则不仅深深低探脑袋，还时常老半天一动不动。结果，真的不对头了，脖颈僵直，颈椎疼痛，殃及腰背、双肩与颌骨，苦不堪言。于是，天天盼着戴医生能够早日复诊。我有几个"颈友"，在微信里聊天，同样诉着苦，这才发现犯病的不是我一个，他们也是日盼夜盼。

到底是"医者仁心",有一天,戴医生忽然在微信里冒了出来,还建了一个"梧桐"群。一开始,我还没明白戴医生怎么成了个"文青",如此诗情画意,转念一想,才知他有人文情怀:"梧桐"者,无痛也。呼啦啦地,很快就有百十来号人入群,一进去,也不"爬楼"回看,个个上来便急急发问:"戴医生,你什么时候恢复看病啊?我们实在吃不消了!"戴医生只好一遍遍地"艾特""所有人":"现在还没有开诊,但是,我想做好复诊准备工作,考虑到大家到时不要蜂拥而来,所以我先做个统计,到时再通知预约时间。谁要看门诊,谁要做治疗,请私信给我。"

总算有了盼头。

有一天,戴医生在群里发出"重要通知",说是医院恢复门诊了,这让大家雀跃不已,不过,后面跟着的一句话却使人立刻泄了气,因为医院规定,"仅限新病人的收治"。但我们都是"老颈"啊,于是就情绪波动,一波动就加剧了病情,这个喊后脖子大骨头痛,那个叫头晕得昏天黑地。这时,戴医生做起了"心灵导师",而且还是"直上云端":他在群里上了两次"云网课",讲授各种身心镇痛知识,不仅有《别让"倒春寒"伤了你的颈和腰》,还有《新冠病毒肺炎的个人防护》;他还推出了"云食疗",有"每日菜单",教大家自制保健粥、保健汤、保健茶;他还不时推送"云音乐",一曲曲萨克斯轻柔温婉。与此同时,另外一位王医生则开出"云锻炼",带领大家做颈腰保健操。戴医生他们的关心和关怀,确实给我们带来了许多的精神抚慰。

到底还是传来了复诊的消息。

戴医生在群里说,现在可以预约三月下旬的门诊和治疗了,有句话还特别温暖:"你若如约而至,我必尽心尽力!"消息一发布,群里一片欢腾,各种表情包一时间刷屏,长长的"楼梯"一眼望不到尽头。戴医生这下大概忙不过来了,便添加进了一个"小助手",让大家到小助手那里私信预约。看到这个消息,我当然也很振奋,顿时感到前程无量而光明,于是,左右摇摇头,上下摆摆手,前后弯弯腰,忽然发现,颈腰貌似不那么疼痛了,眉眼也舒展开来了。

他从"战疫堡垒"归来

知道吴欢去了上海抗疫第一线,但我一直联系不上他,给他打电话、发微信,都是有去无回。

吴欢是我的医生朋友,他是上海曙光医院中医科副主任医师,虽然年纪轻轻,但有很好的医术,尤其擅长治疗呼吸和消化系统方面的疾病,所以找他看病的患者很多。吴欢非常善良,医德高尚,前几年,曾主动报名去了云南边陲,支援当地的医疗服务工作。他是作为第一批的中医专家去了上海专门收治新冠肺炎病人的医院——上海市公共卫生临床中心的,我想他一定是工作紧张而劳累,无暇与我联系。果然,待他回复我时,他告诉我已经结束了工作,正在隔离。

我问吴欢,你怎么去了那么长时间,不是规定入驻公卫中心支援的医护人员工作时间为两周吗?吴欢说,他完成任务后,自己又要求继续留下,延长了一个工作周期,他说:"我希望能亲眼看到有更多的病人康复出院。"我心想,这是符合吴欢的性格的,作为一个医生,他有一种上了战场就不轻易下火线的精神。上海的"战疫堡垒"——上海市公共卫生临床中心在距离上海市区约六十公里外的金山海边,那个地名让人想起《汉书·蒯通传》中所曰:"边城之地,必将婴城固守,皆为金城汤池,不可攻也。"如今,一场突袭全球的疠疫,让每个地方都打响了生命保卫战。

吴欢刚刚到达那里时,穿上全身防护服去查房,整个A3病区有四十多个重症和危重症病人,有的在高流量吸氧,有的在插管通气,有的则切开了气管,有的甚至已上了体外膜肺氧合(ECMO),此种状况伴随着监测仪器发出的嘀嘀声,让吴欢感觉心情沉重。这次救治病人,上海采取"一人一策"的治疗手段,针对变幻莫测的病况,中西医结合共同制订治疗方案,在公卫中心,中医药救治新冠肺炎覆盖率达到80%以上,所以吴欢这样的中医专家的工作量是相当大的。

有一位七十一岁的老太太,是重症患者,由于新冠病毒不仅损害肺部,而且还攻击多个脏器,因此老太太的消化道也出了问题,腹胀难受。中医看病讲究"望闻问切"四诊法,尽管有感染风险,吴欢还是坚持给老太太搭脉、看舌苔,然后精心开出药方。吴欢告诉我,他开方子时特别用心,用几味药,每味药用多少剂量,算了又算。我说,不是也有诸如大承气汤这样的中药名方吗,直接搬用便是了。吴欢说,危重症患者的代谢功能不正常,因此保持体内液体平衡很重要,如果给药多了,就会引起内环境紊乱,导致水肿,危及生命。如此精准用药,两三天后,老太太的腹胀症状果然有了明显的改善。老太太跟吴欢说,现在我感觉通气了,肚皮也软了。吴欢听了,很是开心。

我问吴欢,有没有"不听话"的病人。吴欢说有啊,A1

病区收治的是轻症患者，其中有的病人就不太配合治疗。那天，他去查房时，发现开给一位年轻患者的三帖中药只服用了一帖，他便询问病人。年轻的病人说他已经好了，不需要再吃什么药了。吴欢给他看检验报告，说你的核酸检测还是阳性的，其他一些化验指标也存在问题，所以还没痊愈，得继续治疗。那位病人心情烦躁地说："我不发烧了，也不咳嗽了，你为什么盯着让我吃药。"吴欢很耐心地劝导他："我想看到你早日出院，但你如果不好好治疗，怎么出得了院呢，何况你要爱惜自己，身体健康是最要紧的，现在彻底把病治好，将来你的好日子长着呢！"年轻的病人这下不抵制了，只说他胃口不好，吴欢便又斟酌着给他调整了几味药，还关照说随时可以找他。

吴欢告别A3病区那栋三层米黄色小楼时，外面的天空蓝得像被水洗过一样。现在，那个病区里的危重病人已经极少了。我想，这是吴欢最想看到的，也是他为之付出努力的最好的回报。

我对吴欢说，趁着隔离，你就好好休息吧。吴欢说他空不下来，因为他接下了新的任务——天天帮上初中预备班的儿子上网课。

度过冬天的野猫

这是一只野猫,我是在小径练功的时候结识它的。

那还是去年秋末的一天,傍晚时,我去了小区东边围墙下的那条小径,因为太过狭窄,连面对面路过都要让路,所以很少有人来往,但对我来说,这倒是个好地方,无人打扰,即便偏狭,也属空旷之处了。

这条小径上本来就有几只野猫窜来窜去的,它们一直固守在此,肯定彼此相识,可我从未见过它们抱成一团,都各行其是,独来独往。由于我隔三岔五地去到那里,所以它们对我早已不再设防,任我在它们的身边走过来走过去。想起我刚去那里时,它们老远地用警惕的目光注视着我,在我快要接近时,立刻逃窜离去,不禁莞尔。

那天,当我从小径的这头走到那头而后返身时,忽然发现前方有一只野猫蹲伏在地,紧张地盯着我看。这是一只通体白色的野猫,我先前没有见过它,自然它也没见过我。这只野猫还小,身材纤细,显得有些孱弱。它紧瞄着我。我顾自踏着节奏朝前走去,大约还有五六米的时候,它倏然起身,仓皇而逃。这样的情况持续了好几天。终于,有一日,我看到它静静地卧躺在暖阳下，身上的白毛被晚霞染成了金红色。我从它身旁走过时，它一动不动，仿佛睡着了一般，我知道，其实，它很可能是假寐，只是经过对我的数日考察后，已对我不存戒心。

冬天很快就到了，不幸的是，最寒冷之际，一场疫情突如其来，人们只能待在家里，而没有任何防备的野猫们顿时失去了方向。以往这时候，天气再冷，它们总会找到觅食的机会。可现在不行了，人们都不出门了，光剩下它们在外面四处流浪，饥饿难耐。每到半夜时分，伴着呼啸的北风，野猫们呼天抢地大声叫唤，那声音此起彼伏，凄切哀怨。

我停止了去小径练功，十来天里连家门都没迈出过。那天要不是去小区门口自取网购的蔬菜，我还是宅在屋里。就是这天出门，我又看到了那只白色的野猫。它已不在小径那边盘桓了，为了找吃的，跨越到了小区的西边。它躲在草丛里，瘦骨嶙峋，在风中瑟瑟发抖。尽管我戴着口罩，不料，它却认出了我来，一直跟在我的身后，不肯离去。我试着奔跑了几步，它竟然也随我奔跑起来。我一下子明白了，它是在向我求助，而且不屈不挠。此刻，我的心被它软化了。

我走出小区，在马路边寻找宠物店。一家家挨着的店门都紧锁着，我心里不由得紧张起来。该是那只野猫的运气，我还真找到了一家没有关门的宠物店。这是我生平第一次走进那里，我从来没养过宠物，我都不知道原来猫粮也如同人的食粮一样，五花八门，品种繁多。面对店员的询问，我一问三不知，只好老实相告，我要给一只野猫买猫粮，帮助它度过这个严冬的日子。店员说,那你就买散装的吧,而且可以多买一点,因为我们明天也要关门打烊了。

我拎着一大袋猫粮转回来。小区门口设着"卡哨",虽说志愿者是我的邻舍,但也毫不含糊地让我出示"出入证"。我说我是临时起意才出的门,忘记带在身上了。最后,我被要求做了登记,然后测了体温,这才放行。那只白色的野猫蹲伏在草丛中,见到我后,它迅即朝我飞跑而来,那一瞬,一种超出族类的彼此信赖感油然而生。有意思的是,我将猫粮打开后,它并不过来,我有些迟疑地走开去,待我离得很远后,它这才不紧不慢地去吃,表现出矜持优雅、拒绝嗟来之食的姿态。

后来,我又在别处买过几回猫粮,不管它在不在,我都放在草丛旁边的一块平地上。如今,春天已至,这只白色的野猫度过了一个特别的寒冬,而我也重回小径练功,我们又在最早相遇的地方见面了。

人生忽然

我拿到了辽宁美术出版社刚刚印出的"当代名家影像"丛书,作为这套丛书起步的三本书,是韩少功、苏童和毕飞宇三位作家的"影像人生"——一张张照片,一节节文字,记录着他们的一段段人生。

影像的最大好处莫过于直观。一般而言,阅读首先是从视觉开始的,所以现在的出版物很注重"视觉冲击力",相信较之含蓄的文字,图片更能吸引眼球,往往可以"先声夺人"。确实,有时候真是一大段文字叙事也没有留下什么印象,倒是一张照片却让人注目良久,并为之撼动。用韩少功的话说:"一只枯瘦的手,一位前贤的冷目,一堵斑驳的乡村老墙,一段雪域森林的清晨航拍……似乎胜过千言万语,向他们传达了更多说不清甚至不用说的概念和逻辑。"看韩少功影像《到此人间一游》,他下乡前夕拍的腰挎手枪袋、站在河边栏杆旁极目远眺的照片,当年在村子里与后来成为他妻子的梁预立一起演出节目时留存的照片,许多年后所拍的掩没于绿色田野间的破败的知青故居的照片……这些影像再加上他的摘自长篇小说《日夜书》和长篇散文《山南水北》里的文字,他曾度过的知青岁月便历历在目。看苏童影像《南方想象》，那几乎是他的文学作品的"书影集"和以照片标识的"年谱"，加之他的文学"朋友圈"，自有别趣。看毕飞宇影像《伫立虚构》，可给喜欢他的读者带去不少惊喜，这位风度翩翩、当代男作家的颜值担当者，提供了诸多令人赏心悦目的照片，尤其是摆拍的《飞向天空的伞终会重回大地》《扔掉的无以计数的文字》等堪称艺术大片，充满了时尚感。

对于我来说，这样的影像书最能打动我的，是一个人生命长河中那些被定格的瞬间。这样的瞬间事实上总是配有一个硬核故事的，尤其是那些老照片，大多是因了某种"纪念"才拍下的，与今天分分秒秒的随手拍完全不能同日而语。正是具有这样的"纪念"意义，才让我在阅读时会不由自主地回望经历过的历史，并油然生出一种"人生忽然"的感叹。

人生忽然，是觉得人生看似漫长，其实不过弹指一挥间，年华匆促。看照片时，这样的感觉尤其强烈，从幼稚的孩童到满脸的沧桑，只需几张照片，岁月的流淌便一览无遗。都说一张好照片是有丰富内涵的，在我看来，这种内涵一是成长的过程，二是成长的结果。成长的过程比较容易理解，无非从小到大一路走来的历程，到过的地方，干过的活儿，还有依年龄排列的脸庞。那成长的结果是什么呢？当然可以是人生的成果，诸如作家作品的书影、获得的荣誉证书、盛况空前的讲座海报、与名家要人的各种合影等，但真正让人看重的还是那张脸，成果的表现就是肖像上所展示出来的精神，若是朝着向善的方向，那就是成熟的、慈悲的、祥和的、谦逊的，眼里有智慧、有悲悯，甚至有忧郁，还有重返的天真；若是朝着向恶的方向，则是委琐，是做作，是飞扬跋扈，是装模作样。人生短暂，但声名还是要延续一些时间的，由于相由心生，因有影像做证，所以要守住每一个向善的时刻。

人生忽然，是觉得人生仿佛命中注定，却也不可预知，虽然尽可能让生活按部就班，但仍充满了不确定性，乃至无常。这样的生命形态，使"忽然"成为一种对生活的深切感受，而且这种感受无时不在、无处不在，贯穿我们的一生，而影像恰恰把这种感受扩充、放大了。一张好的照片，应该是有灵魂的，让人看后会生出感动、生出顿悟、生出警策、生出自觉。说到底，每一个值得留下的瞬间其实都在呈现一个人独特人格的形成、发展乃至嬗变，让读者从中感知一个灵魂的生成、一种品格的炼成。在这个意义上，人生再怎样不可预知，但生存的每一天都是有比较的，与前一日比较，与前一阵比较，与前一期比较，影像则忠实地记录了这一切，要想有所选择，彰其宣人的一面，掩饰不宜见人的一面，也是很难的事，照片提供了一种证明、一种真相。因此，影像书的要义在于真诚和真实，因为每一帧照片都既映射自己，同时也映射他人。归根结底，人生无常，因有影像做证，所以要认真地走好每一步，让所有的瞬间都伴有人性的光辉。

"当代名家影像"丛书让我看到了许多的美好，我在感慨"人生忽然"的同时，很是认同韩少功所说，"所谓有内必有外，有品必有相，有义理必有声色……我相信独尊文字的态度无异于半盲"。说实话，我在看影像的时候，比看主人公的文字，可以看到更加深藏不露的东西，可能这是主人公自己也不曾料到的——如今的个人影像在很大程度上已不是专为"纪念"了。

"两代作家结对子"小记

本届上海市作家协会儿童文学委员会甫一建立,便决定开展一项老作家与青年作家结对子的活动,以此展现儿童文学的薪火相传。这项活动包括青年作家看望老作家,平日通过电话、邮件、微信等就儿童文学理论与创作、现状与问题进行交流探讨,在《文学报》专门为此新开辟的专栏"两代作家对话"上发表对谈、结对子情况和相关思考的专题文章。

作为本届儿委会理事,我接受的任务是为任溶溶和戴萦袅、孙毅和庞鸿两对作家做牵线和联络的工作。我之所以为任溶溶和戴萦袅牵线,是因为我觉得他们在儿童文学创作上都有一个特点,即充满想象力,尤其在幻想类写作方面有自己的实践经验和心得,这就可能有共同的话题,对儿童文学某种类型的写作有切身的体会,也就会谈得精准、扎实,且有深度,不会泛泛而谈、无的放矢,或者隔靴抓痒。而我之所以为孙毅和庞鸿牵线,是考虑到他们有着相同的专业背景,孙毅是戏剧出身,不仅写过大量儿童剧,还是儿童戏剧的组织者和研究者,而庞鸿的本科和硕士读的都是戏剧,因此这样的专业背景,非但拉近了两代作家的距离,具有先天的专业亲和力,而且他们对于儿童戏剧的历史、发展和现况更能"感同身受",因而学术层面上的交流和碰撞极有产生思想火花的可能性。

我与戴萦袅和庞鸿两位年轻作家都比较熟悉,我对她俩充满好感和期待,是因为她俩有一个相同点,即从小对文学耳濡目染,有着良好的文学熏陶,而且眼界开阔,有着国际视野,在各自的专业领域都有严格的学术训练,具有很强的逻辑感、认知感和悟性,所以创作起点高,理论准备充分,跨界能力强,文字有着个性风格。而最让我感佩的是,她俩对儿童文学都保持着敬畏的态度,严谨而真挚,从来都不夸夸其谈,不浮躁流俗,不敷衍潦草,她们都很谦虚谨慎,希望从前辈作家那里得到启迪和智慧。任溶溶和孙毅则是我敬重的前辈,这些年我一直有幸能得到他们对我的谆谆教诲。他们都已年近百岁,写作时长惊人,至今仍笔耕不辍,有着强大的创作生命力,是儿童文学界当之无愧的常青树,而且令我感动的是,他们始终头脑清晰、思维敏捷,力主培养和扶持儿童文学新生力量,认为中国儿童文学的发展寄望于年轻的作家。正是基于前辈作家和年轻作家两方面的共同认识,我很愿意牵线搭桥,让这两代作家走到一起,结成对子,切磋创作,这是有利于儿童文学的传承和推进的。

戴萦袅正远在瑞士攻读金融专业博士学位,所以我让她与任溶溶的儿子任荣炼互相加了微信,她经常通过微信,把自己的想法告诉任溶溶,而任溶溶则一一做出回应。在任荣炼的助力下,他们聊得很融洽,没有任何障碍。任溶溶跟我说,戴萦袅很聪明,很知书达理,也很有洞见,所以两人能聊得起来,他感觉很开心。戴蒴袅则跟我说,她从任老那里不仅学习前辈的创作经验,同时也得到了精神上的鼓励,从任老那里感受到创作的勇气和力量。2019年5月28日,戴蒴袅给我发来了她与任溶溶的对话纲要,我看后也受益匪浅,比如他们谈到幻想类作品在儿童文学百花园里的地位以及未来的拓展方向;比如在人工智能时代,翻译软件的大量运用是否会导致儿童文学翻译被取代。任溶溶作为中国最有影响力的儿童文学翻译家,他的回答当然是令人期待的。《文学报》主编陆梅同时收到了对话纲要。陆梅不仅在儿童文学创作上造诣丰厚,而且在编辑和传媒领域也成就卓著,她与戴蒴袅细致地讨论了稿子,提出了改进的意见和建议,在接着的两个多月的时间里,陆梅和戴蒴袅之间、戴蒴袅和任溶溶之间不断地进行修改和补充,他们的认真、踏实让我非常感动,我想,中国儿童文学事业就是在这样的努力中壮大、发展起来的。

2019年8月15日,《文学报》以整整一版的篇幅,推出了"两代作家对话"的全新栏目,发表了任溶溶和戴蒴袅的对话《我相信中国儿童文学前程远大》——跨越六十五年的老少对谈》。陆梅亲自撰写了开栏词:"'两代作家对话'是由上海作协儿委会发起、与本报合作的一个新设栏目。期待此栏目的开启,能让年轻写作者有机会静下来与长者对坐,倾谈和启发、聆听和汲取,知道自己的来处,了解先行者筚路蓝缕蹚过的足迹,而后才可能建立起自己的坐标。你给孩子写作,同时也在为辽阔的心灵世界写作。"

这个栏目的开办,当即受到全国儿童文学界和广大读者、儿童文学爱好者的关注。

2019年9月2日，盛夏之时，趁着在日本攻读电影戏剧硕士学位的庞鸿放暑假回沪之际，我与她一起去拜访了孙毅。我和庞鸿约好在孙毅所住小区门口碰头，只见她满头大汗，捧着一大束鲜花赶来，她说为了买花走了很远的路，她对老作家的这份真情很是打动我。那天下午，考虑到孙毅的身体情况，本来说好最多聊一个半小时的，结果他们越聊越欢，孙毅讲了他在二十世纪四十年代从事地下儿童戏剧工作的往事，他生动、紧张、幽默的叙述有着超乎寻常的感染力，让"九零后"的庞鸿听得入了迷。他们两人还聊了中国儿童戏剧的现况，老作家表现出来的深重忧虑同样也深深地触动了我。那天，直到天色暗了下来，这才发现不知不觉间已经聊了近四个小时。回去的路上，庞鸿跟我说，她注意到孙老师面前的桌板下压着一张泛黄的世界地图，这使他看起来真像一个挥斥方遒的船长，正在大洲与大洋间任意遨游。

正是在孙毅的精神感召下，庞鸿在暑期里写成了她与孙毅的对话初稿。陆梅读后，同样提出了一些建设性的意见，庞鸿与孙毅花了两个多月的时间反复修改，最终成稿。2019年12月5日，《文学报》还是以一个整版的篇幅在"两代作家对话"栏目里推出了《儿童文学不应折翼儿童剧》，孙毅和庞鸿就儿童剧目前的创作萎缩现状所做的对话是促人警醒的。与任溶溶和戴萦袅整版对话不同的是，此次，庞鸿还写了《采访札记》，这篇札记的理论支撑相当厚重，对戏剧与文学的关系、戏剧自身的审美价值、作为艺术和美学的戏剧与作为方法的戏剧等，都做了深入的思考和探索。文章最后,庞鸿这样写道:"孙老师将戏剧作为自己的事业和生命,他再三叮嘱我,应带着使命感创作,这令我十分感佩。当下,使命感是一个稀缺而沉重的词,成功尚未,晚辈仍需努力。"我想,这恰恰是老作家与青年作家结对子活动的意义所在。

四川中路 418 号在哪里

由上海市作家协会编辑的三卷本《红色足迹》已进入第二卷的创作,选取了八十七处上海革命遗址,我承担写作其中一处"中共江苏省委交通处总处旧址"。根据《上海红色文化地图(黄浦区)》和《上海市黄浦区不可移动革命文物基本信息汇总表》,此处地址为四川中路 418 号。

据有关历史资料记载,1927 年"四一二政变"发生之后,中共中央决定在上海组建中共江苏省委,管辖、领导上海和江苏两地的党的工作,王若飞担任省委组织部部长,何叔衡为省委秘书长。当时,上海的共产党组织遭受极大破坏,白色恐怖笼罩全城,在严酷而险峻的形势下,江苏省委坚持开展革命斗争,积极恢复和发展党的组织和工农运动。1928 年初,考虑到地下工作的实际需要,也考虑到交通处最容易被破坏,所以王若飞在四川路、江西路一带分散租赁了几处洋房里的写字间,作为交通处,并将四川中路 418 号楼上设为交通处总处,由何叔衡主持具体工作,对外以蜀通公司作为掩护,进行秘密的情报收发和人员接待、转移等工作。

不料,我去实地采访和勘察时,却没有找到四川中路 418 号。

四川中路东侧门牌为双号，西侧门牌为单号，在四川中路和滇池路交界处，双号那里有两幢紧挨着的坐东朝西的建筑，靠南边的一幢白色石材立面的五层大楼，有一块黄浦区文化和旅游局于2016年7月7日所立的铭牌，上面写有"黄浦区文物保护点：四川中路410—412号大楼"，至于这栋大楼何时建立、有何建筑特色、是否为革命遗址均无标记。靠北边的则是一幢清水红砖外墙大楼，也有一块铭牌，为上海市人民政府于2015年8月17日所立，上面这样写道："优秀历史建筑：四川中路420号—440号（双号）；滇池路119号。办公楼。爱尔德洋行设计，协盛营造厂承建。1906年建，砖木结构。带有安妮女王复兴风格特征。大楼平面呈'回'字形，中央狭长天井，四面双坡屋顶。清水红砖外墙。"这块铭牌记有此楼确切的建造时间以及建筑风格特征，而且明确四川中路420号—440号（双号）与滇池路119号为同一栋大楼，但并没有记载此处为革命遗迹。

从现场情况看，这里虽然有两幢大楼，可缺了414、416、418号三个门牌。那么，是否有可能在这两幢大楼之间还曾有过另外一栋建筑呢？答案应该是否定的。第一，这两幢大楼的间距只有两三米宽，即使各自往南京路和滇池路东边延伸，仍然没有宽阔的距离，在这样狭小的间距内是绝无可能另建楼宇的；第二，在上海市城建档案馆或黄浦区房地局档案室，可以查见这两幢大楼相关的建筑资料，包括文字记载和设计图纸，却没有发现建于这两栋大楼之间的其他建筑的信息。

唯有的可能，当时中共江苏省委交通处总处设在这两幢大楼的其中一幢里。

我在现场踏勘后，排除了"四川中路410—412号大楼"这幢楼宇的可能性。资料显示，此楼为惠罗大楼，由英商玛理逊洋行委托英国建筑师斯克特设计，同样于1906年竣工，系钢筋混凝土结构，建筑平面呈矩形状，平屋顶，外墙采用石材贴面，具有古典主义建筑风格。该楼建成后，底层用作商场，有落地大玻璃窗和马赛克地坪，二层以上南部为商场，只有北部作为出租写字楼，因而基本为商场用途而非办公。这与有关历史资料中对交通处总处旧址建筑的描述完全不同。

我获得了两份对交通处总处旧址建筑的文字记载材料。一份是相关部门的党史资料，资料中写道："该建筑坐东朝西，砖混结构五层（包括隔楼在内），局部六层，以扁圆券、平券、半圆券节奏排列，构成连续券柱式拱廊，横竖向线条交错。中部檐断开以三角形山花形成构图中心，主入口拱券门斗突出，左右饰壁柱。底层仿石墙面，二层以上红砖墙面，檐口及券心石著白色。"一份是2017年10月由中国地图出版社和中华地图学社联合出版、国家文物局主编的《中国文物地图集（上海分册）》，在"中共江苏省委交通处总处旧址"条目下写道："旧址坐北朝南，砖木结构六层，主面以扁圆券、平券、半圆券节奏排列，构成连续券柱式拱廊，横竖向线条交错。中部檐断开，以三角形山花形成构图中心。主入口拱券门廊突出，左右立壁柱，底层仿石墙面，二层以上红砖墙面，檐口及券心石皆白色。"后一份材料中说，该建筑为六层，坐北朝南，事实上，尽管这幢大楼以五层为主，但确也有部分为六层，而从滇池路那边看的话，也可以说是坐北朝南——当然，既然标明为四川中路，严格地说来应该是坐东朝西。虽然有些瑕疵，但这两份材料文字基本相同，一致指向了四川中路420号—440号这幢大楼。我在现场反复观察，并询问多位住户后，确认这幢大楼的确与相关史料中对交通处总处旧址建筑的描述完全吻合：红砖墙面，柱头、柱础、山花、线脚及门楣均为白色，色彩分明，质感细腻；顶部有坡屋顶阁楼，层高出挑，空间轩敞；以扁圆券、平券、半圆券节奏排列而成的连续券柱式拱廊气势非凡；门窗多为半圆拱和浅弧拱，立面上部对应入口的部位有壁柱、山花等精致装饰……这一切正是英国维多利亚晚期的安妮女王复兴风格特征，表现出新古典主义建筑的单纯和稳重。

再看这幢大楼的地理位置，东边是外滩，南边是南京路，北边是滇池路，西边是四川路，地处繁华的商业闹市，交通方便，且毗邻黄浦江、苏州河，水路发达，离北火车站也不远，出入便利，实为优越地段。从大楼的窗口望出去，四川路、滇池路尽收眼底，南京路、宁波路、北京东路、香港路等也都目力可及。所谓"大隐隐于市"，如发生情况，可迅速向各处转移，步出大楼，很容易就可淹没在滚滚的人流中。这都是有利于展开地下工作的，而整幢大楼因全部租给商家、公司用作办公，因此，对外以蜀通公司为掩护也名正言顺。

据此，我做出的判断是：四川中路420号—440号（滇池路119号）这幢大楼，即为中共江苏省委交通处总处旧址。

四川中路的门牌号码序列由南而北，南小北大。从四川中路看向此栋楼宇，西南转角到东北转角共有四个入口拱券门洞，三个门洞上均镶有绿底白字的门牌号码，分别是四川中路420号、430号、438号，可以推及，每个入口拱券门洞均可为一个门牌号码，可是，现在唯独西南角的被封闭的入口拱券门洞上没有门牌号码。这倒给了我一个想象空间——这个门头上镌刻有"1906"年份的装饰精美的入口拱券门洞，会不会就应标号为四川中路418号呢？而且，这个门洞位于这幢大楼最南侧，同样构成三角形的居中部分，有独立的立面，每一层楼只有一扇面向四川中路和滇池路的视野开阔的大窗子，如果当时交通处总处设在这里的楼上，没有比这更为合适的了。

话题还是回到四川中路418号在哪里，假如我的推测成立的话，那从大处说，就是这幢清水红墙大楼，从小处说，就是西南角的那个已被封闭的入口拱券门洞。我的判断也得到不少该楼住户的认可。但是，现今为什么没有这个号码（包括414号、416号）呢？我觉得，最有可能的情况是，四川中路是1946年之后才改称此名的，以前，从1865年以来这里一直叫四川路，那么，极有可能当时这里的门牌号码与现在的不一致，四川中路420—440号是后来才有的路名和门牌。值得一提的是，同济大学建筑设计及理论专业的董珂先生在其提交的硕士学位论文《上海近代老大楼的保护与再生——以滇池路119号为例》中，对该楼地址使用的表述为"位于滇池路119号、四川中路418号转角处"，并称"大楼两部主要疏散楼梯对应于两个主要出入口，即东北角的滇池路119号入口和西南角的四川中路418号入口之内"；而且发现黄浦区房地局档案室所藏该楼 1906 年的剖面图上,将此楼称为 The Tamwa Building(天和大楼),为典型的洋行办公楼;同时还证明 1939 年该楼各层平面图上标明此楼属上海商业储蓄银行的地产,查阅 1934 年上海华资银行统计表,可以得知,此行 1934 年时已设于该大楼内,登记的行址门牌号码为 440 号。可见,随着岁月流转,路名和门牌变更当属常事。

近日,上海市要求充分发掘保护上海革命遗址遗迹,既然中共江苏省委交通处总处旧址已被列为上海革命遗址,那么,我们应该考虑到方便人们前往瞻仰,而不应该让人们找不到方向,更不应该连遗址具体在哪里都模棱两可,没有定论。因此我建议有关部门以严谨、扎实的态度,以实事求是的精神,以雷厉风行的姿态做好两件事情:第一,将四川中路 418 号纳入原来的"优秀历史建筑"铭牌中,上面的地址可以增加 418 号,或者干脆按照黄浦区在优秀历史建筑修缮工程招标书上对此楼只标注"滇池路 119 号",并相应地增加"四川中路 418 号(今滇池路 119 号)"的文字;同时,明确标注"此为中共江苏省委交通处总处旧址(1928)"。第二,可将"中共江苏省委交通处总处旧址"铭牌挂于刻有"1906"年份的西南角入口拱券门洞上,与左边现有的四川中路 420 号入口拱券门洞形成序列。当然,我的判断和建议仅为一孔之见,当作抛砖引玉,求教于有关部门和有识之士,大家共同努力,尽快解惑除疑,让人们对这处历史文物和革命遗址有直观了解和瞻仰机会,并让上海市对革命遗址发掘、保护、利用的要求真正落到实处。

四平方米的忧伤

四月的一个傍晚,我照例出门去散步,当我经过楼下围墙边那片窄窄的绿地时,我惊吓得瞪大了眼睛。

我们这个小区很普通,绿化面积很少,东西两头的围墙下铺上几簇麦冬草,也便就是绿地了。正因为只有那么一点点绿色,也就成了稀罕,人们都是小心翼翼地走在草丛边,绝对不会跨越,更不会去踩踏。现在,大家都越发认识到绿化的重要了,从小处说,是一种美化,从大处说关系到空气,关系到呼吸,关系到环境,绿化是自然之肺,提供着新鲜、洁净和宁谧。因此,区区绿地上但凡有一点盎然的迹象,比如蹿出了一株高高的草,比如开出了一朵小野花,都会让人十分欣喜。

虽说绿地里的麦冬草太过平常,但如今却越长越茂盛了,早前尚稀稀拉拉,现在已将围墙下面的泥土全部覆盖上了,一点都没有了可被浪费的空间。麦冬草为多年生草本植物,属百合科。在我国,很早就开始栽培麦冬草了,《神农本草经》将其列为上品,《图经本草》云:"叶青似莎草,长及尺余,四季不凋,根黄白色有须,根如连珠形。四月开淡红花,如红蓼花,实碧而圆如珠……"我们小区的人喜欢麦冬草,就是因为它一年四季都绿色葱郁，冬天也不凋枯，甚至越加显得青翠，犹如罩在霜白大地上的一件绿麾，而我们这里所有的生机仿佛都是由它兴起蓬头的。麦冬草有很多别名：寸冬、麦门冬、寸麦冬、沿阶草、书带草，我觉得最贴合的还是沿阶草，因为它真的就是长在墙角边，而且还沿着我们走着的狭窄的石砖路延伸。

可是，四月的那个傍晚，我被眼前的景象吓坏了，一股窒息感紧紧地扼住了我。

就在那么一点点的绿地里，竟然有人把灰黑色的砂泥浆倾倒在了麦冬草的上面，原有的叶草荡然无存，只剩一片狼藉。那是很厚的一层泥浆，而且显然还是刚刚倒上去的，有人经过时，不慎踩到了泥浆，结果留下了一个倾斜的脚印，而在我看来，那不啻是个深坑。原来是围墙外的建筑施工队贪图方便，灌注水泥砂浆时不加阻隔，以致暗涌般突破围墙，像泥石流一样冲过小区，冲过有麦冬草的绿地。我完全不能理解这是什么逻辑的框架和行为的边界。我目测了一下，被泥浆覆没的绿地拼起来约有四平方米。这真的太让人忧伤了，在最应是春草更深的时节，那么一点的绿地却被这样莫名地毁掉了。那毁掉的何止是麦冬草，还是给人带来愉悦的绿色。我不知道，那些任由泥浆蔓延的人对绿色真的毫无感知吗？真的以为一地狼藉胜过花草的芳泽吗？确实，在现实生活中，总有人不太愿意休戚与共，当别人努力着、勤勉着的时候，他们却行些撕裂和扰乱之事，对于绿地的损毁也似乎是得其所愿。

一块小小的四平方米的绿地没能被容忍，灰黑色的泥浆一天比一天僵硬。我和许多人都不再走这条小路了，我感觉失去了绿色光影，如何还行得了远路？那些被淹没在泥浆里的麦冬草，一定不堪承受如此的恶意，已是稀烂腐坏。这是非常可惜的，即便在满眼春色里，也有一处地方，春天不能到达。艾略特说，四月是最残忍的月份，荒地上长着丁香。可是，在我们这个小区里，被泥浆倾覆的地方，连寸草都没有。我们很想把那些泥浆铲去，于是，便去跟物业反映，他们让我们静待消息。在这之前，我只好一遍遍地回想那块有着麦冬草的四平方米绿地的种种好处，先将忧伤的内心熨平。

潮汐之间没有日夜

横沙岛东滩促淤造地第八期工程复工了。

我看到工地上两座水闸和两座泵闸已矗立起来，巍峨恢宏。对面浩渺的长江里，作业点也浮出水面，建筑材料堆成小山，绞吸船轰鸣，而负责工程监理的上海宏波集团的监理员们正整装待发。

许多人与我一样，不知道这个重大工程已悄然改变了我们对自己所在的上海这座城市的认知——从这里可以眺望长江口、东海、黄海汇合处的佘山岛，那是上海版图的最东端，而到今年底，整个横沙岛将整整扩大两倍，用一个比较能感知的说法，就是现在黄浦区和虹口区加起来的面积总和。这是上海促淤造地史上一次成陆面积最大、龙口最多的工程。为什么上海要实施这样一个工程呢？原来，这是充分利用长江口深水航道维护工程产生的疏浚土方，为上海提供后备土地资源，满足上海耕地占补平衡的战略性要求。

这项宏大的工程将在今年底完工，由于疫情拖延了一点进程，所以，现在所有的工程人员都以饱满的精神，追赶着时间。好在他们对时间特别敏感，总能掐住每一个重要的节点。

在这之前，他们曾有过抢在 6 月底之前完成符合设计要求的度汛断面的壮举。那时，得在新建的长达二十二点五公里的大堤外侧加上一个永久坚固的结构，以保护大堤不受风浪的侵袭。但是，这项任务必须在 6 月 30 日前完成。总监理工程师阚世伟告诉我说，因为在这之后，上海长达三四个月的台风季节便来了，那时候，这里整个水域风高、浪大、水流湍急，无法再行施工了。这项结构工程首先是给大堤铺上反滤布，而后压上袋装碎石，最后砌上石墙。整个工程得全线同步展开，于是，上千名工人会聚于此，数百辆运输车、混凝土罐车浩浩荡荡，场面壮观，最后硬是打胜了这一仗。

现在，又有了具体的时间表：3 号和 5 号水闸在 6 月底完成设备安装和调试——水闸是通过围区内外水位差排出围区内多余的水；2 号和 4 号泵闸在 8 月底具备通水条件——泵闸是通过动力设备强制性向围区外排水或向围区内引水。这四座水泵闸的最后建成，可为年底整个工程的完工奠定坚实的基础。

其实，这里也是上海迄今为止促淤造地工程环境最为复杂的区域，北堤和东堤软基段地质条件很差，堤坝直接承受长江口强浪向作用，加之寒潮、台风，所以，工作条件极其恶劣，工程安全、质量管控风险极高。由于这儿一天里有两次大潮汐，涨潮的时候不能施工，只有在退潮或者比较缓和的平潮时才能工作，于是，对许多工程人员来说，潮汐之间没有日夜，他们守候在自己的岗位上，随着潮汐全时段随时准备着，一旦退潮或平潮即投入工作。我认识了宏波集团的一位监理员，他同时也是一名潜水员，名叫于永夺。他向我描述了当时度汛断面的监理工作：检测反滤布时，要查看是否有断开的地方；检测袋装碎石时，要查看是否达到规定的厚度；检测砌石时，要查看每一道缝宽是否在三到五厘米之间，这样才能精准地灌注混凝土，以形成一个均匀的牢固的整体结构，抗击风浪。有时候，于永夺还要穿上厚厚的潜水服，下到水下四至八米深处，检查有否漏排。在这里，工程人员日日夜夜没有完整的休息时间，只能在涨潮时睡觉、退潮或平潮时起来工作。我听后很感动，这是一群以潮汐来制定自己生物钟的坚毅的建设者。

我看到已矗立起来的水泵闸的后边，一大片自然生长的植物绿意盎然，而经过自滤的江水犹如溪水一般清澈，野鸭、水鸟飞起而落下。新铺的公路色彩鲜亮，红色的围基、绿色的植物、黑色的路面，一直向前延伸。有条新路，路名叫"沧海路"。宏波集团董事长顾德鱼对我说，沧海无限，人生有涯，能为上海的建设和发展出一份力、做一件实事，是很光荣的。我想，我们应该记住他们。

木兰与《青春红楼》

我很高兴,在这个春天艰难到来的时候,读到了年轻的八零后木兰刚刚由浙江文艺出版社出版的《青春红楼》,这是她的一个梦,而现在这个梦像花朵一般地绽放了。我特别感慨,是因为这本有思想、有温度,能与读者共情的阅读《红楼梦》的读书笔记,如同这个春天,是倚靠着爱、坚守、真挚而写下的。

木兰很小的时候就开始读《红楼梦》了。那时,家里堂屋最醒目的地方挂有一座时钟,钟面上有"红楼梦"三个字和一对石狮子,表盘的背景是大观园的大门。因此,在成长的岁月里,《红楼梦》便成了她形影不离的伙伴,是她可以随意穿梭随时切换的"平行世界"。我相信唯有这样的阅读,才会带着一份初心、一份美好,才不会老气横秋,才会像书名《青春红楼》一样,让笔下写到的二十一位金陵女子闪烁着青春的光芒。

木兰是以挚爱、善良、正直、率真来定义她的这些红楼女性的,而这恰恰是青春最为宝贵的东西,也是影响一个人整个生命的走向的。在木兰看来,爱是让人成长的强大动力和丰厚土壤，一个在成长过程中不缺爱的人，才会获得爱的能力；而爱的能力，是你创造一个属于自己的世界的能力，是你的生命和人格生长的能力，这就是你的生命力。惜春从小没有得到过爱，所以，她的性格中也长不出爱的能力。看起来，她打小锦衣玉食，仆役环绕，生活无忧，可是，她却没有生命的活力，她没有热爱的可投入其中的事情，没有真正能让她欣喜快乐的东西，更没有一个让她牵挂关心、注入感情的人。而香菱自小被拐卖，身世苦难，但是，看似被黑暗和残暴整得麻木的呆头呆脑的她，却没有绝望，反而对光明和温暖充满了渴望，她从来没有投降，所以上天给了她一次学诗的机会，她痴爱着写诗，并且在写诗的过程中终于体验了一回幸福的滋味。

  我读《青春红楼》时，常常会让思绪飘返我的来路，这时会有一种深刻的恍惚感，让我怀疑是否曾经拥有过向善向真的青春时代。木兰是深爱着林黛玉的，但她钟情于这个人物不是因为她凄婉的命运，也不是她绝世的姿容和聪慧，而是她真诚的性情。黛玉活得很真实，她不会曲意逢迎自己内心不认可的人，不会揣摩他人的爱好而小心翼翼地见风使舵，她觉得受了宝玉的冷落，就会用眼泪、用吵嘴把心中的所想表达出来。大观园众姑娘们聚会的场合，总有黛玉的画面，都很明媚欢快。黛玉在本本真真地做自己，她不拘束，也不装假。确实，一个连自己都无法真诚面对的人，你无法想象他会真诚地对待别人，也无法想象他会打动谁的心。无论是在真实生活中还是在文学作品中，那些极具魅力的人物形象几乎都不完美，但毫无例外都很本真。让这样的真诚保持一生，真的并非易事，所以，我的那种恍惚感，其实是失落乃至丢弃的印证，经过岁月的侵蚀，青春时代的那些纯真、清澈和明朗是多么容易地就变得面目不清了。傅雷说，真诚是需要极大的勇气做后盾的。真诚地面对自己的内心和生命，做出每一个不负此生的决定，是林黛玉根植于骨子里的勇敢。

《青春红楼》最开始写的一章是《花儿落了结个大倭瓜》，写了乡野粗妇刘姥姥与王熙凤的独生女儿巧姐的人生奇缘。《红楼梦》里写尽了花团簇锦，但一朵不被人算作花的南瓜花，却成了全书中唯一的花儿与命运的光明隐喻，预示着轮回中生生不息的希望。其实，木兰写这本书，是她对年少时光的恳切执守，是对生命中遇到过的好人的感恩和回报。她在广州读大三时，为了维持学业，在外兼职打工，很偶然地遇到了一位长者。这位长者的理想是做一名教师，但阴差阳错，进了别的行当。他了解了木兰的情况后，让她全力以赴地完成学业，并资助她直到考上了北京的研究生。他的善举在木兰的心中种下了一颗种子。他对木兰说，无论如何，都要趁着年轻好好读书，从书中觅得生命的珍宝，而且，永远不要丢失善良、朴实和正直。我想，《青春红楼》便是他为木兰种下的那颗种子在十多年后长成的一棵树，而青春时代的纯真犹如甘露，会永远流淌在每一条枝干、每一片叶子中。从木兰自身的故事里，我们可以看到，年少时读的好书，可以帮助人开启好的人生。

原木铅笔

今年过年的时候，我送了自己一筒铅笔。那是一筒彩色铅笔，有四十八支，每支都是不同的颜色。说实话，我是冲着那个装铅笔的圆筒才买的，那是硬板纸做成的，没有再行包装，本有的土黄色，原汁原味，看上去非常质朴。我现在越来越喜欢质朴的东西了，外在的鲜艳非但会让我觉得扎眼，而且还总是感到不牢靠。

我以为圆筒里的铅笔都是要买回去后自己削的，其实是削好了的，笔端尖尖，刀削处一圈波浪。这是用原木做的铅笔，没有漆皮，铺排开来，就像是一片白桦林。原木才有木头的感觉，那些木纹也才更有质感，无须作伪，无须饰假。想起小时候，却不是这样的，原木铅笔让人嗤之以鼻。那时看到别人用的铅笔都是外面漆了皮的，不是绿色就是橙黄，我非常羡慕，觉得很高级，像是披了一件华丽的衣裳。确实，我用的原木铅笔太寒酸了，连皮都不漆，如同一件旧衣服，灰不溜秋的木皮上还有深色的树疤，很是丑陋。所以，有一天，我跟父母说，你们再也不要给我买这种"赤膊"铅笔了，会让人看不起的。我父母听后问，那不是一样用的吗？我说，当然不一样，我知道,白皮铅笔两分钱一支,绿皮的要八分钱一支,一分价钱一分货,这是明摆着的嘛。现在说起来,我真的是很愚蠢,因为我父母绝对没有说错,谁也不会因用"高级"的笔,就能做高深的算术题了,用"华丽"的笔,就能写出美妙的作文了。

我去西班牙的时候,正好碰上一个毕加索的特展,展出的全部是他的铅笔素描,比起在世界各地我看过的他的其他画展,这个特展给我留下了极为深刻的印象,那些只有黑色的铅笔素描与《格尔尼卡》《阿尔及尔的女人》《朵拉与小猫》有着同样的震撼力,而且还具有更多深层次的价值,那便是隐藏着不少名作的来龙去脉以及整个创作的发展过程。比他生活的年代早了很多的达·芬奇就没这么幸运了,波卓斯基在《铅笔:设计与环境的历史》这本书里说,这位大师无论是创作、发明,还是文艺复兴时期的状况,及至观察到的自然现象,甚至连自己的手,都通过素描一一记录了下来,只是由于那时还没有铅笔,他只能使用从罗马时代便已存在的笔刷,或者用金属笔在油纸上刻出来,有些则是以金属雕刻针画出轮廓,再用蘸有墨水的画笔描边。这显然妨碍了这些凝聚着他发明创造的伟大智慧的及时流传。所以,当今天我们有幸可以随心所欲地使用铅笔时,如果知道铅笔的来历并不容易,也就不会不加珍惜地经常只用了不到一半就扔弃了。

我买来的这筒铅笔尽管没有上色,原木无漆,看上去朴素无华,但里面的铅笔芯子却是五颜六色的,用这种水溶性彩色铅笔在白纸上画画,色彩感很强。我在今年疫情时期,居家执守,足不出户,无聊时,便用这种铅笔,照着一本《名画中的鸟》画过几只鸟。我特别喜欢书中那幅古斯塔夫·克里姆特的《女友们》，画中的女子被充满东方异国情调的、周身都是羽翼的生物紧紧围绕，有一只画眉在欢快地鸣叫。这幅画连同克里姆特的一批被盗的画作被德国纳粹藏在奥地利的伊门多夫城堡里，1945 年，战争败局已定之时，党卫军军官在城堡里安置了炸药，所有的艺术作品都被炸毁了，包括这些"欢乐的女子和小鸟"。这幅画因拍过照片而让人们得以见识。我按照图，用彩色铅笔画下了这只画眉，它有着黑色的羽毛、红色的喙，可以想见它唱起歌来声音洪亮，悠扬婉转，非常动听。这只画眉就像原木铅笔本身很朴实，没有用到很多的颜色，还不如现实中的画眉那样色彩鲜艳，但是，却显得那么轻盈、自由、奔放，在这样的时候非同寻常。

最后一只蝴蝶

那天,走在路上,人行道的旁边是一处绿地,冬青树葱郁,波斯菊宛如地毯,翠绿的茎叶上满是花朵,色彩缤纷,有大红的,有浅白的,还有粉色的,几只白蝴蝶在花草间追逐着忽停忽飞。突然,有长长的黑黑的喷水管闯入,水流因激湍而变得锐利,一只蝴蝶在仓皇中被击中,只在水流里打了几个漂旋即消殒。

我看得心惊肉跳,甚至想到这会不会是最后一只蝴蝶。我知道,一定会有很多人笑话我,认为这纯属杞人忧天,全世界的蝴蝶太多了,怎么可能会有这样的结局。但是,就在最近的十年里,在我们生活的地球上,已经有四百六十七个物种被宣告灭绝了,其中就有中国特有的长江白鲟——它没能进入 2020 年,科学家们宣布它在去年灭绝。

曾几何时,长江白鲟多如天上的云朵,尤其在春季,它们溯江产卵,在辽阔的长江流域里阵势雄壮而浩荡。长江白鲟有着强大的生存能力,游过了漫长的一亿五千万年,游过了白垩纪,连恐龙都灭绝了,它们却幸存下来,乃至成为永恒的象征。《诗经》里咏道:"有鳣有鲔,鲦鲿鰋鲤。以享以祀,以介景福。""鲔"即为白鲟的古称,被用来祭祀祖先,以求福祉永远绵延。但是,身躯健壮、生命力强悍的长江白鲟在最近短短的数十年间厄运连连,年捕捞量达到二十五吨,又被高大的水坝挡住,被孔洞越来越细的渔网拦下,最终在二十一世纪第一个十年永久地停止了游动。人们最后一次看到长江白鲟是在2003年1月,一条三米多长的白鲟撞进了四川宜宾南溪县渔民的大网,科学家赶到后发现这条二十五岁的雌性白鲟身上伤痕累累,而它的体内已有数十万枚鱼卵。科学家当即为它缝合伤口,并在植入声呐设备后把它放回江中,实施跟踪。那条长江白鲟扭着尾巴,拍出一阵水花,然后没入了滔滔江水。不料,四天之后,它却被跟丢了,以后再也没有传回任何信号,也没有了踪影,那一别竟是永诀。我常常想,这尾长江白鲟在最后的生命游程里,该是怎样的孤独和绝望。

在去年灭绝的还有夏威夷金顶树蜗,这种树栖蜗牛生活在夏威夷中部岛屿瓦胡岛的森林中,它栖身于树上,有着极其华丽的外壳,体色丰富,有红色、褐色、黑色、白色、绿色、橙色、黄色等,因为实在太漂亮了,结果被人们当成艺术品收藏,从而遭到疯狂的捕捉,加上森林的砍伐,栖息地不断受到破坏,这给夏威夷金顶树蜗带来了灭顶之灾。2019年1月,地球上最后一只夏威夷金顶树蜗死去,享年十四岁,从此该物种彻底灭绝。探究那么多生物灭绝的原因,如果是自然选择则无话可说,可科学家告诉我们的事实是,这是人类活动所致,是人类一次次把一个个物种逼上绝境。人类对于地球毫无节制的索取和扩张,对于自然物种的傲慢和专横,几无羞耻和愧疲。中国水产科学研究院首席科学家危起伟说，现在的长江已经不是亘古有之的长江了，原来的长江有着曲曲弯弯、高高低低的水域，非常适合水生生物的繁衍，而如今，只有顺直的、适合船只航行的航道了。

前些天，我去了苏州动物园，我是特意去那里看望斑鳖的。斑鳖在古代被称为"癞头鼋"，《西游记》中驮着唐僧师徒渡过通天河的那只巨龟就是癞头鼋。苏州动物园里有世界上最后一对雌雄斑鳖，可去年4月13日，那只雌性斑鳖去世了，抛下了形单影只的伴侣，而目前全球仅存的三只斑鳖均为雄性，除了苏州动物园，越南还有两只。我望着斑鳖，它身上的黄色点斑泛着金色和银色的光泽，可眼神里却透着黯淡。想到这是我国最后一只斑鳖，而且不消多时这一物种便会灭绝，我的心情是沉重的。要知道，人类的生存是直接与地球生物的多样性交织在一起的，当世界变得寂静一片的时候，人类自身也便岌岌可危了。地球生物多样性的衰退是如此迅速，如果我们今天还不清醒地意识到环境保护、可持续发展的重要性，还不尊重其他物种的生存权利，那么，真的有一天，我们所见到的漫天飞舞的蝴蝶会是最后的景象，我们只能跟自己的子孙说，以前这世上有过蝴蝶，但后来因我们人类的轻率而上演了灭绝的悲剧。

2020
6
JUNE

记忆源自悲悯而博大的心

我们都知道捍卫记忆对于人类的重要，因为人类是在记忆中进步和发展的，记忆最大的价值莫过于让人类吸取教训，修正错误，避免悲剧的重演。数年前，我读俄罗斯女作家、文学批评家利季娅·丘可夫斯卡娅写的一本书，书名就叫《捍卫记忆》，我震撼于她对捍卫记忆的那份坚毅和执着，她认为，在一场悲剧过后，"等到受难者和见证人通通死光，新的一代就什么都不知道了，不能理解发生过的事，不能从祖辈和父辈的经历中吸取任何教训了"。从利季娅的笔下，可以感受到捍卫记忆是一件非常艰难甚至惨烈的事情。

记忆如此容易被抹去、被遗忘，导致人类不时重蹈覆辙，可不管怎样，一部人类发展史让我们看到，人类始终在以各种方式希图将记忆固定下来，于是，从结绳到刻痕，从文字到绘画，再到摄影、雕塑、音乐、戏剧、影视等，及至最新的网络和各种层出不穷的新方法、新手段、新技术。就个体而言，也总有人在保存记忆，这使得每个历史时期、历史段落、历史事件都有留下真实印记的可能性，因此，在联合国教科文组织的世界遗产保护清单中，不仅有文化遗产、自然遗产、文化和自然双重遗产、文化景观遗产，还有人类口述和非物质遗产、记忆遗产。可见，保护乃至捍卫记忆，是全人类的共识和应当付出的努力。在这次新冠病毒疫情蔓延全球之际，我就看到了来自世界各地的人用文字、图片、音视频等所做的记录，有些非常珍贵，必将纳入关于此次全球疫情的人类记忆库。

我自己在疫情期间，闭门读书和写作。我正在写一部以沦陷时期的上海为背景的抗战题材的长篇小说，我并不企望宏大叙事，我只想写最为底层的普通百姓在历史洪流冲刷中的个人命运。为了了解沦陷时期人们的生活状态和状况，我读了《1942—1945 我的上海沦陷生活》，这是一本日记，日记的作者名叫颜滨，他是从1942年1月1日开始记日记的，那时他十九岁，是元泰五金店即将满师的学徒工。说来这部日记的出版如同传奇，写在十六册本子上的日记是一位历史学者几年前偶然在孔夫子旧书网上淘得的，日记写得非常生动，真实记录了当时个人和社会生活中的方方面面，远远超出我们现时的概念、定义和想象，历史学者如获至宝，以为这是"我们难得的极其宝贵的历史资料，具有很高的直接史料的价值，是想研究和了解那段历史者所必须参考的"，因而整理出版了这部日记。颜滨的日记是他的个人记忆，但是，他的这份个人记忆如今成为一段鲜活历史的佐证，使后人可以真切地触摸和感受往昔的岁月，而不仅仅只是几个生硬、冰冷、机械乃至教条的既定标签。

由于在疫情中，我的心情是相当沉重的，读书和写作常常中断，不能持续。我很想有一种独特的方式能让我既记住这段非常时期，同时也让我得以宣泄内心的压抑和郁闷。直到有一天，我在我女儿的微信里听到了她发出的一首歌曲。这首歌曲名为《良药》，是由探惜作词、作曲，我女儿苇杭编曲并演唱的。说实话，我有些惊讶，因为这是两个"九零后"的女孩，我相信她们不可能对疫情"无动于衷"，但我没想到身处两地的她们会合作一首歌曲来共同记忆这段疫情中的"至暗时刻"。

探惜这样介绍了她的创作："这首歌是我二月初写的，当时每天都为有关疫情的故事一次次落泪，这种情绪终于在李文亮医生去世的时候达到了顶点。我的旋律和歌词基本上是一气呵成的。"她罗列了写进她的歌词里的那些画面，其中有在武汉的高速公路上一只野猪在狂奔，疫情已起可年会上依旧歌舞升平，抢不到床位的病患跳楼自尽，送餐的快递员在空无一人的路上抬头看烟花，居心叵测的人对志愿者、呼救者、记录者的污名，疫区路边一位老人用手风琴弹奏《喀秋莎》……如今才过去几个月，"很多画面和感受似乎已变得有点儿模糊，然后我就在想，人对于感受的记忆这么短暂，这不正是我当时想写首歌记录下来的原因吗？有很多人和事，他们的苦难和消失都不该是悄无声息的"。我听了好多遍这首歌，几乎每一次都泪流满面，但我的心情却平复了一些，那是因为我为有这样的年轻人而感到宽慰，她们捍卫了一份记忆，而这样的记忆源自有一颗悲悯而博大的心。

现在，我还继续写着那部抗战题材的小说，而写歌唱歌的这两位女孩也各自在现实的颠簸中继续追寻着自己的生活理想。我想，从某种意义上说，我们在精神层面上是方向一致的，这也就是人类发展的时间链，连接着过去、现在和未来。

安徒生的到来

最近,中国近现代新闻出版博物馆的建设工地又变得忙碌起来,这座位于上海市区东部的中国首座新闻出版类专业博物馆预计在2022年开馆,所以,馆内展览的设计工作如今也在同步进行中。我应邀担任少年儿童新闻出版这一部分的学术策划,回望一百五十年来中国少年儿童出版事业走过的漫长道路,我发现绕不开一个人,他就是丹麦的安徒生。

安徒生被译介到中国来是个大事件,不仅对中国现代儿童文学的发生和发展影响深刻,更重要的还在于帮助我们确立了不同于旧传统的崭新的、现代的、进步的"儿童观"——以前,人们总认为儿童是没有独立地位的,新的儿童观则强调"儿童本位",即客观上儿童具有与成人一样的独立人格、独立精神、独立生活,这是必须得到尊重的;作为"精神人"的儿童,应该有属于他们自己的精神世界与文学世界。这种"儿童的发现"与"儿童文学的发现",是与中国思想文化的先驱者对安徒生的发现联系在一起的,他们意识到安徒生童话对于中国儿童以及体现儿童本位的文学书写和出版的重大意义和价值。茅盾说:"'儿童文学'这名称,始于'五四'时代。"安徒生的到来，为中国现代儿童文学提供了恒在的参照。

我大致列了一个安徒生童话来到中国的"线路图"，这个线路图纠正了一些以往关于安徒生在中国种种"第一"的说法（比如学术界一直认为周作人是第一个介绍安徒生到中国的人，理由是他 1912 年 10 月在撰写《童话研究》时提到了安徒生，他译为安兑尔然）：1909 年 2 月，孙毓修在第六卷第一号《东方杂志》上发表《读欧美名家小说札记》，第一次向中国读者介绍了安徒生的生平和作品，其首创的"安徒生"这一中文译名沿用至今。1914 年 7 月，《中华小说界》第七期发表刘半农编译的《洋迷小楼》（即《皇帝的新装》），安徒生童话第一次进入中国。1918 年 1 月，中华书局出版由陈家麟、陈大镫编译的安徒生童话集《十之九》，这是中国第一部以文言文翻译的安徒生童话集。1919 年 1 月，《新青年》第六卷第一号刊载周作人翻译的《卖火柴的女儿》，这是中国第一篇用白话文翻译且具有儿童文学特质的安徒生童话，由此引发了安徒生翻译传播热，成为"五四"新文化运动中重要的文化事件。1924 年，新文化书社出版由赵景深翻译的《安徒生童话集》，这是中国第一部用白话文翻译的安徒生童话集。1930 年 9 月至 1931 年 10 月，上海儿童书局出版由徐慰慈从英文转译的三卷本《安徒生童话全集》，这是中国第一部安徒生童话全集，收入二十一篇童话。1957 年，新文艺出版社出版由叶君健翻译的十六册本《安徒生童话全集》，这是中国第一部从丹麦文直译成中文的安徒生全集，而且是名副其实的"全集"，收入一百六十四篇童话。

我自己最早读的安徒生童话全集就是叶君健的译本，装帧设计非常精致，封面绿莹莹的，古朴典雅的边框里镶有一幅黑白插图。那么，叶君健是怎样与安徒生"相遇""相知"的呢？那是在二十世纪三十年代，当时叶君健在学英语和世界语，教材里选有安徒生的童话，其中《海的女儿》深深触动了他的心，他一直忘不了那条"小人鱼"。二战结束后，叶君健去英国剑桥大学英王学院研究西方文学，每到寒暑假，他会去丹麦住上一段时间，在那里学习丹麦文并重读安徒生的童话。在阅读过程中，他发现以前通过其他语种所读的那些安徒生童话，不少与原作大相径庭，任意删节或改写，有的甚至是严重歪曲，至于原作中的浓厚诗意、哲思和幽默，那些译文几乎没有表达出来，于是，他决定要将安徒生童话直接从丹麦文译成中文。叶君健翻译的安徒生童话先是分册出版，立刻受到读者的欢迎，在分册出齐后，他又将译文仔细修订了一遍，用他自己的话说，"事实上等于是重译"，最后再汇集成全集。叶君健的中文译本无疑是中国最权威的安徒生童话全集，而且在国际上被认为与美国让·赫尔舒特的英译本并列，是"当今世界上的两个最好的译本"，叶君健也因此被丹麦女王授予"丹麦国旗勋章"，他是全世界安徒生童话众多译者中唯一获此殊荣的翻译家。

作为一名儿童文学作家，我一直受到安徒生童话的滋养，安徒生的个人经历和他的作品，引发我内心深处的共鸣，这大概与叶君健当初对安徒生童话的理解和感受是一致的。叶君健曾经说过："安徒生的父母是鞋匠和洗衣匠，他从小家境贫寒，没受过正规教育，但他对文学有一颗赤诚和执着的心。我也是出身寒门,走上文学道路也经历了艰难坎坷的历程,类似的身世,使我在读安徒生作品时,仿佛较容易地体察出他观察社会和生活的那种感受。当然,真正吸引我的还是那些童话的艺术感染力。他的童话,既有美丽的幻想,更有深邃的内涵。他运用童话的形式,同情穷人,颂扬劳动,并不失夸张地揭露上层社会的丑恶和陋习,使人往往在苦笑之中产生种种联想……正是这种幻想童话、政治讽刺、诗歌语言三者结合的现代童话,激起了我的共鸣和喜爱,促使我下决心去翻译它、研究它。"

有意思的是,我与安徒生同一天生日。今年的4月2日,因疫情待在家中的我再一次开读安徒生童话。让我特别高兴的是,此时恰逢叶君健翻译的《安徒生童话全集》再版。这次由草鹭文化和译林出版社再版的《安徒生童话全集》,以叶君健生前再三修订的最后一版译稿为底本,收录一百六十六篇童话(比旧版增加两篇),同时还严格按照丹麦原版修订脚注和内文外语单词,确保文本的准确性。此外,出版方参照丹麦原版图书,精细呈现五百六十九幅古典名家插图,威廉·比得生、洛伦兹·佛罗里西、弗里茨·克雷德尔三位插画家的画作,透着安徒生那个时代的端庄与安宁。每一篇童话后面,都附有叶君健的译后记,这不仅是介绍安徒生创作背景的"导读",更仿佛是这位最懂安徒生的老人与读者的一次次促膝谈心。此次再版同样分为十六册,采用了彩虹配色书脊,摆放在书架上,犹如一道通往童话世界的"彩虹桥"。随着安徒生的"再次到来",我就在这样的童话世界里,远离污浊和喧嚣,回归纯洁与宁静。

学徒工颜滨

颜滨在上海元泰五金店做学徒工，十九岁的他已经学了几年，快要满师了。那是1942年，太平洋战争刚刚爆发，日本侵略军进占上海租界，上海全面沦陷。就在元旦这一天，颜滨决定开始写日记，记录下特殊岁月里的生活。连他自己都没想到，七十年后，一位历史学者很偶然地在孔夫子旧书网上看到了散落在外的他的十六册日记本，将之编辑成《1942—1945：我的上海沦陷生活》一书，这些日记成了他留给后人研究那一段历史的极为珍贵的第一手史料。

我读完颜滨1942年至1945年的日记后，一位富有朝气、志向远大、勤奋好学、积极向上的年轻学徒的形象久久地站立在我面前，我为上海这座城市即使在最艰难的时候也有普通的年轻人在努力奋斗而倍感骄傲。

颜滨年幼丧母，后又失父，家境贫困，他十四岁时从宁波洪塘到上海读初中，毕业后就到元泰五金店当了学徒。虽然身在小小的五金店，但颜滨时时关注战事，为自己没能去抗战前线而深感愧疚。他在1942年的日记里多次写道："我的心中早就有一个想法，向内地发展，尽我的力量贡献给国家。万一奋斗失败,而死在那祖国的怀抱里,这也是我所愿的,若能为国牺牲那也是求之不得的。""那前方忠勇的将士值得我们的敬仰,那为国捐躯的先烈们值得我们的崇拜,我真恨不得立刻在他们的面前叩下一千个响头,以赎我苟且孤岛的罪恶,以表我敬仰之意。""目下的敌人已只能做最后的挣扎,以图做困兽之斗。只要我们再接再厉,那么胜利之期实在已不再远了。"从中,我们可以感受到他朴素的爱国情怀和抗战必胜的信心。为了强身健体,一洗"东亚病夫"之耻辱,颜滨每天清晨跑步半个小时去法国公园(今复兴公园)打太极拳。1944年12月2日的日记里,颜滨记述说:"气温突然转至三十度(华氏)以下,清晨起来,只觉朔风凛冽,吹面若刺,赶紧加上一件夹衣,而尚觉不胜寒栗,乃振起精神,逆风而跑至公园,手指虽疼痛不堪,然仍脱去长衣,强忍寒浪之袭击,舞罢一套太极。"

在日记中,颜滨记录了日军侵占上海后民生凋敝的情形,那时苏州河旁的大多数铁号都遭解散,他所在的元泰五金店生意清淡得可怜,甚至几乎是完全停顿了。他的堂兄仁佑失业后沉迷于赌博,家破人亡,最后失踪,生死不明,因此他告诫自己不得堕落,在工作间隙抓紧时间读书学习。颜滨参加了夜校补习班,他报了两门课,一门是国文,一门是英语,这样,他就必须每天晚上都得去上课了。那所夜校设在爱多亚路(今延安东路)上的浦东大厦里,七楼还有个中华业余图书馆,所以,颜滨时常赶在补习班开课前,提前半个小时先去图书馆,他在那里看《中学生杂志》,借阅巴金的"激流三部曲"。他对自己要求很高,为考试屈居第三名而感到可耻,为尺牍默书错了五个字而深深地懊悔,也为国文考试夺得第一而得意扬扬。他在日记里细述了学习的不易:"夜课刚至中途,忽然警报大鸣,电灯立时熄去,顿时全校同学皆处于茫茫的黑海中。屺秋、立鹤皆来访我,本来我们又可且行且谈,但在这时面不见人影,伸手不见五指,并且时雨才止,到处充满了水潭的马路上,怎么可能呢?只得各自在黑暗中摸索着回去。"

沦陷时期的环境非常压抑,但颜滨和志同道合的好友同学却时时为自己打气,他们自办了一份油印文学杂志《星火》,憧憬着未来的光明;他们在严冬酷寒之日相约聚会,从霞飞路(今淮海中路)步行前往贝当公园(今衡山公园),在那里引吭高歌《满江红》;他们去金都大戏院(今瑞金剧场)观赏由一青剧团公演的《党人魂》,这部描写革命志士秋瑾和徐锡麟的话剧看得"我的血在膨胀,我的热泪在奔流,我的拳头紧握着,我的心狂跳着";他们为日军的被袭而欢呼,当防空警报骤响时,非但不躲避,反而出门观看,"果见机队三二成群,高翔于霄海之中,又闻隆隆的轰炸之声,人皆现笑容,而无恐惧之声,不由精神为之振奋"。颜滨生动的记录,常常让我读得动容。

我不知当年的学徒工颜滨现在是否在世,如果健在,今年也有九十七岁了,但不管怎样,他写下的日记已向世人定格了艰危时代中一位奋发向上的普通却不凡的上海青年。

2020.7 JULY

短视频里的真情关切

我们一直倡导影视作品关注现实生活，呼应人民群众的关切，事实上，由于种种原因，比如对市场化的考虑，比如某些专业创作者对普通百姓生活的陌生甚至回避，因此引发观众共鸣的现实题材作品总是处于稀缺的状态，在传统电视、电影媒介上甚至难以生存，而短视频的横空出世并生机勃勃，倒是让我们看到了很多希望。

近日，上海电视艺术家协会成功举办了首届短视频大赛，这次大赛收到来自全国各地的三千三百五十二部短视频作品，创作者遍及各行各业，他们中除了专业影视工作者，更多的是大学生、教师、医生、公司职员以及散在各处的视频制作爱好者。从涌现出来的一批优秀作品来看，不论剧情类还是纪实类、公益广告类、城市形象宣传类，无一不是现实题材，而且纪实类占据绝对的总量，获得一等奖的八部作品中有四部为纪实类，另外的几部也取材于真人真事。我们从作品中可以感受到创作者发自内心的对人民群众火热的现实生活的真情关注和关切，他们充满着激情，热爱生活，拥抱生活，发现生活，认识生活，这是令人欣喜的。

先前，有人曾戏称短视频是升级版的"家庭录像"，无非是些搞笑的鸡毛蒜皮，记录一些生活琐事。但实际情况不是这么回事，此次大赛纪实类作品视角之广、触角之深出人意料，有的表现在抗击疫情最前线冲锋陷阵的白衣战士，有的记录女快递员带着孩子送快递的艰辛日常，有的叙述沪剧爱好者为了理想结束生意创办沪剧团的执着，有的展现藏族生态管理员对于三江源地区生态保护的无私奉献。即使是家庭题材，也不只是轻薄肤浅地博人一笑，像《父亲的账本》非常厚重，通过父亲所记的七十年的账本，呈现了新中国第一批注册会计师一丝不苟的职业精神和勤俭持家的良好品德；而《剪爱》则描写生于"癌症家族"的主人公加入"青丝行动"公益组织，成为一名捐发志愿者，向素不相识的因化疗而掉发的癌症患者传递爱与美丽的感人故事。这些"家庭录像"不是家里的搞笑片段，加点夸张的罐头音效，而是纳入了社会背景，具有家国情怀。显然，观众接受度最高的就是对现实生活的"真实记录"——短视频不需要太多的修饰，不需要太多的编撰，越是截取生活本身越是受到欢迎，纪实性和真实性越强，观众的观赏点击率越高。由此可见，对于短视频，观众的审美情趣明显地倾向于现实的、日常的生活，倾向于讲述真实的故事和人物，倾向于展示真实的画面，这种对"真实"的强调甚至能容忍"直播"式的原生态。

从拍摄和制作来看，纪实类作品为了凸显现场感和真实感，创作者都自觉放弃了繁复花哨的手段，避免"炫技"，更不张扬所谓的"大片特效"，而是用平实、朴素的画面还原生活的真实,使作品天然获得了一种真诚感和亲和力。这些作品在艺术上大多为一镜到底的长镜头,对于蒙太奇的运用也恰到好处、不着痕迹。《初到上海新体验》用手机记录一位妈妈带着两个小朋友在上海逛步行街,人山人海的景象让他们十分惊奇,而穿着高跟鞋的妈妈脚都走痛了,却因为不熟悉环境,找不到卖拖鞋的店,两兄弟便很暖心地帮她捶脚。可以说,这部作品朴实无华,几乎像杯"白开水",没有任何技术亮点,但其中所捕捉到的他们在人海中既生怯又兴奋的诸多细节,尤其是上海街景和上海人互为映衬下的文明状况让观众怦然心动。《誓言》以六个誓言串成"恪守誓言,守护家园"的主题,从婚礼誓言到从医誓言、志愿者誓言、入伍誓言等,仅仅三分三十秒的容量却结构精巧,讲究章法和逻辑,特别是有意识地扩放了"在场感",使真实性得以充分展现,因而具有很强的震撼力。

有人担心纪实类短视频会因强调纪实性和真实性而忽视其作为影视门类应有的艺术性,但事实证明,这次获奖的短视频作品的创作者,都有良好的艺术素养,他们不显山不露水地赋予了作品以艺术的品质。这些作品都有很好的故事支撑和人物选择,在构图、光影方面也很细腻、精致,镜头流畅,富有生活的烟火气息,让观众在短视频里照样感受到长片的魅力,各种艺术要素齐备,正所谓麻雀虽小,五脏俱全。统观获奖作品,可以发现,正是由于注重艺术的完整性,才有可能使短视频摆脱粗陋肤浅,获得深刻的思想内涵和动人的艺术品质。值得一提的是,纪实类短视频的创作者具有让人敬佩的创新精神。我们一直在呼吁艺术创新,但说实话,在长片的创作中我们很少看到有特别的创新突破,可短视频却给人留下了很多"新鲜"的印象,既有跨界的思路,又有别出心裁的手段。这可能与创作者多为年轻人有关,他们思想活跃,点子多多,而且乐于在自己的创作中进行大胆的尝试。像《我的世界》反映的是盲道被随意占用而造成盲人安全隐患的现实问题,但创作者不只是复制、粘贴生活中的"随手拍",而是转换成动漫形态,采用全三维形式,对盲人这个弱势群体进行细微刻画,非常温暖和动人,这样的艺术创新使一般的"真实性"达到了"艺术真实"的境界,更能触发观众的共鸣,这是难能可贵的,表现出创作者对艺术的执着追求。

由上所述,我们可以发现短视频一个特殊的艺术创作特性和规律,那就是其源自生活、出自百姓,因而对纪实和真实具有超乎寻常的审美要求。在短视频里,观众期待的还是现实生活,还是他们自己;他们是生活的主人,他们也是短视频里的主人公;一句话,观众在短视频里最想看到他们自己,看到他们自己的生活,无需穿越,无需玄幻,无需虚构,无需伪饰,在短视频里回想生活的瞬间,记取生活的一刻,回味生活的片段,咀嚼生活的滋味,窥破生活的真相,理解生活的本质。一种艺术形式总有其自身的特质,有其特别的审美价值,而这恰恰是其他门类的艺术所无法替代的。作为由时代催生的为大众喜闻乐见的新的艺术形式的短视频,能在有限的时间和空间里彰显、放大观众所要求的纪实性和真实性,这提醒我们应当充分重视、发挥短视频的这一艺术特质,在创作中更需要有对现实生活的真情关切,更需要倾听并反映人民群众的心声和喜怒哀乐,更需要有创作的激情,更需要有不计名利的奉献精神。当然,我们也应该认真探索如何在短视频里保持对艺术的敬畏与敬重,使纪实性和真实性通过艺术的途径得以更加完美地传达。从某种意义上说,短视频创作者如今也的确面临一个问题,即如何在短视频创作中认识"真实"、表现"真实"、实现"真实",这对短视频保持长久的生命活力是会有帮助的。

蛋 嫂

我每天都要吃一只煮蛋。我吃的是煮鸭蛋，不是煮鸡蛋。吃煮鸡蛋的人多，所以卖鸡蛋的也多，卖鸭蛋的则少。以前，我去小区门口的便利店买鸭蛋，常常没货，即使买到，也多半是坏的，煮好的鸭蛋黑斑点点。营业员跟我说，他们也没办法，鸭蛋不比鸡蛋，买的人少，所以放久了就容易坏。我只好决定去远一些的菜市场看看。

那个菜市场里有八个卖蛋的摊位，由于统一价格、统一货物，没有比价比货这一说，那我该选哪一家呢？这时，其中的一位女摊主叫住了我。我说，我要买鸭蛋，但你要保证卖给我的没有坏蛋。她笑了，说帮我一个一个地挑。说话间，她拿出一只手电筒，对着鸭蛋一个一个地照，她说好的蛋在灯光照射下可以看见里面清清爽爽，没有杂质。她让我一起看，但我却看不出什么来。事实证明，经她用手电筒查验的鸭蛋的确个个都是好蛋。

我无法不信任，于是，我就此固定在这个摊位买鸭蛋了。时间一长，我们也熟悉了起来。这位蛋嫂来自安徽六安，已在这里租摊卖蛋四年了。平时她一个人看摊，早上五点出摊，晚上八点收摊，也是很辛苦的。去年夏天，我看到一个男孩在帮着她看摊，可过了几天就不见了。男孩是蛋嫂的儿子，刚念初一，暑假里从老家来上海帮妈妈看摊，可男孩子哪里坐得住十几个小时，开始时还看手机来打发时间，后来实在坐不住了，便生出各种理由来逃之夭夭。蛋嫂还有个女儿，她倒是坐得住，可蛋嫂却不让她来，让她好好地看书做作业，因为她就要考大学了。蛋嫂的丈夫偶尔也会来看摊，但他有自己的工作，那也是一份"蛋业"，他在禽蛋公司做送货员。

后来，我才知道，蛋嫂这里不像便利店，她可是专业卖蛋的，所以，她摊子里的蛋一般都只有三天的存量，不断地卖不断地添，这样也就能保证质量了。鸭蛋自然进货少些，但因为有我这样的老顾客，也能做到心中有数。往年，蛋嫂都会像其他摊主一样，春节时收了摊回老家过年，不再做生意。可今年她没有回去，结果偏偏遇到了疫情，大年初一，她照样五点钟出摊，一看，旁边的摊位有五家都关门大吉了，这样，来她这里买蛋的人倒是多了起来。她跟我说，虽然没有回家过年，但能在疫情期间照常为顾客服务，不让顾客有后顾之忧，她心里还是高兴的。

一晃已经入夏。前几天我去买蛋时，蛋嫂看上去有点儿疲惫，还不断地把手挥来挥去。我问她是不是太热了，是不是有蚊子在咬她。她回答我说，这个菜市场里没有空调，太阳直射在棚子顶上，她摊位里都有四十摄氏度的高温，那些蛋摸上去都热乎乎的，这可容易坏呢。而且，这里也真有蚊子，她自己倒是不怕被咬，最怕蚊子叮在蛋上。我不解道，那就让它叮好了，它又钻不进蛋里。蛋嫂说，这可不行，蚊子一叮，蛋立马就会发臭，蛋里的蛋黄就会散黄。蛋嫂说不能把蛋遮盖起来，这样顾客会看不见；也不能用拍子去拍蚊子，万一拍到蛋上，蛋就会碎了，所以只好用手不断地挥来挥去。我心想，蛋嫂她们还真的不容易。

蛋嫂告诉我说，她还惦记着女儿，因为这几天正要高考，她为了看摊，不能离开上海去陪伴女儿，给她做些好吃的，给她打打气。我宽慰她说，你女儿总要一个人走进考场的，你就放手让她自己去飞吧。蛋嫂忽然想起什么来，笑着对我说，我儿子明天就要来了，他又放暑假了，他在电话里说，这回他会坐得住的，他要替我多看一会儿摊。蛋嫂一边说，一边用手电筒帮我一个一个地查验鸭蛋，这次我看清了，灯光下，那些鸭蛋个个内里晶莹透亮，我觉得如同蛋嫂的心灵一样。

2020
7
JULY

像草一样疯长

躲在草丛里

有一天,我们楼里的孩子全都失踪了。

我们这幢楼里住着二十几户人家,都是一个厂里的,家长的年龄都差不多,所以孩子们的年龄也差不多。正因为这样,孩子们就能玩到一起。那天,不知是谁领的头,我们汇成一支游击队,向一个苗圃出发。苗圃里面的小树苗又矮又细,但是,那里的草却又高又壮。苗圃是用竹篱笆围起来的,那个领头的扒开一处口子,我们一个一个钻了进去。

草丛是最吸引我们的地方,在这里玩捉迷藏简直太妙了,我们猫着腰,在草丛里逃来蹿去,忽隐忽现,身影迷离,犹如青纱帐里的游击队员,游刃有余。我们玩得忘记了时间,直到暮色降临,要吃晚饭了,家长们这才发现孩子们一个个都没了影子。他们大声喊叫着到处寻找,最后来到了苗圃。

可是,我们一律潜伏在草丛里,摇曳的草叶在黄昏里朦朦胧胧,把我们掩藏得极好。我屏住气息,眯着眼睛,恍惚中感到草正在疯长,唰唰唰地就蹿上了天空,而我自己仿佛也跟着草在疯长。后来,家长们还是把我们一个个从躲藏的草丛里拎了出来,他们异口同声地呵斥着我们:"你们就像野草一样,到处疯长。"我们都不搭腔。有一个家长说:"这里的野草算不了什么,我们农村老家河边的野草才真叫高大呢,我们小时候躲在里头,家长根本找不到!"听到这话,我们倒是笑出了声来,结果,家长们也都笑了。

我想,野草之所以那么深地根植于童年记忆,并给我们带来疯长的幻想,其实,它寄托着一种文学的内涵,谁曾没有过像草一样疯长的孩提时光,草是蓬勃的生命的滋长,于是,成了人类最早的文学意象,例如中国第一部诗歌总集《诗经》,里面到处都有草的身姿,从远古站立至今。

校门前的老树

很多年以后,童年时代的小伙伴们聚在一起,有人问我:"你觉得你的一生中有什么遗憾吗?"我说,有啊。他们全都看着我,要我说出这一生中的遗憾来。我很认真地回答:"最大的遗憾,就是不识草木之名。你们谁还记得我们学校门前的那棵老树,它叫什么树名吗?"

我这一说,立刻引起了大家的共鸣。是啊,以前我们学校门口有一棵很大很大的老树,上学时,如果早到了,校门还没有开,我们就会坐在树下吃东西、聊天、看书,我们还会在树荫下玩老鹰抓小鸡的游戏。这棵老树默默地守候着我们,庇护着我们，可是，后来，因为要拓宽马路，它被砍掉了。问题是，我们那时似乎都并不在乎，甚至都没注意到它是何时消失的，没有了就没有了，心里边都没起一点涟漪。后来，怀着一种很深的歉疚，我认真地去回忆这棵老树具体的形象，却是十分模糊，我根本叫不出它的树名。现在，大家帮我一起回想那棵大树，有的说叫白杨，有的说叫榆树，有的说叫梧桐，最后，谁也无法确定。

事实上，树的名字不仅是植物学意义上的，还是文学意义上的，凭借树名，哪怕对一棵树记忆不清晰，也能通过文学的想象让它一点点地还复出来，形成一个真实而完整的拼图。说到底，一棵树的命名，是让我们得以更加深刻地去了解它，感受它，理解它，认识它。而所有对事物的认识，最终是为了认识我们自己。这便是文学的本质。

石师傅的人生

石师傅是我们小区里的绿化工，他总是穿着洗得发白的工装修剪那些冬青树，不是把它们修剪得如同一个椭圆形的大绿球，就是把它们修剪得犹如一个整整齐齐的队列方阵。石师傅来自江苏宿迁，都快七十岁了，他是独自一个人来上海打工的，每晚就睡在我们小区的地下停车库里。其实，石师傅完全用不着在这样的年龄还背井离乡来上海干活儿，他在老家有着和睦的家庭、孝顺的子女。他出来打工，全是因为他喜欢植物。石师傅跟我说："我一直很喜欢植物，八年前一家绿化公司来找我,让我到上海去做绿化工,我一口答应了。我看到植物就开心,就来了精神。我喜欢一年四季都有绿树红花,喜欢每个小区都有很好的绿化。"

冬天的时候,我见到依然有花朵在瑟瑟的寒风中绽放。石师傅教我认识了其中的八角金盘。八角金盘的叶片大大的、厚厚的,犹如皮革,油光碧绿,青翠殷实。它的花特别漂亮,白色中稍稍带一点点鹅黄,还有细细的绒毛,在冬日浅浅的阳光下像一顶顶降落伞,又像一朵朵雪绒花,此起彼落,谢了又开。这样的花朵不浓酽也不硕大,但在萧肃的冬季里彰显着自己独特的美丽。

石师傅似乎更喜欢金丝海棠,那是常绿小灌木,低低矮矮的,有金黄色的花,有红色的果。但小区里一处土坡上的那两棵小小的金丝海棠树,在冬日里显得太孱弱了,枝叶看上去有些枯涩皲裂,我都想象不出它们开花结果时的盛大景象。石师傅对它们照看得格外细心,他还对我说:"你看,它们的旁边是不是有一棵大树啊,这是女贞树,枝繁叶茂,会给金丝海棠遮风挡雨的。"

我每次与石师傅聊天,总是感觉到有一份文学之美,有一种文学的力量。我很羡慕石师傅,有那么多的人在追求着名利,还将其视之为成功的人生,其实他们都没有石师傅的智慧。任何名利都是过眼云烟,何来什么成功人生。文学里所追求的人生都很纯粹,都很诗意,因此,石师傅的人生才真叫成功,因为虽然他平凡,甚至清贫,但他却看尽了绿树成荫、繁花似锦,美好而平和。

2020
8
AUGUST

不种花只种草

种花当然好,不种花是出于无奈。同学送了我三盆花,他是有文化的人,所以送的是松竹梅,送来的时候,真个是蓬荜生辉,五针松碧绿生青,小青竹节高叶茂,梅花昂首怒放。他以为我也是有文化的人,所以种花不必教导,相信我自然会种好的。可他真的错了,我对种花一窍不通,突然有一天想起来,好像花要浇水的,于是,连忙给同学打电话,问他是不是要浇水,什么时候浇水,要浇多少水。虽然貌似明白了,还按要求的去做,可短短的时间里,眼看着松竹梅一盆盆、一天天地枯黄衰败下去,我拍了照传过去,同学的鉴定结果是没救了。

思来想去,我不能种花。首先,我毫无种花知识,养花也是一门学问,是需要精心钻研的,但我没有这种天赋,是不造之辈,人应当有自知之明。其次,种花不能教条主义,不能像我这样,同学关照我基本一周浇一次水,我就不顾季节,不看实况,即使在大伏天里,在阳光暴晒的情况下,依旧一周浇一次水,岂不活活遭了旱灾,干涸而竭。所以,教条主义害死人一点不假,而我们通常深陷其中还不自知。正当绝望之时,同学的话倒让我心头一振。

同学说,看了发来的照片,草倒是蛮茂盛的,比盆花生活得有腔调,比如里面那个长有小叶子的草,就是单单只种在盆里也够漂亮的,像是小小的盆景。是啊,那松竹梅已经枯萎,可花盆里自己冒出来的草却是蓬蓬勃勃,充满生机。我当即决定,不种花只种草了。其实,说种草是抬举自己,这些草完全是自个长出来的,而不是我有心栽种的。不过,既然现在决定种草了,即便它们都是野生野长,那我也像当初浇花一样地常常去浇点水吧。

令人欣喜的是,草势越长越好。芸苔草尤其出色,这种一年生或二年生草本,属十字花科,身材高挑,茎秆粗壮,叶柄宽宽,下部的草叶犹如琴状,先端呈圆形,中部及上部的叶片则呈长方形,叶端锐尖,基部心形,半抱茎。芸苔草还会开花,四枚花瓣,花色鲜黄,在太阳下格外艳丽,闪闪发亮,将先前的颓败一扫而光。我查了一下资料,说芸苔草是一种药用植物,可治劳伤崩血、风热肿毒、血痢腹痛,《本草纲目》里记载:"治痈疽,豌豆疮,散血消肿。"

当然,长得最好的莫过于一年生草本狗尾巴草了。我都不知道它是什么时候蹿出来的,等我看清时,它已经成丛成片了,叶鞘毛茸茸的,像极了狗尾巴,煞是可爱,在微风中摇曳轻摆。前几天,这狗尾巴草居然结果了,长出了如同麦穗一样的东西,那是它结的籽。我也拍了照片发给同学看,他说这籽成熟了便随风而去,只要有土,飘到哪里就在哪里生根发芽。我现在知道了,我花盆里的狗尾巴草就是随风飘来的,因为虽然花木凋零，但盆里的泥土还在，它就留下来了，自我生长，说实话，我不浇水它也照样活得自由自在，生气盎然。这就是种草的好处了，不必太过专业，不必教条主义，更不必刻意存心，轻松而散漫，你牵不牵挂，蓄不蓄意，精不精心，它都不会在乎，它有着强悍的生命力，有着自己的抱负和使命。

以前，我还老问"野火烧不尽，春风吹又生"具体指的是什么草，如今，我相信，它们就是我种在泥盆里的这些不起眼的杂草了。

囤 书

我不是藏书家，但我囤书。囤书跟藏书不一样，藏书者，珍藏也，而囤书则是为了阅读。

书与人的相遇终究靠的是缘分，说到底，是一种内在的契合。所以，每每去书展，其实事先并没想过要买哪本书，但最后总是提了一大袋的书回家。那些书我就是囤着的，不一定立马就读，但却犹记在心，不会忘记，不知什么时候，突然有一天就开读了。这有些像去逛街，遇到一件喜欢的东西，要是犹犹豫豫地没有买下，那心里就会因牵记而懊恼、纠结，始终放不下来，因而人们常说，遇到喜欢的就不要错过，免得后悔不已。

当然，有人会说，书又不是孤本，也并不难找，何必囤着，想看时再买便是。可许多事并不那么简单。有句老话说得好，书到用时方恨少，有时，忽然间急着要用到某本书，偏偏手边没有，就会很尴尬，但要是有书囤着便很笃定了。比如，有一回，文章里要引用《艺文类聚》，这两卷一套的书我是囤着的，于是，也就不慌不忙，仿佛胸有成竹似的。又比如，一代芭蕾舞大师尼金斯基自己撰写的《尼金斯基手记》，我都囤了十多年了，还一直没有打开过，可有一天，我关心起有关芭蕾舞创新的问题，便想到了这位哪怕受到质疑也要冲破束缚、为世人留下《牧神的午后》《春之祭》等不朽芭蕾巨作的大师，也就开始阅读这本囤着的书，越读感受越深。我想，若是早前阅读，我很可能走进不了他那狂傲不羁的内心世界。

我一直很有耐心地囤着与两个人相关的各种书籍，一个是中国的瞿秋白，一个是捷克的伏契克，只要与他们有关的书我都会囤起来。囤瞿秋白的始于1967年，囤伏契克的始于1974年，迄今真是囤书累累了，但仍然还在继续。我囤的有关瞿秋白的书里有他自己写的书，有他女儿编的家信，更多的是各种传记和评论。关于伏契克的书同样也是如此，我囤了他的名著《绞刑架下的报告》中文版的各个版本，我真的不是用来收藏或研究的，而是用来阅读的，因为每个版本都有不一样的地方，而这恰恰蕴含了时代的演变进程。这两位都是早期的共产党人，他们都有着文学的抱负，也都为了理想而献出了自己的生命。在他们身上，我真正看到了有着深厚文学素养和造诣的革命者的初心和品质。我最近已在开读囤了近十年的《瞿秋白学术思想评传》，而且买了最新捷克文版的《报告》，虽然不识捷克语，但书里珍贵的图片可以细细品味。

其实，囤书归根结底属于相遇的故事。凡相遇，必有书籍背后丝丝缕缕的情愫。这些天，我囤了好多本刚刚出版的《秋园》，这是一位八旬老人讲述"妈妈和我"的故事，老人是从汽车运输公司退休的仓库保管员，她是在小小的厨房间里以凳当桌写下的这部书，书里写尽了两代中国女性生生不息的坚韧与美好,我读时不断地回想起自己同样坚毅的母亲。于是,我囤下后分送给我的朋友们,让更多的人听听曾经来过这个世界,挣扎过,绝望过,也幸福过的普通女子的不凡故事。我还囤了一本尚未认真阅读的书——《威廉·卡洛斯·威廉斯早期诗歌中的印象主义》,那是因为有一次我读到我的一位好友写的以这诗人名字为题的诗歌,那时候,我们都风华正茂,憧憬着长长的未来。因此,后来,当我看到有这样一本书,立刻就买下了,我想将来通过阅读此书记住年轻时的一段友谊、一段生活、一段岁月。

2020
8
AUGUST

"夏衍的考试"

近日读丁言昭所著《丁景唐传：播种者的足迹》，里面写到的"夏衍的考试"颇令人寻味。

丁景唐是位老革命，长期从事地下学生运动和文化运动工作，共和国建立后，历任中共上海市委宣传部文艺处处长、宣传处处长、新闻出版处处长、上海市出版局副局长、上海文艺出版社社长兼总编辑，曾主持《中国现代文学史资料丛书》《辞海》《中国新文学大系》等重大出版工程。此外，他还是一位鲁迅和瞿秋白研究专家，在学术领域独树一帜。

夏衍是丁景唐二十世纪五十年代在上海市委宣传部工作时的上司，当时，夏衍担任中共华东局宣传部副部长、上海市委宣传部部长。1952年夏的一天，丁景唐突然接到通知，去听夏衍做报告。当他走进会场，才知道居然碰上了"突然袭击"——原来夏衍安排了一场文化考试。"考生"仅限上海的部分文艺干部，约一百人左右。试题包括政治、时事、文艺和自然科学，包罗万象，可谓"百科知识"。试卷有问答题、是非题、填充题等题型。考试结束后，丁景唐等人走出会场，像学生时代那样，急急地互相对答案。他说试题里有共同纲领，上海市人民代表大会，七届二中全会，印度的首都，太阳系几大行星，鲁迅、郭沫若、茅盾的文学名著等，著名剧作家、时任上海市文化局副局长于伶说考题里还有米价和上海到北京的铁路长度，于伶的夫人柏李还补充说有古典文学知识。

"夏衍的考试"立刻流传开去。显然，夏衍主持这场考试是有用意的，一方面是了解和掌握负责文化工作的主要干部的学识情况，一方面也是提醒这些干部要认识到自己的不足和局限，尽快通过学习提高自己的知识水平，不能在文化部门做领导，却对文化领域一无所知，以避免"外行领导内行"的质疑和尴尬。丁景唐清楚地记得自己答错了几道题目，比如印度的首都是新德里还是旧德里，太阳系有哪几大行星等，他或者答错了，或者没答全。

考虑到参加考试者的"面子"问题，夏衍规定答卷一律不署名，测验结果只供领导参考，不公开成绩，但在事后把正确答案发给大家，让每个人做到心中有数。时任上海市市长陈毅知道这场考试后找夏衍谈话，他肯定搞这样一次考试是好的，但他说，你们文化人办事就是小手小脚，要我来办，答卷上一定要署名，测验结果一定要公开，只有让他们丢一次脸，才能使他们知道自己的无知。陈毅还提出，要给水平不高的干部举办补习班。

1954年6月30日，夏衍在上海人民大舞台为第二次文艺干部文化考试做了动员报告。这次考试扩大了"考生"的范围，共涉及华东局宣传部、上海市委宣传部文艺处、华东行政委员会文化局、上海市文化局、上海市文联、中国作家协会上海分会、解放日报社、上海人民广播电台、上海电影制片厂、新文艺出版社、华东人民美术出版社、新美术出版社、少年儿童出版社、上海美术家协会、上海音乐家协会、上海人民艺术剧院、华东话剧团、华东人民艺术剧院、上海乐团等二十四个单位的六百七十六人。

当年7月7日开考，考试分几个考场同时进行。考试内容是三十道政治文艺常识测验题，包括政治、时事、历史、地理、中外古今文艺名著与作者。考试形式有填充题、说明题、是非题三类，每题设5分、3分、2分不等。政治、时事类有日内瓦会议、印度支那三个国家、社会主义分配原则、我国宪法的性质等；历史、地理方面有王安石、李自成、我国人口总数、越南奠边府、危地马拉等；文艺方面有敦煌莫高窟壁画、德沃夏克、《儒林外史》《兵车行》《三姐妹》《彷徨》《子夜》《向太阳》等。在这次考试中，有半数以上的人没有达标。

对"夏衍的考试"，有人表示不理解，也有人对考试结果表示悲观。但是，夏衍说："我从来不悲观。"他还说："现在我最担心的是全民文化素养问题，特别是从领导干部到基层干部的文化素养的问题，他们是提高全民文化素养的关键所在。"那么多年过去了，今天，我们重温"夏衍的考试"，能更加深刻地感受到夏衍以及陈毅他们当年的高瞻远瞩和深谋远虑，即使在当下，也有重要的现实意义和认识价值。

温情北外滩

上海北外滩的大开发为世人瞩目，如今，浦西第一高楼白玉兰广场已耸立在黄浦江北岸，与对面的浦东第一高楼上海中心大厦隔江相望。未来，还会有更多更高的摩天大楼在这片土地上拔地而起，从金融到高科技，众多企业总部也都将集聚于此。我乘电梯直上白玉兰广场二十层楼，这里是北外滩街道面向楼宇企业和白领的服务站，就是在这里，我看到了电视幕墙上正在滚动播出的有关"微心愿"认领公益活动的字幕。

"微心愿"是一个个小心愿，发自住在北外滩片区的居民：低保老人郭大妈血压不稳，她希望有一只电子血压计；身患重病的沈先生生活不便，他希望有一台洗衣机；特困孤老葛大伯腿脚不利索，但经常要去医院，他希望能有一辆轮椅车……看着这些小心愿，我心想，对他们而言，这是实实在在的对于有质量的生活的盼望和向往。在我看来，北外滩的开发不仅仅是建造一栋栋现代化大楼，还是一座城市精神层面的开拓和抬升，定位成"世界会客厅"的北外滩，理应有属于普通百姓的窗口。在轰轰烈烈的建设中，能推出"微心愿"认领这样的公益活动，足见开发者的宽阔胸怀。

如今，已有不少企业进驻北外滩，那些富有活力又心怀理想的年轻白领跃跃欲试，他们期冀能在这里既实现个人价值，也实现社会价值，所以，"微心愿"活动一经推出，立即获得他们的积极响应。沃尔沃汽车中国销售总部一下子认领了涉及十一个居民区的十三个小心愿；上海芯翌智能科技有限公司则第一时间认领了五位听力障碍老人想要助听器的"微心愿"。去年底的时候，外面刮着大风，气温骤降，芯翌智能公司人员带着助听器来到塘汉居民区，见到了那几位有听力障碍的老人。先前，由于家庭经济条件有限，这些老人没有能力自行购买助听器，可现在，他们埋在心底的一个愿望终于实现了，他们都说又听到了一个清晰的世界。此刻，融融的暖意荡漾开来。

前几天，我冒着大雨去了一趟唐山居民区，我想去看望住在那里的俞福厚老伯，感受一下"微心愿"活动的情况。俞老伯神清气爽、耳聪目明，把自己和所住的房间都打理得干干净净。他告诉我说，他今年九十二岁了。陪我去的居委干部任佳伟听后，满脸狐疑地问，那你怎会没喝上九十岁以上老人的免费牛奶呢，是不是我们没做好这件事啊。俞老伯笑了，说是当年报户口时，不知怎么会写错了他的出生年份，写小了三岁，后来也就将错就错了。俞老伯没有子女，是一位特困孤老，但他说自己没有后顾之忧，因为他住的独门独户的房子是街道租给他的，看病全额报销，不用花一分钱，虽然没有养老金，但每月都可领一笔固定的特困人员救助供养费。当然，他也只能勤俭节约，尽管房间里装有陈旧的老空调，可他不舍得用，他的小心愿是有一台电风扇。其实，俞老伯并没有自己提出来，而是那天居委干部上门探望，发现他大热天不开空调，这才趁着"微心愿"公益活动的开启，帮他申报的。很快，上海源鑫集团认领了俞老伯的小心愿，他们考虑得相当周到，觉得台扇置放可能不稳，还担心风扇转动的叶片会伤了老人的手，于是，决定为俞老伯购买落地的无叶风扇。风力匀和、时尚美观的电扇静静地吹着，俞老伯一脸的满足。

听说目前已有九十三个小心愿实现了，而"微心愿"认领公益活动还在继续中。有一个小心愿让我为之感动，这是蕃兴居民区一位低收入残疾居民缪先生的，他希望有一台烤箱，这样他就能为邻居们烘焙糕点了，以此来回馈帮助过他的人们。我想，如果能帮着他实现这么一个小心愿，那真是一件美好的事情。站在白玉兰广场的楼顶上，看着逐渐凸显的新的城市天际线，我不禁感叹起具有人文高度的温情北外滩。

文人咖啡

闵行图书馆馆员孙莺说要请我喝咖啡,我说好啊,你定个时间吧。结果三天过后,她寄来了两本书,一本是《近代上海咖啡地图》,一本是《咖啡文录》,都是她编的,她花了很大的工夫,搜罗了从1895年到1949年间出版的近百种近现代报纸和期刊,从中筛选、辑录出与咖啡馆有关的资料,犹如拼图一般,拼凑出一部曾经的上海社会生活史。

都说文人爱喝咖啡,我觉得或许这是一种象征,显示出文人对于新潮的敏感和对多元文化的接纳,当然,这也是文人的腔调和情调的一种体现。虽然鲁迅说他把别人喝咖啡的时间花在了工作上,但他却不拒喝咖啡,早在北京时期,他就上过咖啡馆,1923年8月1日,他在日记里记道,与清水安三同至咖啡馆小坐。到了上海时期,鲁迅去咖啡馆的次数就更多了,仅1930年上半年,他在日记里写到过一起喝咖啡的便有冯雪峰、柔石、韩侍桁等,而与左翼作家商讨筹备成立左翼作家联盟,更是多次在咖啡馆里进行的。可见,除了消遣,鲁迅是视咖啡馆为会友谈事的一个比较理想的场所的。

因此,在咖啡馆喝咖啡便打上了"文人咖啡"的印记。确实,当时在上海的文化人大多喜欢去"孵"咖啡馆,有的作家干脆在那里一边喝咖啡一边写作,此种情形延续至今。文学家、美学家张竞生说,喝咖啡的确能够帮助激发文思,所以他常为喝咖啡不够过瘾而苦恼,觉着不能长时一杯在手,也就不能神气一直迷离于脑际。学者、记者曹聚仁很有趣,说自己是个"土老儿",爱喝茶,不太爱喝咖啡,但是,要与人谈新文艺,这就需要有一种"文艺复兴"的感觉,于是就得去咖啡馆,而且还特意选了金神父路(今瑞金二路)口的名为"文艺复兴"的咖啡馆。岂料,这家白俄人开的咖啡馆,没有文化上的启蒙景象和黎明气息,倒是有着一股向往于帝俄王朝复辟重来的陈腐味,大煞风景。我读着曹聚仁的咖啡文章,不禁莞尔。

在散文家、剧作家何为看来,咖啡馆就应是一个文艺沙龙,在他的想象中,格调高雅的咖啡馆要具备文化素质,门面装潢和内部陈设既要现代化,又要有独特的艺术趣味,"新颖柔和的灯光,非具象的壁饰,若有若无的典雅音乐,造成一种恬静闲适的氛围",文人们可以在此休憩和相互交流。循着何为的文字,我也想象起那些创造着文学和艺术的人们,在这样的咖啡馆里是何等的优雅和惬意。但是,何为常去的有着文艺沙龙品质的咖啡馆却是简陋的,他回忆道,亚尔培路(今陕西南路)那儿有一家赛维纳咖啡馆,设备简单,价格低廉,可异国情调却为其增添了一份艺术感,所以,当时不少画家、作家和诗人在那里据有几张固定的桌子,往往从下午坐到晚上,其中尤以昆仑影业公司的电影工作者居多。那时,为了把田汉的著名话剧《丽人行》搬上银幕，他参加了电影剧本的分镜头工作，与导演陈鲤庭、郑君里，制片人夏云瑚、任宗德，主演赵丹、黄宗英、上官云珠、蓝马、沙莉，作曲家王云阶，美术家张乐平等人，几乎每天下午都在赛维纳咖啡馆喝咖啡，高谈阔论，碰撞思想火花，讨论如何将话剧改编成电影，如何使影片更好地呈现爱国主题。何为认为，这样的咖啡馆就是"文艺沙龙"。我这些天正打算去看望黄宗英，我很想问问她，喝咖啡是不是因此给她这样的明星增添了文人的气质。

我跟孙莺说，看了你编的两本书，已是咖香氤氲，为了表示我的祝贺，还是我请你喝咖啡吧，地点是多伦路上的公啡咖啡馆——这家咖啡馆可是中国左翼作家联盟诞生的摇篮，既有历史，又有文化。

说说轻质化的少儿散文

如今的儿童文学创作发展极不平衡,作家们都在赶着写系列长篇小说和系列童话,而少儿散文等其他儿童文学样式的创作少有人问津。事实上,系列长篇小说和系列童话的繁荣在很大程度上是虚假而表面的,因为更多的是出于迎合市场的受经济利益驱使的行为,而不是其内在的质量和水准确实达到了惊天动地的"高峰"。说句老实话,如果让那些赶写系列长篇小说和系列童话的写作者来写散文,不少人一定会逃之夭夭,原因不是冠冕堂皇的"没有时间",而是根本没有能力写;自然,选择何种文学创作样式因人而异,不可强求,但众多的写作者缺乏扎实的文学功底,缺乏对有限制、有难度的散文体裁的把握能力,缺乏独立的思考和较高的智慧,则是不争的事实。

这样说,是想揭示目前儿童文学的创作环境——出版的浮躁导致了少儿散文出版困难,由此导致有水平的少儿散文写作者的流失;而各种设限则又导致少儿散文写作难度更大,结果便是已经难得的少儿散文创作呈现严重的轻质化。

所谓的轻质化,即是少儿散文作品轻浅,不能深入现实;轻薄,不能深入生活;轻飘,不能深入历史;轻慢,不能深入思考。

　　这样轻质化的少儿散文当然是无法得到读者欢迎的,也当然是没有文学地位的——说句令人沮丧的话,已经量少了,还如同那些量产的系列长篇小说和系列童话,一样没有质量。

　　轻质化的少儿散文轻浅,不能深入现实。现实是什么?现实是今天的世界已经发生了带有根本性的变化,而今天的孩子正是生活在这种已经并不断发生变化的世界中的,新科技的日新月异、新的社会生活和家庭生活形态、新的时代愿景、新的社会矛盾冲突等,已使人类包括孩童的生活跟过去无法同日而语,外部世界的变化,势必影响到少儿的内部世界——他们的心灵世界和精神世界也随之发生了变化,这些变化是巨大的、深刻的、震撼的、难以摆脱的,但我们的少儿散文创作没有正视现实中的巨大、深刻、震撼的变化,不愿去探寻这种变化,认识这种变化,缺乏对现实的敏锐嗅觉和热诚关注,对外部世界的变化所影响到的少年儿童心灵世界的变化木知木觉,甚至还遮蔽现实。

　　轻质化的少儿散文轻薄,不能深入生活。谁都不能否认,如今的人类生活呈现非常复杂而多样化的状态,孩童也是一样,不可能完全置之度外,所以他们的生活不再那么单一、那么单薄,甚至不那么单纯,他们面临着新的生活环境、新的生活问题、新的生活感受,但是,我们的少儿散文作品却很少触及,表现和表达都是相当缺乏的,更多的还是停留在表层或浅层次上,有的甚至连观念都非常陈旧和滞后,无法深入到当下孩童生活的内质、内核,没有生活的洞察力,无法让读者在作品中沉浸式地体验和感受多样化的现实生活，因此走不进他们的心里。说实话，现在有多少散文写作者也有"深入生活"的自我要求呢？他们离孩童身临其境的复杂而多样的真实生活那么远，就不消说与他们的心灵距离了，更多的是自以为是和想当然，其实并不真正理解、参透今天孩子的生活方式和生存状态，并不真正知道、懂得他们现在的喜怒哀乐。

轻质化的少儿散文轻飘，不能深入历史。优秀的散文作品历来都是承载着深厚的历史的，而现在的少儿散文却自我设限，巴不得与历史切割，百般躲避历史，想方设法绕开历史，这是另一种历史虚无主义，既没有对历史的尊重，更没有对历史的反思、对历史的独特阐释和见解。众多散文作品都在记叙童年生活，好像童年生活是最可以省略历史似的，因而，他们笔下的童年生活大多为"美好的记忆""静好的岁月"，轻飘飘的，没有历史的根基，甚至连历史的背景都被人为抹去了，仿佛他们的童年时代生活在真空之中。而散文的文学属性恰恰要求真实，反文学属性的散文写作，写出来的童年生活会可靠、会真实、会真诚吗？谁的童年不是生活在特定的历史阶段，不打着时代和社会的烙印？没有盖上历史邮戳的散文是难以向历史交代的，是发不出去的无用的东西。少儿散文当然要书写历史，书写历史的根本文学动机是捍卫记忆、反思历史，如果不是这样，那就没有价值，因为这样的作品在很大程度上是失真的，是美化的，甚至是虚伪的。

轻质化的少儿散文轻慢，不能深入思考。纵观现下的少儿散文，普遍缺乏思想性，质地很薄很脆，生发一些小感慨小感叹，无根无基，不痛不痒，轻慢浮夸，随风飘摇。少儿散文作品中罕见思想的光芒，少有悲悯，少有批判，少有沉思，少有凝重。不少作家想当然地设置不同年龄阶段的孩童的智商水平，然后想当然地为之配置相应的智商水平的散文，结果大多逃不出这样的命运——被少儿读者指斥为"幼稚"，弃之如敝屣，反过来倒是证实了自己的低智商水平的写作和思考能力，这种尴尬是作家自己造成的，散文所具有的高度的文学性和思想性恰恰是当下众多的少儿散文书写所缺乏的。没有思想的作品是没有灵魂的东西，没有灵魂的东西就是文字垃圾。今天的读者已经有了新的审美认知标准、新的文学阅读需求，即便是少年儿童读者也不例外，他们已经不是我们想象中的模样了。我自己曾随一个小学四年级的学生去一家实体书店买书，他们购买的书籍令我非常惊讶，我记录了结账单上的购书书目，其中的散文著作有毕飞宇《苏北少年"堂吉诃德"》、周国平《成为你自己》、林清玄《漫步在青春的河畔》、龙应台《亲爱的安德烈》、希梅内斯《小银与我》、巴恩斯通《博尔赫斯谈话录》、弗兰克《安妮日记》。不要想当然地说，这是特例，很可能这就是"常态"，只是我们自己无知、狭隘和闭塞。

　　长期以来，少儿散文一直在一种范式中运行，这种范式似乎坚不可破、不可逾越、不得违逆。范式在表现和表达方法上似乎认定少儿散文就应该是小小的、软软的、柔柔的、暖暖的，小狗小猫，小花小草，小溪小河，不然就是不适宜少年儿童。不可否认，少儿散文需要小狗小猫、小花小草、小溪小河，但今天的时代、今天的社会、今天的读者，乃至今天的文学,都有了很大的变化,而世界的一切总是在变化中向前发展着,不可能一成不变,文学,包括散文创作都需要有所突破、有所创新、有所超越。其实,即使在少年儿童自己写的作文中,我们都看到了超出我们想象的艺术和思想成色,所以,少儿散文创作再一味地抱残守缺,那注定会被读者所抛弃。殊不知,今天的读者中早已有一种流传的认知,他们希望有大眼界、大胸怀、大开阖、大格局的具有文化和思想含金量的"大散文",他们认为那些"小散文"应该让普通的文学爱好者去写,专业的文学家、作家,尤其是专业的散文作家应该高度自觉地去写"大散文"。虽然这种要求可能有点儿强人所难,但是并不是毫无道理,而且对散文作家来说,应当明白散文创作有了新的标高、新的标杆,这也是一种激励、一种鞭策,我们已经不能停留在过往的模式或范式上了,我们应该勇于尝试、勇于开拓。

儿童文学只是文学的一个分支,虽说儿童文学有自己独特的创作规律和创作法则,但是,它具有作为文学的一般的基本的普遍的特性和特质。在文学作品的意义和价值体系中,从来都有着对现实的批判、对生活的诘问、对历史的反思、对人性的揭示、对温暖的传递、对世界和人类自身的思考、对美好未来的向往和追求,儿童文学也概莫能外,事实上,中国现代儿童文学的发生和发展由安徒生而来,而安徒生便是文学的这些基本特质的示范。散文对文学语言的运用有着更高的要求,而因其体裁的非虚构的特点,对现实生活的关注和思考也是对其必然的要求。因此,少儿散文的创作者,不能总是待在自己的书斋里，总是以自己的认知为度量衡，总是想着迎合市场、"趋利避害"，而应有更加开阔的视野、更加深广的胸怀、更加厚重的思考。说到底，今天少儿散文创作低迷，没有文学地位，在很大程度上是与作家缺乏责任感，缺乏文学修养，缺乏眼界和胸怀，想当然地揣度当下少年儿童的心灵世界和精神生活，自以为是地定义他们的喜怒哀乐分不开的。他们没能走进少年儿童的内心，无法了解他们的所思所想，无法体会他们的困惑、焦虑和苦恼，无法理解他们的理想、希望和需求，甚至都无法认识、反省作家自身的过去和现在，所以写出来的少儿散文与读者之间有着太大的鸿沟，结果只能是自娱自乐，不能直击人心，直击现实，没有分量，没有风骨，没有智慧，没有灵魂，纵然是"爱"和"温暖"的"拿手"主题也送达不出，无处安放。说起来，如果少儿散文的写作者故步自封，不将少儿散文同样纳入时代和读者所呼唤所期待的更为磅礴的大框架、大建构、大体系，还真就是浅薄和幼稚。

令人欣慰的是，河北少年儿童出版社此次大无畏地"逆流而上"，花大力气、大工夫推出了大型少儿散文"童年中国书系"。我在现已出版的二十本书中，看到了出版社和散文写作者为改变少儿散文创作轻质化所付出的勤勉努力，这是少儿出版界难得的一股清流，是儿童文学作家们难得的一份情怀，让人们看到了少儿散文可以期盼的新格局、新面貌、新天地。

小心愿，大温暖

我在《新民晚报》副刊"夜光杯"发表的《温情北外滩》一文，记述了北外滩开发建设者们的博大胸怀，为了帮助片区里有生活困难的居民，他们发起了"微心愿"认领的公益活动。我在文中写道，在白玉兰广场二十楼的电视幕墙上滚动播出的字幕中，虹口蕃兴居民区一位低收入独居残疾居民缪先生的小心愿让我为之感动，他希望有一台烤箱，这样他就能为邻居们烘焙糕点了，以此来回馈帮助过他的人们。"我想，如果能帮着他实现这么一个小心愿，那真是一件美好的事情。"没有想到，文章一发表，我微信里的朋友纷纷要求我张罗一下，他们都想帮缪先生实现心愿。

我很感动，但我也很为难，我不知道该答应谁而拒绝谁。那天中午，我忽然涌起一个想法："微心愿"认领其实是双向的，帮助他人同样是应被满足的愿望，而且，不是非得盖一座大楼才算彰显爱心，我们尽自己所能，哪怕只是垒几块安全的石墙也是一份大爱。于是，我发布了一条朋友圈，说明"众人拾柴火焰高"，每个认领者限捐八十元，自发布之时起，取最先报名的前十位。

仅仅过了五分钟,就有了第一位认领者,他是原上海国际艺术节中心的俞百鸣。转眼间,建设银行职员张涛也已报了名,我告诉他,你是第三位,不料,为了让缪先生尽快实现心愿,他将所有的款项都发来了,我说不行,你也得给其他人机会,而且,我们这次就是怀抱一个"小心愿"。才两个多小时,十个名额已告满员,他们中有本市的,也有外埠的;有做教师的,也有做编辑的;有航天工业的员工,也有从事艺术的导演、摄影师;有作家,也有企业老总。尽管他们来自各处,行当不同,但他们有一个共同的身份——他们都是"夜光杯"的读者,我们决定就用这个名义来助缪先生愿望成真。傍晚的时候,我收到上海教育报刊总社赵玉平的认领微信,我跟他说报名已经截止,但他却道多一个人无妨,我说那你必须有能说服我的理由,他说他刚刚参加工作时,是在那一带租住的房子,二十多年过后,时常回想起那些努力工作的日子。我无法拒绝这份深厚的情感。

前几天的一个上午,秋意绵绵。在居民区干部的陪同下,我们带着所有爱心人士的嘱托,如约前往缪先生家里。认领者陶玉华开着车,车上放着一台崭新的大容量的烤箱;另一位认领者王爱萍早早乘坐公交车特意赶来。六十多岁的缪先生拄着双拐站在楼前迎候我们,当我们抬着烤箱走进他家时,他的邻居也好奇地跟了过来。缪先生看到那台银灰色的烤箱后开心不已,他的邻居告诉我们,虽然他腿脚不便,还患有脑梗和心脏病,经济上也很困难,但他却有良好的心态,像个孩子一样什么都想学,对什么都觉着新鲜。缪先生说,我今天就要开始学着烘焙蛋糕,好在我的邻居有这一手,而且还肯教我。当他向我们致谢时,我说我们同样也要谢谢你,因为你让我们实现了帮助他人的美好愿望,这是我们彼此的一个小心愿,但却有着大温暖。

临走的时候,我们与缪先生约好,下回再去看看他为回馈邻居所做的蛋糕。缪先生笑着说,那我也要请你们尝尝的。他告诉我们,他也是《新民晚报》的读者。

开阔的思想才能"夺冠"

都说电影《夺冠》是一部很美的作品,将人们的记忆拉回到改革开放之初,有一种怀旧之美;几场比赛拍得惊心动魄,有一种沉浸感受之美;夺冠路上汗水、泪水、血水交融,有一种坚忍不拔的品格之美……但在我看来,这部体育题材的影片最美的是其有着一种思想的光芒、哲学的光芒。

长期以来,我们的体育电影更倾向于赢者为王,观众也更喜欢欣赏训练和比赛时的各种激烈以及胜利时的癫狂,故事和主题很是单一,不外乎是因困难而生的动摇到意志的坚定,但却少有思想的力度,犹如平日里人们经常说的那样,"四肢发达而头脑简单"。当然,作为体育电影,描绘运动员的刻苦和拼搏无可厚非,只是仅仅停留在这样的层面,显然是过于单薄了。纵观当今世界上的体育题材电影,都力求在思想的深广度上做出更大的开拓,镜头从外在的竞技呈现深入到复杂的内心揭示以及对体育自身的反思。

事实上,这是时代发展的过程,电影审美的进阶也是需要时间积累的。我至今记得中国女排崛起时拍过的一部名叫《沙鸥》的电影,这部影片可说是在银幕上第一次对中国女排精神进行了阐释，我甚至认为《夺冠》的前半部分与其相当吻合。当时，观众对其中的一场重头戏心颤不已——女排主力队员沙鸥在与日本队的比赛失利后，在回国的轮船上，将获得的银牌抛入大海，她说"我要的是金牌，不是银牌"。在遭受一系列打击后，本已有退却之心的她重返球场，当上了女排的教练。经她培养的年青一代女排运动员参加了亚运会。当双腿瘫痪的沙鸥在疗养院的电视里看到中国女排夺得冠军时，她激动地流下了幸福的眼泪，因为她认为一个运动员应该以自己的生命去赢得比赛，这是她生活的全部。可是，今天，《夺冠》显然超越了这部1981年上映的电影，这种超越不单是中国女排故事的起伏延续，而是注入了对体育运动和运动员个人生命的新的观照。

我以为影片中的三场戏将《夺冠》送上了中国体育电影目前所达到的高层次。一场是中国女排主教练郎平集结队员，当众询问："你们有谁并不喜欢排球？"一位运动员站出来说她不喜欢打球，她希望去读大学。郎平听后没有训斥，反而尊重她的选择，希望她重新规划自己的人生，让她没有思想包袱地从容离开。一场是在管理层会议上，面对领导们着眼于求胜求赢，郎平没有再重复她当年所说的"再不拼就没有机会了"，而是说排球不是生活的全部，并让运动员懂得享受体育本身。另一场是在里约热内卢奥运会与巴西队比赛之前，郎平给主攻手朱婷发短信，对她说，你不要想着成为郎平，你要成为你自己。三场戏里的台词掷地有声，直击人心，显示了时代的进步，显示了观念的嬗变，这是《夺冠》对于中国体育电影在思想乃至哲学层面上的重大突破。

我们可以设想一下，如果是以前的电影范式，一个排球运动员怎么可以说自己不喜欢排球，而且还可以堂而皇之地离开？运动员们怎么可以不天天呼喊拼了命也要赢的口号，而且可以那么轻松坦然地享受体育运动本身的快乐与美妙？一个被众人关注的运动员怎么可以不抛弃个人的一切，向公认的全民偶像看齐，不去追求成为人们希望中的样子，而且可以自说自话地"活出个性""活出自己"？先前的思维模式限制了我们对于体育的认知，尤其在附加了体育之外的太多东西后，体育的价值和意义在相当程度上被扭曲了；而这种扭曲导致了体育电影没有厚重的思想力量，看的都是比赛的紧张和刺激，以及运动员的魔鬼式训练，影片千篇一律地表达对于"胜利"与"成功"的膜拜和亢奋，而没有完成作为艺术的最终要求，即对变化的环境之于人的内心影响的反映、对内涵艰深的人性的揭示、对健全人格的探索和塑造。

最近几年，国外的体育电影，如俄罗斯的《绝杀慕尼黑》、印度的《摔跤吧，爸爸》、法国的《陪练人生》、英国的《大叔花样游泳队》等，无不在讲述体育运动故事的同时，展示运动员个人生活的多面性、与旧有观念的冲撞和对立、对个性的理解和认同，由此形成了一种新的体育电影美学，而《夺冠》基于对体育精神的再思考与再更新，正是对现代语境下的中国体育电影的全新构建。影片中的一幕令人难忘——郎平面对外国记者"为什么你们中国人那么在乎一场球的胜利"的提问时，她平静地回答："因为我们的内心还不够强大，等有一天我们内心强大了,我们就不会把赢作为比赛唯一的价值了。"此时此刻,我深切感受到一部真正的好电影总是给人以思想的启迪,这也是电影艺术的灵魂所系。《夺冠》的燃点,与其说是训练和比赛激荡人心的真实再现,不如说是其思想的开阔、胸怀的拓展、目光的深远,而电影之美是因其闪烁着思想的光芒,让观众在电影里重新发现和认识生活乃至生命。

红 海 滩

我去过很多地方,看过很多山水,但我却不知道东北有一片浩瀚壮丽的红海滩。

红海滩位于渤海湾东北部,地处辽河三角洲的盘锦市,总面积达二十余万亩,是大自然孕育的一道奇观。我们是近中午的时候到达红海滩的,放眼望去,滩涂湿地里,一大片一大片的红色非常耀眼。因为没有海水,所以,露出了不少土沟,这些土沟就成了一支天然的画笔,用各种线条来勾勒一片片的红海滩,有的像地图,有的像枫叶,有的像毯子,但真正名副其实的说法,这里是世界罕见的"红色海岸线"。

红海滩的形成绝非易事,海的涤荡与滩的积沉,是红海滩得以存在的前提;碱的渗透与盐的浸润,是红海滩得以红似朝霞的条件。从辽河上游带来的有机物与无机物混合成咸淡交融的物质,然后在这里的入海处沉积,形成了退海之地——滩涂,没有这片全球保存完好、规模硕大的湿地,也就不会有红海滩的壮景。说起来,我在别的地方看到的湿地多是沼泽,泥潭处处,不知深浅,令人生出不安。而红海滩的沼泽地因为被红色覆盖,有着"疑似红霞落海滩"的诗意,所以让人心情愉悦，流连忘返。滩涂都为盐碱地，辽河三角洲当然也不例外，但是，其他地方一概色彩灰黑黯淡，唯有这里却红色盎然，生机勃勃，据说这是因碱和盐的绝配才能形成，多一分少一分都不行，想想真是大自然给予此地的恩惠。

下午两点多，起风了，风势疾荡。随之，涨潮了。海水迅速地从天际线蔓延而来，我站在一处制高点，眼看着潮水一寸寸地将一大片一大片的红海滩各个浸没，裸露的土沟消失了，潮水应和着大风，显得烟波浩渺，甚至还卷起了波涛。很快，这里又成了茫茫大海。可是，那耀眼的红色并没有完全被吞没，它们一次次地从汹涌的潮水中冒出来，于是，红海滩有了另一种奇观，它们在水中沉浮着，摇晃着，颜色变得更深更浓，几近紫色；由于海水的切割，整个红海滩看上去就像木刻一般，呈现出一根根线条、一个个块面，每根线条粗犷又粗粝，每一个块面坚硬又坚韧，原有的柔和此刻化为逆潮而行的刚烈。

确实，织就红海滩的是一棵棵纤弱的碱蓬草，这是唯一可以在盐碱土质上存活的一年生草本植物，无须人播撒，无须人耕种，在盐碱卤渍里，年复一年地生生死死，死死生生。碱蓬草每年四月长出地面，七八月为花期，九到十月结实，十一月种子完全成熟，它一出生便染上了红色，然后随着季节渐次转深，由粉红到殷红再到紫红，在光阴荏苒中，绽放出烈火一样燃烧的色泽。碱蓬草有着顽强的生命力，始终追赶着海浪的踪迹。滩涂以每年几十米的速度向大海延伸，碱蓬草也就踩着它的足迹，不断地覆盖旧的滩涂，一步步地走向海里。我想，其实,我们的人生也应该像碱蓬草那样,虽然卑微渺小,但也要努力地活出自己的一份精彩。或许这话说得太大,可也是实实在在的,对于生活不抱怨,不自艾,振作精神,不屈不挠,永不退却,始终怀抱希望,眺望未来。

当潮水退去后,红海滩红得愈加如火如荼。我们欲罢不能,再次走了一回"红色海岸线"——经过岁月小栈、向海同心、廊桥爱梦、依水云舟、小岛闲情、稻梦空间、踏霞漫步等风景廊道。我觉得追随红海滩,也是在追随生机与期冀。红海滩对面是号称世界最大的芦苇荡,时下正一派金黄。风吹苇浪,起伏跌宕,芦花似雪般飘向波光粼粼的湖面,与红海滩两相呼应,也更衬托了红海滩的映丽。无论在芦荡,还是在滩涂,都能看见静静伫立或者漫步的鸟儿——这里是丹顶鹤繁殖的最南限,也是珍稀鸟类黑嘴鸥的主要繁殖地,有二百六十多种、数十万只的鸟类在此栖息。忽然间,无数的鸟儿呼啦啦地飞起,我感觉一片一片的红海滩都因此被拉升起来,成了红云和红霞,在天空最深处自由穿行。

1774年的"微信"

叶卡捷琳娜还是年轻的德国公主时被带到俄国,嫁给了当时的王储彼得,由此陷入了地狱般的黑暗生活。叶卡捷琳娜机灵聪慧,知书达理,热情奔放,但也野心勃勃,于是,在伊丽莎白女皇逝世而彼得继位后,她策动政变,自己登上了皇位。夺位登基后,叶卡捷琳娜需要一位能力相当者辅佐施政,她看中了风度翩翩、气场十足的英俊军官波将金,而波将金也为她所倾倒。那时,波将金还在前线带兵作战,他们便日日夜夜鸿雁传情,在信中称对方为"孪生灵侣",爱情和野心成就了历史上这对成功的浪漫伙伴和政治联盟,并由此改写了俄国的历史。

1774年,波将金大公听从叶卡捷琳娜大帝的召唤,回到圣彼得堡,此后成为大帝最著名,也是权势最大的情人,同时也成为大帝最为重要的左右手,所有军国大政,几乎全由两人所定。直至去世,波将金一直是俄罗斯帝国的二号人物,而他对叶卡捷琳娜也始终一往情深。不过,他们也有龃龉的时候,而且波将金脾气甚大。一次,他俩吵翻了,互不理睬,后来,一方面大公出于对自身暴躁脾气的反省,一方面也是大帝对惯常的颐指气使、呼来喝去的收敛，他们坐了下来，决心结束争执。如同现在的一对吵过架后寻思和好的情人，面对面坐着却不说话，低着头用手机开始微信聊天，只是大公和大帝使用的是一张纸和一支笔。于是，这世界上就留下了这封两个人写在一张纸上的奇异之信，你一句，她一句，你写这面，她写那面：

大公：让我的爱人这么说。

大帝：我同意。

大公：我希望，这将结束我们的争吵。

大帝：越快越好。

大公：别吃惊，我被我们的爱弄得心烦意乱。

大帝：别心烦。

大公：你不仅向我倾注了善行，还把我放在你的心上。我想独自占据你的心，超过其他所有人。

大帝：你正牢牢地、强有力地占据着我的心，并且仍将在我的心里。

大公：因为其他人不会爱你如此之深。

大帝：我知道，这我相信。

大公：我是你亲手创造的。

大帝：我很高兴这么做。

大公：对我好，你应该感到高兴。

大帝：这是我莫大的荣幸。

大公：当你想到我的慰藉时，你应该从崇高地位带来的高强度劳碌中感到宽慰。

大帝：当然。

大公：阿门。

大帝：让我们解放思想，跟着感觉自由行动。它们最温柔，会找到最好的方法。结束争吵吧。阿门。

难道这不是今天的微信模式？难道这不是用一种最合适的方式来解决争端？难道这不是一经晒出便成了撒狗粮？写过这封书信之后，大帝秘密地嫁给了大公，并同意他们将像夫妻一样继续统治俄国，他们联起手来向乌克兰扩张，吞并克里米亚，建立黑海舰队，创建从敖德萨到赫尔松的新城市。

这样奇特却又干预了历史的信函在《书信中的世界史》里比比皆是，这部由备受好评的《耶路撒冷三千年》的作者、英国历史学家西蒙·蒙蒂菲奥里撰写的新著，以解密书信档案的方式，给我们讲述了不一样的世界史。西蒙认为，在即时性和真实性方面，没有什么能比得上书信，而人类有一种本能——记录可能随着时间的流逝而丢失的感情和记忆，并与他人分享，不少人早已离世，但留下的书信仍然鲜活，而正是因为那些存世的书信，让我们得以窥见历史的真实一幕。《书信中的世界史》收录了一百多封信件，涉及爱情、友谊、战争、权力、衰败、告别等等人类的永恒课题，每一封信都蕴藏着人性、生命、道德、信念的刻度，并影响了历史的进程。

书中收有司马迁写于约公元前93年的致任安的信函，也即《报任安书》，信中以沉重的笔触坦陈自己因遭腐刑所忍受的屈辱与悲痛，但也表达了自己勇敢而坚定的信念，即使身陷牢狱，也要奋力完成《史记》。无数的岁月过去了，但今天的人们如要研究中国古代史，一定都不会绕开这部具有划时代意义的巨著。书中所收1862年7月至1864年11月间的几封马克思与恩格斯互致的信札，显示了这两位影响世界的马克思主义学说创立者的深厚情谊。马克思在信中告诉恩格斯，他刚刚从《新闻报》拿到整整一个季度才六英镑的稿费，结果就被肉铺老板催逼着全部夺走还了欠债。恩格斯慷慨地接济他，通过协助经营家族企业来承担马克思一家的生活开销。有意思的是，恩格斯的父亲是个富有的棉花制造商，但乐于助人的恩格斯却用父亲的财富去资助立志推翻资本家的革命斗士。杜桑·卢维杜尔是法国殖民地圣多曼格的一个黑奴，揭竿而起为自由而战，成为第一个黑人共和国的总督，可是，因为报复殖民者而与家人一起被逮捕。在被押往法国的军舰上，受伤的杜桑给拿破仑写了一封字句凄惨的信，为自己的家人乞求宽容。杜桑后来死在监狱里，但在一年之内，法国人被击败，他创建的海地赢得了独立。

我们常常怀疑"被书写的历史"，其中充满了流言、猜测、神话、误解和书写者的臧否，可私人书信却是真实的，我们可以从中听到真话，尽管留存的信件并非总是说出真相，但无论如何都反映了某个独一无二的瞬间和一段经历——歌德称这个瞬间为"生命的即时呼吸"。1774年，叶卡捷琳娜大帝和波将金大公写下的那封犹如当今微信聊天的信函，还好用的是纸和笔,能够一直保存至今,由此保留了一段有温度、有触感的历史细节,若是手机,若是平板,若是电脑,很可能便会在无意间就非常轻易地被一键删除了。

听 沪 剧

每个地方都有自己的戏曲曲种,这真是一件很奇妙的事。比如海纳百川的上海,尽管是昆剧、京剧、越剧、淮剧的重镇,但也有属于自己的戏曲,那就是沪剧。我从电台里收听过两部沪剧的全剧现场录音,一部是丁是娥主演的《鸡毛飞上天》,一部是张清主演的《甲午海战》。我不是听一遍,而是听了无数遍,一直听到学会了全部唱段。

其实,我之所以喜欢沪剧,还是受了父亲的影响。父亲是个沪剧迷,他对沪剧如数家珍,沪剧的来龙去脉、沪剧的经典曲目、沪剧的各路名角,他都了如指掌。而且,父亲还会唱,他们单位组织去公园春游,每个班组要出节目,父亲就当众清唱了《庵堂相会》里的《春二三月草青青》。那时,我还小,不知道唱的词是什么,但是那用上海话唱出来的曲子委婉动听,特别有味道,倒是真能感受到浓浓的春意,这大概就是我最初的沪剧启蒙。但是,当我自己真正能欣赏沪剧时,却很少有机会去看舞台演出,所以我就开始从电台、唱片里听沪剧,我听过邵滨孙在《杨乃武与小白菜》里唱的《曾记当年读经文》,高亢激越;我听过筱爱琴在《星星之火》中唱的《隔垛高墙隔重山》,如泣如诉;我听过诸惠琴在《芦荡火种》里唱的《芦苇疗养院》,清新悠扬……

这些都是唱段,听着听着就不满足了,于是听起了全本,这就有了《鸡毛飞上天》和《甲午海战》。听有听的好处,比起去剧场看戏,可以更加专心致志于台词、唱腔,还可以旁若无人地跟着念白、运腔。听丁是娥唱《从前有个小姑娘》,那一板一眼、一字一句,让人随着她走进了过往的日子,说起来,即使在今天,当大人们教育孩子要好好读书时,还是一样地举着自己的例子,没有比这样的教育最贴心最实在了。有一阵,我痴迷于《甲午海战》,想把全剧从头到尾都背出来。听张清唱《茫茫大海波涛涌》,他将致远号巡洋舰管带(舰长)邓世昌的凄怆而坚毅的内心展示得那么深切,使我每每落泪。由于不想学得有差错,结果,我就贸贸然地给张清写了一封信,希望能得到剧本。没想到,张清还真给我回信了,只是说因为一直在边改边演,还没有最终敲定剧本。这事成了我学生时代的一个美好的记忆。

我同样是在电台里听的《为奴隶的母亲》,这部改编自"左联五烈士"之一的柔石同名小说的沪剧由杨飞飞、赵春芳、丁国斌等主演,讲述了旧时代在浙东农村发生的"典妻"故事。农民张根生因家庭贫困,将妻子春宝娘"典"给大户地主,为其生养儿子以续香火,春宝娘在哺养男孩三年后,被无情地赶回了家。杨飞飞饰演春宝娘,她嗓音宽厚,演来声情并茂,《补衣裳》《扎鞋底》《归来》等唱段,听得人心碎。也是未曾想到,很多年后,前几天,我听了描写柔石撰写《为奴隶的母亲》的过程，并在鲁迅先生指导下从事左联文艺运动，最后壮烈牺牲的新编沪剧《早春》。不过，这次我倒是去剧场听的，由于前两年为了文艺创作，我在柔石的家乡浙江宁海下生活，所以剧中好几场柔石在老家的戏让我倍感亲切，也由此对他走上革命道路的人生轨迹有了更深的理解和认识。上海文慧沪剧团的杨音在这部剧中演柔石，他音色清亮柔和，唱腔潇洒飘逸，韵味醇厚，他演唱的《平福，柔石，我是谁》是一长段的赋子板，一气呵成，酣畅淋漓；据说为了这段唱腔，他天天都练，一个月里都瘦了七斤。"燕啊燕，飞过天，天门关，飞过湾。湾头白，飞过陌，麦头摇，飞过桥。"主题歌响起的时候，我又闭上眼睛，用心倾听这纯正的申曲。

去武汉看望孩子们

位于武昌的武汉小学是一所名校,创建于1951年,是湖北省示范学校,该校师生得知我写的长篇纪实文学《和平方舟的孩子》即将出版的消息后,立刻通过钟书阁找到少年儿童出版社,要求购书阅读,因为里面写到的海军和平方舟号医院船上的军医,在今年初英勇无畏地奔赴武汉抗疫的事迹,让他们觉得特别亲切。由于这本书尚在印制中,结果,书店、出版社、印刷厂三方通力合作,将最先包装完成的前三百本书直接运往武汉,把充满油墨香味和温暖的书籍在第一时间送到了孩子们手中。

很快,钟书阁又找到我,转达了武汉小学的孩子们想与我见面的愿望。我当然不能拒绝。于是,我特意坐了四个多小时的高铁前往武汉,在阳光灿烂的周末,在精致的华侨城欢乐天际武汉高铁商务区城市展厅"图书空间"里,出席了热情洋溢的见面会。我对孩子们说,我在三月份交稿的书中这样写道:"艰难而阴霾的冬天终将过去,明媚的春天就在眼前,而后是繁盛的夏天、绚烂的秋天。"如今,已是金秋,我来到了一直牵挂于心的武汉,看到重新恢复勃勃生机的城市,非常感动。

谁能想到，就在不久前，这座城市曾经因疫情而封城，又因洪水而被浸泡。我乘车经过武汉长江大桥时，出租车司机说到封城时巍峨的大桥上空空如也，声音低沉。在江滩，我看到搭建的大舞台纵深而高阔，一位大妈用武汉话告诉我，洪水袭来时，把顶处的"大舞台"几个大字都给淹没了。

虽然孩子们依然戴着口罩，但掩不住他们明亮的眼睛，也盖不住他们欢快的笑声——因为他们又恢复上学了，又可以跟小伙伴们一起玩耍了。我之所以要去武汉看望孩子们，是希望给到他们心灵的抚慰。尽管至暗时刻已过去了，不过，就像很多大人说的，他们的心理发生了不少的变化，这种变化很深刻，还难以描述；事实上，孩子也是一样的，他们的内心也划下了很长很深的刻痕。一位五年级的女孩悄悄地跟我说，她现在一想到爷爷还是很难过，疫情发生时，她的爷爷正因罹患癌症住院，她无法去医院看望爷爷，也无法和家人一起守在爷爷的身边，爷爷离世时很孤单，她没能握着爷爷的手与他道别。我抚着女孩的肩膀说，你不要太难过，因为你要相信，即使你不在爷爷身边，他也会感受到你对他的思念的，他会在天上看着你，护佑你，所以你要继续努力。女孩点了点头，她说，我今天要写篇日记，把你对我说的话记下来。

一个四年级的小男孩指着自己的眼睛告诉我，那么长的时间里，只能待在家中，哪儿也不能去，只好一直看电视、看电脑、看手机，他的视力下降得很快。他说，他原本想好将来长大了要去开飞机的，可是他的愿望很可能实现不了了，他因此有些绝望。他叹了口气，显得忧心忡忡，很是焦虑。我跟他说了一个故事。有位阿根廷的大文豪,写过很多美丽的文字,他在一首诗中想象自己是屋顶平台上的一片翅膀,滑翔在布宜诺斯艾利斯这座城市的上空,可他却因患眼疾而双目失明,但他没有气馁,掌管着拥有八十万册书的国家图书馆,他说他虽然陷在黑暗里,但他却心里敞亮,仍然可以看到天空,看到图书馆那像天堂的模样。也许从故事里能感觉到我的慰藉,小男孩平静地说,如果开不了飞机,他也可考虑去开疾驰如飞的列车的。

我离开武汉时,收到一条微信,那是五年级三班的女孩邱婧琦发来的,这是她在疫情期间自己制作的短视频,她一边弹钢琴一边唱着一首叫《武汉伢》的歌谣:"街道口的风,撩醒了夏虫,竹床上的小孩做着梦……"我看着听着,不禁泪水盈眶。"这是我的家,在这里长大,轧过大桥说过心里话……"我的心里话就是:祝福武汉,祝福武汉的孩子,愿你们更加强大,梦想成真。

一窗千万纸

因为我的写字台和电脑桌是连成一排的，而且就置于窗下，整个夏天，阳光直射进来，我睁不开眼睛，看不清屏幕，于是也就一直拉下窗帘。为了装饰上的一致性，我家每个房间都用布窗帘，可唯独书房用了竹帘。我觉得竹帘子更加契合书房的氛围，书香和卷帘相得益彰，竹帘垂处纸页翻动。

拉下窗帘后，确实阻止了阳光的直射，看书、写作都不刺眼睛了，最有意思的是，竹帘不像布质的，拉下后什么也看不见，细薄的竹篾间依然有阳光渗进来，我也可以透过竹片望出去，只是一切都如被过滤一般，消减了光亮，打上了丝丝缕缕，正所谓半掩半映，影影绰绰。读书变得更惬意了，不知不觉间，各种书籍蜂拥而至。当秋日和缓的暖阳升起来时，卷起竹帘子，蓦然间已是一窗千万纸——窗台下，图书密密匝匝，把人都给淹没了。这样的窗景自是一番境界，那些书籍有的摊开，有的叠架，有的横放，有的竖立，有的因开本大而占据一方，有的太娇小玲珑而蜷缩一隅，有的厚达近千页，有的才仅仅数十页。真的没有料到，这三百多本新书都是在这个夏天来到我的窗下的，它们穿着色彩各异的外衣，但内容都是我所喜爱的。我常常一边在电脑上写作，一边看几页就在我触手可及的写字台上的书，它们构成了我的时间的流向，构成了我的思想的场域。

说实话，我们的人生很大程度上是在听他人的故事，我们借此来填充自身生活中的空洞，弥补自身生活中的缺损，而他人的故事就在书里。为什么许多人终其一生都停留在低浅的层次，少有长进，无处安放自己的灵魂，这与其读书与否有直接的关系。如果你没有读过艾米·赫斯特、安妮塔·婕朗的绘本《亲亲晚安》，那么，幼年的你或你幼年的孩子在刮风下雨的夜晚，即使盖上暖暖的毯子、喝了热热的牛奶，也不会睡着，因为还有常常忘却的晚安亲吻；如果你没有读过何葆国的长篇小说《东溪谣》，就不会认识那群走出闽西土楼，顶着风浪出海打鱼人雄浑的梦想；如果你没有读过《四十六亿年的奇迹：地球简史》，就错过了以一种直观的方式理解我们所处的地球数十亿年来所经过的轨迹；如果你没有读过凯蒂的英伦访谈录《这个小时属于你》，就不会听到版画家彦涵当年奔赴延安在窑洞里创作木刻的传奇经历；如果你没有读过《小津安二郎全日记》，就很难更深地走进他所拍摄过的《晚春》《东京物语》《秋刀鱼之味》等满是日常烟火气的电影……而这些书都是我在这个夏季在放落竹帘的窗子下阅读的。

那天，我读了一本《遗言图书馆》，惊讶莫名，那些临终遗言是那么感人，那么充满温暖、勇气和力量。罗伯特·福尔肯·斯科特被发现蜷身死在南极洲荒野中的一个帐篷里，死之前他知道他追求的人类史上第一个到达南极点的夙愿实现不了了,而一起战斗的探险同伴们估计也都无法生还。极度绝望之下,他在最后的日记开篇写道:"看在上苍的分上,请照顾好我的人。"此次探险队中的另外一名成员上尉劳伦斯·奥茨则意识到因严重冻伤而行动不便的自己已成了团队的包袱,因为自己可能使得其他成员到达不了基地的营地而失去宝贵的求生机会,他觉得自己唯有一死才能避免这种状况。在他从帐篷走向漫漫冰天雪地结束自己生命之前,他为后人留下的最后一句话是:"我到外面去走走,可能要多待些时候。"奥茨因这最无私的临终遗言而被世人永远铭记。

我拉起垂了一夏的竹帘时,忽然发现窗外正在铺设一条健身步道,越过层层叠叠的书籍望出去,我看到一窗千万纸正好阶梯般地连接起这条向远处伸展的路径。

走进中国的深处

我得知浙江省宁海县乡村正在推行一项限制村干部小微权力的制度创新工作,并受到村民们的真心拥护,村子里的政治文明生态有了显著变化的消息后,非常敏感地意识到,这是中国农村脱贫攻坚战中的一项重要实践。虽然那时我刚动了胃癌切除大手术不久,但我还是毅然决定离开上海,去宁海乡村深入生活,实地了解、感受人民群众火热的现实生活,以及他们为追求美好生活所付出的艰巨努力。

我一直生活在大都市,与许多人一样,说起农村来好像什么都知道似的,其实都非常肤浅,似是而非,可以说对农村这个中国最为辽阔、最为深沉的基础层面相当陌生,说穿了,我们并不清楚乡村的真实面貌,不清楚农民们在想些什么、做些什么。我们很容易随大溜地加入对现代化进程中乡村失落的合唱挽歌,很容易情绪化地加入对于发生在乡村里的各种落后和愚昧的众声指斥,可在我们的内心深处,根本就与农村相隔遥远,甚至事不关己。

2016年刚过完年,我便去了宁海下基层,下生活,这一待就是两年半。宁海县出台的"村级权力清单三十六条"虽然只是一本巴掌大的可以装进口袋的薄薄的小册子,一共只有三十二页,却涵盖了重大事项决策、项目招投标管理、资产资源处置等村级公共管理事项方面的十九条权力,以及村民宅基地审批、困难补助申请、土地征用款分配等村级便民服务事项方面的十七条权力,并且每一项都有详尽的一目了然的权力运行流程图。一句话,村干部哪些该做,哪些不该做,该做的怎么做,一清二楚,不管是村干部还是村民,人人都"按图索骥",照章办事,所有的权力都在阳光下运行,用当地村民的话说,这项制度是还村干部一个清白,还普通村民一个明白。我感受到这本小册子的千钧重量,我意识到如果宁海县这项工作真的得到有效开展并取得实质性成果,那其意义可以毫不夸张地说会影响到整个中国农村乃至整个社会未来行进的方向。

怀着一份责任感和使命感,我走遍了宁海县全部乡镇,并选取了两个村庄长期蹲点,开展田野调查,我要用自己的眼睛去探察,去审视,去判析。我以一个普通村民的姿态走家串户,常常坐在田头、屋檐下、大祠堂与村干部和村民聊家常,乃至直接参与到村务工作中,如果不是这样,那是无法与他们做朋友,取得他们的信任的,也就可能听不到或看不到最真实的情况。我对自己的要求是绝不"蜻蜓点水",绝不"看文件听汇报",当我完成这项考察的时候,我要成为被当地认可的一个"宁海人"。正是这样真正的"深扎",才使我能够深刻认识到宁海乡村这项制度创新工作的价值和意义,直接感受到"三十六条"给人们所带来的深刻变化,普通村民脸上所洋溢着的发自内心的尊严感和当家做主的自豪感,让我非常震撼。

这样的"深扎",不仅唤起了我的创作激情,开拓了我的写作领域,更使我拓宽了自己的视野和胸怀。我以一颗赤子之心,以第一手的材料,以朴实、真诚的文字,以最有力的最能打动人的真实细节,撰写了长篇报告文学《权力清单:三十六条》,并同时策划、拍摄了电影《春天的马拉松》。我的创作引起了各方面的重视,被中国作协列为作家定点深入生活项目,被列为上海市重大文艺创作项目。就在我进行调研和创作期间,宁海县这一制度创新工作被写入了关于乡村振兴战略的中央一号文件,并被认为是提供了中国社会基层民主政治的理想样本,为依法治国、实现基层治理现代化树立了典范。

下生活越是深入,越能和人民群众心心相印。那天,我一走进湖头村就感觉不对劲,空气里有一股难闻的臭味。原来,这些天下雨,村里才铺设的污水管道却排污不畅,导致几处窨井污水满溢。不可思议的是,工程承包单位竟要村里在工程验收合格单上签字。当然,这被村民们拒绝了。有人受请托给村主任送来了二十条中华烟,村主任说,你们拿回去,你们甭想买通我,我只能按照"三十六条"办事。知道情况后,我与村干部和村民一处处地去踏勘,每一个有质量问题的地方都细致地记录下来,然后,和村民代表们一起去向有关部门反映情况。很快,局面开始扭转。做这些事情的时候,我觉得自己已与村民们融为一体了。我结束工作,回到上海后,有一天,忽然收到一份快递,打开之后,既惊讶也很惊喜,那是湖头村颁发给我的荣誉村民证书,这在我所获得的荣誉中是最特别的,也是我最珍惜的。

《权力清单：三十六条》第一次开印即达十万册，出版后受到各方面的重视和好评，获得了诸多奖项，但我没有停下"深入生活、扎根人民"的脚步。2019年是中国人民海军诞生七十周年，同年12月13日海军"和平方舟"号医院船被授予"时代楷模"称号的决定。我当即决定去东部战区海军深入生活，撰写一部关于海军"和平方舟"号医院船的长篇报告文学。

我的想法受到了东部战区海军、上海少年儿童出版社的大力支持，还被列为2020年度上海市重大文艺创作项目。我从2019年12月开始，便全身心投入工作，在东部战区海军基地、海军上海某基地、海军军医大学附属长海医院等地开始下生活，与参加过"和平方舟"号出航任务的医院船船长、院长、军医、技术官兵等广交朋友，深入采访，详细了解他们平时的生活和出战时的生活，详细了解他们的理想、观念、专业训练、思想品格、实战情况以及家庭背景等，非常深入、细致、扎实。疫情发生之后，下生活不可避免地受到了严重影响，但我克服种种困难，依然与在前线，尤其是参加中国人民解放军救援队，紧急驰援武汉，在收治新冠肺炎重症患者的湖北省妇幼保健院光谷院区的军医保持密切的联系。由于军医们时时刻刻地在救治病人，基本上都要在夜半三更才能回到驻地，而且还经常日夜颠倒，为了持续、不间断地进行采访，同时感受他们的工作状况，我在很长一段时间里同样日夜颠倒，时刻保持在线状态，以得到第一线、第一时间、第一手的素材。

"和平方舟"号是中国也是世界上第一艘专门为海上医疗救护"量身定制"的专业大型医院船，相当于一家三级甲等医院，入列以来，先后九次走出国门，航行二十四万余海里，服务四十三个国家和地区、二十三万余人次，赢得了国内外高度赞誉。我创作的《和平方舟的孩子》是国内首部书写海军"和平方舟"号医院船的长篇儿童文学纪实作品，以真挚饱满有力的笔触记述了"和平方舟"号赴海外进行人道主义救援，医院船上的军医精心救治国外孩子，下了船后又开赴武汉抗疫第一线的动人故事。这部作品不仅写了在医院船上的官兵们，还写了他们的小时候，写了他们自己的孩子；不仅塑造了从小就有理想，长大后报效祖国的有血有肉的英雄群像，还把笔触伸向了英雄身后的理解、支持他们的家庭和孩子，艺术上追求内涵丰富、外延广阔，叙述细腻，动人心弦。

2020年10月，位于武昌的武汉小学得到该书出版的消息后，立刻提出阅读该书，并希望与我见面的要求，我便带着在印刷厂最先包装完成的前三百本书前往武汉，把充满油墨香味和温暖的书籍在第一时间送到孩子们手中。孩子们向我倾诉了他们在疫情期间的生活，包括这场疫情给他们造成的心理影响，我特意为他们开设了阅读讲座和个别交流，以此抚慰他们的心灵，因而受到孩子们的热情欢迎和信任。

我深刻地认识到"深入生活，扎根人民"既是时代、社会对作家提出的要求，也是作家应有的自觉践行。深入生活不仅拓展了我的写作，更是拓展了我的胸怀，在我获得2020年中国作家协会"深入生活，扎根人民"主题实践先进个人的荣誉后,我还会继续坚持下去。我认为一个作家的担当,莫过于通过"深扎"后创作出来的作品来表现出对自己生活着的这个时代的热忱关注、独特感知、创意叙述。

"甜姐儿"走了

前些天,天气转冷了,因为惦记着黄宗英老师,所以趁着在上海文联开会,去了文联大楼对面的华东医院,没有想到,由于我没做过核酸检测,结果进不了病房。真正是"阴差阳错",才隔几天,被大家称作"甜姐儿"的宗英老师却走了。

近几年,住在医院里的宗英老师受了不少苦,尤其是在动了肠癌切除手术后,元气大伤,她很少说话了,但她是个非常坚强的人,虽然几次"出生入死",可依然保持着良好的心态,而且,成了个可爱的"老小孩"。去年三月底,我去探望她时,她拿出一本本子给我看,我惊讶地发现她还在记日记,她指着她写的日记,向我"告状",说是单位春节慰问,只送了她"三个苹果三个梨七个香蕉十几个小橘子,这就是我一年的福利"。我不禁莞尔,她居然记得那么仔细,还表现出很有些委屈。宗英老师的很多粉丝都以为她是上海电影制片厂的演员,其实她的单位、她的"户口"在作协,她是上海作家协会正儿八经的专业作家。我将这事告诉了作协的领导,他们说我们还送了其他精心准备的新年礼物呢,而且这些水果只是一位工作人员个人送的。我赶紧去和宗英老师解释,原来是保姆小琴忙得忘了跟她说了。宗英老师听后，自己也笑了，说其实她不在乎什么礼物的，只要单位能想到她，去看望她，她就很开心了。

宗英老师曾在舞台和银幕上大放光彩，大家叫她"甜姐儿"，就是因为她在话剧《甜姐儿》里饰演的女主人公让观众惊艳，而她在电影《家》里饰演的梅表姐柔美婉约之至，甚至使人生出无限的怜惜。宗英老师的美貌里有一种独特的知性气质，这是别的电影明星所罕见的，所以她才能成就中国明星里最为出色的大作家。宗英老师的美既是天然的，又是极具内涵的，但即便这样，她在住院期间还很注重自己的"形象"。朋友们去看她，一般都会事先和保姆小琴打好招呼，但也会有人不期而至。遇到不速之客，宗英老师都会赶紧先让小琴把守门关，她自己在里面"从容不迫"地换衣服、化妆，把自己打理得干干净净，尤其是要盖住颈部处的输液埋管——其实，她就是要让别人看到一个最精神的自己，这是让我非常钦敬的。

在医院住了好多年，宗英老师已把病房当作自己的家了，鲜花、照片、玩具、小摆设，布置得漂漂亮亮。但她去年初因肺部感染换了病房后，身体状况差了好多，也就没有力气布置了，我曾问她最想在床头放哪张她的剧照，她毫不犹豫地回答说：《乌鸦与麻雀》。我猜想，宗英老师为什么会如此看重这部电影，会不会是出于她敢于挑战自己呢，因为她在该片里尝试了出演一个"反角"。虽然宗英老师的身体每况愈下，曾因心衰在重症监护病房里浑身上下插满管子，但她一直很乐观、很勇敢，她和医生表示，"你们就用最狠的治疗好了，我不怕，我想多活几天,多想点事情,多看点东西"。

"甜姐儿"最后的日子一点都没有糊涂,脑子非常清醒。因为疫情,她担心家人,让他们不要来医院。去世前三四天,她拉着陪伴了她多年的小琴的手说:"小琴,下辈子我要和你换一下,让我来照顾你。"小琴在电话里告诉我的时候,失声痛哭。让人宽慰的是,如同天使要回去自己的家,"甜姐儿"是在睡梦中安详地离开人间的。

天空究竟有多大

二十年前，我搬到现在居住的这个小区后，心里一直就没安定过。人是常常只顾眼前的，当初选这个小区，是因为我看到了硕大的天空，由于小区这边没有高楼大厦，东边是部队低矮的营房，西边和北边是停车场、建材市场，而南面正对着我书房的六层楼则隔着一段距离，因此，天空宽广而辽阔，这是让人欣喜的。

直到入住之后，方知短视是怎样的不堪。整整二十年来，我始终生活在一个大工地里，东面才盖起一栋栋大楼，北边又开始施工了，而每每得知一处要动工时，心里总是七上八下，揣度着又会削去多少天空。我家在小区的西侧，东面的变化毕竟没有太多的影响，可我北阳台的对面要是也盖起二三十层高的楼房，那我也便不再拥有开阔的北部天空了。多少的担忧之后，才知建的是一所中学，而直接面对我家的是一幢三层的教学楼，还有一片绿化隔离带，这下嘘出一口大气。我从四楼的北阳台望出去，还是有着一大片天空的。我觉得现在都市里的那么多人老是焦虑、紧张，这与在钢筋水泥森林中看不到天空有很大的关系。天空里有氧气，有云彩，有光亮，帮助我们呼吸、透气、望远、除却黑暗。打开的天空就是我们打开的心灵、打开的胸怀、打开的视野。

这么多年来，西边的停车场不知打扰了我多少的好梦，每天凌晨四点，一家单位的班车开始出发，马达的启动声刺破寂静的夜空，震耳欲聋，连大地都在颤抖。可是，我却忍受了下来，因为它虽然破坏了宁谧的清晨，但没有遮蔽天空，没有遮蔽绚丽的霞光。我明白了，自己是如此钟情于天空，唯有一大片一大片的天空才能使我安心守神。只是应该预料的我却置若罔闻，事实上，随着地铁不断地延伸，便捷的交通总有一天会将这个单位使用的停车场关闭。果然，这一天到来了。

我惴惴不安，我希望被关闭的停车场不要成为炙手可热的楼盘。但是，当我看到公告中说这里将矗立起五栋八层、一栋二十五层高楼时，我知道我的希望落空了。的确，短短的时间里，几乎日夜施工的工地上，楼房一天一天、一层一层地在抬升，终至我书房窗前的那片完整的天空被全部蚕食。看着宽敞的天空就这样一点一点地消失，我充满了忧伤，失去天空的逼仄的空间让我感到深刻的窒息乃至绝望。我宁愿放下窗帘，也不想再看到没有天空的窗外。

那天，忽然听见飞机的轰鸣声。以前，我只要抬头，就可看到空中快速掠过的飞机，它们会拉出长长的白色尾烟，即使飞机早已没了踪影，那尾烟却会存留好长时间，并且慢慢地变幻着，如同白云一样幻化出任我可以想象的东西。可是现在，只能闻其声却见不到飞机以及飞机拉出的白色尾烟了。当又有一架飞机飞过时，我禁不住拉起窗帘，顿时，一束光亮扑面而来，而且直直地照进了我的心坎，那个瞬间，我相信自己再次看到了一片硕大的天空。我蓦然感悟到，其实，只要你心里有着天空，那么天空一直就在那里，不会被遮蔽，不会消失，而且一直只属于你。人们常问：天空究竟有多大？我想，那取决于你的心，倘若心是闭塞的，即便立于无掩无盖的苍穹之下，也很狭小；倘若是敞开的，哪怕只能看到角落一隅的"一线天"，那片天空也是大到无边无际的。你的心有多大，那属于你的天空也就有多大。

这样想着，内心的抑郁一扫而去，心胸随之开阔起来，视域也随之拓展开来。不管怎样，一切皆是有失有得，二十年的大工地生活结束了，尘埃落定，从此可以安下心来，而原本广阔的天空依然还在，新的高楼大厦里一定也有众多像我这样喜欢一览无余的天空的人们，我愿借助你们的眼睛，当然，我更会以自己的心灵，去追随那片永恒而硕大的天空。

"导师"徐中玉

由于种种原因,我无缘踏入大学之门,这几乎让我生出绝望,尽管一个人不是非得要上大学的,但我觉得作为现代人接受大学教育还是需要的,这并不关乎学历,更不关乎名利。正当我沮丧之时,我得到一个消息,从1983年开始,在全国实行高等教育自学考试制度。这一消息让我深受鼓舞,我可以排除那些个"种种原因",不受干扰地完全以自学的方式完成大学本科教育了。

我选择参加华东师范大学汉语言文学专业的自学考试,原因是该校的徐中玉教授出任了全国高等教育自学考试指导委员会中文专业委员会主任,整个中文专业的自学考试计划(包括"专业课程类别"和"考试课程与学分")都是由他亲自主持制定的,我想,既然要参加中文专业的自考,那没有一所大学比由徐先生压阵的华师大更为靠谱了。何况,徐先生主编的《大学语文》此时正风靡全国,不要说在校大学生,即便像我这样的普通读者都受益匪浅。

那真是一场漫长的考试。第一次报考时,"初生牛犊"的我,一口气报了四门课程,结果全部通过,于是,士气大振,但接下来进度就无法如此"突飞猛进"了,那是因为越考越难了。自学考试真的就是自学,既没有老师讲课,也没有什么辅导班,像宋词研究、《红楼梦》研究和鲁迅研究,甚至连教科书都没有,而且每门课程的考试异常严格,都分两轮,要是第一轮没通过,就没资格进入第二轮考试,考生们都说犹如攀越蜀道,因此一切只能靠自己用心钻研,没有任何捷径,也不存在侥幸。我开始自考的时候,还在房管所做着马路工和绿化工,劳动强度非常大,每天拖着疲惫的脚步回家,常常是倒头便睡,但又睡不踏实,因为我惦记着还没完成今天的自学计划。但是,不管怎么说,凭着一份信念和执着,我坚持了下来,整整十年之后,我终于把二十一门课程全部考完了。

1993年,刚刚过了春节,我收到华师大自学考试办公室寄来的通知,让我前去参加有关论文撰写的会议。毕业论文至关重要,如果没有通过,那万里长征便功亏一篑,事实上,的确有考生就此止步。就是在那幢有些简陋的三层红色砖墙的教学楼里,我第一次见到了徐中玉先生。这是出乎我预料的,因为对于普通自考生的论文写作,他完全有理由只做些高屋建瓴的事情,而不必担当具体的细枝末节的工作。接下去发生的事情则让我更是惊讶万分——在给考生分配论文指导教师时,我居然归到了徐先生的名下。我觉得自己太幸运了,即使能在大学里深造,也未必能遇到这样的名师大家,而通常徐先生在大学里只给本科生授课,直接指导的是他自己所带的硕士和博士研究生。惊喜之后,我也很有些担心,我是一个学院象牙塔外的草根自考生,如果我完不成论文,那是会给徐先生丢脸的。

徐先生看出了我的忐忑，他非常亲和地对我说，其实，在他看来，学者都是自学出来的，关键不在于是否进过高等学府的大门，只要自己勇于学习，探索真理，独立思考，就能成为一个真正的学者。徐先生的话给了我极大的力量。

我告诉徐先生，我想写的论文题目是《从小品看中国古典散文之大境界》。徐先生不仅是著名的教授，还是著名的文艺理论家，由于他对中国古代文学研究的突出贡献，所以还担任着中国古代文学理论学会会长。对于我的论文题目，他表示了支持，说很有意义，中国古典小品是丰富的文学宝藏，小品不小，蕴含着大的思想境界和艺术境界。他细细思索后，给到了我十分关键而重要的建议，这使我充满了信心。在工作之余，我花了半年的时间写就了论文。提交之后，我很紧张地等待回音。有一天，自学考试办公室打来电话，告诉我说，徐先生决定亲自参加我的论文答辩。我非常感动，我想，许多人挂了一身的头衔，可其实并不会具体去做些什么，但徐先生在担任全国高等教育自学考试指导委员会中文专业委员会主任的十五年里，他却不图虚名，事必躬亲，对我这样的普通考生都是亲力亲为地进行指导，真正是一位有着博大情怀的名副其实的"导师"。或许有徐先生坐镇吧，我感受到强大的定力，这让我一点都不紧张，非常顺利地通过了答辩，而且成绩为优等。

就在当年9月，我终于实现了自己的愿望，成了一名新闻工作者。我把工作调动的消息报告给了徐先生，他听后很是高兴，说这再一次证明自学成才不是一件虚无缥缈的事情，他还说，具有自学能力那才真叫有能力，而一个人应当一辈子都保持住自学的能力。他很动感情地对我说，以后你需要我做什么，我一定会尽我努力。在我担任报刊的文学编辑后，我向徐先生约稿，他总是二话没有，一口答应，三四天里就把手写的稿子给到了我。有一次，我说我想在发文章时配一张他的近照，他说我会帮你挑一张我自己中意的照片。当我拿到这张照片后，我真是开心不已，因为拍得实在太好了：他高高地仰着头，眼睛看向左侧上方，目光深邃，他面带微笑，显出一种难得的独特的温和与刚毅。可惜的是，这张照片在印刷厂里遗失了，后来，我问徐先生是否还有备份，他说他也没有再找到。徐先生仙逝后，无论网上还是纪念集里，我都没看到这张照片。好在照片印在了杂志上，如今，我每每看着照片里的他，都会默默地在心里和他说上一会儿话，然后，顺着他的目光看出去，我发现那只能是一片浩瀚的天空。

沈公的"吃喝经"

今天（1月10日）上午九点不到，国家图书馆外文部主任顾犇发来微信说，沈昌文先生走了。我顿时愕然，随即给沈公的至交、弟子俞晓群打电话询问详情，他告诉我，沈公昨天感到身体有些不适，所以晚上早早睡了，今天清晨六时许，女儿去他房间看他，才发现他已在睡梦中安然离世。

朋友们都说，对于一位九十岁的老人，这样驾鹤西去是一种福报，我当然也觉得宽慰，不过，我为自己没能实现一个愿望而深感遗憾。沈公自称是个"吃货"，而且还是一个"上海吃货"，所以，我每每请他吃饭，点的都是上海本帮菜。沈公出生在上海，在这里生活了二十多年，深度浸润于海派文化，所以在他身上有许多上海人的特质，即便在饮食这等事上，虽说他后来进京工作，却也一直保留着上海人的口味。比方说，北方人好喝白酒，但沈公只喝啤酒；北方人嫌吃蟹麻烦，可沈公对大闸蟹却情有独钟。我本来已经想好趁1月14日去北京参加全国图书订货会之际，请他喝一次啤酒、吃一次大闸蟹的，无奈因为疫情，订货会延期举行，我的愿望落了空。不过，我想，总还是有机会的，哪怕过了吃蟹季，啤酒还是源源不断的，不料，他却骤然间悄无声息地走了，我再也不能跟他吃饭聊天了。

多年前，顾犇带我第一次去见沈公的时候，沈公约在了雕刻时光咖啡馆，这很能显出他的独具匠心，因他知道我和顾犇都是上海人，上海人是爱喝咖啡的。后来，我和他熟了，也就开始在北京和上海两地约饭了。沈公喜欢吃的都是地道的上海菜，草头圈子、水晶虾仁、八宝辣酱、红烧蹄髈……一边吃一边听他讲在上海生活时的趣闻异事，总会笑到大喊肚皮痛。他说他当年在上海一家银楼做小伙计时，老板一家是宁波人，爱吃臭的东西，而检验臭的标准是看有没有长蛆，长了蛆才算臭得够了，才可以食用。老板娘规定，每次从臭缸里取出食物必须先送给她看，她边念《往生咒》，边把蛆虫挑出，然后把食物分给大家吃，一开始他还吃不惯，过了五六年后，他也非臭不食，视为天下美味了。

事实上，不要以为沈公真是一个只图口舌之快的饕餮之徒，他是"醉翁之意不在酒"，作为一个有使命感有事业心的出版家，他的"吃喝经"是他的实干精神的写照。他在当三联书店总经理和《读书》杂志主编时，总是要求编辑能够"吃吃喝喝，拉拉扯扯"，就是要求编辑要有黏功，对看中的著译者要缠住不放，并在工作餐的饭桌上将组稿之事搞定，回到办公室就能签订合约。其实，沈公最中意的并不是山珍海味的奢侈酒席，而是街边角落的小馆子，因为他认为这才可能吃出一些文化意味来。沈公有一金句："我最喜欢在脏兮兮的餐馆，吃脏兮兮的小菜。"这个"脏兮兮"，不是真的脏，指的是乡土气和家常气。

　　沈公的"吃喝经"还是他豁达人生观的写照。因为他有肝病，他的做医生的妻子白大夫便限制他的饮食，不让他多喝啤酒，也不让他多吃大闸蟹，可沈公常常口头答应，行动上却不执行。有一次，我请他吃饭，白大夫派她女儿沈懿来做监管，说好最多只能喝一瓶啤酒。沈公故意大声地跟我说，今天客人不少，多叫几瓶啤酒也无妨，不过，我台面上只能有一瓶，不然女儿就交不了差了。只见沈公把一瓶啤酒放在自己手边，然后在我面前也放上一瓶，结果，他的那瓶倒是还满着，可我的一瓶不一会儿便喝完了——原来他使了一个小计谋，他知道我不喝酒，却故意放上一瓶，而后神不知鬼不觉地一直喝着我的那瓶啤酒。去年12月9日，沈懿给我们发来了沈公当天在餐馆吃饭的照片，我们看了都很高兴，虽然他看上去消瘦了不少，但面对一桌菜肴还是面露微笑，让人放下心来。那天，他还是喝了啤酒，但真的只喝了一瓶。让我稍感安慰的是，我没能让沈公吃上大闸蟹，但去年9月，沈公在家里过九十大寿生日时，他的另一位至交好友陆灏特意从上海快递去了醉白蟹，沈公吃后说，他心满意足。对于生死，沈公看得很开很透，他曾嘱人给他写过一幅字，上面录有唐代文学家裴度之言："鸡猪鱼蒜，逢着便吃；生老病死，时至即行。"

书　　签

　　看书的时候，我们总是会备一枚书签，以便在停顿时做个标记。古人把看书当作一件隆重的事，是不可以看到哪里就随便折个角的，于是，也就有了很多精致的书签。有种说法称书签源于春秋战国时期，当时称牙签，那是因为竹简里边的书签是用贵重的象牙做的，唐代诗人韩愈就在《送诸葛觉往随州读书》中写道："邺侯家书多，插架三万轴。一一悬牙签，新若手未触。"后来卷轴改成折装，插在卷轴内的牙签也便成了夹在书里的书签，而且，书签的材质越来越多，有用竹木的，有用绢布的，有用植物的，有用金属的，不一而足。

　　对我来说，这样的书签是用来欣赏的，我自己用来作为书签的，则都是些信手拈来的小物什，而且一本书看完后，我会把它们仍旧留在书里。被我用来当作书签的就有飞机登机牌。我喜欢在高空飞行途中看书，如果看累了，可以掉转脸，望向舷窗外，那是无边无际的云海，你在云海之上，你的心境会因此抬升很高；即使机舱里的灯光全暗了，打开头顶的射灯，一束光亮打在翻开的书本上，你会感觉到被灯光笼罩的读书人与周遭隔着一层安宁的屏障。因为有那张上海—乌鲁木齐的登机牌夹在书中,我会很深地记住那本被我带上飞机的郭嵩焘的《使西纪程》。郭嵩焘是中国第一位驻外使节,1875年12月,他自上海乘船赴欧,先后出任清朝政府驻英国、法国公使,他将自己的所见所闻写成日记,并以《使西纪程》之名出版,尽管遭到时人诋毁,但终究成为中国近代清醒看世界的第一人。他在书里写到了新疆,这让我尚未到达,却已经通过文字亲近起来。

我有一本1973年7月上海人民出版社出版的艾特玛托夫的中篇小说《白轮船》,里面夹着一枚书签。这枚书签是一张小小的细长条的照片,拍的是上海交大附中的操场和几栋教学楼,就像现在的全景照片,只不过它是用拼接的方式制成的。这枚在一个小孔上扎着红色丝带的书签,总是将我的思绪拉回到中学时代。那时,可以读到的书不多,而《白轮船》才发表三年,便有了中译本,堪称"奇迹"。更重要的是,那时我的阅读经验很有限,这种吸纳了神话、寓言、童话、诗歌的小说我还从来没有见过,所以,我读完这本书后非常激动,小说纯美的格调和忧伤的温情强烈地撞击着我正在成长中的心灵。我久久地坐在操场边,背诵着书里的那首《吉尔吉斯古歌》:"有没有比你更宽阔的河流,爱耐塞?有没有比你更亲切的土地,爱耐塞?有没有比你更深重的苦难,爱耐塞?有没有比你更自由的意志,爱耐塞?"如今,操场犹在,可原先的教学楼却荡然无存了。好在有这枚书签,保存了我少年时期的许多记忆和那些已经消失了的校舍旧影。

刚过了元旦,我收到友人从北京快递给我的一袋书签,这是友人自己做的蜡绳书签，咖啡色、军绿色的蜡绳两端串起各种寓意的小吊饰，有气势冲天的金牛，有含苞欲放的白莲，有高高扬起的风帆，有水中嬉游的双鱼……将蜡绳放在书页间，两端垂出，既有标记的功能，又给书籍陡增一道景致，真是精美绝伦。用这样的软性书签，看书时不影响阅读，也不会像别的书签那么容易丢失。我觉得一枚枚书签使阅读有了痕迹，有了印记，甚至有了故事；书签夹住的不仅是书页，还夹住了时光和岁月。

"他泰售后"的启示

"他泰售后"是一个网络热词,是由追捧泰国电视剧的观众造出来的,意思是他们泰国电视剧开播时会使用十八般武器,进行"售后服务",以延长该剧播出的"营业期"。这种最大限度提高播出效应的做法,不仅是商业化操作手段,也是对观众观赏需求的尊重和回应,值得我们借鉴。

在播出方面,一部电视剧在播出前后和播出过程中(也即所谓的"营业期"),我们通常只是通过在网络上制造话题、让演员上综艺节目、在各种媒体上进行报道与评论等方式以扩大影响,但泰剧却不走寻常路,而是别出心裁地用剧作本身来强化和延长整个"营业期"。一是推出多集花絮片,将拍摄期间的各种"幕后"推到台前,满足观众的好奇心;二是重播,这可不是简单地把电视剧再重复播一次的概念,而是每一集都插入实拍过程,恰到好处地让导演、演员、编剧、摄影,甚至舞美、服装、化妆、道具、音效等专业人员,通过自己承担的工作来阐释故事,让观众再次重温每一集中的"名场面";三是再接再厉,继续推出"番外"(也即"外传"或"篇外"),发展原剧故事主干外的一些分支故事,或者开辟一个新的小故事,或者完整展开主干故事中提到却没细说的部分,给读者一个清晰的交代。番外的制作在很大程度上是对观众意见的反馈,如果观众不认可电视剧的结局是BE(bad ending 坏结局),那么,番外就来个翻篇反转的HE(happy ending 好结局),反之亦然;如果观众不认可主演的演技或主人公的人设,番外甚至会干脆换角,重新制定人设。

在制作方面,一部电视剧在规划时便做到"留有余地"、埋下伏笔,为今后的第二部、第三部……做好预设和铺垫。这不是我们通常所做的一部电视剧走红后才想到筹拍续集,从而导致不顾已有的"大结局",为了续拍而硬生生地发展故事情节。泰剧的做法同样是另辟蹊径,主要在演员身上做文章,一是配置CP(coupling),也即为"配对""组合",使一对主要演员得以长时间地"在一起",拍了第一部后,自然而然地再拍第二部、第三部,而且还是校园剧、古装剧、悬疑剧、奇幻剧……全面开花,让观众看得过瘾,欲罢不能。二是每部电视剧里再设置一对"副CP",如果观众对第一部里的主CP不满,或者不再感兴趣,那就立刻让副CP来做第二部的主人公,也就可以不受前一部的限制,完全跳出前者的窠臼,开始新的故事。这样做的好处是有"计划性""可持续性",保证"下一部"总在待机状态。的确,观众也很讨厌拆散自己喜欢的一对对"很香"的CP,总想他们能够继续"嗑嗑"到底。

在推广方面,一部电视剧在播出前后,我们通常也会组织主要演员进行"路演",举行观众见面会等等,但大多力度不足,形不成规模,而且演员多为当红明星,他们接活太多,因而无法专心，缺乏激情，疲态毕现。泰剧则是大手笔，每每搞得十分隆重，动辄便是大型的巡回演唱会、舞台秀，而且敢用新人，不惧新人缺少号召力，反倒认为新人才最具神秘感和新鲜感，而且充满活力和激情。他们充分挖掘新人的潜在能力，让他们以自己的多才多艺来征服观众。事实上，这也激发了新人的能动力，让他们在大型演唱会、舞台秀上尽力发挥而大放异彩。当然，这样的大型、巡回演出其实是商业开发，要让追星的观众来买单的，所以，目标对准了有消费能力的观众；不过，也会顾及一般水平的消费者，推出价廉物美的周边衍生产品，甚或很贴心地经常送出各种各样的"福利"，根本目的就是让演员与观众高密度接触，打造让观众认可的演员阵容的顶级"天花板"。

"他泰售后"给我们的启示在于，要让观众实实在在地感受到制作者的诚意，感受到自己的观赏要求、意见和建议能被尊重、被呼应、被采用；说到底，是让观众产生一种黏合度，以为自己也是一部电视剧的参与者，因此更容易上头，心甘情愿地与一部电视剧"同呼吸，共命运"，追逐不息。要达到这一点，全然看制作者的心态和能力——第一，要放弃"打一枪换个地方"的投机性和只重功利的短期行为，真正具有事业心和职业良心；第二，要有专业精神，兢兢业业地创作精品，杜绝粗制滥造；如果那些泰剧没有进行同期纪录片的精心拍摄，也就做不出"夹叙夹议"的"重播剧"和精彩的花絮片；第三，要有实际意义上的"长远计划"，让一部电视剧具备充足的后续发展力；第四，要有对观众的敬畏之心和感恩之心，善于遵从观众的意愿和审美要求,制作者(包括演员)要充分地认识到自己最好的状态、最高的境界是与观众互为成就、互为生活的一部分。

宋思衡的《疫情音乐日记》

在疫情期间,许多人以自己的方式来记录这段日子,青年钢琴家宋思衡选择了音乐。当冬天再度到来的时候,我听了由上海星外星文化传播与北京电视艺术中心音像出版社推出的《宋思衡疫情音乐日记》,那一首首钢琴独奏又将我的思绪拉回到了去年。

《1月24日除夕夜》,原本的欢乐蒙上了一层阴翳,没有快捷的节奏,没有奔放的旋律,最后的音符似乎是缓缓拉上的大幕,犹如前一天的城门封闭。《2月19日独处》,缓缓的弱音低迷,掩不住内心的一丝孤独和恍惚,每个人都在家里,足不出户,望一眼窗外,也是空寂和落寞。《4月2日春天里第一棵桃花树》,春天姗姗来迟,当季的花朵不顾尘世的停摆而兀自盛开,旋律里有了流水,叮叮咚咚地向前奔去。这一天,在隔离了两个月后,宋思衡第一次放胆走到大街上,脸上忽然飘到桃花的花瓣,"转眼望去,看到不远处一棵粉红色的桃树正在绽放;一个穿着黄裙子的小女孩戴着口罩,风一样地奔跑"。

宋思衡的《疫情音乐日记》是一部套曲,这是他创作的

第一部音乐作品,也是他录制的第一张原创专辑。我想,对二十二岁时便摘得世界上含金量最高的五大钢琴比赛之一——法国玛格丽特·隆钢琴大赛冠军的宋思衡来说,创作和演奏自己的原创作品,应该是他音乐人生掀开的又一幕。有时候,我们也会想着开掘自己、拓展自己、丰富自己,可常常却只是一份念想,如果没有触点,那是难以点燃的。我认识的宋思衡不只是端坐在琴凳上的钢琴家,他思维活跃而敏捷,也很有理想和抱负,对新事物充满好奇并跃跃欲试,他除了不断地思考提升琴艺,还一直在探索新的表现方式,比如,在古典音乐之外,他也涉足流行音乐和电子音乐,所以,我相信他早就有进行创作的盘算。不过,就像罗曼·罗兰说的那样,人生的转变都是在某些很短的时间内突然形成的,并没有我们以为的什么提前准备和酝酿。

这几年,宋思衡的演出都是排得满满的,在世界各地飞来飞去,他既沉稳又热情的演奏风格深受好评,但过于密集的演出也使他失去平衡。在大幕后面,才三十多岁的他掩藏着焦虑、疲惫、躁郁,他头痛、心慌、怕冷、心情低落,患上了高血压和心动过速,他感到了某种威胁,甚至想到得考虑一下"身后事"了。他希望自己能够停下来,可犹如开弓之箭,一发而难收。直到疫情发生,所有的演出都被取消了,宋思衡才突然发现人生踩下了刹车。虽然待在家里,但汹涌而来的真假莫辨的信息都让人情绪跌宕,不过,也终于可以从没完没了的行程计划里抽离出来了。宋思衡家的阳台上有一台哈珀望远镜,他开始在入夜后静静地凝视星空,在宇宙深处寻找远古的恒星，他发现一切都是那么对称而平衡、恬静而克制。慢慢地，他感到呼吸不再急促了，心跳不再剧烈了，这时，灵感的火花倏地迸溅，所谓水到渠成，他回到屋里，打开琴盖，十个手指跟着感觉翻飞，一首首乐曲自然而然地流泻出来，连他自己都感到不可思议。于是，音乐与生活交叠在了一起。

《疫情音乐日记》由十五首曲子组成，宋思衡通过音乐记录了那一段刻骨铭心的日子，这从乐曲标题便能反映出来：从《宅》到《闷》，从《心愿》到《释然》，从《吊针》到《远处的晚霞》，时日与心绪，尽在音符中。但我觉得，除了记录，宋思衡也在重新发现自我，重新构建自己的内心，这体现在整部套曲的音乐动机和旋律格调中：沉凝、舒缓、简洁、纯净、温和、从容，没有澎湃浩荡，也没有激越高亢，宛如走过一条漫长的满是荆棘的暗路后，在黎明时分浮现的声音。当然，我在听宋思衡演奏的李斯特《b小调钢琴奏鸣曲》时，感受到他将自己的理解、认识，乃至自我都融入了其中，但在《疫情音乐日记》里，我的确更为直接地看到了一个风驰电掣过后的放下执念、归于平和的宋思衡。正如宋思衡自己所说："我想这就是这次疫情带给我的最大的体验：我开始作曲，开始尝试用自己的音乐语言来表达自我，而不仅仅是演奏其他伟大作曲家的作品。因为经过这几个月种种事情的冲击，我深深地感觉到，人类在音乐的世界里，还有更广阔的维度等待我们去发现和感悟。"

拜托了,好心人

前几天,我的病友星星打来电话,她的声音里满是激动。星星也是胃癌患者,2013年1月动了全切手术,那时候,她过得很艰难,好在有亲人一直陪伴在身边,其中就有她养的宠物狗麦兜——真的,星星就是把麦兜当作亲人的。

麦兜是条软毛梗,模样就像温驯的绵羊,看上去就暖融融的。麦兜是2006年12月由星星的女儿抱回家的,它才两个月,尾巴被人斩掉了,这让从不养狗的星星生出许多怜爱,她精心地喂养它,看着它一天天地壮实起来。麦兜很通人性,用星星的话说,除了不会讲话,就是个聪明的孩子。星星动完手术后开始化疗,心情不免有些低落,闷闷不乐,麦兜便时时陪护着她,陪她看电视,陪她散步,她休息时,麦兜就趴在一边,一动不动地看着她,电话铃声响了,就叫醒她,饭菜做好了,它也会催着她去用餐。星星无法想象,有一天,如果没有了麦兜,她会怎么办。

2019年夏天,星星的丈夫病重,住进了医院,星星无暇照看麦兜了,经人介绍,只能花钱把它寄养到长兴岛上的一个农庄,她想等丈夫病愈出院后,再将它领回来。可世事难料,丈夫不久后撒手人寰，而星星自己也被查出肿瘤转移，在该年底又动了一次脾脏切除大手术。星星躺在病床上，格外想念麦兜，她想要是它在身边，它一定还会像以前那样地陪伴她。她决定待来年春暖花开的时候，去一次长兴岛，看看麦兜，并把它接回家来。无奈，来了疫情，这个计划一拖再拖，直到去年12月，上海癌症康复俱乐部组织病友们去长兴岛观光旅游，星星想这次可以如愿以偿了。

得知星星真要去长兴岛了，介绍人这才告知了真相：就在疫情期间，麦兜走失了。星星听后心疼极了，她很长时间神思恍惚，无法放下心来，想着各种各样的办法，企图找到麦兜，可她知道希望渺茫。今年元旦那天，夜很深了，但星星就是睡不着，心里牵挂着麦兜，于是，她打开手机上网浏览，奇迹就这样不期而降——她在新浪新闻视频里看到了麦兜。那个视频是一个网名叫"农村暖男哥"拍的，他在视频里说，他在路边捡到了一只样子如同绵羊的流浪狗，又脏又臭，他心怀恻隐，把它抱了回去。视频里，这位暖男哥在帮流浪狗剃毛，但狗狗非常胆怯，害怕得几度躲避，暖男哥只好开车将它带去宠物店，剃了毛、洗了澡后的狗狗精神多了。星星直直地瞪大了眼睛，这不就是麦兜吗？她立刻将视频发给了女儿，女儿反复看了这条没有尾巴的软毛梗后，予以了确认。这样，星星就给我打来了那通激动的电话。

我也看了视频，听暖男哥的口音似乎是四川人，我让星星给他留言。星星发去了非常诚恳的文字："我认出这是我家走失的狗狗，它的名字叫麦兜，先前由于我家里发生变故，只得将它寄养在长兴岛的一个农庄。我看到您的视频后,激动极了,我终于又看到了日思夜想的麦兜,您对它照顾得这么好,我要衷心地感谢您!不知道您能不能告诉我您在哪里?如有机会,我想去看看它。"不日,暖男哥发来了回复,他说自己在四川宜宾,他确实是在路边捡到那只流浪狗的,他不知道这条狗狗如何会从上海的长兴岛千里迢迢地来到宜宾。他说他其实还收留过别的流浪狗,如果有朋友喜欢,便让抱走,而星星说的这条狗也已经有了新的领养人。

星星又给暖男哥留了言,她写道:"我很高兴,有人领养了麦兜,如果方便的话,能否告知我领养人的信息,我不会要回狗狗,我只想知道它现在生活在什么地方。"暖男哥还没有回复。星星希望我能写篇文章,对他们说:拜托了,好心人,请你们善待我的麦兜。

"神交"赵长天

我与作家、编辑家赵长天犹如"神交"。

1981年1月,我在《小说选刊》上拜读赵长天描写工厂生活的短篇小说《"震动试验"》,无意间看到附于文末的"作者简介",说他在上海有线电厂(以下简称"上有厂")工作。我顿时觉得特别亲切,因为我父亲也是上有厂的职工,他1956年春从第四机械班毕业后即进入这家厂工作,而他去世后,根据当时的政策,他的一名子女可以顶替入厂,于是,我的小妹妹便从中学辍学去了厂里。上有厂位于江浦路和齐齐哈尔路口,是一家军工企业,后来归属于上海航天局。上有厂的大门口是不挂牌子的,有一条黄浦江的支流从厂区边流过。

那时,我刚刚开始学习文学写作。我所在的单位是一家房管所,我在那里不断地轮换着做木工、泥工、马路工、绿化工;小小的房管所自然比不得有三千职工的上有厂,不会印制标有单位名称的稿纸,所以我小妹妹便将厂里的稿纸拿来给我用。标有"上海有线电厂"字样的稿纸有三百格绿色的字框,我在上面写字时,有时会走神,会想到赵长天。此时的赵长天在文学创作上正如日中天,我想,我要向他学习,跟上他的脚步。当我想到我与他使用着同样的稿纸时,有一种莫名的"神交"之感,我想象着将空白的稿纸覆盖在赵长天写满文字的稿纸上面,哪怕照着摹写一遍,创作上也会有进步的。这是我的一个"小秘密",后来,我告诉赵长天时,他直直地看着我,没有说话,不一会儿宽厚地笑了。

上有厂属于保密单位,所以我都不敢问赵长天在厂里究竟是做什么的,直到他调任中国作协上海分会副主席、书记处常务书记后,他才告诉我,他是1976年从部队复员到上有厂的,在厂长办公室等部门工作,还担任过车间支部书记,这使他有机会深入了解该厂的历史和最新的生产任务,了解厂里干部和群众的所想所求。上有厂的前身是创立于1917年的中美合资"中国电气股份有限公司",1954年改名为上海有线电厂,对外则称七三六厂。作为中国最早从事通信器材和通信设备制造的企业,上有厂担负着诸多高端科技产品的研究、设计与生产。三号厂房里有一个神秘的七车间,研发代号为"20号"的航天航空产品;厂属地空导弹制导站研究设计所(代号八〇四所)成立后,那里拥有远东一流的中心实验室。赵长天进厂后,立刻被工厂平凡却又充满生气的生活所强烈吸引,乃至后来恢复的大学招生都没能动摇他,他选择留在工厂,并在这里建立起自己的生活基地。正是上有厂的工作经历,使赵长天写出了一批包括《震动试验》在内的杰出的工业题材的小说,在文坛上独树一帜。

赵长天就是这样一个既宽厚又执着的人,他向来为人低调,从不夸夸其谈,他爱文学爱得那么深沉,以至于只要谁想从事文学写作，他都会伸出援助之手。所以，凡与赵长天接触过的人，没有一个不说他是好人。而在我的心目中，好人的模板就是赵长天。如果他不是这样一个好人，他完全可以明哲保身，事不关己，埋头于个人的创作，但他偏偏要像一棵大树，以冠盖的浓荫庇护文学和作家，使之免于风波风浪的袭击；偏偏想着要去扶植更多的年轻人，让他们不断地加入到文学新军的队伍中来，使文学事业得以源远流长。的确，许许多多的年轻人受惠于赵长天发起的"新概念作文大赛"，不少人由此改变了自己的人生和命运，时至今日，更年轻的一代仍然享受着这棵大树的护佑。

其实，赵长天不仅担任过《萌芽》的主编，他还是上海作协主办的另一份文学杂志《略知一二》的主编。《略知一二》的读者对象为小学生和初中生，所以，赵长天这个好人的眼光是看得格外深远的，他希望通过这份杂志，从小培养孩子们对文学的兴趣和爱好，让文学陪伴孩子们的成长。赵长天为此付出的努力甚至超过了《萌芽》。为了给小读者更为贴切的帮助，赵长天张罗儿童文学作家来给孩子们上阅读和写作课。让我特别感动的是，每次开课，他必到现场，从头到尾与孩子们一起听课，然后，仔细向孩子们征询意见和建议。赵长天也邀请了我去授课，但那时我没有经验，尽管认真备课，但我自己都知道讲得太过死板，枯燥乏味，当我看见一个来听课的孩子在我眼皮底下昏昏欲睡时，我非常不安，真想钻到地底下去。课后，我跟赵长天说，我没有摸到门路，所以讲得不好。他听后，开始没有说话，只是对我宽厚地笑了一下，然后才轻声地说道:"我们一起再摸索摸索。"我想,赵长天这个好人就是以这样善意的方式来安慰和鼓励人的,他甚至都不忍心去直接批评你。

这次"滑铁卢"对我教训深刻,也让我明白了赵长天的良苦用心。为了这份少儿杂志,他一直在默默地探索,他认为编辑和授课者必须了解和掌握少儿的接受心理,必须使用少儿喜闻乐见的语言和形式。这对我启发很大,我开始思考如何把课讲得生动有趣、精彩纷呈,让小听众自始至终兴致盎然,从而有所受益。去年,在疫情期间,我应邀上了一堂网课,给孩子们讲怎么写出真正属于自己的作文。在空无一人的大厅里,我面对摄像机独自讲课,有一瞬间,忽然感到有些茫然。就在这时,我想到了赵长天,我觉得他仿佛正在摄像机的那头注视着我,提醒着我。于是,我的面前呼啦啦地"涌出"了许多许多的孩子,此刻,他们坐满了大厅,在我情景浸入式的讲课中,一个个忽而笑得东歪西倒,忽而紧张得瞪大眼睛,忽而又托腮沉思。我想告诉赵长天,那天,在线听课的孩子多达四五千人,近两个小时里几乎无人开溜,而且欲罢不能。

第一堂吉他课

我报名参加圣华教育的吉他班学习,那是一对一地教学,我觉得这样学起来比较可靠。我的课被安排在每周日下午四点,一节课四十五分钟。我去上第一堂课的时候,冬末的阳光格外明亮,我穿上一套深蓝色卫衣,戴上一顶棒球帽,背上吉他,骑了一辆自行车"绝尘而去",风呼呼地从耳边掠过,我顿时感觉回到了白衣飘飘的年月。

我到达后,由于前面一位学员的课尚未结束,于是我便在走廊里等候。我不知道我的老师是谁,我想,他会不会是个很冷面、很严苛的人呢?因为通常酷酷的吉他手总是给人以这样的印象。后来,我见教室的门开了,里面那个下了课的学员正在收拾东西,可老师却不在。这是个三四年级的小学生,由他妈妈陪着。他问我是陪谁来的,大概他想有一个同龄的伙伴吧,当我告诉他是我自己时,他惊讶地瞪大了眼睛。我问他,老师在哪儿?他说老师去休息室了。他的妈妈正对着黑板拍照,那是他今天学的课,我瞟了一眼,是加拿大名曲《红河谷》。他都学到这个程度了,何况还拜师在前,我便很虚心地对这个小"学长"说:"以后我要向你多多请教。"

老师来了。他自我介绍道,他姓肖,过了年就虚岁五十八了。肖老师并不是我想象的那样,倒是慈眉善目、和颜悦色。我怕他对教学有压力,因而一上来就跟他说:"肖老师,您不要对我有所希望,我以前从来没有碰过吉他,我学得成学不成都无所谓的,您完全不用在意,我只是图个开心。"肖老师笑了。他鼓励我说,一定学得会的。他问清我的年龄后,突然眼里放光,说在这里学吉他的都是年轻人,他们更加喜欢当下流行的歌曲,所以他都没有机会唱唱二十世纪八九十年代的歌,而他自己正是在那时候出道的。说着,他拿起我刚刚买来的那把民谣吉他,调完弦后,开始自弹自唱,《一条路》《三月里的小雨》《外婆的澎湖湾》《外面的世界》《跟往事干杯》《其实你不懂我的心》……弹着吉他唱歌的肖老师太酷了,他有些沙哑但带着磁性的歌声掀开了岁月的大幕,我有些恍惚,也有些感动,我就在这样的氛围中开始了我的第一堂吉他课。

在这之前,我根本不知道吉他的六根弦是怎么发出声音来的,我将最粗的那根弦标号为一弦,把最细的那根弦当作六弦,用大拇指把每根弦一一拨过去。现在,肖老师告诉我,要把六根弦的标号倒过来,最细的是一弦,最粗的是六弦;一弦是用无名指勾弦的,二弦用中指,三弦用食指,都是勾弦,六弦、五弦、四弦才是用拇指拨出声音来的。我试着用右手勾弦、拨弦,肖老师在一边下着指令:二弦、六弦、三弦、四弦……可是,我还是常常弄反了,一弦当六弦,勾弦当拨弦。不过,不管怎么样,我听到吉他在我手里发出了其特有的美妙的乐音,我心满意足,极有成就感。我对肖老师说,我今天就学这些吧。肖老师宽容地点了点头。

肖老师讲课时,一边说一边在黑板上画琴谱,六根琴弦和指板上的品位点成了琴谱上的一根根或横或竖的线条,很是直观。肖老师布置了回家作业——他让我用手机把黑板上画的琴谱拍下来,回去照着操练。忽然,他想起什么来,又画了两个琴谱,一个上面标了左手的两个手指按点,另一个则标了三个手指按点。他有些神秘地说,这是两个最最常用的和弦,学会了就可以弹唱了。我乐颠颠地拍了下来。后来一想不对啊,这不就是要急着上第二堂课的节奏吗?可我不着急,下一堂课,我还得先把右手拨勾六根琴弦这事儿再整整明白。我笑着跟肖老师道别,心里想,我的课还是由我自己做主吧。

我写《和平方舟的孩子》

2019年12月初,是我文学创作中特别"豪爽"的日子,没有犹犹豫豫和拖泥带水,先是非常豪爽地答应了上海少年儿童出版社之邀,决定写作海军和平方舟号医院船的长篇报告文学,接着非常豪爽地立即开始采访,在上少社编辑霍聃的帮助下,与东部战区海军上海某基地教导大队政委江山取得了联系,他曾是一位出色的战地记者,并多次随和平方舟号出海远航,在船上担任新闻和宣传主管。与江山的相识,让我从一个"好奇者"成为"追寻者",从而真正进入实质意义上的写作。

有人认为,我为出版社撰写和平方舟号报告文学是一种投其所好、放弃自我、写"遵命文学"的行为。其实这是误解。在我长达数十年的记者生涯中,多次采写过军事题材的新闻报道和报告文学,比如我国最后一批在核试验中驾驶飞机穿越蘑菇云采样的飞行员,比如日夜追踪在茫茫太空中逃逸的我国发射的第十五颗返回式卫星的军事科学家,而在得知中国第一艘海上医院船建成并入列海军的消息后,我一直想有机会去做个采访,看看这艘充满神秘感的海上流动的三级甲等医院。或许这是受记者的"好奇心"乃至"执着心"的驱使,但更重要的是，我想了解、理解进而认识世界上存在的这一群"人"，用文学的语言说，便是"这一个"。

想写是一回事，但写什么、怎么写则是另一回事。江山非常热心地向我介绍了几位曾在和平方舟号上执行过任务的海军军医大学附属长海医院的军医，正是在与江山和这些军医面对面的采访过程中，我才逐渐清晰地明白我应该怎么去写这部报告文学——我不需要势利地对和平方舟号的官兵们"歌功颂德"（他们的先进事迹已经并还在为新闻记者们所报道），我需要的是尊崇文学的要义，追寻他们在海上这个特殊环境里是如何生活与工作的，追寻他们在漫长航程中所面临的内心困境，追寻支撑他们如此坚守的家庭背景、成长过程，以及他们的理想和为此付出的努力。由此，我完成了整部作品的构思——建立一个多维度空间，既写被军医们在医院船上救治的国外孩子（他们大多因贫困或本国缺乏医疗条件而得不到及时的治疗，可这些孩子不管是肢体残疾还是患有脑瘫、先天性心脏病等疾病，却都心怀美好的愿望，有的想成为足球运动员，有的想成为画家、芭蕾舞演员）；也写医院船官兵们自己的孩子（他们大多与自己的军人父母处于一种不为外人所知的矛盾状态，由于军人父母长期不在他们身边，在他们的成长中造成严重缺失，由此导致他们既为父母骄傲，但又有很深的隔阂、怨气和陌生感）；还写医院船官兵们自己是孩子的时候，写他们的孩提时代（他们大多都是普通的孩子，但都从小就很有想法，有好胜心，有动手能力，有独立自主的性格，有改变命运的意志，但也有自身的各种缺弱和不足）。用这样一个多维度空间来呈现和平方舟号医院船和船上的官兵，我想会更具有文学和人文的品质，落实于人，揭示人的内心和精神，由此获得文学赋予的智慧、力量和启迪。我定下了书名，叫《和平方舟的孩子》，我认为，这对于"孩子"的书写概念，对于儿童文学的题材，应该是更加开阔的了。

没有想到，一场突如其来的疫情导致我的采访无法再正常进行了，2020年1月至2月间，我采访名单上的人们一个个都突然间"失踪"了。由于是非虚构的报告文学，我不能凭着自己的"想象"或"揣摩"来写作，因此当许多作家因驻足家中而有时间来写虚构的小说时，我的写作反倒是中断了。说到底，文学最不能撼动的是细节，而对于报告文学来说，没有什么比细节更有说服力了。关于和平方舟号的那些最为重要也最为感人的细节，我是根本没有本事凭空创造的，甚至也不是一次两次的接触就能捕捉到的，必须依靠深度、深切、深挚的采访。譬如，在为哥斯达黎加男孩艾尔兰德斯做脊柱手术时，遭遇特殊地理环境引发的退潮时的海面剧烈晃动，如果手术刀也随之抖动，发生哪怕是丝毫的偏差也会导致瘫痪，因此，主刀军医丁宇只能将自己的身体调整到几乎无法忍受的姿态并紧紧绑住，而水兵们则迎着巨浪加固缆绳，最大限度地控制船体摇晃。又譬如，电工班长丁辉的女儿一直不满父亲抽烟，拒绝与他交谈，不仅在家里的房门上贴条"禁止吸烟"，还不去码头送别远征的父亲，这让丁辉很是难受，于是在船上给女儿写下了一封长信。再譬如，和平方舟号第三任船长郭保丰小时候的理想是做医生，那是因为他的出生纯属意外，他母亲犹豫着要不要把他生下来,最后是他奶奶做出了"一言九鼎"的决定,可他奶奶却在他出生前两个月突发心脏病离世,才五十多岁,所以,郭保丰对这位给他发出"出生令"的长辈充满感恩,想以后做个医生,让奶奶这样的病人起死回生。虽然后来在他军人父亲的影响下他也参军成了一名水兵,但他少年时代最初的理想以另外一种方式实现了——没做医生,但做了医院船的船长。采访是如此重要,因而采访的中断让我的写作陷入了绝境。

也许是这本书本身的感召力吧,我同样以坚忍不拔的意志,想方设法接续我的采访。江山是无论如何都没有音讯了,仿佛从人间蒸发了一般,直到当年10月15日,我的书都快出版了,才从新闻报道中知道,原来他加入海军第三十五批护航编队,去亚丁湾和索马里海域执行护航任务了,并和全体官兵一起全程一百七十天无靠港休整,刷新了人民海军舰艇编队海上连续奋战时间最长纪录。在东部战区海军和少年儿童出版社的帮助下,我终于与女军医郭妍再次联系上了。郭妍曾参加过和平方舟号"和谐使命—2017"任务,是这艘医院船上的第一位内分泌科医生。她之所以突然"失踪",是因为她去驰援武汉了。郭妍抵达武汉后,直奔收治新冠肺炎重症患者的湖北省妇幼保健院光谷院区,她被分配在感染一科,那真的就是与病毒激烈交锋的战区了。正所谓"失之东隅,收之桑榆",每天穿着防护服进入病房,将病人从死神的手里抢夺回来的郭妍,没有时间再跟我细聊她在和平方舟号上度过的日子了,但她却将我原先的写作计划豁然荡开了一笔,使我得以把笔触延伸到军医们从和平方舟号下船后，又义无反顾地奔赴武汉抗疫第一线。这是非常重要、非常及时，也使这部报告文学更为现实、更为全面、更为厚重的极其贵重的一笔。我与郭妍只能通过微信进行交流，而时间基本都在深夜两三点钟，那时，郭妍刚刚下班，回到驻地。我怕郭妍太累，所以每次交流的时间不长，采访只能这样断断续续地进行。于是，那段时期也成了我的"非常时期"，我也进入了"非常状态"。

2020年10月中旬，我撰写的我国首部反映海军和平方舟号医院船的长篇儿童文学纪实作品《和平方舟的孩子》下厂开印。湖北省示范学校——武汉小学的师生得知消息后，立刻通过钟书阁找到少年儿童出版社求购，并表达了与我见面的愿望。由于这本书尚在印制中，结果，书店、出版社、印刷厂三方通力合作，将最先包装完成的前三百本书直接发运武汉，我则乘坐高铁前往位于武昌的该校图书阅读点。10月24日，我亲自把这本充溢油墨香味和我的祝福的书在第一时间送到了孩子们手中。我想，这是这部作品最好的首发之地了。

健身步道

我们小区铺上了塑胶健身步道,这真是让人欣喜。

健身步道总长九十米,赭红色,两旁各镶一道白边,气派十足。这条健身步道建在小区的西侧,旁边有一片小树林,阳光透过树叶洒下来,就像清洗过一样,格外清爽。我原先是在小区东头的小道上练快步功的,但那小道实在太狭窄了,都甩不开臂膀,而且,铺的是镂空砖,很容易崴了脚。想到以后可以在如此"专业"的步道上健身,我确实满怀憧憬。

可是,健身步道才开通,我便发现自己高兴得太早了。

首先,这条健身步道不是笔直的,有一头打了很大的弯。其实,原本设计时是一条直线,犹如百米跑道,可是,却有一户人家死活不同意,称步道靠近他家窗口,没了隐私,然后就占道为王,在他家的山墙窗下放上了许许多多的坛坛罐罐,导致健身步道不得不绕道而行,也就拐了一个大弯,很煞风景。我好生奇怪,纵然有各种理由,也不能因此就把那片区域变成你家私地啊,健身步道都拐弯了,可现在坛坛罐罐依旧圈着,绝不撤走。那个弯因为必须就势,所以拐得很是蹊跷,走步时很不安稳。

再者，健身步道是与一条原有的小道并行的，步道一开，那小道顿然失色，没有人喜欢走了，于是，健身步道变身成了"小马路"。立在步道端头的铭牌上写得清清楚楚："请穿着宽松服装、运动鞋或软底鞋进入步道"，可一变成小区里的"干道"，那状况就可以想见了——骑车的骑车，遛狗的遛狗；有人拖着行李箱昂首阔步，有人踏着滑板如同冲浪；那户占地的人家在窗下拔草时，把带着泥土的杂草直接扔到健身步道上；而不少停靠的车辆则恣意地把车头或者车尾压过步道的白边。

一天清晨，我早早地去健身步道练快步功，看到步道的起始端赫然横着一辆崭新的电动车，还用银色的车罩给罩了起来，一派百年不离的架势。好家伙，不要说健身了，都快"交通堵塞"了。我绕到步道的另一端，想继续我的健身功课，不料，到了倒垃圾的时间了，住家纷纷在这一时段拎着垃圾袋出门，形成逶迤绵长的队伍，我只能尽量靠在一边，让出路来，谁想那些湿垃圾因一会儿还要打开，所以总不愿扎紧，竟是滴滴答答地在健身步道上洒了一地。我落荒而逃。

就那么短短的日子，新铺设的健身步道已面目全非，色彩暗淡，闪着光亮的白边污浊不堪，赭红色的步道像是泡了水，浅一块深一块的，坑坑洼洼，错落不平。我不知道人们怎么会那样不珍惜拥有的东西，视如敝屣，随意践踏，心里还没有一点的不安。我想起著名导演小津安二郎聊起他的电影时曾说过："我的主题是'物哀'。"物哀是一种审美，出自对物什的怜惜，世上既没有不可穷尽的山水，也没有永恒存在的步道，因此，我们应当珍视每一种物什，说到底，物哀深处是悲悯，是有慈悲之心；我们不敬重物什，是因为我们少有慈悲，慈悲少了，良善也就丢弃了。

那天，我重返健身步道，突然发现，与步道并行的小道上有一只野猫和我相向而行，仿佛是在陪伴我。我仔细回想了一下，的确，我们小区里的那些野猫向来东蹿西跑，但它们却从来没有踏足过健身步道，没有在这里撒过野。想到这里，我心头一热。

春风又绿杨树浦水厂

春风一吹,杨树浦水厂顿时绿意盎然。由青灰色和铁锈红清水墙砌成的每栋厂房,就像画出来的那般洁净,草坪和树木都是一大片一大片的,郁郁葱葱,古典与时尚完美融合,让整个水厂透出一股青春勃发的气息。

我这次去杨树浦水厂,就是去感受一家百年老厂的奋进史的,我相信,所有的事物唯有不断进取,才会永远年轻。杨树浦水厂始建于1881年8月,两年后向外供水,时任北洋通商事务大臣的李鸿章拧开阀门开闸放水,刹那间,黄浦江水涌入蓄水池,厂房内的机器开始运转,将浑浊的江水转化成清水并输送到千家万户,由此,中国第一座现代化水厂正式建成。一百三十年来,在这座哥特式城堡风格的水厂里,发生了许多让人难忘的故事,而由于中国共产党曾在此发动工人运动,也使其成了一处红色遗迹。上海解放前夕,预感败局已定的国民党当局加紧策划搬迁工厂和各种物资至台湾,日供水能力近四十万立方米、承担全市主要供水的杨树浦水厂,自然成为窥觎的对象。该厂地下党组织团结广大工人,开展"护厂运动",他们组建了一支"秘密纠察队",日夜守护黄浦江进水口、锅炉房、引擎间和快滤池等要害部位，密切监视厂内特工的动静，主动做驻厂军队的瓦解工作，避免了水厂设备遭受破坏。如今，依然高高耸立的烟囱、依然枝繁叶茂的大树，都是历史的见证者。

事实上，当年水厂建成时，主要是向外国侨民供水，上海很多普通百姓是用不上自来水的。从二十世纪五十年代起，杨树浦水厂开始了新的传奇，数十年来不断挖潜、改造，大规模地更新设备和工艺技术，厂区面积现在已达十八万平方米，拥有五条制水生产线，最大日供水能力发展到一百四十八万立方米，年供水量超过四亿立方米，约占上海供水总量的四分之一；一百多年来，原本都是从水厂头部进水口取用黄浦江水，2010年11月起改用高水质的长江口青草沙原水。去年5月，杨树浦水厂深度处理改造工程正式开工，预计2024年通水投产，届时，杨浦、虹口、静安、普陀、宝山五区近三百万市民将喝上品质更高、口感更佳的饮用水。如今，改造工程正紧锣密鼓地进行着。

迎着扑面而来的春风，我进入施工现场，但却见不到那种尘土飞扬、噪声刺耳的场面，所有的活儿都干得悄无声息、一干二净，用上海宏波工程咨询管理有限公司董事长顾德鱼的话说，这叫"绣花式"改造——作为全国重点文物保护单位，杨树浦水厂内仅国家级文物保护建筑就有十九处，此外还有不少诸如百年老树这样的"老古董"，所以，改造工程是一场"绣花式"的精雕细琢。由于地下情况复杂，障碍物多，隐蔽工程多，新建生产设施和文保建筑的最小距离仅为七米，和在用的净水设施管线最小距离只有三米,而新建构筑物均为地下水池结构,最大基坑深度达十一米,这给施工带来极大的困难,也使负责监理工作的宏波公司第二事业部任务陡增。他们根据"水质保证,环境保护,运营保障,文物保全"的"四保"基本原则,对每一个环节进行严格的监管,他们每天都紧绷着神经,运用自己的"火眼金睛"和最先进的监测技术,盯住每一根柱子的打夯、每一条管线的铺设、每一棵古树的移动、每一栋建筑的复原。

杨树浦水厂改造工程是在不影响供水的情况下进行的,我看到还在运行的滤水池中的水清澈潋滟,如同平静的湖面,当春风吹过时,只稍稍皱起些涟漪,但那一派绿色却透出蓬勃的生机。

"班主任"程乃珊

我有一个特别的"班主任",她就是程乃珊。

这是四十多年前的事了。那时,我一边在房管所做着木工,一边学习文学创作。有一天,比我高两届的杨房技校学长伍俊敏跟我说,我给你介绍一个人吧。我问是谁。他说了一个名字——程乃珊。我当即瞪大了眼睛,问他怎么认识程乃珊的,因为那时程乃珊连续发表了多部小说,声名鹊起。伍俊敏说,她是我中学里的班主任。

原来,程乃珊是杨浦区惠民中学的英语老师,她曾担任过73届(5)班的班主任,而伍俊敏正是她的"班上同学"。伍俊敏对我说,中学毕业后,他与班里的同学一直与程乃珊保持着联系,"她是一位很热心的老师,你可以向她讨教讨教"。伍俊敏随即将我的一篇小说习作给到了程乃珊,但我觉得她在教课之余埋头写作,应该没有时间理会我的。没想到,程乃珊很快就写了一封长长的信,让伍俊敏带给我。她非常细致地看了我的习作,并提出了修改意见和建议。她在信上说,如果你有什么不明白,可来我家一趟,我直接跟你说。于是,我跟着伍俊敏去了她当时位于愚园路上一条弄堂底的居所,那天,我们一点都没有隔阂地聊着,她完全把我当成是"班上同学",而我也就认了这位"班主任"。

程乃珊把对我的帮助全然看作是尽一位班主任的责任。有一次,我在她家里时,正好遇到一家文学杂志的编辑来向她约稿,她毫不避嫌地跟编辑说:"他是我的学生,也在写稿子,你们也要跟他约约稿呀!"后来,她直接写了推荐信并连同我的稿子寄给了《文学少年》的编辑,使我得以发表了第一篇儿童文学作品。我的习作发表后,她高兴地在电话里跟我说了大半天的话,当她说到"这真的比我自己发表文章还要开心"时,我感动得热泪盈眶。对先前的"班上同学",程乃珊同样倾注着她的关爱。一位学生患了重病后,心情抑郁,其他同学想带他去昆山走走、散散心,程乃珊得知后,立刻要求一同前往,她还专门联系了昆山一座名寺的方丈,带着大家去祈求平安。

程乃珊的文学创作如日中天,可她很长时间里仍在惠民中学做着老师。有一天,我去那里看望这位"班主任"。我至今清晰地记得学校门前的小路逼仄而潮湿,校门口放了一排开了盖的木制马桶,那是对面弄堂里的住家洗涮完后拎出来晒干的。程乃珊1965年从上海教育学院毕业后即分配来此教书,出身名门望族的她每天从"上只角"的静安寺坐公交车,经过一个多小时的两次换乘,来到地处"下只角"的学校,仿佛穿越两个全然不同的部落。虽然这里的学生以及家长一眼就看出了程乃珊的"与众不同",但程乃珊却自觉地与他们打成一片。学校组织学生去南汇农村"学农"时,作为班主任的程乃珊身先士卒，挑粪，割稻，什么农活儿都干，她还特意与做"炊事员"的女学生王英睡在一张草垫子上，因为只有她戴着手表，她生怕耽误学生吃早餐，所以每天早上六点会准时叫醒王英，然后与她一起烧柴起灶。

我和程乃珊在惠民中学四楼的图书室里海阔天空，她向我讲述了她做班主任时的种种"轶事"，由于她比班里学生大不了几岁，有些调皮的学生便会生出一些尴尬事来，可她显示了一个班主任的大度和宽容——毕业后，有位女同学专程去找她，为自己以前给她乱起绰号的行为而道歉。程乃珊很看重她的教职经历，这使她不仅深刻认知了上海底层百姓的生活状态，也重新定义了市井生活的宽广界域。程乃珊之所以受到各个阶层读者的喜爱，是因为她把"老克勒"和"小市民"这两个上海最为典型的层面都刻画得鞭辟入里，她的名作《穷街》发表后引起极大反响，小说如此真切、细腻、传神地描写了身处"穷街"的人们的喜怒哀乐，我想，这正是那段长达近二十年的教师生涯对她的馈赠。

后来，我习惯了有什么事都先跟"班主任"汇报，因此，2011年12月底，当我罹患胃癌要去华山医院动手术前，也照例告知了"班主任"。不料，在电话里，程乃珊声音嘶哑地说，她也住在华山医院，天天发高烧，正在检查中。第二天，我刚到病房住下，立刻联系她，是她先生严尔纯接的电话，他说，为免交叉感染，你就暂先不要来看她了。可我一直牵挂着程乃珊，动完手术后的第三天，我终于得到了她被确诊为白血病的消息，我没为自己，却为她泪水直流。伍俊敏跟我说，"班上同学"已齐聚起来，分工明确，男同学负责外勤保障，女同学负责轮流陪夜。从此，程乃珊每次住院，她的夜间陪护都是由女同学们承担的，她们的精心护理让病房里其他的病人甚是羡慕，都说做老师的真有福气。但是，程乃珊自己却觉得过意不去，有一次，她对陪夜的龚惠敏说，我现在连大小便都要麻烦你们，老师的尊严都顾不上了，这如何是好。龚惠敏说，我们不仅是师生，也是姐妹，你不要多虑。程乃珊听后，点了点头，露出了欣慰的笑容。

我出院后，前去富民路上的程乃珊家中探视，可她却急切地询问我的情况。我说："我正在吃中药调理，为我治疗的那位中医还是你的读者呢。"她一听，立刻说，那我要送他一本新书，让他好好给你治病。说着，她就拿来了她的一部新作《上海素描》，认真地题签、钤印。那天，我们一如既往地聊文学创作，程乃珊告诉我说，她正着手创作一部新的长篇，连小说名都想好了，叫《好人家》。她的声音依旧那么响亮和畅快。离开后，我一个人走在相邻的那条寂静的巨鹿路上，想到程乃珊在用自己的生命坚守文学，用始终不渝的真诚和热情，用一份强烈的使命感和责任感描述百年上海，禁不住再一次默默地流下了眼泪。

程乃珊去世后，每逢清明，她的"班上同学"都会去福寿园拜祭，而每年的教师节，也会与她的先生严尔纯聚会，将一份师生情延续至今。在程乃珊逝世一周年之际，我策划出版了她的三卷本典藏纪念版文集《上海故事》，以此表达我对这位特别的"班主任"的敬意和怀念。

书单是人生的索引

孙莺非常踏实、勤奋，所以她的上海近现代文化研究收获甚丰，这本《名家书单》便是她的最新成果。《名家书单》是张伟先生主编的"晚清民国报刊文献辑录"之一种，收录了晚清、民国时期各界名人的读书书目，有开给别人的推荐书单，更多的则是自己的阅读心得，以及与书相遇的记录。说起来，阅读是很私人化的，每个人阅历不同、背景不同、兴趣不同，自然读的书也不同，所以的确很难为别人做荐书之事，也由于私密性，甚至都不愿公开过多过细地谈及自己的书斋和藏书。我想，鲁迅先生当年之所以拒绝孙伏园为《京报副刊》开列"青年必读书"，盖因如此吧。正因为这样，在浩如烟海的民国报刊文献中遴选出一本《名家书单》来，实在很不容易。

不过，做"名家书单"倒是历来的传统，尽管九十多年前鲁迅先生弄出一个"梗"，可至今仍方兴未艾，而且没有受到纸质书在电子媒质冲击下疲软委顿的影响，显出愈盛之势。或许，这在很大程度上与人的好奇心有关。人的好奇心无所不包，窥探名人的私家书单，看看他们都读些什么书，向来为人所乐道，我以为这没有什么不好。既为名家，总有不一般的地方，对于普通人来说，了解他们的阅读，乃至随之跟进，从小处说，是满足好奇心，从大处说，阅读的实质是一种传播，跟随有人生阅历、有独立见解、有读书门道的名师大家进行阅读，乃是一件事半功倍的事。名人的影响力不容小觑，现下，每每推出一本书，出版社总要拉来名家"联袂推荐"，看来并不是多此一举，名人效应还是有的。

其实，名人们的书单分散四处，常就是一瞥罢了，但是，一旦聚合成书，那就不一样了。我读《名人书单》校样，颇感震动，感受到成规模后的浩荡和辽阔，恰如书中作家、翻译家胡山源先生在一篇文章中所说的，"集在一处，便可以成为洋洋大观"，二十世纪三四十年代迎面而来，一个时代的风气、风尚、风貌面目清晰得触手可及。原来，所有的阅读都是一种相通的境遇。1935年，《青年界》杂志开设了《我在青年时代所爱读的书》栏目，我浏览了一下众多撰稿人的书单，发现虽然他们年龄、出身各异，专业领域不同，但读的书却多所雷同：《史记》《诗经》《牡丹亭》《水浒传》《三国演义》《聊斋志异》，梁启超的《饮冰室文集》，鲁迅的《呐喊》与《彷徨》，胡适的《胡适文存》，托尔斯泰的《复活》和《艺术论》；杂志则有《学生杂志》《小说月报》，而且还都强调这两份杂志换了主编，进行了革新，《学生杂志》改由杨贤江编辑，《小说月报》则改由沈雁冰编辑，而这两人都是马克思主义的信仰者。这些互有重合的书单，很明显地打着时代的烙印，从中反映出当时被关注的、被考虑的、被鼓动的社会思潮。由此上溯，就可以明白当初耿直的鲁迅先生为何拒绝开列"青年必读书"

了，因为那时顽固、守旧的世风与他格格不入。这让我想到，尽管读书是件很私人的事，但由于每个私人组成了大众，结果导致读书无论在何时何地，总是与时代、社会休戚相关。

如果我们可以从《名人书单》中发现读书是时事与思潮的投射，那么，我们更可以从每一份具体的个人书目中找寻到其人生的索引。

学者、作家、翻译家施蛰存先生写于1936年的《绕室旅行记》，趣味十足，他围绕自己的书斋做了一次"旅行"，并像导游一般悠悠扬扬地向读者介绍了他曾阅读过的那些杂志，而阅读那些杂志恰恰构成了他的人生历程。"旅行"从刚拿到的《宇宙风》杂志开始，翻完之后，袖手默坐，眼前书册纵横，不免闲愁潮涌。"书似青山常乱迭"，则书亦是山；"不知都有几多愁"，则愁亦是水。于是，生出"我其在山水之间乎"的感慨。叹息之后继续"旅行"，那是一沓沓的画报与文艺刊物，画报中最可珍贵的是巴黎印制的《真相画报》，印着许多有关辛亥革命的照片，而"我对于它最大的感谢，却是因为我从这份画报中第一次欣赏了曼殊大师的诗画"。在文艺刊物方面，则喜文明书局出版的三本《春声》，其篇幅每期都达四五百页，厚厚的一本，"是以后的出版界中不曾有过的事"。紧接着，"旅行"陡生悬疑，在一大批尘封的旧杂志中，居然发现了一个纸包。打开来一看，原是一份纸版，那是几年前与戴望舒、杜衡、冯画室一起为上海一家书局编辑的一本三十二开本的新兴文艺小月刊，那时费了两天的斟酌，才决定刊名叫作《文学工场》，"当时觉得很时髦，很有革命味儿"。不料，书局没有通过，戴望舒和冯画室前去交涉，最终带回来了这本文学小月刊第一期的全部纸型，"老板说是太'左'倾了，不敢印行，把全副纸版送给我们！"重新察看这始终未曾印行出来的《文学工场》创刊号的内容，一共包含着五篇文章：杜衡的译文《无产阶级艺术底批评》，冯画室的《革命与智识阶级》和翻译的日本藏原唯人的《莫斯科的五月祭》，施蛰存的拟苏联式革命小说《追》，戴望舒的新诗《断指》。"当我把这一包纸版重又郑重地包拢的时候，心中忽然触念到想把它印几十本出来送送朋友，以纪念这个流产了的文学月刊。""旅行"至此，我想，我们可以找寻到施蛰存先生后来执着于编辑《无轨列车》《新文艺》《文饭小品》，尤其是主编大型文学月刊《现代》的人生索引了，而且我们还可以追溯到他以及他那代知识分子当年的思想状态和人生追求。

《名人书单》中，这样既生动有趣又不乏思想见地的文章还有很多。比如学者、作家许钦文的《〈新青年〉和〈新潮〉》，说自己先前并不爱读书，平日里做做手工钓钓鱼，有一次忽然得到这两本杂志，让他知道了新文学，就此走上了小说创作道路。学者、教育家朱维之在《介绍四本书》一文里，推荐了罗曼·罗兰的长篇小说《约翰·克里斯朵夫》和郭沫若的研究专著《青铜时代》，认为前者有美的理想、美的情调和美的文字，可以借此接受审美熏陶，后者可以启发人们的批判精神，可知道怎样去"读死书"而不是"死读书"。其实，1930 年，也就是鲁迅先生拒绝开列"青年必读书"后的第五年，他的好友、教育家许寿裳的长子许世瑛考取了清华大学国文系，许寿裳请他为其儿子列一份书目,鲁迅先生还是以拳拳之情开列了十二种书单,包括《世说新语》《全隋文》《唐诗纪事》《四库全书简明目录》等,有史,有论,还有工具书,正是国文学习的入门书籍。鲁迅先生还附上了简明扼要的解说,如从《论衡》见汉末的风俗迷信,由《抱朴子外篇》看晋末的社会状态等。时至今日,这份书单对于有志读书的青年还是很宝贵的建议。

我觉得,人的阅读应该是贯穿一生的,鸿蒙初开之时,跟随名家书单读书,不啻为一条捷径。说实话,迄今我都很看重我所信任的国内外大师名家的书单,我会从中汲取智慧;我还关注当下出版界、传媒界推出的各种最新书目,我会从中得到有益的信息;当然,随着自己人生的展开,我也积累了自己的书单,并乐意在各种媒介上进行"阅读推广",与爱好读书的朋友们分享。我承认,我个人的阅读史、我个人的书单就是我自己人生的索引,一路走来,我的阅读书目也一路发生着变化,而这些变化无不与我对我所身处的时代和社会的思考、理解和认识有关,自然,也对我的文学和艺术创作、专业方面的研究产生了重要的影响。

在我看来,不论阅读方式有何改变,阅读本身会是永恒的存在,人类文明的成果终将通过阅读得以传播和发扬,因而"名家书单"也就永远不会落寞。在推进全民阅读中,各种书单、榜单层出不穷,便是佐证,固然有推广因素,但却与传统、与读者的需求是相承和呼应的。虽然"名家书单"到了今天已有更多的内涵,即便在形式上也发生了很大的变化,与时俱进地拓展为线上线下的活动,衍生出读书节、读书讲座、读书音视频、读书旅行等等，但是，契合了过往众多卓有成就者人生轨迹的《名家书单》这本书，还是让人有一种摸得着看得见的"读万卷书，行万里路"的美好而真切的感受的。

芭蕾舞剧《红色娘子军》音乐轶事

现代芭蕾舞剧《红色娘子军》又要公演了,前些日子,我刚好收到卞祖善先生送我的一张光碟,由此知道了有关该剧音乐方面的一些故事。

1964年9月26日,芭蕾舞剧《红色娘子军》由中央歌剧舞剧院芭蕾舞团在北京天桥剧场首演,担任音乐指挥的是中央音乐学院指挥系主任黄飞立教授。不管是排练还是首演,作为"中芭"年轻的指挥,卞祖善全程进行了认真的观摩,还时不时悄悄地告诉黄教授,乐队相关声部出现了这样或那样的差错。那年2月,该剧创作集体,包括作曲、编导、舞美、演员等,都去海南岛体验生活,8月的时候,还去大同部队下连"当兵",有意思的是,离开部队前,卞祖善指挥未来的"娘子军"们,为官兵做了一场"汇报演出",表演了《天鹅湖》第二幕。

芭蕾舞剧《红色娘子军》确实是"集体"创作。中芭三大舞剧编导全部出动,蒋祖慧承担序幕、第一和第二场,王希贤承担第三和第五场,李承祥承担第四和第六场。他们的编舞充分发挥了各自的特长:蒋祖慧擅长揭示主人公的内心矛盾冲突，成功呈现了一个女奴成长为红军战士的飒爽英姿；王希贤机智幽默，处理各色人物栩栩如生；李承祥则调度群众场面，恢宏磅礴，气度非凡。而音乐创作同样如此，由五位作曲家谱曲，吴祖强担纲序幕、第一场和第四场前半部分，杜鸣心担纲第四场后半部分和第六场，王燕樵担纲第二场，施万春担纲第三场，戴宏威担纲第五场，他们谱写的各场音乐，通过黄准创作的《娘子军连连歌》及其音乐动机作为连接的纽带，使全剧音乐成为统一的整体。在卞祖善看来，该剧第三任指挥黎国荃功不可没，因为现今演出的版本中，不少重要篇页的总谱都出自他的手笔，提升了全剧音乐的演奏水平。

卞祖善是芭蕾舞剧《红色娘子军》的第四任指挥，也是该剧最为人熟知的指挥，从1966年夏至1968年4月，此剧的每场演出都是由他指挥的。需要指出的是，无论是之前的公演，还是此间的演出，该剧所用的音乐都为1964年的首演版本。1967年，中央新闻纪录电影制片厂拍摄了舞台艺术纪录片《现代芭蕾舞剧〈红色娘子军〉集锦》，由郁蕾娣饰演吴琼花，武兆宁饰演洪常青，同年，又由中国唱片总公司录制了《现代芭蕾舞剧〈红色娘子军〉选曲》唱片，使用的均为由卞祖善指挥的首演版本。之后，在那个特定的历史时期，随着女主人公吴琼花改名为吴清华，音乐也做了改动。1992年，该剧再度公演时，吴祖强与卞祖善商议全剧音乐恢复首演版本的可能性。但由于时间仓促等原因，最终未能如愿。不过，女主角倒是恢复了吴琼花的原名，而且，第二场琼花上场之后的部分至二场结束，在导演蒋祖慧的坚持下，还是恢复了首演音乐。这样，现在就出现了一个新老混合的风格不尽一致的音乐版本。2004年，为纪念芭蕾舞剧《红色娘子军》诞生四十周年，中国唱片总公司将1967年录制的唱片制作成光碟，编号为"中唱典藏ACD—001"，意义显然非同寻常，当时健在的该剧作曲吴祖强、杜鸣心、王燕樵、施万春，编导蒋祖慧、王希贤、李承祥以及指挥卞祖善悉数参加了光碟的首发式，表达了他们对首演音乐版本的认可和钟爱。

卞祖善赠送我的正是这张珍贵的光碟，红色烫银的盒套上写着："1964年首演版本，再现庐山真面目。"我细致地听了一遍，感觉音乐的确更加纯粹、朴实，更有艺术感染力。如今年届八十五岁的卞先生得知芭蕾舞剧《红色娘子军》将重现舞台，很是高兴，他幽幽地对我说，只是音乐版本这件事，渐渐地都成不为人知的"轶事"了。

杨贤江与《学生杂志》

1935年，上海《青年界》杂志开设了《我在青年时代所爱读的书》栏目，众多读者纷纷投稿，虽然他们年龄、出身各异，专业领域不同，但读的书却多所重合，反映出阅读与时代演进、社会思潮的密切联系。其中，很多读者的书单中，都提到了《学生杂志》，而且还都强调读的是杨贤江担任编辑后的杂志，而杨贤江正是马克思主义在中国的杰出传播者。

1914年7月20日，由中国出版业龙头——商务印书馆编辑的《学生杂志》创刊，该刊初期被时人视为课艺杂志，即以发表学生各种形式的练习为主，大多为与课堂学习有关的心得、论文、随笔及文学、美术、摄影等作品。进入二十年代后，为顺应"五四"新文化运动的潮流和学生读者的新需求，《学生杂志》在商务印书馆监理张元济的主持下着手进行改革，1921年至1926年间，这份杂志交到了杨贤江的手上。杨贤江是浙江宁波慈溪人，1895年4月诞生于一个普通的裁缝之家，学生时代一直是品学兼优的模范生。1917年，杨贤江从浙江第一师范学校毕业，校长非常赏识他对教育事业的执着追求和干练的工作能力，特向南京高等师范学校推荐，而该校教授李叔同、陶行知等也极力赞同，使杨贤江毕业后迅速接到了学校聘书，成了这所高等学府的教员。1919年，五四运动爆发，杨贤江和师生们一起慷慨激昂地走上街头，新思想和新学说强烈地激发起他的"教育救国"思想。当年10月，杨贤江经邓中夏介绍，参加了以改革社会为宗旨的"少年中国学会"，李大钊、毛泽东、恽代英、张闻天等都是这个学会的会员，杨贤江当选为南京分会书记。五四运动爆发后次月，杨贤江便对这场亲身经历的运动做了冷静的分析思考，撰写了《新教训》一文，发表在7月5日出版的《学生杂志》上，引起了张元济对这位锋芒初露者的关注。

1921年2月，杨贤江来到上海，担任《学生杂志》编辑。不久，经沈雁冰等人介绍，加入中国共产党，完成了他人生的重大转折。从此，杨贤江以《学生杂志》为阵地，宣传新思想、新文化，宣传马克思主义，他经常撰写社评，为青年学生讲解国际形势、国家命运和个人前途之间的关系，还开辟了"通讯"和"答问"栏目，专门解答学生所面临的恋爱婚姻、职业选择、处世交友等各种问题，帮助他们找到切实可行的解决办法。杨贤江在《学生杂志》上组织过两次"学生干政"和"学生入党"的大讨论，使不少青年由此走上革命道路。杨贤江一边编辑《学生杂志》，一边积极参加社会活动，还在上海大学社会系、上大附中、上海景贤女中等学校兼课，他充分利用与学生直接见面的有利时机，发动更多的热血青年投身于革命事业。正是杨贤江的不懈努力，使《学生杂志》成为那一时期的著名刊物，对广大年轻人产生了重要影响。

1927年1月，杨贤江遵照中共上海区委指示，辞去《学生杂志》编辑职务，专心投入到上海工人武装起义的筹备之中。大革命失败后，杨贤江遭到通缉，为保存革命力量，党组织安排他潜往日本。1929年5月，杨贤江秘密返回上海，任中共中央文化工作委员会委员，组织编写"新兴社会科学丛书"。他呕心沥血、日夜兼程地写作，仅用一个多月的时间，便写出了近二十万字的《新教育大纲》，被誉为"中国第一部系统地用马克思主义观点来阐明教育原理的专著"。由于环境恶劣，工作繁重，杨贤江积劳成疾，罹患肾结核，终因医治无效，于1931年8月9日病逝，年仅三十七岁。杨贤江不知道在他去世四年后，有那么多读者在回答"我在青年时代所爱读的书"时，会不约而同地列出由他编辑的《学生杂志》；而在他离世整整九十年后，即将在上海开馆的中国近现代新闻出版博物馆，会将这份凝聚着他的心血的珍贵杂志展示给当今的人们。

在小说中呈现纷繁的时代

管新生是名副其实的小说家，因为不是所有的小说家都能把长中短篇小说写好的，它们不仅仅是字数的长短，而是有着不同的制式的，其实很难掌握，但管新生却做到了——作为读者，如果通读完刚由上海文化出版社推出的三卷本《管新生小说自选集》(以下简称为"自选集")，非但可以在恣肆纷呈的各种故事里得到阅读的满足感，还可以发现因中短篇小说的不同魅力所带来的阅读选择的自由感。

零散地读一位小说家的作品与集中地读他的原本分散四处的作品，那感觉真是不一样的，由于管新生小说题材和写作手法的多样，对中短篇小说制式的把控，使得我们在这一趟阅读旅程中，对一位作家及他的写作有了更为全面的了解，同时，也对其小说艺术有了更为贴切的理解。管新生的小说创作已经持续了五十多年，通过自选集，我们能够清晰地看到他对小说艺术的孜孜追求，以及这种追求对于一位作家自身的人生塑造。

自选集按题材大致做了分类，卷一名为"鸟之浅吟"，主要描写上海升斗小民的日常生活、喜怒哀乐，展现他们如何在时代的浪潮中谋求生存，是一幅幅生动的上海风俗画。管新生的本事在于他不是像其他小说家那样，将上海作为故事的发生地或者背景，而是如同他自己所说，是将上海当作小说主角的，这就使那些故事获得了可以洞见的灵魂。在短篇小说《咦，黑马》里，阿山从一个熔炉车间干大活儿的工人成为厂里青工补文化课的教师，有了人生的重要转折，他坚持原则，认真施教，连续五年被评为局级"成人教育先进工作者"，可是，这匹"黑马"却在教师资格证申领、职称评审、增加工资等诸多关口遭遇卡壳，于是，他很"懂经"地开始与各种握有权力的人"握手"，人性也就这样开始了异化。事实上，一个人的异化绝不是个体的、局部的，往小里说，是受到周边环境的影响，往大里说，社会和时代的嬗变才是最根本的缘由和驱动。管新生在这部短制里还设置了一条辅线，将阿山拽向童年，那时的他心里干净得像一面没有蒙灰的镜子，但是处于困顿生活中的父母却让他长大后要做个有本事的人，也就是说，其实，阿山的异化可以追溯到很早的时候，他的成长过程就是一个蜕变的过程，当他终于成为一个"有本事的人"，成为一匹"黑马"，是付出了巨大代价的，结果，在他"懂经"得道之时，连爱慕他的女人都点破了，而且还是笼而统之的，"男人都不是东西"，此时，我们看到的阿山就不是一个个体了。

自选集卷二名为"影子深处"，笔触伸向了风云变幻的老上海深处，读起来非常爽快，谍战、武侠、悬疑、盗墓、探案……简直应有尽有。管新生向来不用"小说"这个词语，他坚持使用的是"说部"，看得出他对传统文学的自觉承继。确实，从《谍战·1949》《喋血巡捕》《羊皮天书》《证券大楼的拳击手》等作品中，可以看到管新生从古典小说里汲取的养分。这些作品最初发表时多为报纸的连载小说，故而管新生采话本小说和文言小说两脉路数之长，使作品既呈现话本小说注重的故事完整、意向明朗、情节铺陈连贯，又彰显文言小说倡导的语言优美、形象鲜明、富有传奇色彩。中篇小说《"风"中杀手》讲述了抗战时期一位锄奸革命志士的惊险故事，写作上平铺直叙，如同说书，情节紧张，环环相扣，引人入胜，采用章回体小说"卖关子""吊胃口"手法，在关键处戛然而止；但是，整个故事又充满了笔记小说的传奇性，在人物塑造上也非常细腻，常常将关节点的细微动作、表情，在不动声色中予以反复和放大，文字非常讲究，短促、沉稳、有力，有节奏感，有潜台词，结尾处甚至诗意盎然。这部小说里谍影重重，但是，拨开一团团迷雾，我们终能看到信仰的力量光芒万丈。

自选集卷三名为"弹指瞬间"，继续回到现实生活之中，书写平常而又充实的普通人的生活。中篇小说《上海没有寓言》，是最早触及下岗工人题材的作品之一，这部小说很能体现管新生独特的小说艺术，他十分重视"贴合"性——结构上，每个章节的构成就是现实中下岗工人从惶恐、失落到无奈、怨艾再到振作、突破的一整个过程，小说结构与人生流变的贴合，使作品获得了坚实的生活逻辑和哲学逻辑；文字上，不炫技不玩花哨，采用线描的方式，丝丝缕缕都由人物性格本身来织就，就连章节标题都还原生活状态，如同我们司空见惯的那种琐琐碎碎，比如"大路、尤胖、晚报和馄饨"，比如"照片，还是照片，今晚鸿门宴"。正是这样的贴合，所以小说里的每个故事、每个人物都格外逼真，这种逼真导向非常难能可贵的真诚，这样的题材要是没有真诚，那就是失败，承担不起读者的信任和期冀、共情和共鸣。小说里，有这样一个细节，下岗女工梦冰冰决定不去一家公司上班了，自己出摊做煎饼生意，因为她不愿公司老板为了她而辞退另一个下岗女工，她说："我已想好了，不求人，也不去托人，我要自己给自己当老板，自己给自己干活儿，闯闯自己的路。"写得朴实而真切，贴合人物自身的属性和性格，没有豪言壮语，没有好高骛远，没有一点做作感，而读者读到此会怦然心动。管新生小说艺术的"贴合"性，还表现在他的小说与读者阅读的"贴合"，他的文字充满了画面感，有一种可以触摸的沉浸式体验感，读起来仿佛所有的文字都是有动感的，一帧帧地连起来就是一幕电影，这就是他的小说为什么会被多次搬上银幕和荧屏的原因。

若论对工人题材的把握，管新生是名列前茅的，他对工人的真情，对工人的熟悉，对工人的理解，超越众多的写作者，因为他是真正深入扎根于他们之中的。他一直在工厂工作，且是第一线的炉前工，即使后来脱产写作，他也每年都回厂"报到"，工厂是他的创作基地，工人兄弟姐妹的故事是他的创作灵感，而中国工人阶级一百多年来的历史演变则是他的创作源泉，尤其是近数十年来的变化他都捕捉到了。我们通过管新生的小说，可以看到一部形象的中国产业工人史，而中国文学如果缺少这个部分，那肯定是不完整的。管新生曾被上海市总工会授予"上海工人小说家"称号，他是当之无愧的，对于作家来说，这是一份至高的荣誉。

"茶客"流沙河

四川人都喜欢喝茶,而且还喜欢聚在一起喝茶,我有两年在成都拍摄电视剧,结果泡了我一生中最多的茶馆。有一回,我跟流沙河先生说,听说您不仅每个周日上午在家里搞茶聚,还一周一次地外出泡茶馆。他笑着说,我就是一个"茶客",如果你要选一个,那我建议还是去外头的那家茶馆喝喝茶聊聊天。

于是,我几次三番地跟着"茶客"流沙河去了一家茶馆,也成了那里的一个茶客。

原来,每个星期二的上午,在成都靠近东门大桥的府南河边,流沙河都要去位于均隆街上的一家茶馆喝茶。这已经坚持好多年了,即使刮风下雨,即使烈日当头,都雷打不动。用流沙河自己的话说,去茶馆和朋友一起喝茶聊天是他的一种生活方式。在这之前,当他住在文联大院的时候,每周去的是大慈寺茶馆。那天上午十点,我第一次随流沙河到了府南河边的茶馆,我惊讶得目瞪口呆,我从来没有见过如此浩大的阵势:茶馆是有室内的,但茶客们却一个个都坐在室外;那是一块凹下去的但很开阔的平地,种了一些树木,树下摆放了二三十张简易的旧桌子,而竹椅子则更多了,全都坐满了人,热闹非凡,一派蔚为壮观的景象。

流沙河也几乎从来不去室内,他坐在平地南侧那排由一张张小桌拼成的长桌边,与所有的茶客一样,就着最普通的玻璃杯子,喝着最普通的茶水。围坐在他边上的,基本都是有了一些年纪的人,有人告诉我,他们都出身于从前成都的大户人家,怪不得听他们摆起龙门阵来,满腹经纶,原是个个都有来历的。流沙河坐在那里,听得多,说得少,间或一两句点评,总是赢得众人击节共鸣。流沙河跟我说,蜀人不说喝茶而说吃茶,家里再穷,也得吃茶,不然就不是蜀人了。流沙河还说,四书五经里是没有"茶"字的,只有"荼"字,荼是中原大地常见的苦菜。到了汉代,才由蜀人借中原"荼"字而减一笔造出个"茶"字来。我想,难怪流沙河称自己是"茶客",还真是有内在功底的。现在,我也知道流沙河为什么让我来这里的原因了,他是希望我能从中感受四川的风土人情以及川蜀的过去和现在,以便使我们的电视剧创作更加贴切和真实。

过了八十岁后,流沙河看上去身材没有年轻时那么颀长了,背部有些佝偻,但他精神矍铄,两只不大的眼睛时时透露出生动而睿智的目光来,甚至有些调皮,还有些"狡黠"。我和他一边喝茶,一边聊天,感谢他为我担任总制片人的电视剧《大波》题写片名。《大波》取材于文学大师李劼人先生的长篇小说《暴风雨前》和《大波》,这两部小说与《死水微澜》一起构成了"大河三部曲",囊括了以成都为中心的四川社会自甲午战争到辛亥革命年间的人际悲欢、思潮演进和政治风云,始而微澜荡漾,终至大波澎湃。当时向流沙河提出题写片名的要求时,他说:"这事是我应该做的,我当仁不让。"他还拒绝了我们给他的稿酬,说是坚决不可要的,"李先生是文学大师,我能为他做点事情,已经感到很荣幸了"。流沙河是个心胸开阔,也是心怀善意的人。我总以为,心境开阔的人精神也是高尚的,而精神高尚的人因为放下了杂碎,所以身心也就格外轻灵起来。那日,当我跟流沙河说拍张合影时,他一跃而起,完全像个年轻人,一个健步跨上凹地高高的台阶,我都没能赶得上他的步伐。

有一次,我和流沙河在茶馆喝茶。那天,我想请他为刚刚建立的《大波》剧组的主创人员讲讲李劼人和他的经典文学作品,但他没有答应。说实话,其实,我见了他之后,已经打消了原先的念头,原因是流沙河受了风寒,喉咙嘶哑,以致快发不出声音了。他贴近我耳边轻轻地、一再地说:"真的很抱歉,请你谅解!"我说,今天你不舒服,就不应该再来这里了。可他对我摆了摆手,接着又用手指了指胸口,我明白了,他的意思是,来这里,他心里很高兴,也很快乐。他微笑着看着我,那笑意荡漾在他刻满了岁月印痕的脸上,那么坦诚,那么明亮。我曾读过他写的一篇文章,说在他看来,茶属"轻度毒药",古人云"毒药苦口利于病",是后人将"毒药"改作"良药"的,而味苦的茶可发汗,所以能治感冒。果真,即使受了风寒,流沙河也要乐颠颠地去茶馆喝茶。

那个星期二的上午,成都弥漫着轻烟似的薄雾。我再次和流沙河相约到均隆街上的那家茶馆喝茶聊天。那天,我来早了，便站在府南河边，望着缓缓流淌的河水。我心想，流沙河为什么喜欢这个河边的茶馆呢，是不是因为这河水里承载过他的理想、他的浪漫、他的激情，同时也承载过他的失望、他的痛苦、他的坎坷。我不由得默念起他的《草木篇》中《白杨》一节的句子来："她，一柄绿光闪闪的长剑，孤零零地立在平原，高指蓝天。也许，一场暴风会把她连根拔去。但，纵然死了吧，她的腰也不肯向谁弯一弯！"流沙河不就是这样的一棵白杨吗，任凭风吹雨打，都像白杨那般昂首挺立。

那日，嗓子已经好了的流沙河兴致盎然，我们聊了不少话题，茶馆老板来换了好几个热水瓶。说起已经开拍的电视剧《大波》，流沙河说："你们要大胆地进行艺术再创作，根据电视剧自身的艺术规律，不要受原著太多的限制，因为我深知李先生的原著改编成电视剧是有许多困难的。"一个作家、诗人，对另一种艺术形式如此豁达和宽容，让我深受鼓舞。流沙河还说到了自己的家乡四川金堂县，对小时候在端午节看划龙船记忆犹新。他微微眯起眼睛，摸了摸头上戴着的土黄色呢帽，问道："知道看划龙船其实是看什么吗？"我摇了摇头。流沙河像孩子般嘿嘿笑了。他说，看划龙船就是看抢鸭子。原来，上游的河中心停着一艘龙船，船上有许多竹笼，里面关满了鸭子，一只只都在嘎嘎乱叫；下游水面上则铺排着数十艘渔艇，每艘两人，一人撑篙，一人空手，空着手的就是来抢鸭子的。比赛时间一到，龙船燃放花炮，船上的人开始把鸭子投入河里，受了惊吓的鸭子在水中奋力游逃。此时，下游的渔艇像乱箭似的射来，上面空着手的人一个个跳进河里，扑抢鸭子，抢到之后再游回自家的渔艇。流沙河绘声绘色地说着，后来，我干脆将他说的"抢鸭子"拍成一场戏，放进了电视剧中。

薄雾依旧。不知不觉间，已是中午时分。流沙河要回家去了。我坚持要用车送他回去，他推辞不过，只能认了。他站起身来，跨过台阶，走向河边，然后坐上了车子。在车上，他谈兴仍浓，与我说起空气污染的事来。他说，一个国家的现代化是不能以牺牲大自然和人的健康为代价的，如果执迷不悟，我行我素，那么也就没有什么未来了。

车子下了高架道后，一直开到了新希望路上。流沙河就住在那里。到了小区门口，流沙河就不让我再把车开进去了。他向我挥了挥手，说下次再约我喝茶聊天。我记住了这一天，是2013年11月19日——那是流沙河在为我题签他的《白鱼解字》一书时写下的日期。

2021
5
MAY

梅里古都

初夏时分,我去了一趟梅里古都。梅里隶属于无锡,离上海非常近,如坐高铁换汽车,要不了一个小时,就能看到"梅里古都"那座高高的牌楼了。

梅里是商末周初的吴国之都,是吴文化的发祥地。太史公司马迁在《史记》中叙述了"泰伯奔吴"的历史故事:泰伯是周朝始祖周太王的长子,按照传长不传幼的西岐礼法,他是排名第一的继位人,但他父亲却觉得小儿子季历更有才能和德行,而季历的儿子姬昌同样贤明、智慧,所以想将季历以及姬昌立为国君,于是,为成全父亲的心意,泰伯和他的二弟虞仲便决定让位,他们在身上刺字,还剪断头发以表明避让之意,随后从陕西一路奔向荆楚,最后在一片蛮荒之地的太湖流域停留下来。之后,泰伯、虞仲因父亲和小弟去世两次回到周原,虽两次都被请求即位,但泰伯依旧都坚辞不受,仍然返回,并建立了江南第一个国家勾吴,传说他们正是在梅里定都的。而据2019年7月23日召开的"无锡梅里遗址考古学术研讨成果"新闻发布会透露,从2018年9月起对泰伯庙和新友路之间的伯渎河沿河区域进行发掘,已发现了灰坑、灰沟、水井和建筑基址等古遗址以及印纹硬陶、软陶、夹砂陶和原始瓷等文物，文化断代为商朝至春秋时期，文化因素兼具马桥、湖熟以及部分中原文明。如今，遗址上正在建造一座博物馆。

梅里有泰伯庙、泰伯故宅井、泰伯冢等有关泰伯事迹的纪念地。泰伯庙早在东汉时期便开始兴建了，历代不衰，最近一次规模宏大的修葺刚刚在2019年秋天完工。庙里有从泰伯、虞仲直至阖闾、夫差的吴国国君塑像，让我直观地看到了一部历经六百多年、二十五代王族传承的吴国史。泰伯庙附近有户农家，开辟了一处大花园，名为"憩园"，打理得漂亮之极，绿树成荫，花团锦簇，我一走进去，立刻闻到清爽的草香味，呼吸如此顺畅，那真是一种久违的感觉了。农家主人在开阔的树林里摆了一张张石桌，少有人到这里后不想坐下，喝上一杯茶，让自己定下心来，排除各种虚妄的杂念，融入四周弥漫着的安宁和恬静中。有人告诉我，虽然这里不搞餐饮，以免喧嚣，但真有需要，主人会给你做一碗韭菜馅的馄饨，当然是手工包出来的，而且韭菜是自家种的。我实在很想尝尝滋味，主人遂了我的心愿，确实是味道鲜美。我一边吃，一边想，这户农家的祖先可以追溯到哪一脉呢，是跟着泰伯、虞仲一起东徙过来的，还是归附的本地居民？我问主人贵姓，主人看看我，咧嘴一笑："当然姓吴啊！"

伯渎河在梅里占有重要的位置，其实这是一个水系，有内河，也有外河，内河里有自然泊岸，河面宽阔，舟楫繁忙。相传泰伯定都梅里后，大力兴修水利，发展农业生产，曾"穿浍渎以备旱涝"。泰伯开凿的伯渎河流经坊前、梅村、荡口，直至漕湖，全长四十三公里，是中国历史上人工开凿的第一条河流。三千两百年来，伯渎河让当地百姓世受其利。我站在三让桥上，望着河面上如烟的薄雾，将思绪拉得很长很远——孔子称赞泰伯"至德"是很有道理的，如果当时的泰伯没有谦让和开拓精神，没有高风亮节的品格，离开周原大本营奔向东南，也就不会使原本荒芜的荆蛮得到第一次文明的跳跃，也就不会有今天富庶的江南和兴盛的吴文化。事实上，今天泰伯、虞仲的香火比他们的父亲太王和小弟季历旺盛得多。据清朝《梅里志》，明代建文帝在靖难之役后逃亡至此，于感慨万千中写下一首诗，其中云："深惭今日争天下，遗笑句吴至德邦。"

再说杨贤江以及他的后人们

我写的《杨贤江与〈学生杂志〉》一文在"夜光杯"发表后，引起很多读者的关注，希望知道杨贤江这位马克思主义在中国的早期传播者以及他的后人们更多的情况。虽然我在2010年出版的《上海少年儿童报刊简史》里介绍了杨贤江和由他编辑的《学生杂志》，并在制订即将开馆的中国近现代新闻出版博物馆少儿馆的学术策划方案时，也将杨贤江在二十世纪二十年代编辑的《学生杂志》列为珍贵展品，但我却一直没有与杨贤江的后人有过联系。

没想到，文章发表后的第二天，我意外地收到一位师友发来的微信，她告诉我说，她的人在海外的大学同学——杨贤江的孙女杨力告知她读到了这篇文章，很是激动和感慨，还说他们家人纷纷在自己的朋友圈里转发了文章。我的师友跟她说认识文章作者，于是，杨力通过她转告我，如果需要了解更多的情况，可与她的弟弟杨杰联系，杨杰生活在上海，这篇文章最早就是杨杰转给她的。于是，我按照杨力留下的通信方式，与杨杰联系上了。

我就读者关心的杨贤江病逝之后的一些细节仔细询问了杨

杰。他告诉我说,杨贤江患了肾结核后,党组织非常关切,由于他尚在通缉名单上,无法得到不受干扰的治疗,乃于1931年7月将他送往日本医治,他的夫人姚韵漪陪同前往。可是,杨贤江的病情此时已每况愈下,一个月后便在长崎的一家医院病逝。三十七岁的杨贤江英年早逝,中共中央深感痛惜,指示李一氓赴日处理后事,将杨贤江遗体火化后,与姚韵漪一起将其骨灰带回上海位于延安路上的明德里的居住地。

杨贤江病逝后,留下了与前妻张淑贞所生的一个女儿杨明,与姚韵漪所生的三个孩子杨天成、杨肖康和徐昉。杨贤江的四个子女都先后参加了革命。杨杰的父亲杨天成是杨贤江的长子,当时才六岁,之后与母亲、姐弟经历了一段非常艰辛的日子。好在有党组织的持续关怀,他不仅上了学,还在十五岁那年被地下党员送往盐城的苏中抗日根据地,成了一名"枪比人高"的小战士,不久又进入抗日军政大学学习。杨天成继承父亲的遗志,于1943年入党,参加过孟良崮战役、莱芜战役、济南战役和渡江战役,表现勇敢。1956年,杨天成转业,后来在上海建筑材料管理局离休,1993年去世后,根据其生前遗嘱,家属将他的遗体捐献给了医学院,供医学研究。

杨天成有三女一男四个孩子,杨青是长女,杨力、杨匀是双胞胎女孩,而杨杰在家中排行最小。虽然从未见过祖父杨贤江,但杨杰他们很早就从父亲那里知道了祖父的丰功伟绩,并且深受祖父为了理想和信仰、为了社会的进步而无私奉献的精神的影响。父亲杨天成常常这样教育孩子:父辈们为建立新中国而奋不顾身,你们要为建设新中国而尽心努力。杨杰至今记得父亲多次给他们读祖父杨贤江写的一篇文章,在这篇题为《做了父亲》的文章里,杨贤江说:"不管他们操何职业,我必得尽我的力,培养他们成为新社会建设工事中的参与者。"杨贤江的后人们没有辜负他的期望,他的儿女在战争年代出生入死,他的孙辈则在和平时期勤奋学习和工作。杨杰是个自学成才者,做过多年工人,后来通过自学考试走上了审计和统计工作岗位。杨贤江的外孙黄永刚和妻子张健华对杨贤江在短暂一生中留下的近三百万字的马克思主义教育理论著作悉心研究,出版了六部专著,建树颇丰。

杨杰告知我,杨贤江如今长眠于上海龙华烈士陵园,而在杨贤江的故乡——浙江宁波慈溪长河镇(旧属绍兴府余姚县),则有杨贤江故居和杨贤江纪念馆。故居是造型简朴的典型的慈溪"三北"民居,坐北朝南,面阔五间。杨贤江是在左厢房的一间屋子里出生的,杨杰曾在这间屋里住过一夜。故居中挂着杨贤江的一幅照片,两侧有其手书,是一副对联:"脚踏一天星斗,手摇万里江山。"

文学的午后

文学的午后当然与文学有关，其实也不是刻意的"文青"做派，而是漫长记忆里的几个场景。

最早的记忆已是四十多年前了，那是周末的一天，冬日下午的阳光浅浅淡淡，但即便如此，阳光洒下来还是和暖的。午饭过后，我去了愚园路 48 弄。那是一条很深的弄堂，弄底是一家服装研究所，旁边则有一幢三层楼的房子，那是女作家程乃珊的寓所。那时她在写作上蒸蒸日上，可还是一名中学教师。我去她家里是向她讨教的，那会儿我白天是个马路工，晚上自习写作，是我的一位技校学长介绍我与程乃珊认识的，因为程乃珊做过他的中学班主任。在那个午后，我们喝着清香的龙井，漫无边际地聊着文学，发现文学的话题竟是那样的宽阔而深邃，就如同窗外可以看到的一块天空，要是一直望上去，那是无穷无尽的。

有一次，我应约去教过我的技校老师王镁家里。王镁的工作单位在巨鹿路上，她是上海市作家协会的办公室主任，而她的家也在巨鹿路上。那时的王镁已经退休，但她停不下来。过去的年月让她的一条腿落下疾病，走路有些不便，可她就是凭着对文学事业的热爱和忠诚,迈着双腿,不知道走了多少路,最后一一落实了上海作协以及《收获》《上海文学》《萌芽》在"十年非常时期"后的恢复与重生。王镆约我去,是因她在编辑早已过世的老革命家、老作家钟望阳的一套文集,而我曾经在一部文学史专著中提到过他和他的作品,王镆让我为文集写篇文章,我当即答应了。回去时,初夏的午后蝉鸣渐弱,巨鹿路上一片宁谧。我一边走一边想,文学真正是生生不息的,从钟望阳到王镆再到我,我们隔了三代,却是这样默契地传承着文学。

同样是个午后,我在延安西路200号上海文联大楼的咖啡馆里,招待一群来自全国各地的朋友,他们都是卓有成就的儿童文学作家和评论家,他们是来上海做陈伯吹国际儿童文学奖的评委的。在静安宾馆紧张地工作了一个上午后,我对他们说,我请你们去一个地方休息一下,不远,就在附近,而这个地方真的值得去看看。于是,他们跟着我,先走到乌鲁木齐路对面,再斜穿过延安西路,就到了文艺会堂。文艺会堂的咖啡馆显出端庄中的华丽,橱柜和桌椅都是沉淀着岁月的。就不说这幢房子的来历了,光是在这个咖啡馆里,你想象一下曾经有过的高光时刻吧:这边,剧作家于伶正跟赵丹、黄宗英、张瑞芳、秦怡、上官云珠讨论电影文学剧本;那边,翻译家傅雷、草婴、朱雯、戴骢正切磋着文学翻译心得;以"文学是人学"论断著称的文学理论家钱谷融则端着玻璃茶杯侃侃而谈……我和朋友们离开那里的时候,心里特别温暖,下过雨的天空也忽然亮敞起来。

最近的一次，是5月29日的午后，我从静安寺地铁站出来，踱步到静安区文化馆。我是去出席上海市静安区作家协会成立大会的。这是一个名副其实的文学的午后，大家是为文学而来的，是为谋划静安的文学发展而来的。在其间举行的文学沙龙上，文学写作者、文学爱好者、文学推广者济济一堂，各抒己见，我听了很是感动。我想，我们都是应了文学的召唤而来的，在一个焦躁、焦虑的时态里，我们怀着一份共识，以文学来抚慰内心，安顿灵魂，没有比这更好的选择了。这确实是一个美好的富有诗意的恬静的午后。一个文学的午后。不是所有的午后都可以这样形容和命名的。

卞祖善：乐海宽广任遨游

现代芭蕾舞剧《红色娘子军》再度公演，作为长期担任中央芭蕾舞团首席指挥的现已八十五岁的卞祖善重回人们视野，他是该剧几任指挥中执棒时间最长，也是最为人熟知的一位指挥。岁月流逝，但乐海依然宽广无限。卞祖善的音乐梦是从上海发端的，那时，他还是一个孤儿……

"是新中国将我从孤儿院里解救出来，把我培养成一名指挥家"

卞祖善的童年是苦涩的。1936 年，他出生在江苏镇江西门外的一户穷困之家，他上面有七个哥哥姐姐，但只养活了一个哥哥。由于家境清贫，一家人过着食不果腹、衣不保暖的日子。卞祖善五六岁时，母亲离家出走，父亲不久也因重病撒手人寰。十三岁那年，卞祖善钻过火车站破旧生锈的铁丝网，爬上一列东去的混合列车，孤身一人流浪到了上海。一路上，小小年纪的他饱经风霜，他到达上海时是 1949 年初，正值严冬时节，天寒地冻，北风呼啸。他露宿在街边的屋檐下，看着昏黄的路灯，依稀想起父亲曾经在他耳旁吟唱的江苏民歌《摇篮曲》："瞌睡虫来了，来了……"于是，禁不住哭泣起来。

昏昏懵懵中，卞祖善被送进了一家孤儿院，在那里，他遇到了善良的钢琴女老师黄兰玉。黄老师教他唱歌，又教他学弹钢琴，就这样，在琴声淙淙中，一扇音乐圣殿的大门在他面前慢慢打开了。1950年夏，孤儿院面临解散，他必须考取能提供食宿的学校才有可能继续学习生活，虽然那时他才刚弹完汤普森第一册，但他鼓起勇气报考了育才学校（后为上海音乐学院附中）。面试那天，他穿着父亲在世时为他缝制的一件褂子，已是非常破旧了，看着别的考生鲜鲜亮亮，不由得生出一丝自惭形秽，原本紧张的心越发慌乱了。其实，他的声乐考砸了，他站在考场中央，垂下头，摆弄着衣角，窘迫得泪水盈眶。主考官、育才学校音乐组主任陈贻鑫心生怜惜，因为他自己也是孤儿出身，他同情面前这个有些稚气的孩子，他想给他一个机会。

卞祖善太幸运了。进入育才学校后，每周六的上午，卞祖善都和同学们结伴去兰心剧院听上海交响乐团星期音乐会的彩排，《再会交响曲》《命运交响曲》《悲怆交响曲》给他留下了不可磨灭的印象，而黄怡钧的指挥、陆洪恩演奏的定音鼓、陈传熙的英国管独奏，令他如痴如醉。1956年，中央音乐学院和上海音乐学院同时建立指挥系，卞祖善成为新中国培养的第一批乐队指挥专业本科生。

1961年8月，卞祖善以专业课全优的成绩，从上海音乐学院指挥系毕业。他被分配到北京工作。当他去文化部报到时,干部司让他在东方歌舞团、新影乐团和北京舞蹈学校实验芭蕾舞团(中央芭蕾舞团之前身)选一个,他想到自己在上音实习时,第一次登台指挥的是芭蕾舞剧《天鹅湖》,于是,毫不犹豫地选择了芭蕾舞团。卞祖善说:"这是冥冥之中的天意。"

"现代芭蕾舞剧《红色娘子军》是我指挥艺术生涯中重要的组成部分"

排演古典芭蕾舞剧《吉赛尔》时,既无正式出版的《吉赛尔》总谱,也没有复印设备。最后得到的"总谱"是一页页翻拍放大出来的七大本相册,翻阅起来非常不方便。于是,卞祖善凭借超人的记忆力背谱指挥全剧。这是卞祖善毕业后首次站在乐池中指挥乐队。演出获得成功,卞祖善受到极大的鼓舞。

1964年初,现代芭蕾舞剧《红色娘子军》的创作开始了。考虑到卞祖善才二十八岁,可能承担不了如此大任,于是,领导决定由中央音乐学院指挥系主任黄飞立带领他的助手前来指导乐队开排。不过,卞祖善一直没有离开,他认真观摩了黄飞立所有的排练,不仅在黄飞立休息时给他端茶沏水,还时不时悄悄地告诉他乐队相关声部出现了这样或那样的差错。黄飞立给予他亲切的鼓励,称赞他挺能发现问题。那年8月,全团主创人员去大同部队下连当兵,体验生活结束后,剧团安排了一场"汇报演出",由卞祖善指挥未来的"娘子军"们,为官兵们演出了由白淑湘主演的《天鹅湖》第二幕。

1964年9月26日,在北京天桥剧场,由黄飞立指挥的现代芭蕾舞剧《红色娘子军》首演成功。1966年夏,继李华德、黎国荃之后,卞祖善成为该剧的第四任指挥,从此,演出《红色娘子军》成了他指挥艺术生涯中重要的组成部分。自1966年夏至1968年4月,这一时期该剧的每场演出都是由他指挥的,而且采用的都是1964年的音乐版本。1967年,中央新闻纪录电影制片厂录制了舞台艺术纪录片《现代芭蕾舞剧＜红色娘子军〉集锦》,郁蕾娣饰演吴琼花,伍兆宁饰演洪常青,他们成功地塑造了飒爽英姿、大义凛然的英雄形象。同年,中国唱片总公司录制了现代芭蕾舞剧《红色娘子军》选曲唱片,均由卞祖善指挥。2004年,为纪念芭蕾舞剧《红色娘子军》诞生四十周年,中国唱片总公司将上述唱片加工成CD,并举办了隆重的首发式,除去世的作曲家戴宏威之外,其他该剧作曲吴祖强、杜鸣心、王燕樵、施万春,舞剧编导蒋祖慧、王希贤、李承祥以及卞祖善悉数参加。

1992年,现代芭蕾舞剧《红色娘子军》恢复公演,剧中女主角的名字由吴清华恢复了吴琼花的原名。该剧演遍了祖国的大江南北,仅1993年,卞祖善就指挥演出了五十三场,受到各地观众的热烈欢迎。该剧曾去香港沙田大会堂演出,四场演出场场爆满,连站票都被抢购一空,每当演到"常青指路""琼花参军""军民联欢""常青就义"等场面时,观众每每报以雷鸣般的掌声。卞祖善已无法统计迄今他指挥了多少场该剧的演出,他在笔记中写道:该剧的成功表明了"口之于味也,有同嗜焉;目之于色也,有同美焉"的道理,即在艺术欣赏领域内,不同阶层的人们也有其审美的共性。

"我要让我的生命之舟在宽广的乐海中力争上游"

虽然1996年2月,中央芭蕾舞团为卞祖善办理了退休手续,但他哪里闲得下来,光是这一年的10月30日至12月8日,短短的四十天里,他就指挥"中芭"演出了二十九场。他称自己是"中国乐坛上的堂吉诃德",作为学者型的指挥家,他竭尽全力普及推广交响乐欣赏,也十分关注中国本土原创音乐的创作,对行业中的许多现象都敢于直言,赢得人们的钦佩。

2018年5月18日晚上,卞祖善执棒演出《向大师致敬》交响音乐会。两个多小时的演出在管弦乐序曲《怀旧》中拉开帷幕。而在演出前,卞祖善照例像往常那样,先在剧场大厅外向听众讲解和分析本次音乐会演出的曲目。他告诉听众,《怀旧》是中国音乐家黄自创作的,这是中国第一部真正意义上的交响乐作品。那时候,黄自正在美国留学,他结识了该校中国学生会会长胡永馥,两人都志在留学报国,又爱好音乐、兴趣相投,不久便订下婚约。不料,先期回国的胡永馥因突发心脏病离世,1929年3月,胡永馥逝世周年之际,黄自怀着极度悲痛的心情,写下了怀念初恋爱人的《怀旧》,同年5月在耶鲁大学的毕业音乐会上,这部中国留学生的作品备受瞩目,被认为是"所有创作的管弦乐曲中的佼佼者"。1930年11月23日晚在大光明电影院,由意大利指挥家马里奥·帕契执棒,上海工部局交响乐团(上海交响乐团的前身)演奏了《怀旧》,

一时轰动上海,极大地鼓励了中国音乐家创作新音乐的热情。卞祖善的解说有助于听众对作品的理解,因而深受听众欢迎,他们鼓着掌将卞祖善送进剧场。

去年在疫情好转后,卞祖善从8月开始,带着《人类的交响乐——纪念贝多芬诞辰二百五十周年》讲座辗转在厦门、天津、沈阳、海口、无锡等多个城市。同时,他笔耕不辍,写下了近百万字的音乐评论,《乐海管蠡》《乐海回响》《乐海弄潮》三部厚重的文集现已出版问世。他的乐评犀利而中肯,是中国乐坛上一种难能可贵的声音。他觉得音乐评论不能只有表扬、没有批评:"现在的年轻人容易被西方技法束缚,缺乏自己的特点。可《黄河大合唱》《梁祝》《红色娘子军》为什么能成为经典?关键在于作曲家的创作植根于本民族的'音乐母语'。"

因为早年的经历,卞祖善一直呼吁在我国创办义务音乐学校,招收那些来自边远地区、有志于学习音乐而家庭经济困难的学生。为此,这些年来,卞祖善带着这个愿望四处奔走,到处讲学,他希望与大家分享他对音乐的理解,希望更多的人能感受到音乐的美妙。他说:"我念念不忘祖国和人民对我的培养,能为社会服务并尽力,我感到无比幸福和自豪。"

卞祖善的日程依然排得满满当当。让他高兴的是,今年10月下旬,中央芭蕾舞团在扬州运河大剧院演出现代芭蕾舞剧《红色娘子军》,将再次由他执棒指挥。

"老顽童"孙幼军

孙幼军被誉为"一代童话大师",这是实至名归的,他创作的童话《小布头奇遇记》《没有风的扇子》《小狗的小房子》等都是中国儿童文学的经典,滋养了一代又一代的读者。其实,孙幼军并不是专业作家,所以,当我第一次叩响他在大学寓所的门铃时也有一点疑惑,事实上,他的本职是北京外交学院的教师。

我自己都不知道读过多少孙幼军的作品了,我熟识他笔下的怪老头儿、小猪唏哩呼噜、橡皮小鸭、流浪儿贝贝、铁头飞侠……可我之前却一直没有机会拜见这位我国最早获得国际安徒生文学奖提名的童话大家。机缘巧合,我所供职的上海广播电视台(SMG)雄心勃勃地欲在动画片领域大展身手,遂让我开列一张可以改编为动画片的儿童文学作品"清单"。我脑子里当即闪过了孙幼军以及他的童话《小布头奇遇记》。于是,2008年11月,我终于见到了孙幼军,当我说他被公认为"童话大师"时,他连连摆手,大声地笑道:"我才不是什么'大师',我只是一个老顽童!"

孙幼军告诉我,他打小时候起就很淘气,天性好玩,对什么都好奇，什么新鲜事都想尝试，即使抗战时期，才六岁的他跟随家人流浪关内，每每听见外面飞机呼啸而过的声音，都会飞快地跑出去看个究竟。孙幼军会唱京剧，二胡也拉得很溜，高中时还曾获得过吉林省花样滑冰亚军。他是在北京大学念的中文系，毕业后分配到北京外交学院，翻译过不少外国儿童文学作品，他说儿童文学才叫好玩。结婚后，他顽性不改，夫人给他织的黑毛衣，袖子长了一截，他便把袖子伸过拳头，四脚着地，扮成黑猩猩的模样，夫人说他就跟一个小小孩似的。年过半百后，他照旧顽皮，驾着摩托车在北京城内疾驶，长发飘飘，犹如"飞车党"。有一次，他跟儿童文学作家、电影家张之路"飙车"，人家开的是汽车，他开的是柴油摩托，但他紧追不舍，几欲超车，逼得张之路不得不停车求饶，说他是"孙悟空再世"。

我和孙幼军坐在他家客厅的一张长沙发上聊天，我们都侧过身子，以便可以面对面地交谈。孙幼军是黑龙江人，长得高高大大，他的脸略显方形，虽然时年已过七十五岁，但仍有一股英俊潇洒之气，除了耳朵有些背，完全没有老态。我跟他商谈购买《小布头奇遇记》影视改编版权事宜。这部长篇童话自1961年出版以来，经久不衰，获奖无数。童话讲述了一个生动有趣而又有意义的故事：一个名叫"小布头"的布娃娃因为胆小遭到伙伴们的嘲笑，又因为怯懦而失去了自己的主人。为了寻找主人，小布头勇敢出发，经历了一场又疯狂、又有趣、又感人的历险，最后，不仅交到了最好的朋友，获得了友情，也变成了一个勇敢的孩子，回到了主人身边，得到了久违的幸福。当我在"清单"上写下《小布头奇遇记》时,一帧帧画面已在我的眼前清晰呈现。不料,孙幼军却一口回绝了我,理由是他自认为这部童话在艺术上存在一些不足,可能在改编时会发生困难。他非常真诚地跟我说:"光是去年,就有三家影视机构来找我购买《小布头奇遇记》的改编版权,但我都拒绝了,因为我不能只考虑自己的利益,而不为别人着想,如果别人买去后难以改编,白白费了大力,我会心有不安的。"听着孙幼军的话,我心里油然升起许多敬意。

回到上海后,我与孙幼军始终保持着联系。他跟我约定,由于耳聋,不便使用电话,改以电子邮件的方式。孙幼军这个"老顽童"七十岁时学开车、学电脑,拿到驾照后,夫人担心他出意外,只允许他在学院大院里兜兜圈子。孙幼军技痒难耐,虽然陷过小树坑,撞过水泥墩,最后还是一溜烟地开上了大马路。我没想到,孙幼军对电脑运用得如此娴熟,在一段时间里,我与他几乎天天都会写信,聊儿童文学,聊各自的创作,也聊世事人生。当然,我还继续跟他"泡蘑菇",我不想轻易放弃自己的愿望。作为儿童文学作家与影视制片人,我向孙幼军提出了一些解决改编上可能发生的问题的建议,他觉得我的"专业意见"是别人从未说过的,而且与他的艺术观和价值观相一致。我们彼此间的信任最终促成了《小布头奇遇记》影视改编版权合同的签订。我真的很高兴,成全了一桩美事,实现了自己的一个心愿。

可不久,孙幼军写信告诉我,说他最近一直在生病,医生怀疑他胃里长了什么东西,让他做个胃镜检查。孙幼军这个

"老顽童"，到了这时候还不忘开玩笑，他说："我可是个'铁胃'，钢铁里哪长得出那种东西来。"但我放心不下，趁着出差去看望他。果然，在经历两次脑血栓和反复胃出血后，他明显消瘦了，人仿佛垮塌了下来，虽然戴着助听器，但听力更弱了。他跟我说："人家都不认识我了，因为我太瘦了。而且，我的记忆力也不行了，很多事情都记不得了，最不可思议的是，有时连电脑也不会操作了。"他说这话的时候，显得很是沮丧。可不多会儿，他的精神渐渐高扬起来，他告诉我，在过去的一年里他还是写了六七部童话，每篇都有四万来字。我听后很是汗颜，他年老有恙，尚且如此勤奋写作，我哪里可以和他相比。

忽然，孙幼军想起什么来，他站起身，走出了屋子。原来，他是到另一个房间拿他的新书去了。他热情地为我题签，当我把书捧在手上的时候，我感到他熨贴在了书上的温度。这时，他"央求"我说，我们可否拍张合影，我说当然可以啊。原来他顽性又起，他说尽管有时不会使用电脑了，可他这次一定要试着将照片通过电子邮件发给我，"我不相信我就这么完了"。第二天，我就收到了他发来的邮件，说他发了照片，问我有否收到。我真的没有收到。我回复他说，您可能忘了粘贴附件了。当天，他执拗地再次发来邮件："明明我发了照片的，不知道为什么收不到，难道是因为照片上的我吓人，目光迟滞，一幅老年痴呆的样子？我不甘心，再试一次。"他是那么执着地想证明自己，可我不忍心，于是，我回复他说："这次，照片发成功了，您真的太棒了！"当我敲击键盘，将这封邮件发出去的那一瞬，我的眼睛潮湿了。我一直没有收到过那张照片，但我的电脑里一直保存着他写给我的所有邮件。最后一封邮件是孙幼军 2014 年 12 月 6 日发给我的，此时，离他去世仅八个月。

很长时间里，我都无法接受孙幼军已经去世的现实。有一次，我在梦里见到他，与过去和他在长沙发上聊天的情景一模一样。那天，他告诉我说，《小布头奇遇记》是他一次生病住院时突发的灵感——家人为了逗他开心，在他的病床上放了一只布偶，他顽童般地用手指戳了戳布偶的脸颊，幻想它变活了，而后出去冒险了："有那么一个小布头……小布头？小布头是什么呢？小布头，嗯——他是一个很小很小的布娃娃。"

您好，刘荣光先生

我是很偶然地读到刘荣光先生的《八五回眸》的。

那天，我去小区旁的文印店扫描照片，店主小曾问我，怎么都是老照片，我告诉他，我正在写一部影像自传。小曾说，几年前有位老先生找到店里，请他帮助将一部手稿录入电脑，他一看，至少有二十万字，工作量巨大，他很是犹豫，可想到自己在电脑上输入文字还很生疏，权当练习，也便答应了下来。我听后，立刻追问，这是一部什么文稿，小曾说是回忆录。我继续追问，你的电脑里是否保存着文档。小曾说他得找一找。几天后，他跟我说找到了，就这样，我邂逅了刘荣光撰写的《八五回眸》。

刘荣光是山东昌乐人，出生于1930年，贫农之家生活艰辛，在兵荒马乱的年月，他跟随父母辗转来到青岛，在念初中时，成为中共地下党的外围情报人员。中华人民共和国建立后，他到青岛市公安局工作，不久，便开始了他一生中最为重要的公安教育生涯，他参与了青岛市公安学校的筹建，1955年奉调中央公安学院上海分院，担任哲学教师。六年之后，公安上海分院撤销后，他又加入了重建上海市公安学校的工作，之后，又马不停蹄地参与筹建上海市政法干部学校。政法干校位于西郊哈密路1330号，是为了适应隐蔽战线工作而设立的，专门培养侦察干部。有意思的是，这里原本是上海电影学校的校址，当时已决定该校停办了，可由于还有学生尚未毕业，于是，有段时间两校并存，还"互通有无"，政法干校的刘荣光跑去电影学校讲人民代表大会制度，听课的学生中就有后来的影星达式常。有段时间，刘荣光调上海市公安局政治部工作，后来回到新组建的上海市人民警察学校，主持学校教务、教学和学生管理，创办《公安教育》和《警察教育》杂志，最后在《警察教育》常务副主编岗位上离休。同样有意思的是，离休后，刘荣光曾出任风靡一时的《生活与美学》杂志副主编，"一介武夫"以审美的姿态介入社会生活，自是不同凡响。

  这部回忆录是刘荣光在八十五岁那年撰写的，故题名为《八五回眸》，可以想见，丰厚的阅历和风雨兼程的人生会给这部个人回忆录增添多少精彩。整部文稿文字朴实，叙述流畅，情节跌宕，细节丰富，从回溯童年开始，长长的一生犹如波澜壮阔的河流，历史和时代都汇入了其中。因为刘荣光的特殊职业身份，所以有不少故事读起来极为惊险，那些重大保卫工作如同一部谍战剧。回忆录里写到一次出火警，那晚正在市公安局担任总值班的刘荣光接到消防处紧急电话报告，浦东高桥地区的一家橡胶厂发生火情，高桥消防队一辆消防车赶赴现场施救，不幸发生碳四气体泄漏燃爆，导致全车消防干警均被严重烧伤。刘荣光即刻奔赴现场，车子风驰电掣般地行进，不料途中遇到一辆自行车突然转弯占道，刘荣光被紧急制动产生的惯性推向车前,头撞在了挡风玻璃上,真是惊心动魄。回忆录里也写到了温馨的家庭生活,比如,刘荣光的大儿子七岁时,有一天,奶奶要给他洗袜子,他却不肯,还和奶奶吵闹,奶奶吓唬说要打他,他就跑到窗口,扬言要跳楼。刘荣光知情后让他写检讨,并让他念给奶奶听,奶奶听后表示认可,儿子就在检讨书上注明"奶奶说还可以",读来让人忍俊不禁。但是,我觉得这部回忆录最为出色的是回首过往时既有坚定的革命信念,又有对历史的深刻反思,用刘荣光的话说,回忆是经历的升华,是对心底深处的内窥。

  刘荣光是在2014年写就这部文稿的,他说,再过五年他就九十岁了,"如果不出意外的话,我可能有望活到那一天。到那时,我希望有可能抱着重孙拍一张欢度生日的合影"。前几天,我通过我的好友、上海公安作家刘翔打听一下刘荣光的情况。他告知我,老人还健在呢,这真令人高兴。那么,我就在这里,跟大半辈子教书育人的老人说一声:您好,刘荣光先生。

梨花白　月光亮

不说过去，即便现在提起京剧"四大名旦"，人们还是津津乐道，并怀着一份崇敬与钦羡。"四大名旦"都是男旦，梅兰芳、程砚秋、尚小云和荀慧生所创造的优秀的京剧表演艺术，给我们留下了不可磨灭的印象。只是如今，男旦几近消失，深具魅力的一种艺术形式日渐式微，所以当我读到新蕾出版社新近推出的陈曦的长篇儿童小说《男旦》时，格外欣喜，因为作者开诚布公地说，他之所以写这部小说，为的就是传承和赓续。

老实说，在长篇儿童小说犹如水漫金山却又极其同质化的情况下，我已经很少读到充满诚意而独具艺术创新的作品了，当下作家火箭般的写作速度和题材上的"一窝蜂"，让我失去了许多的敬意和期待，但我还是坚定地认为，总会有敬畏儿童文学写作和勇于向长篇儿童小说艺术高峰执着攀登的作家。《男旦》的横空出世，印证了我的这份执念，这部创作时间长达十余年、艺术上精雕细刻的作品，完全当得起中国儿童文学创作的一次重要收获。

什么叫诚意的写作？那是怀有使命感的写作，不图虚名，不随大溜，远离浮躁，甘于寂寞，忠实内心，追求艺术，传达理想——《男旦》就是一个榜样，在阅读小说的过程中，你一点都不会被带入喧嚣和焦躁，而是随着典雅而文静的文字渐渐地安下心来，与小主人公一起去感受美妙的京剧艺术，去体验汗水浇灌后的成功，去发现内心深处真实的自我，去担当一份文化传承的自觉责任。

《男旦》写了一个与外公相依为命的十二岁男孩苏子轩，他从小受到外公的影响，喜欢京剧，喜欢唱青衣和花旦，外公节衣缩食，将他送进戏校，做了尖子班"青苗班"里的一名插班生。为了能够留下来，不被开除，成为正式学生，苏子轩付出了比别人更多的努力以追赶同学，以获得大家的认可。但是，学艺这条路并不好走，他遇到了各种各样的困难，有艺术上的，有生活上的，有情感上的，也有人事上的，导致他一直面临选择而很难有从容的状态，也时常陷入了很深的孤独之中。不过，苏子轩还是受到了同学和老师表现方式各异的关爱和帮助，其中有和他睡上下铺的同学、有着"大武生"梦想的高峰，有被他叫作"扫地僧"、虽为食堂厨师但身怀绝技的李叔，有向来对他要求特别严苛、练功时恨不得将他往死里整的班主任余卿，有因被"青苗班"奚落而时常感到委屈却内心倔强的普通班女学员李可馨……他们与苏子轩一起构成了悲欣交集的艺术小世界。

诚意写作是作家发自内心的需求，正如陈曦所说："《男旦》所要传达的，是我对传统文化最深情的表白，更是对传承的一份责任，戏如是，文学亦如是。"作者自己小时候便痴迷京剧，喜爱程派艺术，能演许多传统剧目，因为教他演戏的老师都是男旦，他在学戏过程中，非但感受到京剧的博大精深，也对男旦这个行当有了更为深刻的认识，从而充满兴味和热忱。爱之弥深，写一部关于男旦的儿童小说，于他是心向往之的一件承担使命的大事。这样的创作就不可能是为写而写，是"出乎于心"，而不是"出乎于利"，是真心实意，不是虚情假意；这样的创作就不可能是什么菜都可以装进一个箩筐里，不是看上去各有千秋但实质里千篇一律、千人一面；这样的创作就不可能粗制滥造，满是编造痕迹，满是逻辑混乱，满是套路格式，而是独具创意。

我一直认为，文学发展至今，文本可以千变万化，唯有细节不可撼动，看一个作家的写作是否心虚，看一部作品是否经得起推敲，只要从细节入手便可明了。不少作品看上去像模像样，但只要审视细节就露出了马脚。不少作家什么"活儿"都敢接、都敢写，自以为聪明，想象力丰富，可以天马行空，可以妙笔生花，可以巧舌如簧，但是，文学作品真正能打动人、感染人的是细节，一个作家真正的能耐也是对细节的掌握和运用，而细节并不是依靠小聪明就能自我生成的，来自最为深切的生活和对于生活的认知。《男旦》由于作者对京剧艺术的熟稔，对男旦行当有着真实的感受，所以作品中的每一个细节都不是靠小聪明得来的，都不是非深入其中能够凭空生造的，因此，一个个小细节都具有直抵人心的强大力量。作品中写苏子轩在舞台上表演《白蛇传》"游船"一折，演得出神入化，身上、脚下、表情都跟在真船上一个样儿，人随船动、船随波行，让底下的观众看得竟然头昏眼花,甚至有人真的晕船了,而苏子轩则在船上荡漾,心飘忽着,盘旋而上,随着一句句唱词到达了他自己心中的江南——而其实他在舞台上如此惊人的表演,除了与人物心心相印,还赖于他扎实的功夫,他腰包下的腿一直是屈着的,但观众却无人发现。这样的细节在作品中比比皆是,逼得我无法一目十行地对内质厚重的文字进行所谓的"轻阅读",反倒是因为细节真实、生动而陷入"沉浸式阅读"。

一些作家在其所写小说被批评为缺乏文学的质地后,连忙自行与文学脱钩,声称自己写的是"童书"而非"文学作品"。我对这种写作态度和"申明"深恶痛绝,嗤之以鼻,明明是对文学写作缺乏敬畏之心还矢口狡辩,更为不能容忍的是对少年儿童文学阅读的严重伤害和危害。既然打着"长篇小说""系列小说"的旗号,干吗急着与"文学"撇清关系,说到底就是创作上根本没有诚意的心虚,也是创作上根本无视文学的心机,可如今,这样与"文学"撇清关系而毫无文学价值的"童书"却大行其道。

《男旦》是一部堂堂正正的文学作品,在文学写作上,不仅拓展了题材,贡献了儿童文学走廊里新的人物形象,赋予作品以深厚的中国传统文化底蕴,而且其本身所呈现的就是纯文学应有的姿态。文学说到底是文字和语言的艺术。《男旦》的文本是典型的"文学"文本,文字和语言非常文学化,凸显汉语的优美,字字句句都精心营造,如同千锤百炼的京剧唱词,却又十分难得地没有做作感,还借用了戏剧的形式,其章节以"场次"来标注。这种写法不仅与戏剧题材相吻合,最为重要的是以坦荡而清晰的面目让少年儿童读者明白,什么才是真正的最好的文学阅读。我自己一直在阅读儿童文学,但说实话,给我以充沛的文学感受和文学体验的作品堪称稀缺,而我在阅读《男旦》时却非常强烈地沉浸在"文学"之中,"文学"是可以触摸和感知的。我们不要轻看了今天的小读者,他们对于文学作品的认知并不是我们可以糊弄的,许多小读者之所以指斥一些"文学作品"或"童书"幼稚、无聊、没有文学营养,恰恰表现出小读者在文学阅读上的审美追求,对于这一点,我们必须予以极大的保护,并以真正能体现出文学品格的作品来加以培养和引导。

《男旦》的结局是开放式的,苏子轩因被挑选去演电影中的小程砚秋而离开了戏校,他可能会再回来,也可能不再回来,但这都已不重要了;重要的是,他在戏校生活里已获得人生的成长,而且以后还会继续成长,因为他已认定"戏就是我的命"。《男旦》结尾时,苏子轩和做着"大武生"梦却由于脚伤很可能结束短暂的艺术生涯的高峰,在一处废弃的舞台上,合演一折昆曲《千里送京娘》。"吕梁山,山山不断;青石涧,涧水流长。"月光笼罩了戏台以及戏台前那大块的空地,苏子轩看到两个身影重叠在一起,那是高峰的身影,也是他的身影,他觉得是现在的自己遥送着过去的自己,是一场千里的告别。片片雪花飘落下来,渐渐覆上了苏子轩来时路上那一行脚印。梨花白,月光亮,我和苏子轩一样,摇了摇手,然后放下了《男旦》这部小说,泪水盈眶——为书中的小主人公送别,也为一部出色的中国本土原创长篇儿童小说的到来。

教我英语的宇哥

和宇哥认识非常偶然。有一次在手机上看到有直播的英语教学课，也就点进去看看。如今各种英语教学盛行，但我都没有兴趣，因为无非教你去应付五花八门的考试，而我没有这种需求。对我来说，学英语是件益智醒脑的事，能读读原著，看看电影，听听歌曲，去国外逛马路时避免走丢，也不要因跟别人搭不上一句话而尴尬。

我听到宇哥说的第一句话就怦然心动。宇哥说语言是用来交流的，所以他对自己的要求是，让每一位学员听完他的第一堂课后就能自信地开口说话。这可太好了，说起来，我学了很多年英语了，可迄今都难于与他人交流，听不懂，不会说，也不敢说。宇哥不走寻常路，教的是他自创的"极简英语"。在他看来，当初移民到大不列颠地区的盎格鲁－撒克逊人以出海打鱼为生，不能像农耕文明区域的农人那般，可以坐在田边树荫下悠闲地聊天，他们驾船在海上，不得不以喊话来交流，因此讲话必是简短，而且最重要的词必是放在最前面，读音也最重，既顺嘴又省力。这样来讲语法和发音便很能理解了。我是从事文艺创作的，比较擅长形象思维，而宇哥教英语恰恰注重形象思维，比如说，他把近一万个英语词汇统统配上了图片，让你"看图识字"；又比如，他教"下起倾盆大雨"时，告诉你别对"倾盆"两字心生畏惧，不就是"猫啊狗啊"，你想想看，那雨大得就像从天上掉下来许多猫和狗，还不"倾盆"吗？宇哥的教学特别对我的胃口，正所谓找对了老师。

其实宇哥是个帅气的年轻人，讲课很幽默，还很亲切，大家让他唱歌他就唱上几首。他是老师，还有英文名，只是大家都喜欢叫他宇哥，于是我也跟着叫了，尽管我比他大了几轮。跟随宇哥学英语有个好处，他一点都不小气，不时地会叫来他的哥们儿姐们儿"助攻"，讲单词叫来了刘哥，讲语法叫来了耿哥，讲听说叫来了高姐，一个个都有独门秘籍，这课也就上得很丰富。我有不少英语专业的朋友，但我没法跟他们学英语，因为他们太专业了，语法严谨，词汇海量，发音纯正，日常对话几乎如同典雅的书面语。宇哥则不同，他是学土木工程的，派驻国外工作后，自然而然地成了"翻译"，因而他的英语接地气，口语就是口语，生活气息浓郁。我之所以跟宇哥学英语，最为关键的还是他的视野开阔，富有人文精神。他定期会请各个领域的人来说说自己的生活和见识，而他们都跟宇哥学过英语。我听过曾驾驶巨轮环球航海的轮机长赵文利说他的历险故事，听过优秀的唱作人幺儿说她为了音乐理想在各地漂泊、闯荡的感人经历，都很励志，让人获益匪浅。

有一次，宇哥问我，为什么要跟他学英语，我说我觉得很快乐、很充实，就像我学习游泳和吉他一样。宇哥听后说，那你是将学习当作了一种生活方式。知我者，宇哥也。我的确就是这样的,学习于我是生活中不可或缺的部分,使我得以保持对生活的热情、对知识的渴求、对理想的践行、对自我的提升。一个人如果对学习失去了兴趣,那么也就意味着对生活、对自己的放弃,得过且过,人生大概也就走到头了。我向来崇敬一生都在不断学习的人,这样的人知道自身的局限,从而有可能通过学习而获得人生的圆满,所以,活到老学到老真的是大智慧、大快乐,我未必能够达到,但我心向往之。高途远大,学习永无止境。

李书涵和她的"遇见"

我读了明天出版社刚刚推出的中学生李书涵撰写的长篇纪实文学《遇见：大山小爱的故事》，非常欣慰，非常感动。

让我欣慰的是，在童书兴盛表面下掩盖着日趋功利化的写作和出版之时，在儿童文学创作呈现整体上的"轻质化"和"同质化"的当下，有一位年轻的中学生却没有坐在屋子里闭门造车，写那些或人云亦云或无病呻吟或胡编乱造的文字，而是推开家门，走向大地深处，进行田野调查，以纪实文学来反映贵州偏远山区孩子的生存状态，以及他们在社会公益机构的帮助下放飞梦想，追求理想中的美好生活的真实故事。这样的纪实作品显然是厚重的，不是那种"轻质化"的几乎泛滥成灾的无脑搞笑和搞怪；这样的纪实作品显然是独特的，是用自己的脚丈量大地后写出来的，不是那种浅薄无聊的无根无心之作，没有"同质化"所导致的面貌模糊，毫无个性和辨识度。

让我感动的是，连不少成人作家都失去了对文学的敬畏，因追名逐利重复化规模化炮制既无思想性也无艺术性的东西，少有对现实生活的深切关注、敏锐发现和深度思考，因而写作变得毫无节制、毫无难度，没有创意的、批量生产的平庸之作大行其道时,一位中学生却表现出一份对文学写作的虔敬,自觉深入生活,深入社会的底层,进行考察、发现和思考,这是需要勇气和胆识,需要人文精神,需要知识储备,需要摒弃功利的。最近几年,我主要从事纪实文学写作,每部作品都要老老实实地进行实地采访,有的光是前期采访就得花两三年的时间,这让我在一片喧嚣中感受到深刻的孤独和寂寞。今天,有一位中学生能与我站在一起,共同开拓被冷落许久的儿童纪实文学领域,我的确感慨万千,深受感动。在我眼里,小小年纪的李书涵心胸开阔,格局甚大,超出了不少成人作家。

纪实文学不是坐在屋子里拍拍脑袋就可以"创造"出来的,比之其他文学样式,纪实文学的创作要花费更多的脚力、心力、脑力、体力,甚至财力,因此,如果没有一份理想和情怀,没有一份悲悯和正直,没有一份强烈的责任感和使命感,那是不大会选择去写纪实文学的,因为"保险系数"低,而且各方面都存在难度。写《遇见:大山小爱的故事》,李书涵整整准备了六年。2014年暑假,读小学四年级的李书涵第一次跟随父母去了贵州省兴义市威舍镇的阿依小学。阿依小学所在的阿依村,是一个布依族聚居的村子,地处大山深处,偏僻而闭塞。李书涵和那里的孩子们一起上课,一起玩耍,她还第一次接触了一批来这里支教的志愿者和旨在为偏远山区孩子提供支教服务的"大山小爱"公益项目。这次贵州之行,让她看到了世界上有着与自己的生活环境差别巨大的所在,那些同龄孩子灵动的、热情的、忧郁的、沉静的眼神,那些志愿者年轻的、稚嫩而又生气勃勃的脸庞,就此印刻在了她的记忆深处,成为心中绵绵的牵挂。

返回上海后，李书涵一家继续与当地保持着联系，还资助了两个孩子，通过捐款、通信、寄送衣物、图书等方式，提供力所能及的帮助。纪实文学的要义在揭示问题、揭示真相，如果写作者没有观察能力、思考能力、分辨能力、解析能力、综合能力，那是不可能完成写作的，这就是纪实文学创作的难度所在——对写作者的要求相当高，因而吓退了不少人，他们有的不具备这些能力，有的则不愿承受那么大的难度，宁愿"驾轻就熟"。其实，纪实文学的难度恰恰也是其魅力所在，当其直抵问题、直抵真相时，也便直抵人心。非常难得的是，六年来，李书涵从一名小学生长大为中学生，伴随她成长的始终有远方的阿依小学，这就使她获得了一个持续性观察和思考这个世界的支点，而正是这个支点帮助她撬动了文学。

2020年8月，十六岁的李书涵再次来到阿依小学，这不只是一次"故地重游"，李书涵是带着许多思索中的问题来的，比如公益支教是否给当地孩子带来了"二次伤害"；志愿者支教背后的初衷到底是什么；这些年来，大山小爱公益项目对当地教育发展和教育脱贫究竟产生了怎样的影响……她想寻求答案。纪实文学的写作当然有赖于田野调查，但田野调查却有赖于写作者的观察与思考，而贯穿于田野调查中的观察与思考归根结底便是发现，没有什么比发现更为重要了——发现是思考的动机，是问题的答案，是创新的前提，更是提交时代的报告，是推进社会进步的力量。在人类文明发展过程中，不可否认文学的力量，而文学的力量来自属于文学特质的发现。李书涵在黔西南的走访调研、观察发现，是由她对文学的热爱驱动的，所以她最终完成的并不是社会学专著，而是纪实文学，她运用文学的手段生动勾画出了一群年轻志愿者的形象：上海师范大学小学教育专业毕业生周蓓蕾、来自香港的助学师阿华、北京师范大学硕士谭青钦、有从军履历的杨佳男、"自讨苦吃"的留学英国的张亦琪、九零后副镇长王勇、创业者周建仁，以及走出大山的当地孩子李娅、李先冲、贺仁朵、吴远婷……他们既志存高远，又脚踏实地，释放激情，追逐理想，以青春之我、奋斗之我，为振兴乡村、改变乡村教育生态、守护乡村童年做出了不懈努力。作品文笔流畅，细节丰富，语言优美，具有强烈的现场感，正是得益于如此的文学书写，李书涵发现并揭示了新时代背景之下的志愿者的精神面貌和公益事业的价值所在。

以我自己的写作经验，我觉得纪实文学的真正主角是写作者自己，这同样是由纪实文学的"发现"要素所决定的。第一，田野调查的主体是写作者，目标指向是去"发现"什么，而这种发现是写作者个人的独特发现；第二，写作者的"发现"是对其调研对象的客观规律的了解、洞察、概括和提升，而这个过程也是写作者对自身的发现。通过《遇见：大山小爱的故事》这部作品，我清晰看到了李书涵的成长脉络，包括她所构建的内心世界，无疑，阿依小学对她的成长有着重要的影响，这所山区小学给了她深切而震撼的体验与感受。这种经历使得她的胸襟和眼界比别的孩子宽阔，她的认知和思想比别的孩子深刻，从而使她能够发现自我和自我价值，并获得更多的自我超越的可能性，用她自己的话说，便是"遇见更好的自己"。

现在有不少中小学生热衷出书，恕我直言，大多都没阅读价值，这些作品都因缺乏生活根基和思想根基，因此显得幼稚和浅薄，缺乏文学品质。但李书涵的这部纪实文学却不能同日而语，因为是有认识价值的，有思想厚度的，跳出了个人的小天地，而把眼光投射到社会，投射到现实生活，在田野调查现场，以诘问来细察，以事实来说话，以丰沛的文学叙事来表达对事物的见解和立场，表达对美好未来的构想和期望。我在阅读李书涵写的一个个人物故事时，感觉自己也在参与、见证她的人生成长和一次次的美好"相遇"——梦想、勇气、爱心、责任、信念、行动，以及视野的宽广、意志的坚韧、自我的砥砺、精神的超越，所有这一切随着她笔下展开的温暖的感受、深挚的体验、沉静的思考而悄然渗入我的心田。

2021
8
AUGUST

医患是彼此的疗愈

动完胃癌切除手术后，麻药劲儿刚过，我即刻陷入毁灭性的剧痛之中，无法忍受，生无可恋。但就在这痛不欲生之时，主刀医生却来与我说后续的化疗问题。这就好比一个人被洪水包围，都快没顶了，你却来问他以后要不要学游泳。我心里非但充满恐惧，而且充满愤怒。看着主刀医生，我心里想，我是一个患者，可你也病了，尽管你是为患者着想，但你也犯了因职业而生的焦虑和躁郁。

其实，主刀医生在我手术前的一天，已经开出医嘱，要在我的手臂里埋上静脉输液线，他跟我说，手术时要派上用场，而更重要的是，将来化疗时也要用到。我当时就很不快，第一，要不要化疗应该是在术后进行评估；第二，选择是否进行化疗是患者的权利，任何人都不能越俎代庖。现在倒好，手术还没做，也没有征询过我的意见，你就已决定让我以后做化疗了，而我更希望酌情医治，如非必要，不愿做化疗以增加痛苦。我找到主刀医生，用开玩笑的口吻跟他"泡蘑菇"——埋线很复杂，在X射线的辅助下完成，还得等一个小时才知道是否成功，如果线头在静脉里呈现向上的状态而非向下即为失败。我跟主刀医生说,要是线头向上,那我就不做化疗了;我还说,我们两人都要听从天意。主刀医生看了看我,然后笑着耸了耸肩。

虽说这话近乎玩笑,可不知为什么,当我躺到床上接受埋线处置时,我竟意志坚定,凛然感觉肯定是失败的。果然,一个小时后,再次拍摄X光片,显示线头是向上的,只能重做。现在想来,心念是何等不可思议,若想拒绝,一定颠倒。不过,即便如此,术后进行化疗的事情照样排上了日程。主刀医生对我说,化疗还是要做的,只是剂量小些、次数少些。我问,理由是什么。他说,巩固巩固,预防预防。这次是我笑了,我说,看来你真的病了,因为无论患者是什么情况,你都一概施以化疗,你是想以此缓解焦虑,减轻自己的责任和风险。

说实在的,虽然患者需要医生的治疗,但医生因职业而生的焦虑和躁郁也需要患者帮着治疗。事实上,这种情况比比皆是,患者或患者的家属紧盯医生,要求其予以完美的治疗,而这恰恰是难以做到的,由此导致医生心理紧张,进而害怕而担忧,多虑而烦躁,结果便是医患双方都成就不了。

我跟主刀医生说,请你详细告诉一下我的手术情况。他说在手术过程中,他仔仔细细地提取了病灶周围十二枚小弯淋巴结、八枚大弯淋巴结和两枚贲门旁淋巴结,经活检后都没有发现转移和扩散。听他这么一说,我更明白我应该做出怎样的选择了。我开始对主刀医生进行"治疗"。我说,既然没有转移和扩散,那你担忧什么,你若紧张,我就紧张,你若纠结,我就纠结，你若放不下心，我怎么会放得下心呢？再说，做化疗只是你对患者表现出的一个姿态而已，证明你做出过医嘱，不存在过错，以后我就不能埋怨你、追究你。可这完全没有必要，一方面，做不做化疗最后是由患者自己决定的；另一方面，如果你怕担责而不顾及每个患者的具体情况一律进行化疗，其实是对患者更不负责，徒然加重他们的痛苦。经我这么一说，他叹出一口长气，神情放松了下来。

在我出院的那天，主刀医生主动跟我说，今天就把静脉输液埋线给撤了。我听后追问道："你的意思是我不用做化疗了？"他说："是的。"不过，他随即又说："但是，你得用一些口服的化疗药物。"我想了一下，得寸进尺地说："既然你都说不用化疗了，那还用口服化疗药干吗？"他定定地看了我一眼，然后说："好吧，不服药了，那个肿瘤既然已经切除了，也就没有问题了。"我顿时感到压在心头的一块重石被搬掉了，脸上的愁云一消而散。那时，我发现主刀医生深锁着的眉头也舒展了开来。

我想，我们两人，一个是患者，一个是医生，却在此时此刻共同疗愈了。

孙毅先生的最后时光

今年4月,儿童文学作家、儿童事业家孙毅先生住进了医院。以前,他也住过医院,不过那是去做理疗的,九十多岁的人腿脚有点儿不利索也属正常。每年他都会拿着体检报告告诉我,啥毛病也没有,他还说:"医生讲我身上的零件只只都好,样样指标都不高不低,我自己也觉得很神奇。"但是,这一次,他真的生病了。

孙毅先生得了胃出血。我一听,非常紧张,但我想,他是一个有着顽强生命力的人,一定会转危为安的。果然,他的病情很快就控制住了,医生说,这全仗他的好体质,没有任何基础疾病。确实,如果没有一个好身体,他能在九十岁过后开始创作长篇小说"上海小囡的故事"三部曲吗?我去医院探望他时,他正躺在床上闭目养神。他看了看我,朝我点点头。我不知道他思维和表达是否清楚,便问他道,我是谁,我叫什么名字。他讪笑起来,说:"这还要问,你当我脑子出血啊,我是胃出血。"我立刻吐了吐舌头。

那天,孙毅先生跟我说了许多话,都是对过去时光的回忆,比如在上海解放前夕参与地下少先队的创建,为新中国的诞生出生入死；比如在1953年2月接受宋庆龄的任命，出任儿童时代社副社长并兼任儿童剧团创作室主任，为推动上海乃至全国的儿童文学和儿童戏剧创作担负起组织工作；比如改革开放后，参与创办《为了孩子》和《现代家庭》杂志，为读者提供精神食粮。说起小时候，他说他那会儿很顽皮，总让爸爸妈妈不放心。他爸爸在恒丰路桥下开了爿老虎灶养家，老虎灶周围有不少江湖艺人，唱各种戏曲的都有，他最最喜欢看"扁担戏"（木偶戏），有一次，看得入了迷，跟着那挑担的一路看过去，结果走丢了。虽然被爸爸妈妈敲了"毛栗子"，但他却由此激发起文艺兴趣，后来加入了宋庆龄创办的儿童剧团。他说着说着睡着了。我在病床边一动不动地守着他。突然，他睁开眼睛，恍恍惚惚地说，他心里很难过。我问怎么回事。他说，他都生病住院了，可他的爸爸妈妈却至今没来看他。我安慰他说，你爸爸妈妈年纪大了，住得太远了，没法来看你。我一边说，一边湿了眼眶，一个年近百岁的老人，病中竟像孩子一样地希望有父母的陪伴。事实上，他的父母早已离世。

到了6月，孙毅先生明显地缓过劲来了，能吃能睡，还天天看电视。他是上海市作家协会儿童文学委员会的前辈领导，为上海儿童文学的发展立下汗马功劳。我去看他时告诉他，为了向他致敬，上海作协儿委会与浦东图书馆合作，在开设的"上海儿童文学基地·星光童读会"上，将由我主讲他的传奇故事。他听后说，我也要去，我要去看看我的小读者，听听他们对我作品的意见——他一直很想把他的"上海小囡的故事"拍成动画片。我说那得医生同意。我建议道，你就给去听讲座的读者写句话吧。他马上答应了。他对我招了招手，示意我把耳朵贴近他。他跟我说，你让我写字，那总得把缚住我双手的这副手套给卸掉吧，我实在受不了啦！原来，为了方便输液，他的右侧颈部埋了管子，时间一长，胶布引发过敏，奇痒无比，他便用手去抓，这当然很危险，于是就给他套上了一副加厚的羽毛球拍大小的手套，还把两只手分别绑在床的两边。他几乎带着哭腔说，我求求你啦。说实话，我很难过，我愿意冒险帮助他。于是，我解开了缚在床栏上的带子，帮他脱去了两只沉重的手套。他开心地笑了起来，说他解放了。他执意要下床，后来，他坐上轮椅，让我将他推到大厅里，在一张大桌子上用我的笔写下了"向浦图读者致敬"几个字。因长时间戴着手套，使得他握不住笔了，写字有些困难，但他坚持着，几乎是用尽了全力，最后还写上了自己的名字和日期。这是他在这个世界上留下的最后的笔墨，他将之献给了他的读者，我觉得没有比这更加完美的了。

7月2日，这天是孙毅先生的生日，他的家人在医院里为他庆贺九十八周岁华诞。由于我没有做过核酸检测，所以无法前去，只好让他的女儿用手机做现场直播。只见他身穿一件绛红色中式短袖上衣，头戴一顶灰色帽子，神采奕奕，精神十足，他吹灭蜡烛后亲自切了蛋糕，高兴得合不拢嘴。他真的完全不像个病人了，他跟我说，能不能与医生和他的家人商量一下，让他出院回家，他说："我没病，在医院里待着干吗，这件事要靠你帮我了！"

但我没能帮上他。8月3日上午，他因呼吸问题须转病房，在这过程中由于缺氧，导致血氧饱和指数直线下降，陷入昏迷，进了 ICU 重症监护室，之后病情凶险，急转而下，已回天无力。孙毅先生的夫人，作家、编辑家彭新琪女士认为，应当让他平静地有尊严地离开，所以拒绝了各种插管抢救。我相信这也是孙毅先生自己的意愿，他热爱生命，所以才对生命十分豁达，他曾这样对我说过："我不能'老不死'的，我生活过、革命过、写作过，已经足矣。宋庆龄先生会来接我的，因为她亲自给我颁发过任命状，我要在另一个世界继续完成她交办我的工作。"

新乡小书店被淹之后

今年7月里的那场特大暴雨,把河南新乡的阶梯书店给淹了。阶梯书店是家小书店,如今谁都知道实体书店面临严峻的经营困境,但是店主吴小俊却一直坚持着,他是一个有理想有情怀的人,他希望在这座三线城市里还有一小片闻得见书香的地方。他没有能力将书店开在市中心的繁华之地,而且也只能找一个半地下室的门面。结果,当那场让所有人揪紧了心的暴雨袭来,小书店的遭遇也便可想而知了。

一夜大雨过后,心急火燎的吴小俊一早赶去书店,街上的水有一米多高,看到有人推来了摆渡船,他爬了上去。当他走进书店,站在楼梯口,借着微弱的光,只看见底下明晃晃的水面。暴雨再次袭来,吴小俊眼睁睁地看着湍急的洪水汹涌地冲进来,水面不断地升高。吴小俊不忍心,拿来水桶,一次次地舀水往外拎,可是根本无济于事,他又站在水中,摸黑凭着记忆把还够得着的书一摞摞地往高处搬。后来,他用这样的语句记述了惊魂时分:"此刻,我的书店和书店里被淹的书里所藏着的灵魂一样,要窒息了。"吴小俊在用水桶舀水时,一个脚滑,摔倒在台阶上,胳膊上留下两条血痕。这个倔强的汉子看着伤口,竟是"会心一笑",他说因为那伤痕就像是一个"V"字,所以,他知道自己不会就此撂倒停歇。

吴小俊托他的朋友买来了一台抽水机,由于路上积水严重,朋友是背着几十斤重的机器蹚水过来的。几天几夜连续抽水,终于看到了地面,但吴小俊双手掩面,他不愿看见那满目的疮痍。他把所有的书搬了出去,大约有一千来本书虽然经过水泡,但晾干后还可以阅读,他不想把《小王子》《飞鸟集》《月亮与六便士》这些书全都扔了,因此他决定全部送掉。吴小俊在书店门口贴出告示:"免费赠书,让被淹的书获得新生。"他希望爱书人能把这些书领走,他在他的微信公众号里深情地写道:"这些书是这场大雨无声的记录者,每一本都是无价之书,希望大家拿到后能好好珍藏。"女作家赵波把这条微信推给了我,我又推给了更多的朋友。我们决定把这批书买下来。可是,吴小俊却拒绝了,他还告诉我们,来取书的人太多了,甚至影响到了交通,他只能把每人取三本改为一本,并将取书时间定在下午四点到晚上八点。仅仅两天时间,所有的书都被新乡市民一取而空。考虑到许多因受灾被转移的孩子也需要精神食粮,吴小俊特意筹集并捐赠两百册全新的童书,送到了临时安置点,给孩子们送去关心和温暖。

为了重建书店,吴小俊发起"重建计划盲盒"的自救活动,希冀通过书友们的支持让书店尽快走上正轨,继续开门营业。他推出了八百个盲盒,每个盲盒售价四十九元,包含三至六本书,还特意为有童书的盲盒标注了年龄。活动发起后,全国各地的书友纷纷伸出援手参与其中,不到四个小时,八百个盲盒被迅速抢完。在书友们的强烈要求下，吴小俊之后追加了两百个盲盒，但宣布售完一千个盲盒后活动结束，因为他认为通过盲盒已经可以筹够书店所需的重建资金了。我从吴小俊那里得知，参加盲盒活动的热心书友中，有几十位上海书友，其实他们之前与阶梯书店并不相识。

  一个没有书店的城市是没有灵魂的。吴小俊从事书店经营已有十三年了，由于书店平时连维持收支平衡都很困难，因此，好多次他都想打退堂鼓了。他说得很实在，生活中不能光有情怀，人还需要有生存的尊严，但是，给一座城市留有一个灵魂的居所总是需要有人去落实的。吴小俊来不及悲伤，重建书店或许是他修复伤痛最好的方式。鉴于阶梯书店重新采购图书需要一定的时间，于是，我用快递先期发去了我的一批新书《青草奔放》，我希望就像书名一样，灾难过后，绿草又生，再现生机。

"书模"周有光

我第一次去见周有光先生,是李行健先生安排的。李行健是周有光的同行,也是语言文字学家,曾任语文出版社社长兼总编辑;他还是周有光的邻居,很长一段时间与周有光住同一栋楼里,周有光住三楼,他住五楼,即使后来搬迁了,但仍在那个小区,与周有光可谓"近在咫尺"。

周有光自打搬到这个位于朝内大街后拐棒胡同里的小区后,一直住到去世。由于这个小区的门口就是人民文学出版社的门市部,所以,我去北京的时候常常去那里逛逛,对那一带也算是比较熟了。周有光住的这栋六层楼没有电梯,我前去拜访时心想,他一直工作到八十五岁才退休,那他这样每天上下楼,腿能吃得消吗?后来,他告诉我说,他倒是没有问题,九十岁还在爬楼呢。他的独子周晓平为了能更好地照顾他,打算把这里的房子置换到他家附近,但周有光没同意,他说已经住惯这里了,而且他的一些好朋友也都住在附近。

周有光家说起来有四个房间,但面积都不大。我坐在他只有九平方米的小小的书房里,环顾四周,一切都是那么简陋,只有一张陈旧的小桌子、一个陈旧的小柜、四个陈旧的小书橱，连坐着的椅子都没有扶手。但是，我明显地感到这里气场强大。周有光那时一百零九岁，他侃侃而谈他即将重新修订出版的《朝闻道集》。这本书是周有光一百零五岁时出版的，我读后非常震撼，他的思维如此超前，他的视域如此辽阔，书中充沛的思想紧扣这个世界和这个时代。周有光的气场源于他站在人类文明的高度，并以世界的眼光来看中国。

与周有光聊天足以让人开悟。他说他自己也没想到能活那么长，不过，生命不在于长短，而是要有价值，这价值就是对他人对社会有用、有贡献。周有光谈笑风生，幽默之极，时常调侃自己，说到好笑之处，自己都会掩嘴而笑，然后用手帕擦擦嘴，再将一颗咽喉含片放进口里。跟着他大笑时，我才真正体验到什么叫睿智、什么叫豁达。那天，为了让我听明白他对人的生命周期的认识，他顺手在即时贴上画图表做演示，这时，我蓦然想起其实他是经济学家出身，后来才从事语言文字工作的，所以他的思想和表述都非常有逻辑性，甚至可以"建模"。我错过了他的一百一十岁生日，但我拿到了他家人特意制作的庆贺寿碗。寿碗通体洁白，上面画了两朵带着枝叶的粉色牡丹，也是浅浅淡淡的，犹如他的为人和性格，淡泊、清疏、温和、纯净。

周有光是常州人，我母亲也是常州人，特别凑巧的是，我在周有光出生的那条伴着运河的青果巷也住过一段时日。如今，周有光的老家宅子、始建于明朝的礼和堂已保留了下来，青果巷每年还在春夏里举办"字在青果，音而有光——有光拼音文化季"，我参加过多场活动，沉浸式地感知周有光与汉语拼音的故事。但我之前却不知道周有光还是常州吟诵调的代表性传承人。常州吟诵调是国家级非物质文化遗产，是运用常州方言进行吟诵的一种传统艺术形式，其源上溯先秦时期的吴地吟唱，肇始于战国时代，经唐宋发展，明清走向繁盛，已有3000年以上的传承历史，是语言、音乐、诗歌结合最紧密的方式，由此可见周有光研究语言文字并非没有根基。虽然我没听过周有光用常州方言吟诵唐诗、宋词，但他说话时的常州乡音让我倍感亲切。

周有光传承常州吟诵调，而他的夫人、才貌双全的张允和却对昆曲情有独钟，但这没有丝毫的违和感，他俩留下了许多琴瑟调和的佳话。张允和担任北京昆曲研习社社长时，非常积极，又是演出，又做研究，还要编辑专刊，周有光也跟着入了社，他说他是不积极的，不过每一次开会从不缺席，他说"我得去陪她"。他俩对家里的保姆特别好，当时有两个从农村来的小保姆都很年轻，周有光说，她们不学文化太可惜了，要是有了文化，将来可能会改变自己的人生。于是，他和张允和亲自给保姆们制订学习规划，还亲自授课，结果，两个保姆一个考上了中专，一个考上了大专。虽然两个小保姆因上学而离开了，周有光和张允和都很不舍，可他们发自内心地为她们高兴。张允和是九十三岁那年去世的，那时周有光九十六岁，虽然很伤心，可他还是慢慢地平复了心境，他说，前面的人总要为后来者腾出生存空间，这样人类才能生生不息，一代一代传下去。

但是，身为气象学家的独子周晓平于2015年1月遽然离世,这对周有光的打击实在是太大了,他根本无法承受。在周有光送给我的《我的人生故事》一书中,他写了与张允和还有过一个女儿,名叫周小禾,人家都说他们有一儿一女,是全福夫妇,但小女儿抗战时期在四川得了盲肠炎,由于战争环境下得不到合理的治疗,不幸病逝了——"这是最悲惨的事情""这是一个打击"。不料,没多时,一颗流弹又击中了儿子周晓平的腹部,在肠子里穿了七个洞,幸好住家附近有家空军医院,及时地送去抢救,动手术把子弹给取了出来,捡回一条命。这样的遭遇让周有光对儿子始终深爱有加。周晓平去世后,谁也不敢把这噩耗告知周有光。平时,周晓平每周都要来看望父亲的,因而不见他来,周有光便问保姆,保姆说,他外出开会了。过了一周,依然不见他来,周有光再次问保姆,还说怎么连电话也不打一个来,因周晓平曾患过胃癌,他十分担心。到了第三周,已没办法再瞒下去了,于是,家人和好友商量叫辆救护车等在楼下以防意外,然后再去跟周有光慢慢"渗透"。周有光表现得异常冷静和理性,他说,你们不用再骗我了,我能扛得住的。尽管这样,独子的离去让周有光遭受重创,他很快就因胃部出血、肺部感染等住进了医院,三个多月里被三次下达病危通知书。直到6月,他的身体才得到恢复。出院时,他对人说"风暴已经过去了",可事实上,他无法释怀,常常半夜三更起来,让保姆扶着他在周晓平住过的屋子里走过来走过去,这里抚抚,那里摸摸,垂泪不止。接着,连白天都这样,周有光甚至极少说话了。听到这些消息,我担忧不已。

2016年10月,我去北京出差时想上门看望周有光,并带去我刚出版的《最好的时光》,这本书写了我和我母亲两个癌症患者携手度过的四年时光。那天,我走上那幢老旧房子的三楼,正想敲门的时候,忽然犹豫起来,我真的非常害怕惊扰了他。后来,我还是请李行健将书转交给了他。让我惊喜的是,他看了我的书后,不仅说这书名起得好,还专门拿着书拍了张照片,权当是为我做"书模"。看着照片,我不禁泪流满面。三个月后,2017年1月14日,周有光在度过一百一十二岁生日的次日,驾鹤西去。那一天,盘桓在我脑子里的都是他的音容笑貌,还有《朝闻道集》一书扉页上的话:"朝闻道,夕死可矣;壮心在,老骥千里;忧天下,仁人奋起。"

在跑步中认识自我

不知从什么时候开始的,我好些朋友成了"跑友",他们不是一般的跑跑步以锻炼身体,而都去参加了马拉松或越野跑,这肯定与我们平常所认知的健身目的不一样了,因为这是极限运动,很有可能导致身体的伤害。"跑步时我们谈些什么",几乎成了时髦的"超话",但我并没有多少感受,直到读了王志毅新近由文汇出版社出版的《荒野无痕——跑步与存在》,我才在他令人震撼的文字里了解了"跑友"们的根本动机。

我认识的王志毅有些内向,他说话不多,给人以踏踏实实的感觉,身为出版家,他将满腹经纶化作了中国读书界有口皆碑的"启真馆人物大传系列",诸如《贝多芬传——磨难与辉煌》《维特根斯坦传——天才之为责任》《大卫·休谟传》,每一部书都如同大理石般厚重。但我不知道,在主持出版这些皇皇大传的同时,他也加入了跑步的行列,从马拉松到长距离越野跑,从低海拔的江南水乡到高海拔的青藏高原,从一百英里到两百英里,每一次跑完后,他总会在疲倦不堪中问自己:"再来一次?"回答无一例外的是确认。

王志毅是一个"跑友",同时也是一个思想者。在这本书里,他详细地记录了自己参赛的过程以及自己对跑步的认识,由于这样的认识来自极其艰难的比赛,因此读过后不可能无动于衷。他在叙述参加百英里越野跑时说,当跑到七十至一百四十公里时,头脑中不时有一个声音在呼唤他退赛,"不能再跑下去了,你就要不行了",这实际上是对身体的一种自我保护,但如果要完赛,意志就必须克服这一点,说服自己还能继续跑下去。而过了一百三十公里后,尽管已经累到极点,身体完全麻木,但头脑里的那个声音却突然没有了。超长时间的超负荷运动后,人脑的无意识系统会产生错觉和幻觉,这将给参赛者造成认知障碍,以为翻过一座山便是终点了,其实下山的台阶无有止境,每一脚踩下去都好像往上震到了大脑,痛得不行。可当完赛后,会发现自己已经历了"人生百态":快乐,疲惫,痛苦,怀疑,麻木,释放。"冲线的时候有点儿想哭,但哭不出来,流失的体液太多,已经没有泪了。"

事实上,在王志毅看来,"自我"才是现代社会所催生的一种幻觉,自我真的存在吗?它到底是什么?他要通过跑步来摆脱这种困扰。在长距离的耐力运动中,一个人会展现出无法隐藏的自我,或者退缩,或者进取,或者坚持,或者兴奋啼笑,或者冷静自持,很难说哪种品质更好,但它最后所实现的,与其说是道德的自我提升,倒不如说是人性的袒露。现实生活中,自我往往隐藏在各种表皮之下,要展现自我,就必须将外在环境放大到极致,让个体处于极端的考验之中,苦其心智,劳其筋骨,饿其体肤,才能剥去身上外在的包装。

我非常认同王志毅所说：自我不仅渴望成功，在某种程度上也以同样的强度渴望体验失败。所谓极限，就是在成功与失败之间的那一条线。我们想要知道自己的极限在哪里，当我们体验到了生命和体能的极限，自然会生出谦卑之感。我想，当下的许多喧嚣乃出自于自以为是，狂妄自大，以为自己什么都懂，因而嚣张、傲慢，这是极为可笑的。王志毅在跑步中的一个收获是，能够碰到许多现实生活中不易发现的人，他们以自己的行动给予他榜样的力量。比如在海南参加马拉松时，他便碰到一个左腿行走不便的人，一瘸一拐地和他跑在一起，但十公里之后，这位有腿疾的人却逐渐超过了他，并保持到终点。王志毅的这些跑友都有自己的困难与障碍，但都以积极的态度面对这个世界，因为这也是我们回应世界的唯一方式。我突然想到，王志毅之所以能做出那些厚重的人物大传，也源自于他本身精神上的开阔和坚韧吧。

抗战炮火中的上海纪录片

我们之前对上海纪录片的历史了解甚少,而开风气之先的上海恰恰是中国电影的发祥地,也是中国纪录片的发祥地。近日,资深纪录片导演、撰稿、制作人,现任教于上海戏剧学院电影学院的李涛,在孜孜不倦地追索、思考过后,出版了专著《源流与嬗变——上海纪录片百年史述》。我读后深为中国早期电影从业机构和人员的文化抱负和使命担当而感动,他们在中国电影初入商业化之时,不为利益驱动,尽管无利可图,仍然投入大量的人力、财力拍摄纪录片,以此为历史留下见证和纪念。正是因为这样的情怀,所以在抗战的热潮中,上海几乎所有的影片公司都不约而同地迅速组织人员和设备奔赴战场拍摄纪录片。

现在可以查到的这批抗战纪录片有:明星影片公司的《抗日血战》《十九路军血战抗日——上海战地写真》《上海之战》,联华影业公司的《十九路军抗日战史》《暴日祸沪记》《港沪抗日将士追悼会》,天一影片公司的《上海浩劫记》,惠民影片公司的《十九路军光荣史》,亚细亚影戏公司的《上海抗敌血战史》,暨南影片公司的《淞沪血》,慧冲影片公司的《上海抗日血战史》,锡藩影片公司的《中国铁血军战史》等。当我读着这些电影机构和其所摄纪录片的片名时,犹如用手一一触摸镌刻在大理石纪念碑上的铭文。

1932年1月28日午夜,日本海军陆战队分三路突袭上海闸北,第十九路军奋起抵抗,"一·二八"淞沪抗战爆发。当时,设在虹口、闸北和江湾地区的电影公司及十六家影院皆毁于炮火,但是,电影工作者受十九路军彰显的中国人民不畏侵略的精神感召,勇敢地冲向前线,记录下可歌可泣的淞沪抗战中的血与火。明星影片公司的《上海之战》记录了十九路军在闸北抵抗日军的战况以及上海各界人民群众慰问和支援抗日将士的情形。据当时《申报》报道:"明星公司当摄制此片时,不仅冒万险,而全公司其他摄制工作为之停止者,竟有三星期之久,足见牺牲之大。"影片完成后,连映十二天,打破了许多剧情片的放映纪录。影评人江寿伯发表了观后感:"驱车光陆戏院,默坐两小时,觉此片摄制之匪易。而参以剧情,益觉曲折有致。我故曰:恃以作抗日宣传可,即以为吾人之暮鼓晨钟亦无不可。"

1937年8月13日开始的淞沪会战,是抗战中最重要的战役之一,上海纪录片依然没有缺席。民新影片公司的黎民伟、徐长林、朱树洪冒着生命危险,手持摄影机,将上海被轰炸后的惨状、市民惊慌逃难的景象、日军的残暴、中国守军八百壮士死守四行仓库的情形等,一一摄入镜头,并在极其艰难的环境里剪辑成片,配音完成长度为二十六分钟的《淞沪抗战纪实》。该片创作者在片前加了这样的说明字幕:"本片使海内外同胞明了抗战意义,与一般有结构情节之片性质迥异,幸观众以新闻片视之。"这个说明意在强调影片的纪实属性,但我觉得这也是纪录片创作者用影片向观众发起的有力"号召"——直面现实,同仇敌忾,一同投身到抗日战争的洪流中去。《淞沪抗战纪实》这部珍贵的纪录片的拷贝,已由黎民伟后人无偿捐赠国家。

抗战炮火中的上海纪录片广受欢迎,一方面证明了纪录片的渐趋成熟,呈现出更加鲜明的现实主义美学特征;另一方面,经过炮火的洗礼,纪录片工作者将个人的艺术创作与国家和民族的命运联系在了一起,为现实生活所激动,对人民的现实处境给予极大的关注,从而确定了上海纪录片的初心。《上海之战》的导演程步高说:"'一·二八'的大炮轰醒了我。那几天我为了拍新闻片,在江湾,在闸北跑,耳朵所听见的是帝国主义的炮声,眼睛所看到的是残暴的屠杀……因此我那疲倦而颓丧的人生受着了极大的刺激。我有了新的感觉,我有了坚定的自信。"这样的肺腑之言历经岁月的滤透,今天听来愈加真切和感人,因此,李涛对包括抗战时期的上海纪录片的源流追溯是值得称赞的。

铃铛央央

我听过一个有关铃铛的美好传说：一日，"药王"孙思邈上山采药，路上突然被一只老虎拦住了。孙思邈当即操起随身带着的一根长扁担，但这扁担只是用来挑药草的，如何对付得了老虎，他手足无措，恐惧地看着面前的庞然大物。奇怪的是，老虎并没有向他扑来，而是张大着嘴巴蹲在地上，不停地摆动着脑袋，忧伤的眼神里像是在乞求什么。孙思邈定了定神，缓缓地接近老虎，他看见一块硕大的动物骨头深深地扎在老虎的咽喉里。孙思邈想着要帮一下老虎，替它去除要命的骨头，可他也担心一旦拿掉异物后，老虎合上的嘴会咬断他的胳膊。这时，他想起自己扁担上有个铜环，于是取下后放入老虎的口中当作支撑，再将自己的手臂从铜环中央穿过，伸入老虎的大嘴深处，迅速、精准地拔出了卡着的骨头。当孙思邈取走老虎口中的铜环后，老虎不断地向他点头致意。从那以后，铜环被改造为名叫"虎撑"的手摇铃铛，郎中出门采药行医都会带上，成了中医的标志。

告诉我这个传说的是叶坚华，他是中国铃铛收藏的"第一人"，收藏有古今中外各种铃铛四千两百余个，铜制系列、陶瓷系列、击打系列、葫芦系列、冠帽系列、扁圆系列、长柄系列、景泰蓝系列、大钟系列……品种繁多，不同的材质、款式应有尽有，令人目不暇接，即使在世界范围内，他的铃铛收藏也是闻名遐迩的。

铃铛真是很可爱的物什，我自己也有一个铃铛，是在敦煌买的，看上去就像一座铜钟，表面雕刻着仿自著名的莫高窟的壁画，里边正中吊着一块圆圆的铜币，摇动起来后，那铜币撞向铜钟，便发出悦耳的当当声。有人说，小巧玲珑的铃铛起源于英国，但叶坚华不认可这样的说法，他认为中国的铜铃是铃铛真正的根源。《诗经·周颂》里就有"龙旗扬扬，和铃央央"的诗句，描写军旅出征时铃声齐鸣的浩大气势。我国制造的铃铛可以上溯到新石器时代，山西襄汾陶寺墓地出土的一件铜铃，是迄今发现的我国最早的铃铛，说明在龙山文化晚期，铜铃就出现了。在古代，铃铛通常用作祭祀、法器和劳动工具，也是生活中的饰品。说起来，铃铛涉及造型、美术、音响、文字、冶炼等多门学科，深有学问。

叶坚华醉心铃铛收藏已有二十多年，所谓"百淘千觅五洲寻"，他所收藏的铃铛每一件的背后都有故事。看他的收藏，听他的解说，我觉得视野打开了许多。那组珐琅铃铛堪称珍品，以铜胎画珐琅技艺制成，造型典雅，色彩清秀，是清朝末年出口到海外的，鲜有回流。那枚深褐色的驼铃用生铁铸成，长方形，高达四十厘米，不是挂在骆驼脖子下面的，而是挂在骆驼驮着的背囊上，击打出的声音非常响亮，哐啷哐啷，悠远而深长，让人联想起丝绸之路上的一支支驼队。而那只刻有

"满洲新京女子学校纪念"的课间铃则见证了一段日本帝国主义侵略中国的历史。"九一八"事变后,东北沦陷,日本在当地建立伪满洲国,将长春改名为"新京",并设立多所学校以钳制国人思想,"新京女子学校"即是其中之一,这个课间铃被置于每个教室内,用于提醒学生上下课、集合等。

  我特别喜欢叶坚华收藏的那枚风铃,除了两个铃铛,还有用细链串起的树叶和星星,通体仿佛镏金一般,精美之极,诗意盎然。据唐朝《开元天宝遗事》记载,唐玄宗李隆基的弟弟歧王在宫中竹林里悬挂碎玉石子,每夜听到它们相触时发出清脆的声音,便知起风了,故而称之"占风铎"。我家的窗口也曾挂过一串风铃,微风吹过,就带起了叮叮当当的铃声,十分动听,而且随风飘荡,忽上忽下,忽近忽远,让人生出特别的安宁与平和。当然,若是大风来袭,那铃铛声则显得凌乱而肃然,让人惊醒。忽然想到,风吹玉振,铃铛央央,其实就是包含了平顺与警示两层意义的。

一本家政学奇书

我孤陋寡闻，以为家政学是舶来品，而且在我国还是近些年才刚兴起的学科，殊不知，其实早在清光绪三十年（1904年），便有一部《聂氏重编家政学》刊行，除了"家政学"是借用日语的一个词，其内容则是对中国社会现实有足够尊重、对中国传统文化有充分赓续的完整的家庭治理理论与实践的总结。此书风行一时，不仅在于适应清末民初社会的变革，还在人们对于此书作者的认可——撰著者"崇德老人"即曾纪芬，她是清朝重臣曾国藩最小的女儿，而曾氏家族的家风家教历来有口皆碑。

《聂氏重编家政学》包含了伦理、人口、生理、优生、遗传、营养、服饰、家居、保育、养老、健康、运动、交际、工艺、心理和灾难应对等方方面面，既洋洋大观，又丝丝入扣，涵盖了现代大学开设的家政学系的全部内容，真令人惊讶，原来我们是早就有了系统的家政学的。本书最为称奇的是跳脱了基于男尊女卑的中国农耕文明的伦理秩序，处处洋溢着现代家政学的思想光辉：比如，妇女实为半边天，国家兴亡，男女都有责，而且"匹妇尤有责焉"，因为一国之本在家，而一家之本在主妇，慈母育儿之功大于丈夫之济世；比如，一个家庭不论富裕贫穷，都需要理财，不善理财，断难望其致富，而理财的根本在于勤俭，勤俭是开源节流的精髓。书中无处不在的"金句"，让我读着不断地击节慨叹。

如此新颖超前，盖因体现了崇德老人自身完成了从内陆乡村社会的家教向工商业社会的家政的转变。曾纪芬出身曾氏侯门，嫁给了父亲的同乡、亦是翰林的聂亦峰之子聂缉椝，聂缉椝后官至上海道台，江苏、湖北、安徽、浙江四地巡抚，同时重视实业，开办上海恒丰纺织新局等民族企业；在聂家，曾纪芬生养了八子四女，子女各有成就，其三子聂其杰声名最盛，是民国初年上海众望所归的商界领袖，在聂氏家族从传统的仕宦之家向现代工商之家的嬗变中，曾纪芬功不可没，在聂缉椝去世后，她是聂家真正的主心骨。她开风气之先，于1925年创办了以家庭教育为宗旨的《聂氏家言旬刊》，次年结集为《家声选刊》出版时，报刊研究权威戈公振为其作序，称"聂氏一姓之定期刊物，宗旨在联络家庭之情感，而切磋其道义，这一形式更是在吾国为创见，即在欧美新闻事业发达之国，亦未之前闻"。曾纪芬以"修身、齐家、治国、平天下"为其家政理念的基础，不仅为聂氏家族的顺畅发展、瓜瓞绵绵保驾护航，还为社会的进步和发展尽心尽责，包括为中国共产党的早期活动提供经费，资助蔡和森、向警予等人赴法国留学。

《聂氏重编家政学》作为我国近现代第一部家政学著作，堪称奇书，不过，终因时光更迭，以致渐渐湮没。但是，奇书自有其奇命。新近，崇德老人的曾孙女聂崇彬重新整理

《聂氏重编家政学》,并结合当今的社会现实和自己的人生经历,推出了全新诠释和解读版的《治家之钥》。衡山聂氏经"其""光"字辈,到"崇"字辈已是四代,但其家训、家教培养的好风气还在继续传承,聂崇彬告诉我说,她去由聂家创办的上海市东中学时,站在缉槼楼前,看到楼后浦东一侧的东方明珠塔、上海中心大厦、金茂大厦等当代建筑群,非常感慨,觉得一个家族的价值正是其价值观在经历了岁月的洗涤和时代的激荡后,依然被社会所需要。

聂崇彬是位资深媒体人,也是位作家,长期在东西方两地生活,她以更为广阔的眼光、更为现代的叙述方式,将一本老书推陈出新到令人刮目相看。她用"释读""家语""彬言"为模块,既解读原著,又生发自己的感想,同时讲述家族故事,使得这本书非常丰富、生动,并与当下所契合。那些家族故事其实是对崇德老人家政学理论的践行,很有意思。譬如讲到健康和运动时,聂崇彬写道,抗战胜利后,光字辈的堂兄弟们组织了一支篮球队,取名为"崇德篮球队",这可能是全中国唯一的符合专业水准的家族篮球队,水平高到可以参加上海市的甲组篮球联赛,而且进入联赛得分榜,上海《申报》和《东南日报》体育版常予报道。读着那些有趣、励志的家政学实践故事,我觉得这部出于对先祖遗泽的珍视和时代的需求而推出的新版,同样是一本奇书。

埋在心底深处的火苗

彭学军写过许多关于湘西的故事,那些故事真实到让人身处其境,可以触摸,其质地坚实,每一个细节都经得住推敲,使人相信都是有来路和出处的,不是那种毫无根基的凭空编造。当然,这是艺术的真实,但不管动用怎样的"艺术"方法和手段,标的指向却是作品的"真实"感,所谓"就像真的一样"。

事实上,即便最有想象力的作家,如果没有生活本身的依据和背景,也是难以写出打动人心的作品的。说到底,文学作品所具有的生活的质感,除了来自作家自身的生活经历和体验,更为重要的是升华到对生活本质的认识和揭示。换句话说,彭学军的童年和少年时代是在湘西度过的,但这并不一定就能写出令人着迷的湘西故事来,如同我们一辈子生活在某地,也不见得就能认知某地的由表及里的精细肌理,除了经历,还需要有对经历的辩证和认知。那么,彭学军的生活体验以及认知是什么呢?新近由青岛出版社出版的彭学军的长篇散文《凤凰花开》,让我们得以发现她的那些关于湘西的文字的真正根源。

《凤凰花开》是彭学军献给她母亲与她自己的一部回忆录，在这部长篇散文中，她叙述了母亲历经坎坷和艰难却又执着、勤勉地追求理想和事业的一生，而其中很大的篇幅是母亲在湘西度过的岁月。彭学军的母亲是江西兴国人，由于出身带来的"原罪"，她注定了没有多少人生的选择，所以，大学毕业后，被"分配"到遥远的湘西土家族苗族自治州去教书，那是偏远、闭塞、落后、贫穷的少数民族地区。可是，尽管山高路远，前途未卜，她却是心甘情愿，因为觉得那样的环境恰如一方粗粝的砂纸，可以帮她磨蹭掉身上的"胎记"，哪怕血肉模糊也在所不惜——她想用自虐般的"改造"来脱胎换骨，彻底背叛自己的出身，融入到劳动人民中去。不料，其实在她面前处处都是坑洼，不可能有安居乐业的日子，只能不断地处于动荡的流徙之中，从州府吉首到凤凰、大马、三拱桥、吉信，甚至很长时间里连教师也做不成了。

但是，即便这样，彭学军的母亲依然对生活满怀热忱。在大马的苗族寨子里，成了农民的她在仓库里住了下来，跟着苗寨的女人们学会了如何用背带背孩子，如何用土灶烧火做饭，如何下田插秧割稻。她还一直守着一份事业的初心，常去山民的家里，给他们读报，教他们认字。大马地无三尺平，房子依山而建，高低错落，从这一家到那一家，曲里拐弯的山道得走上好一阵。为了方便，有的人家会在坎边搭一架木梯子，从梯子爬上去，就可直接到另一户人家门前的场坪。彭学军的母亲在雨夜里会走这样的捷径，但她一手扶梯子，一手拿着手电筒，身后还背着幼小的孩子，所以曾一脚踏空，从梯子上摔下来，躺在雨水里，半天都爬不起来。

彭学军不是她母亲那段艰难日子的旁观者，她一出生便跟着母亲跌进了时代的滔天大浪，在不堪的四处辗转中度过了自己的童年和少年时光。在《凤凰花开》里，彭学军记述了这么一件童年往事：山里的冬天特别冷，风大雪也大，早上起来常常推不开门，让一夜的大雪给封住了。为了取暖，她的母亲在火塘里烧起了柴火。父亲不在家，母亲去外面的井边洗尿布，让彭学军留在屋里，看管才出生不久的小妹妹。小妹妹坐在问村民借来的专给婴儿坐的木桶里，双手抓着桶沿，眼睛盯着跳动的火苗。彭学军看她那么喜欢火，就往火塘里丢了两根木柴。这时，呼啸着的北风狠劲地撞着房门，虽然陈旧仓库的木质壁板上到处都是裂缝，宽一点的裂缝都被母亲用布条或报纸塞住了，可像个疯婆子似的北风最后还是从细缝里硬是钻了进来，火苗被风抻得老长，四处乱飘，如同细长的舌头。倏忽间，那舌头舔着了搭在火塘边的椅背上烘烤的尿布，尿布轰地燃烧起来。彭学军吓得手足无措，坐在地上惊恐地号哭。当她母亲隐约听见随风吹来的哭叫声后，立刻感觉到某种恐惧与不祥，直往家里冲去，她推开门时，火苗已快燎着小女儿坐的木桶了。

写母亲，也写自己，因为自己参与了母亲的故事，这是《凤凰花开》最为难得的地方，正是这份难得让我们明白了彭学军对湘西生活的至深感知。彭学军的母亲曾作为凤凰县篮球队的一名队员参加过"四省边界运动会"，那是她人生中的最后一场球赛，尽管她生了三个孩子后体力衰退得厉害，再也跑不了太快，跳不了太高了，她奋勇扑球的动作已没了多少矫健，可她却用这样的身体语言告诉所有人，她竭尽了全力。彭学军是陪同母亲去参赛的，她听到了球场上观众们对凤凰队不满的嘘声，那些喝倒彩的情形让她害怕，让她讨厌。没有想到，几年之后，彭学军进了凤凰县青少年业余体校，就在她母亲打过球赛的地方练习投篮、传球、运球过人。不消多时，她又被选进了州体校，回到了自己的出生地吉首，更巧的是，体校的校舍就设在当年她家的所在地，就是在那里，她这个六岁的孩子被时代裹挟着陷入了自卑。七年过后，十三岁的彭学军回到这里，远离父母，在体校里艰苦地训练，产生了一种很深的孤独感，她非常想家，一直盼着母亲能去体校看她。秋风乍起的一个周末，本地的同学回家了，外地的则结伴逛街去了，彭学军独自一人躺在床上，突然没来由地大叫一声"妈——"，没有任何指望，只是想抒发一下而已。神奇的是，母亲真的在门口出现了，肩上扛着一只木箱子，脸上的笑容如秋阳一般明丽，彭学军猛地从上铺直接就跳了下去。这种看似玄幻的感应，内质里反映的是母亲对于彭学军人生的重要影响。

  彭学军对母亲的回忆是与自己的经历交织在一起的，从中可以看到，她对湘西的感受和认识是浸透着生命的，正像国际安徒生奖得主曹文轩所说，彭学军是勇敢的，她克制住内心的沉重让回忆流露笔端。通过《凤凰花开》，我们厘清了彭学军那些关于湘西的写作的原动力，不仅来自童年和少年时代的亲历，还来自母亲那代人于艰难中坚守信仰、积极向上的精神和魂灵；那个火塘里的火苗是个象征，表面上扑灭了，但也埋进了心底深处,一经点燃,便化作了永恒的文字,这就是为什么彭学军一直庆幸自己当初学会了写作的原因。我们也应庆幸有彭学军这样一位作家,她的不凡的生命经历和不凡的生命感知,让我们得以读到她那么深刻、那么厚实、那么真切、那么感人、那么忧伤却又那么温暖的文字。

"上包人"许淇

"上包人",乃上海—包头人也,说的是站在中国散文诗创作高峰的许淇先生。许淇是上海人,1956年离开上海去内蒙古包头支援边疆建设,从此在那里扎下根来,但他始终眷恋故乡,一口上海话说得地道正宗、乡音不改。他跟我说:"我既是上海人,也是包头人,两边都不能放下的。"所以,我就称他"上包人",他每次听了都哈哈大笑,欣然接受。

许淇去包头时,才十九岁,他是带着一个文艺青年的全部理想和赤诚挥别上海这座繁华都市,来到塞北阴山脚下的。他的行李不多,可所有的绘画用具却全都带上了。那时,许淇做着画家梦,他在苏州美专就读时,投到刘海粟、林风眠、关良门下,有着扎实的西洋画和中国画功底,他想在包头一展身手。许淇被分配到了石拐沟煤矿筹备处,那里一片荒芜,住的是泥屋,睡的是土炕,工作也相当劳累,天天都在野外作业,根本没有想象中的绘画条件。面对着巍峨的大青山和朴素的当地百姓,许淇的心头有许多的情怀想释放,于是,他开始在笔记本上写点东西,就这样,他将自己的创作由美术转向了文学。又由于缺乏写作时间,他无法铺展文字,必须找到一个合适的既抒情又精练的文体,"我很幸运,能与散文诗相遇,我觉得,一个作家和一种文体有着神秘莫测的天然关系",这是他后来多次跟我说的话。1958年2月号的《人民文学》上,他发表了处女作——散文诗《大青山赞》,之后便一发不可收了。

我和许淇很早就通过电话,有一年,我们同时获得了一个文学奖,于是盼着开颁奖会,这样就可以相见了,我们还在电话里说好一起去逛逛他在上海生活时的那些地方。结果,那个颁奖会没有举行,我一直到2013年去包头参加由《鹿鸣》文学杂志举办的笔会,才第一次与他见了面,用今天的话说,就是从线上到了线下。当然,即便是初次见面,我们也没有丝毫的陌生感。从那之后,我们之间的联系就越来越紧密了,而且,我们约定跟过去一样只打电话,他说这样他就有机会讲讲"上海闲话"了。一次,我在电话里问许淇,你去包头都近六十年了,在最艰难的时候有否想过"打道回府"。他说:"我是抱着上海文艺志愿者的态度去服务包头的,如果遇到困境就打退堂鼓,那会让上海人坍台的。"

大青山的山风、昆都仑的牧歌、草原深处的呦呦鹿鸣,渐渐地加粗了许淇脸上的轮廓,不过,那原先清秀的底色却是抹不去的,儒雅、谦和、洒脱依然,而且还是喝咖啡、抽斗烟、戴呢帽。凡是见过许淇的人,都说他是江南和塞北的奇妙合体,包括相貌,包括性格。许淇的确是幸运的,他不仅遇到了散文诗,还遇到了爱情。二十七岁那年,许淇在包头成了家,他娶了一个出生于科尔沁草原的女孩,这女孩是他的崇拜者,她对他的仰慕和敬意滋润了许淇之后的生命。许淇告诉我,即使有了一双儿女,可他们一家很长时间还是住在东河区的小泥房里,他因此给只有一张课桌、一把破木椅子的"书房"题名为"泥居斋"。他的妻子不让他碰那些锅碗瓢盆的事,许淇对她说,上海男人可是参与"买汰烧"的,所以,他常常料理家中的晚餐,据说最拿手的菜是肉末粉丝、滑熘里脊、拔丝土豆。他的妻子后来回忆说:"他的本事很大,随时随地都可写,有了孩子后,他做饭时,一手抱着孩子,一手把本子搁在腿上写作。"

从浦江岸边到包头钢城,空间的跨度对许淇的文学创作产生了很大的影响。得知我家离鲁迅公园不远,他很动情地说:"其实,我写散文诗是追随鲁迅先生的,他是中国散文诗的开拓者,他写的《野草》至今都难以超越;说到底,文学是有感而发,是对生活和社会的认识,如果我没从上海去包头,那我写的散文诗会是怎样的呢?"我没有回答他的问话,但我想起了他的名作《北方森林曲》:"河流,遍布群山和亚细亚草原,膏腴了我们的贫瘠的北方的河流呵!河流,是森林的血脉和筋络,森林的每一朵绿色呼吸,都能吹皱你们心中螺钿般的涟漪。"在我看来,如此豪放、粗犷的北方的森林曲中谁说就没有江南的温婉和细腻?上海的氤氲给了许淇平温、敏感、细致和钟灵毓秀,而内蒙古的草原、森林、大漠、湖泊则赋予了他雄浑、苍茫、开阔和大气磅礴。许淇独创的"词牌散文诗",是他的兼容南北气质的文学创作的最好证明。

许淇从包头文联主席任上退休后,除了继续写作,还重新拿起了画笔，追溯他的绘画梦想。和散文诗一样，许淇的现代彩墨画风格独具，浓墨重彩，意趣横生，既传统又现代，写实与抽象共生，可以感受到容纳万种气象后的格外的瑰丽和丰富。人们都说这属"海派"一脉，不过，海上风遁处便是渐显的大漠，驼峰重重。许淇喜画骆驼，单匹的、双驼的、列阵的、在湖边休憩的、在风雪中前行的、昂首的、沉凝的……我觉得这是许淇为自己注入的另一脉血性，刚毅而坚韧。许淇从来没有跟我说过他罹患了晚期前列腺癌，也从来没有向我提及过治疗中的痛苦，我看到的总是他的笑容，听到的总是他的创作。2013年入秋后的一天，他跟我说，他想开自己的巡回画展，从包头到北京，最后一站将是上海。我听出他平静的语气里有着别样的一层意思，我心领神会——这或许是他人生的最后一趟旅程了，虽然他写下过"贴着草尖，向孤独的无限延伸，请埋葬我在这大草原"的散文诗，但我知道他内心里割舍不了对故乡上海的深挚感情。

《色与墨之和谐：许淇现代彩墨》画展是在上海朱屺瞻美术馆举行的。那天，他默默地、恬然地独坐一隅，看着前来观展的人们，我从他微笑着的脸上看出了一份惬意和满足。画展中有一幅《从窗口下看》，以超现实主义手法，用强烈的红色、黄色、黑色的色块，组成了俯瞰的屋顶和巷弄，我猜这应该就是许淇记忆中的上海石库门弄堂了。随后，我驻足于《云与倒影》前，那是大风起兮云飞扬的况味，将内蒙古的苍遒远茫表现得淋漓尽致。我想，这是多么神奇的人生，一介上海书生在包头获得了精神的高扬、灵魂的丰饶，用许淇自己的话说，便是"完满的生命"。画展的成功举办，给许淇增添了很多的欢欣和力量，他说："只要走得动，我还要来上海。"果然，第二年的夏天，他再一次回来了。他给我开了一张名单，让我代他邀请上海的朋友们在虹桥宾馆相聚。晚宴上，许淇非常开心，端着葡萄酒杯向大家致意。这次，他用了我的说辞，称自己是"上包人"，上海—包头人也。趁他不注意，我悄悄地溜出去买了单，我为自己能帮他做些事感到心满意足。

2016年4月，许淇获得包头文学艺术终身成就奖，他在给我的电话中说："我今朝发了个言，我讲，假使问我这一辈子写了点啥、画了点啥，那就是歌颂大地和人民。"我说："侬真了不起，侬是包头的光荣，也是上海的光荣。"当年7月9日，许淇将该奖十万元奖金捐献出来，设立了许淇文学奖，以奖掖年轻的文学创作者。三个多月后的九九重阳日那天，我本来是打电话去问候许淇的，怎料竟获知他在上午九点离世的噩耗，让我唏嘘不已。七十九岁的许淇走了，去往高天白云深处。如其所愿，许淇葬在了包头的大青山下，但他的墓地面向南方，遥对上海。

谁是第一位访客

上海世纪出版集团在七宝建了办公园区,旗下所属的各家出版社都搬了过去。告别总是伤感的,那些天,出版社的朋友们纷纷在原先的办公地拍下照片,还写上深情款款的文字,让我也生出许多的慨叹。绍兴路上,掩映在高大的梧桐树影后的洋房里的上海文艺出版社;福州路上,染着周边一派书香味的上海译文出版社;延安西路上,高高的楼顶设计成一本打开的书籍的少年儿童出版社……我都曾徜徉其中,得知都要搬迁的消息时,连我都很是不舍。这是一份真挚的情感、珍爱的情感。

我去得最多的出版社莫过于少年儿童出版社了。其实,很多年前,我们已经告别过一回了。我第一次去少儿社时,还没有那栋打开书籍的高楼,那里是一幢幢低矮的房子,尤其是门口的老洋房十分别致,木地板踏上去吱吱嘎嘎,但从走廊上看出去有花园和假山,更有一大片草坪,郁郁葱葱。自二十世纪九十年代初,随着那里市政规划尤其是延安路高架的建设,拆除了紧邻道路的老洋房,后又建起了十多层的高楼。那时的告别,同样伤感,毕竟一个地方不仅仅只属地理,还是历史,还是记忆。如今,少儿社彻底迁徙,搬到了位于七宝的号景路上。

世纪出版园是一组楼群,由ABCD四栋主楼组成,三十六家出版社都已在其中安置,少儿社的儿童文学中心在B楼的五层,《少年文艺》《儿童文学选刊》《故事大王》三本著名的文学期刊和文学室合在一起办公。因为刚刚乔迁,又的确与市中心相距较远,因此,编辑们整理完东西并在办公桌前落座后,不无惆怅地说,不知道谁将是第一位到访的客人。我也在电话或微信里与他们一起竞猜:是作者还是读者?是熟识的老朋友还是陌生的新交?

那天,虽说已入秋,但依然热气腾腾。我和负责主题出版的一位女编辑约了去少儿社见面,商量做一套能陶冶孩子艺术情操的绘本。女编辑让我早一点去,一起吃个午餐,她说,搬来这里后,大家一致公认食堂里的饭菜相当可口,所以,每天熙熙攘攘,十一点不到就开始排队了。由于我上午有事,所以没能去尝一尝传说中的美味。我是下午去的,儿童文学中心空间开阔,一下子我都见不到在每个隔断里默默工作的编辑。听到我的招呼声后,蓦然间,编辑们呼啦啦地出现在了我的面前。我们似乎都觉得有一种特别的新鲜感,不知是谁,先大笑起来,说这下不用猜了,你真的是第一个到来的访客,于是,我们全都笑了,期待的谜底就这么不经意间揭晓了。

我参观了一下新的办公室,朝南的一面光线敞亮,窗外有一条河流,河的两岸绿树成荫,而窗内也摆放了一排绿色植物,呈现着蓬勃旺盛的生机,我问编辑们这些植物是从哪里弄来的，他们神秘地说不告诉我。抬起目光，我看见墙上挂了一幅国画，粉色的梅花在枝头绽放。我还以为是哪位名家的画作，不承想，这是一位美术编辑的急就之作，那是1980年在《少年文艺》举行迎新茶话会时，见来了那么多著名的作家和艺术家，美术编辑灵机一动，画了这幅画，然后请他们在上面签名。我一一看过去：陈伯吹、茹志鹃、徐迟、杜宣、贺友直、韩伍、任溶溶、贺宜、包蕾、詹同、任大霖、李仁晓、张秋生……真是群星高照。这幅画随老洋房到"书籍楼"，现在又到了世纪园，让编辑们感受到一脉相承的亲近和绵长，同时也让一个尚且疏陌的所在蓬荜生辉。我想，有时我们会身不由己地告别旧地，但因为带着不会泯灭的记忆，去往新的地方时心底仍是有着根基的。

中国第一批万吨远洋轮

在我认识中国造船工程学会首届"船舶设计大师"称号获得者、江南造船集团科学技术委员会主任胡可一之前,一直以为中国第一艘万吨级远洋货轮是1965年12月竣工交付的"东风"号。"东风"号可谓闻名遐迩,曾入选"中国十大名船",其建造反映了当时中国船舶行业设计、建造工艺水平以及船舶设备的配套生产能力,为中国批量建造万吨以上大型船舶奠定了基础。但是,胡可一告诉我,若论新中国成立后我国自行建造的第一艘载重量超过万吨的远洋货轮,当属"跃进"号。"跃进"号采用"三岛式"建造工艺,1958年9月船台铺龙骨,同年11月船体建成下水,1962年底交付使用。不过,很不幸的是,1963年4月30日,"跃进"号首航,载着一万三千六百吨玉米等货物从青岛港出发前往日本名古屋西港,第二天中午在苏岩礁触礁沉没。

让我更加惊讶的是,胡可一认为,其实,中国自行设计和建造的第一艘万吨级远洋货轮既不是"跃进"号,也不是"东风"号,而是江南造船所于1921年交付的"官府"号,而且还不是一艘,是一批,同期交付的共有四艘。1918年7月25

日,江南造船所与美国正式签订了建造四艘万吨级运输船的合同。8月9日,上海《申报》报道:"大约再过八个月,第一艘大货船当可下水。船各载重一万吨,此种大船固属中国境内从未造过,即美国造船局所已造者,亦无如是之大。"当年11月,第一次世界大战结束,美方要求这批万吨轮从原来侧重于战时运输变更为一般商业运输,江南造船所由此进行了全新的自行设计。胡可一在所著的《揭秘中国第一批万吨轮》一书中披露,这批设计图纸现存位于陕西省兴平市的中国船舶重工集团公司技术档案馆。1920年6月3日,江南造船所建造的第一艘万吨远洋轮"官府"号下水;同年8月3日,"天朝"号下水;次年2月23日,"东方"号下水,5月26日,"国泰"号下水。四艘远洋轮的载重量均超过了一万吨,排水量为一万四千七百五十吨,并都在1921年内开赴美国。值得一提的是,这四艘万吨轮所配的三千匹马力三胀式蒸汽机是江南造船所自行设计和制造的,轮船建造完工后试航时,测得时速达到12.09海里,比合同规定快了1.59海里,令美方称赞不已。

胡可一在走访国内外众多专业机构和人员,并查阅了大量史料后发现,第二次世界大战期间被德国击沉的"阿肯色"号就是江南造船所建造的四艘万吨级运输船中的第二艘"天朝"号。原来,四艘万吨轮先是交付给美国海运委员会下属的应急船队公司,后来由总部设在旧金山的大来航运公司买下,用于北美至远东的木材运输。1936年,四艘万吨轮入列美洲－夏威夷航运公司,其中的"天朝"号改名为"阿肯色"号。1942年6月15日凌晨,"阿肯色"号装载约九千吨货物从特立尼达和多巴哥的西班牙港出发,驶向美国路易斯安那州的新奥尔良。为了安全,货轮在夜间行驶中派出三个瞭望岗,还对全船实行灯火管制,可即便如此,却没有发现一艘德国 U–126 潜艇正悄然从侧面靠近。晚上八点三十一分,当"阿肯色"号进入加勒比海的格拉纳达西部海域时,德国潜艇突然发射了两颗鱼雷,击中了"阿肯色"号的左舷,致使船体大幅度倾斜,在被击中三十八分钟后沉没。而另外的三艘万吨轮在二战中也均被征用参与战时运输,不少船员牺牲或失踪在炮火连天的茫茫大洋中。

  我很敬佩胡可一的研究。他说,万吨远洋轮是近现代中国船舶建造历史中的里程碑,因此,清楚定义第一艘中国自行设计和建造的万吨轮,以及其在现代中国科学技术发展史上的地位非常必要。胡可一的研究属于"原创性发现",这是难能可贵的。我很认同他的观点:无论失败或曲折,我们应该更正面、更积极地去看待和辨别历史,从而达到反思、重建和再生。

小提琴家和万吨轮设计师

司徒梦岩是中国近现代科技界和艺术界的一朵奇葩。他1888年出生于上海，但他的祖籍是广东开平。司徒梦岩的父亲因家境贫寒，很早就离开家乡外出闯荡，光绪年间，看到北方缺糖，他就跟人合伙从广东运糖到北方去卖，在上海、东北等地开了好多家分号，成了当时有名的糖业富商。他要求儿子司徒梦岩要多学手艺，他认为一个人有了手艺就能生存，同时，他还让儿子学习广东音乐，以不忘乡音。司徒梦岩打小就学木工活儿，锯子、刨子、凿子样样拿得起；他学粤曲也入了迷，会用二胡、扬琴等乐器演奏《燕子楼》《旱天雷》《到春来》《昭君怨》等众多曲目；同时，他还在徐家汇那里学拉小提琴，是中国第一批接触西洋乐器和西洋音乐的人。

司徒梦岩二十岁时，他父亲自费把他送到美国去留学，先在波士顿菲利浦学院预科学习两年语言，随后考入麻省理工学院攻读机械工程。没有想到，有一天，司徒梦岩收到父亲从国内寄来的一封信和一笔钱，父亲在信中告诉他，因为运糖船在海上失事损失惨重，生意陷入困境，这笔钱是给他回国的路费，如果他不回国，以后就没法再供他留学了。司徒梦岩想自己是怀着实业救国的理想来美国留学的,回去就意味着前功尽弃,他于心不甘,便决定留下来继续读书。

没了父亲的供给,司徒梦岩的日子过得很是艰难,他到处打零工,挣生活费,挣学费。一天,他看到报上的广告,说波士顿近郊有家公司招聘职员,便急急忙忙地赶往那里,谁知已被他人"捷足先登"了。他很沮丧,漫无目的地在街上溜达,结果无意中发现了一张海报,内容是举行数学竞赛的消息,日期恰恰就是当天。他想,反正不收报名费,干吗不去试试?于是,他走进了考场。过了几天,波士顿的报纸上刊出标题醒目的新闻——中国青年司徒梦岩摘取数学竞赛桂冠。消息传到当时驻美公使伍庭芳那里,他当即召见司徒梦岩,当他得知这位求学的年轻人经济拮据的情况后,找来办事人员查阅官费留学生名册,查到造船专业还有个空额,遂帮司徒梦岩转了科系。就这样,司徒梦岩成了清末最后一位官费留学生。得到资助的司徒梦岩,生活就此有了着落。

司徒梦岩在麻省理工学院学习造船专业的同时,没有泯灭对音乐的追求。他还跟着波士顿新英格兰音乐学院教授、奥地利小提琴家尤根·格鲁恩贝格学习演奏小提琴。虽然他没有钱交学费,但他聪明伶俐,格鲁恩贝格破例答应免费教他,只有一个要求,就是他得打扫课堂卫生。有一年暑假,司徒梦岩在同学父亲的乐器工场里,用包装肥皂的废旧木箱练习制作小提琴,巧遇闻名世界的美籍波兰人、小提琴制作家华特沙朗·戈斯,他缠着要拜他为师,戈斯看出他手工活儿很好,应承了下来,但条件是在他活着的时候,司徒梦岩不得在美国经营小提琴制作业。司徒梦岩如愿以偿,成了戈斯唯一的徒弟。在戈斯的指导下,司徒梦岩专研技艺,进步神速,他手工制作的小提琴在巴拿马世界博览会上一举夺得首奖。

1914年,司徒梦岩学成归国,由海军部指派到江南造船所工作。当时江南造船所的总工程师是英国人毛根,按规定,每艘船在建造前,图纸都要经过英国劳氏船级社进行审核,方可开工和投保。可是,刚刚回国的司徒梦岩并不知道,每份图纸都必须经毛根签字才能寄往英国。一次,他在完成图纸设计后,按在美国工作的习惯,在图纸右下角签上了自己的名字。毛根看见司徒梦岩签名的图纸很生气,认为这份图纸一定会被船级社退回来,就没审核图纸,吩咐秘书直接寄往英国,毛根想等到图纸被拒收时再来教训这个不懂规矩的中国后生。不料,船级社不但没有拒收,还认可了这份图纸。后来,他们两人成了好朋友,毛根离华时,特推荐司徒梦岩担任江南造船所的总工程师。

司徒梦岩不但参与设计制造了我国第一艘通航长江上游的浅水客货船,还完成了美国政府委托中国所制造的四艘万吨级运输船的最终设计。1918年7月25日,江南造船所与美国正式签订了建造四艘万吨级运输船的合同。8月9日,上海《申报》报道:"大约再过八个月,第一艘大货船当可下水。船各载重一万吨,此种大船固属中国境内从未造过,即美国造船局所已造者,亦无如是之大。"第一次世界大战结束时,美方要求这批万吨轮从原来侧重于战时运输变更为一般商业运输,江南造船所由此进行了全新的自行设计。因工作出色,司徒梦岩被授予"六等文虎奖章"。1920年6月3日,江南造船所建造的第一艘万吨远洋轮"官府"号下水;同年8月3日,"天朝"号下水;次年2月23日,"东方"号下水,5月26日,"国泰"号下水。四艘远洋轮的载重量均超过了一万吨,排水量为一万四千七百五十吨,并都在1921年内开赴美国。这是中国人首次设计和制造的万吨巨轮。

  工作之余,司徒梦岩依然没有丢弃钟爱的音乐,他开创了中国小提琴民族化的"司徒梦岩模式",最早将小提琴运用于广东音乐的演奏,还成功研制出高胡,给粤曲增加了一件音色高亢明亮的主奏乐器。1954年,司徒梦岩因病去世,但他缔造的司徒音乐世家却枝繁叶茂,七个子女中,有五个从事音乐事业。二十世纪七十年代,天津乐器厂的一位提琴师傅在修理一把小提琴时,发现面板内部写了很多英文。司徒梦岩的四子、著名小提琴演奏家司徒华城得知消息后,专程赶到天津,确认这琴是被誉为"中国小提琴制作之父"的司徒梦岩于1914年12月所制,那些英文中有一段马丁·路德的名言:谁能精于调律的技艺,谁就能顺应万物。

"所长"黄宗英

　　2019年初，黄宗英老师因肺部感染，在华东医院住院部换了个病房。其实，她很不愿意换病房的，因为住久了，就变成家里一样了，她精心布置了房间，墙上挂了照片，床头架上摆有玩具，窗口则一年四季有鲜花和绿植，还配置了小书架、小书桌，一搬病房，她觉得自己就不会再有力气这样布置了。很想安慰她一下，于是，3月26日那天，我约了彭新琪老师一起去医院看望她。彭新琪与黄宗英是至交，她是黄宗英的责任编辑，几十年里，黄宗英在《上海文学》上发表的作品，都是经由彭新琪之手的。

　　就是在那天，彭新琪告诉我说，共和国建立后，作为电影明星的黄宗英去了上海电影制片厂，还出任了上海剧影工作者协会托儿所所长。我们一起聊起这事时，都不由得笑了起来，因为黄宗英说她担任托儿所所长时，自己还没有生过孩子呢。想想那时候她工作繁多，又是拍电影，又是演话剧，还有许多社会活动，在这样的情况下，她能管好协会里的会员们送来的小孩子，还真是有能耐。

　　推算起来，那应该是1949年至1952年间的事，因黄宗英和赵丹的第一个孩子是 1953 年出生的。纵观黄宗英这一生，无可否认，她是一个充满母爱、心里装满孩子的人，所以由她担任托儿所所长，真是再合适不过的了。她自己说过，她以前从没想过当一名演员，也从没想过当一名作家，像许多中国妇女一样，只想成为一个好女儿、好妻子、好母亲。1948 年元旦，在拍摄电影《幸福狂想曲》时相识的黄宗英和赵丹结为夫妇，开始了他们的"幸福进行曲"。结婚伊始，二十三岁的黄宗英就成了赵丹和前妻留下的两个孩子赵青和赵矛的继母。当时，赵青十一岁，赵矛六岁，她对他们视如己出，尽心照料。赵青一开始学音乐，黄宗英用自己的积蓄给她买了一架钢琴，每个星期六陪她去学琴。后来，见赵青有舞蹈天赋，黄宗英和赵丹便将她送到俄罗斯舞蹈家门下学习芭蕾。头回上课前，黄宗英连夜为她缝制了一件舞蹈服。为了让赵青安心学习，黄宗英居然出主意，交了三份学费，每次赵青上课，她和赵丹都名正言顺地陪在一旁。1951 年，十五岁的赵青正式考入中央戏剧学院舞蹈团，从此，她的名字与中国民族舞剧紧密地联系在了一起。赵青一直说："这个妈妈我是记她一辈子的。"

我觉得黄宗英决定做一代影后周璇儿子的养母，并不是一时兴起，而是她坚信自己能做一位好母亲。1951 年夏天，周璇在枕流公寓突发精神疾病，听说她要把儿子周民抛出窗外，作为托儿所所长的黄宗英心急火燎地赶来，一下抱起只有一岁多的周民，将他紧紧地搂在怀里，之后说服周璇，把周民送进了托儿所。周璇住进医院治疗后，有一天，黄宗英和赵丹下班回家，一进门，竟看到周民与大他许多的赵青、赵矛一起在地上又爬又滚,玩得十分开心。黄宗英对赵丹说,我去问问他,这么小的一个孩子怎么会自己找到我们家里来的呢?赵丹说还问啥呀,这不就是老天爷给我们送来的礼物吗,就让他留下吧。从此,周民重新有了自己的家,重新获得了母爱。周璇去世时,黄宗英带着七岁的周民去参加追悼会,周民不仅紧紧地倚靠在她身上,还紧紧地抓着她的手,大家都看到了他对黄宗英深深的依赖。

黄宗英于1954年写出了她的第一部电影剧本《平凡的事业》,其实,这次创作正是源于她担任托儿所所长的那段经历。《平凡的事业》是一部描写中国保育事业的电影剧作,讲述中学生林培明怀着美好的理想,来到托儿所任保育员,不料第一天就被调皮捣蛋的孩子弄得手足无措,接着又遇到一系列的困难,从而对工作失去信心,觉得整天做这种平常琐碎的事情没什么前途,乃至打报告要求辞职,后来在组织和同事们的帮助下,提高认识,决心终身献给这平凡而光荣的事业的故事。黄宗英的这部剧作由上海电影制片厂改制后的海燕电影制片厂投拍,于1958年公映,林扬导演,著名电影表演艺术家王蓓担纲女主角林培明。

就是从那时起,黄宗英渐渐将事业重心转向了文学创作。1956年5月,她出席了中国作家协会上海分会第二次会员大会。我曾经问过她:"您的文学写作开始于什么时候?"她想了想,然后笑着回答:"九岁。那时我十三岁的大哥黄宗江办了一份报纸,他让我投稿,我就给他写了一篇。"当然,黄宗英真正意义上的文学创作,还是在她从事电影和话剧事业之后。1946年,黄宗英发表散文《寒窗走笔》,文笔朴实生动,情感细腻真挚。黄宗英是以散文、剧本和诗歌创作加入作家协会的,可有趣的是,她既没有参加散文小组、诗歌小组,也没有参加戏剧小组,她参加的是儿童文学小组。这事是我新近才发现的。儿童文学作家孙毅先生在今年8月去世后,我帮着整理他的遗物,在他留下的相册里,我看到了一张拍摄于1956年的黑白照片,有心的孙毅在照片的背后用铅笔注明"作家协会会员大会儿童文学小组合影",照片上,十八位上海儿童文学作家个个意气风发,年纪稍长的站立在后排,四位女作家则蹲在前排,黄宗英就在其中,她穿着大翻领上衣,气质高雅。黄宗英之所以参加儿童文学小组,表明她对孩子们的事业情有独钟。

虽然赵丹是在拍摄电影《幸福狂想曲》时爱上黄宗英的,但真正让黄宗英动心的却是另一场演出。那时,上海戏剧学院的前身上海市立实验戏剧学校举行义演,黄宗英和赵丹应邀参加,他俩合作的是安徒生童话《卖火柴的女孩》,赵丹导演,黄宗英化妆朗诵。他们从电影厂的服装仓库里挑来一件又旧又破的淡灰色长裙,黄宗英穿上后一上场就将观众吸引住了。她的朗诵低沉得微微颤抖,眼神忧郁但又充满了渴望,让观众沉浸于寒风呼啸、大雪纷飞的场景里。大幕落下后,响起了雷鸣般的掌声。黄宗英捧着"火柴"一次次谢幕,可观众欲罢不能,黄宗英只好请出导演赵丹。他们手牵手站在舞台上,黄宗英感受到一种特别的温暖。用她自己后来的话说:"那时候就有点儿缠绵了。"看来,还是儿童文学最终成就了黄宗英和赵丹的爱情。事实上，我一直觉得黄宗英是生活在童话里，生活在孩子的世界里的。

有一次，我和黄宗英聊起一桩往事。1982年1月，黄宗英加入中日合拍电影《一盘没有下完的棋》剧组，此时，继出演上一部电影《聂耳》之后，她都已二十三年没再上过银幕了。她随中国电影代表团来到日本，参加影片的开机仪式，负责接待的东光德间影业公司的森繁先生问她，除了随团活动，是否还有其他个人事项需要安排？黄宗英的回答让他瞪大了眼睛——她说想采访一位日本的排球教练。森繁问："为什么呢？如果不是秘密，能告诉我吗？"黄宗英笑着说："没有什么秘密，是我昨晚看电视里转播的中日男排比赛，我们中国队输了，结果我彻夜失眠，我想听听日本排球教练对我国男排的建议。"森繁还是如堕五里雾中："您是文学艺术家，怎么关注起体育了呢？"黄宗英答道："因为我是母亲，我不愿看到失利的中国孩子们那么伤心。"我想，我现在明白了，为什么黄宗英能成为一名恪尽职守的托儿所所长。

水乡客厅

近日,我应邀去了一次水乡客厅,这是长三角生态绿色一体化发展的国家级示范区。水乡客厅以江浙沪两省一市交界原点为中心,以江南意境、水乡基因、创新聚落、蓝色珠链为总体意象,一方面凸显江南水乡圩田的生态本底和理水治水的生态理念,打造多个生态工程展示园区,另一方面植入文化交往和创新服务功能,以共建共享为原则,发挥"客厅"作用。

我是从上海青浦一侧进入水乡客厅的。水乡客厅将三地连接起来,真的可以徒步从这个"客厅"走到另一个"客厅"。先前,从上海的青浦到江苏的吴江,要绕很长的路,如今,一桥飞渡,造起了一座中国风格的公路多孔拱桥,一下缩短了车程。这座桥是由三峡集团在去年6月始建的,一块巨石上镌刻了这样的铭文:"建桥人国之工匠,只争朝夕,不负韶华,撸起袖子加油干,抗新冠,破风浪,奋战百余天,元荡桥如期落成,水乡古镇再添新彩。"

更令人惊喜的是,那里还建了一处公园化的步行道,白色的大块地砖纵横交错,铺在树林花丛中,漫步其中,不知不觉间,忽然看到地面上画着一道黄线,并写着地理标识,原来已经跨了省境。而在另一边,湖荡片片,每片湖荡里都有冒出水面的滩头,绿色葱茏,仿佛一个个小岛,而且上面还有人家,黑瓦白墙红门,靠着湖荡里处处连接的木板栈桥、垒石小道,已然分不清哪是上海的青浦哪是浙江的嘉善了。所以,把这里叫作水乡客厅确实名副其实,三地完全交会在了一起。

在一个瞭望高台上,那些写在规划书里的文字,变成了我的直观感受。水乡客厅整体方案里有个"方厅水院",虽然还在建设中,但从高处看过去,可知那是一个由长廊连起来的四边等长的江南庭院,三边代表江浙沪,另一边则代表安徽。这座庭院采用四合院形制,方方正正,奇妙的是建筑中央有一个泛着涟漪的大湖,应和了水乡的意象,也寓意长三角三省一市向心汇聚、一体发展。方厅水院是水乡客厅的核心地标场所,由此四射出去,金泽、练塘、朱家角、西塘、姚庄、同里、周庄、黎里、锦溪……这些著名的江南古镇,伴着治理后的水系像一条玉带悉数串联起来。

水乡客厅的目标愿景是打造世界级水乡人居,因而建立由湿地、田埂、沟渠、农田、片林等组成的绿色生态是重中之重。我在生态鱼塘那边久久不愿离去。这里湖水浩渺,水色碧绿,清澈见底,水面上浮着一簇簇安静的睡莲。探身细看,水底下竟是一望无尽的茫茫草原。确实是这样的,原先这里的水质已经发黄浑浊,在宏波集团所属骏泓公司的监理下,治水工程细致到刺绣一般,一针一线都不马虎:先是重塑水下地形,将鱼塘里的水基本抽去,清淤、挖深,形成梯级水深,以营造不同的生境;接着将一个个鱼塘互通连贯,再与元荡、雪二漾沟通，可置换水体，使鱼塘内外活水流畅；然后投加益生菌，改良底泥；继而种植水草，不同的水深种植不同的水草，一米以下种矮型苦草，一至两米种刺苦草，两米以上种小茨藻；待水下草原建成后，开始投放浮游动物，有食藻虫、摄食藻类和有机悬浮物，以提升透明度；同时投放鱼虾螺贝，完善食物链，维持生态平衡。鱼塘里的水不是一次注灌的，得根据水草的生长状态，逐步抬升水位，从而满足多种沉水植物及水生动物的成长需求。我忍不住问宏波集团董事长顾德鱼和骏泓公司技术负责人谷艳军，这里的水会永远保持这样透彻明净吗？他们毫不迟疑地回答我：是的。

  徜徉在水乡客厅，就像置身于童话之中。即使时节已经入冬，但依然处处可见"荷风柳浪醉桃花"，让人生出许多的欢喜和憧憬。

滑雪轶事

北京冬奥会临近，或许最能激发联想的便是在茫茫雪原里的"飞翔"了，所以，那些极限滑雪的视频很受欢迎，看着运动员在雪山之巅翻腾而下，真是惊险而刺激，不由得让我也想起自己的滑雪经历来。

我最早一次滑雪是在哈尔滨松花江北岸的太阳岛上。那时天寒地冻，歌里唱到的夏日里的碧绿江水不见踪影，冰封的江面上大卡车隆隆驶过。忽见一处搭起的高架，上面铺满了雪，听介绍说可尝试滑雪，无需什么经验，也无需什么装备，只消爬到顶处，在雪道中顺势滑下。我很有些跃跃欲试，就一格一格地爬梯而上，但是，当我站在高高的顶端，望着眼底下的冰雪，感觉如临深渊，禁不住哆嗦起来。正当我犹豫不决甚至想打退堂鼓之际，站在我身后的雪场员工趁我不备，猛地推了我一把，顿时我从雪道上坠落下去。在最初的慌乱之后，我及时调整自己的姿态，这才觉得有点儿轻盈起来。可就在快要到达终点时，我又仿佛失重了，接连翻了几个跟头，最后摔在了冰面上，狼狈之极。不过，我心里却异常兴奋。

有一年过春节时，有朋友组团去亚布力滑雪场滑雪，也邀约了我。这可是正儿八经的滑雪了,那里既有竞技滑雪场,又有旅游滑雪场,高山滑雪、自由式滑雪、跳台滑雪、越野滑雪应有尽有。当然,那雪道不再是搭建的高架,而是真正的林海雪原,长白山系支脉巍峨连绵,凛冬时节被厚厚的大雪覆盖。大家摩拳擦掌,颇有一展身手的气势,我倒是笑了起来,说应该认识自己,毕竟我们连滑雪爱好者都算不上,权当旅游罢了。临出发前,我突然接到一个采访任务,结果未能成行。我的朋友们则浩浩荡荡地出发了,不少人还置备了专业级的雪具。几天后,其中一位朋友给我打来电话,不无怂恿地说:"你快来吧,我都帮你选好雪场啦,那里是初级雪道,长度短,坡度低,弯度小,很适合你这样的初学者。"我说:"你可别把自己当成是国家级滑雪运动员,你跟我是一样的档次。"他哈哈大笑:"我告诉你,我真的去国家高山滑雪训练基地滑雪了!"我追问道:"感觉怎么样?"他神秘兮兮地说:"那种痛快无法形容。"我说:"那就简单说一下情况吧。"他非常简单地回答了我:"飞出去了,骨折。"

  我自己又一次滑雪是在四川大邑的西岭雪山。那天,上山的时候还是晴天,阳光虽然浅淡,但因了皑皑白雪的衬托显得格外明净。不料,当我套上滑雪板准备滑雪时,骤然间下起雪来,可我没有犹豫,觉得有飞雪陪伴,滑雪或许会变得更富有诗意。我选择雪道后,弯曲膝盖,开始发力。没有想到,那雪下得非常细密,很轻易地就把我的眼睛给弄迷糊了,我不由自主地抬手去抹眼睛,这么一来,动作就乱了,尤其是小腿随之拉直,肌肉紧张,上身失去了平衡。我觉得自己快要摔倒了。

此时，别的滑雪者从我身边一一潇洒而过，我想，我也应该做到这样啊。于是，我调整了一下呼吸，放松姿态，并尽力将小腿的力道推入滑雪鞋前部，从而控制住滑雪板。我仰起头来，目视前方，尽管大雪依然不断地冲撞我的眼睛，可我不受干扰，专注于周边环境，在我越过一处不太平坦的地形时，那些颠簸的连续的小跳激发起我的快感，像是伴随着音律的节奏在舞蹈，内心也飞翔起来。

高山滑雪被誉为冬奥会"皇冠上的运动"。北京冬奥会的高山滑雪比赛将在小海坨山南麓的滑雪场举行。小海坨位于北京延庆，属军都山系，海拔二千一百九十九米。想想比赛时，滑雪运动员会从高低差达到九百米的小海坨山巅高速滑下，那是何等刺激，而这样的刺激其实来源于勇气，勇气又肇始于内心。我想，大概这就是那些极限滑雪视频被冠以"进入心灵"之名的缘由吧。

站 立 原 地

2021年12月,我赴京参加中国作家协会第十次全国代表大会。开幕那天,我站在人民大会堂前,此时,冬日的阳光洒在我的身上,感觉格外暖和。忽然,我想到,这个月对我来说非常特别——十年前的这个月,我动了胃癌全切手术,如今整整十年过去了,回想起来,真的感慨万分。

那时,我躺在床上,痛不欲生,极度抑郁,觉得所有的日子已到尽头,内心一片黯淡和茫然。有一天,有人来看我,她们说你应该把窗帘拉起来,这样屋子里就亮堂了,然后她们又从包里拿出一份东西给到我,我一看,居然是一份出版合同。她们让我振作起来,尝试着恢复写作,把已经开写的一部长篇儿童小说写完。她们走后,我泪流满面。我想,她们是以这样的方式在帮助我走出艰难,重回生活。

我决定要站立起来,不能让她们失望。

我真的站立了起来。

我坚定地站立在一个地方,那是一处原地,我的一处神圣的不可更改的原地。

这处原地便是我的初始之地,因为我的初心在那里。

这处原地就是文学。

终于，我重新打开电脑，重新开始写作。后来，我发现，我的写作比起之前有了一些新的气象，变得更加宽阔、丰厚、从容起来，我想，这应该是多了一份生命的底蕴。

这个十年，可谓是我文学创作的黄金期。我将自己对于生活和生命的认识写进了一部部小说中——长篇小说《星星湾》、中短篇小说集《尹小亮的流水时光》、短篇小说集《皇马之夜》；写进了一部部散文随笔集——《聆听树声》《在云端》《堂吉诃德的战队》《蝉声渐去》。这些作品充满了我对生命的理解，我认为人生无非就是走在路上，向心中的一处理想之地进发，只要在走，即使最终没有走到，也是抵达。我将《在云端》一书的全部版税购买此书，赠给了上海市癌症康复俱乐部的会员们，许多病友跟我说，从书中汲取到了力量。我将自己与同样患了癌症的母亲相扶相持所走过的四年抗癌历程写成长篇散文《最好的时光》，引发了很大的社会反响，我收到大量的读者来信，他们告诉我说深受感动和启发，我觉得没有什么比这更有价值了，因为这让我深刻地感受到一个作家不是单单只为自己在写作。

在最近的五年中，我走出书斋，走向社会，走向普通百姓，走向现实生活，自觉践行"深入生活，扎根人民"，在浙江农村、东部战区海军下生活，创作出了长篇报告文学《权力清单：三十六条》和《和平方舟的孩子》，不管是写浙江宁海农村的基层治理创新实践，还是写我国海军第一艘医院船"和平方舟"号在世界上播种和平与友谊，我在创作中常常感到震撼，为人民群众在追求美好生活中的创造性、创新性的努力和奋斗深受感动，同时，也开阔了自己的眼界和胸怀。一个作家能够加入恢宏的"人民史诗"的创作，既是一种光荣，也是一份责任和使命担当。我在创作实践中，确实感受到只有把人民放在心中最高的位置，才能准确地描绘人民的精神，揭示生活的本质。是人民成就了作家，是生活成就了文学。让我感动的是，当我在浙江省宁海县乡村下生活两年半后回到上海，收到了一份快递，那是我蹲点的岔路镇湖头村授予我的荣誉村民的称号。我特别珍惜这份荣誉。

我是从1983年开始发表文学作品的，迄今已经写了近四十年，我现在还继续写着。我没有理由不站在原地，移离而去——我没有给文学带去什么，但文学却赋予了我理想、情怀、勇气、温暖和力量，甚至是再生的生命，为此，我充满感恩。当初我选择文学无关名利，无关臧否，现在我仍将不忘初心，不能对现实生活漠不关心，不能对普通百姓不闻不问，不能把文学创作当成自己赚取名利的工具。

我尤其喜欢儿童文学，我认为它能给作者和读者带来一颗纯净的心、一个纯净的灵魂、一双纯净的眼睛，让我们在这个尘世间得以永葆童心，而世界上没有什么比永葆童心更为珍贵、更为幸福、更富价值了。这不是一种虚妄，而是有着现实的榜样的。在人民大会堂前，我与我心目中的这样一位榜样站在一起。我非常敬佩她，她已经给中国儿童文学带去了许多优秀的经典，但她至今还是孜孜不倦地沉浸在写作中，她让我看到了永葆童心的真实的快乐和人生的意义。她就是十年前来看我并鼓励我站起来继续创作的人,她是秦文君老师,那天,和她一起来的还有孙益恒。

所有过往皆为序章。我知道,我唯一要继续做的事,就是永远不忘初心,站立原地,坚守原地,在这个初始之地竭尽努力,为百姓写作,为历史写作,为未来写作——因为正如鲁迅先生所说:"无穷的远方,无数的人们,都和我有关。"

后　记

这是继《聆听树声》《在云端》《唐吉诃德的战队》之后，我的第四、第五部散文随笔集，依然采取编年体的方式，写作时间为2018年1月—2021年12月。由于即便做了精选，文字还是不少，如果印成一本书，实在太厚，生怕会让读者心生恐惧而失去阅读兴趣，于是，编为《承蒙关照》和《最后一只蝴蝶》两卷，以两年为一卷。

的确，编年体是一个很好的方式，因为写作时间注明到年月，而且按日期排序，这不仅很直观地展现了一个写作者的创作状态，更为重要的是能从中切实感受到我们所共同经历过的那些日子，而这些日子都是有着时间的逻辑、生活的逻辑和思想的逻辑的，我相信，它们最终还会呈现历史的逻辑。尤其是2020年以来，人类遭遇了新冠肺炎的袭击，整个世界至今还笼罩在持续着的疫情的阴影之中，可尽管艰难，生活还在继续，我在自己的文字中就记录下了这生活里的点点滴滴。如果读者能通过我的文字唤起对这段日子的记忆，那我将特别欣慰，说明我的写作还是有着些许价值的。

我以为，世界上所有认真的写作者其实都一样，都希望以独特的、个性化的文字来表达自己对生活、对社会、对时代的关注和理解,也都希望他们的文字到达读者一端后,因共鸣共情而成为读者自身的一部分。这样的希望是诚挚的,是美好的,是值得继续为之努力的。

感谢上海文化发展基金会对本书的出版资助。感谢文汇出版社和编辑们。感谢所有的亲朋好友,感谢一直以来鼓励、支持我的读者。

简 平

2022年1月6日